区域贸易安排中的所得税问题研究

张智勇 著

图书在版编目(CIP)数据

区域贸易安排中的所得税问题研究/张智勇著.—北京:北京大学出版社,2018.5

ISBN 978-7-301-29513-7

Ⅰ.①区… Ⅱ.①张… Ⅲ.①区域贸易—所得税—研究 Ⅳ.①F740.4 ②F810.424

中国版本图书馆 CIP 数据核字(2018)第 081228 号

书　　　名	区域贸易安排中的所得税问题研究 QUYU MAOYI ANPAI ZHONG DE SUODESHUI WENTI YANJIU
著作责任者	张智勇　著
责 任 编 辑	冯益娜
标 准 书 号	ISBN 978-7-301-29513-7
出 版 发 行	北京大学出版社
地　　　址	北京市海淀区成府路 205 号　100871
网　　　址	http://www.pup.cn
电 子 信 箱	law@pup.pku.edu.cn
新 浪 微 博	@北京大学出版社　@北大出版社法律图书
电　　　话	邮购部 62752015　发行部 62750672　编辑部 62752027
印 刷 者	三河市北燕印装有限公司
经 销 者	新华书店
	650 毫米×980 毫米　16 开本　26.75 印张　425 千字 2018 年 5 月第 1 版　2018 年 5 月第 1 次印刷
定　　　价	64.00 元

未经许可,不得以任何方式复制或抄袭本书之部分或全部内容。

版权所有,侵权必究

举报电话: 010-62752024　电子信箱: fd@pup.pku.edu.cn

图书如有印装质量问题,请与出版部联系,电话: 010-62756370

目录
CONTENTS

引言 /001

第一章　区域贸易安排中的所得税问题　/011
　　第一节　多边贸易体制与区域贸易安排　/011
　　第二节　区域贸易安排中的所得税问题　/025
　　小结　/046

第二章　与贸易和投资有关的所得税歧视措施　/047
　　第一节　与货物贸易有关的所得税歧视措施　/047
　　第二节　与服务贸易有关的所得税歧视措施　/065
　　第三节　与投资有关的所得税歧视措施　/078
　　小结　/091

第三章　所得税补贴问题　/093
　　第一节　货物贸易的所得税补贴问题　/093
　　第二节　服务贸易的所得税补贴问题　/119
　　第三节　投资中的所得税激励措施　/131
　　小结　/138

第四章　双重征税和税收差别待遇的消除　/140
　　第一节　双边税收协定的机制　/140
　　第二节　多边或区域性的税收协定　/165
　　第三节　欧盟的超国家机制　/185
　　小结　/216

第五章　税基侵蚀与利润转移问题　/217

  第一节　BEPS 问题的提出　/217

  第二节　BEPS 行动计划报告　/249

  第三节　BEPS 行动计划对区域贸易安排的意义　/286

  小结　/301

第六章　自由贸易区建设与所得税的国际协调：中国的视角　/303

  第一节　我国自由贸易区建设的现状　/303

  第二节　我国现行自由贸易区对所得税问题的规制　/312

  第三节　现行机制的完善　/354

  小结　/391

结论　/393

参考文献　/405

后记　/425

引　　言

本书以区域贸易安排中的所得税问题为研究内容。

一、研究背景

经济全球化是当今世界经济的显著特征。与此同时,以自由贸易区为主要表现形式的区域贸易安排自 20 世纪 90 年代以来也呈现出了迅猛发展的态势。即使在 2008 年金融危机之后,区域贸易安排的步伐也没有因此停顿。当今的区域贸易安排除了在货物贸易、服务贸易等方面给予区域内成员超过世界贸易组织(WTO)多边框架下的减让外,有的还包含了当前 WTO 所不管辖的竞争、投资自由化、劳工和环境等方面的内容。可以说,区域贸易安排的范畴已经并不限于其标题所示的贸易领域,而是属于区域经济一体化的安排。

实现区域内的经济自由化或一体化,需要消除阻碍货物、服务、投资和人员自由流动的壁垒,包括所得税壁垒。就所得税与这些要素的关系来讲,一国可以借助所得税措施歧视外国产品或服务,或为本国产业提供出口税收补贴。此类所得税措施具有与贸易保护政策类似的效应。[①] 另外,各国正常的所得税制度,即使不以实施贸易保护为目的,也会对上述要素的流动产生影响,这主要体现在双重征税和税收差别待遇方面。经济全球化和区域一体化也为各国应对跨国逃税和避税带来了新的挑战。各国为了吸引投资而竞相给予所得税优惠还可能导致有害税收竞争的局面。按照经合组织 2013 年文献中的说法,这些都属于税基侵蚀和利润转

---

① 在实践中,某些不具有国际法中国家主体资格的经济体也有自己的税收法律制度,也是国际组织的成员,并可与其他经济体签订相关协定或安排(比如我国的香港特别行政区、澳门特别行政区以及台湾地区都是 WTO 的成员)。在本书中,提及"一国""各国"时,是出于叙述便利的笼统说法,并不包括我国的香港、澳门和台湾地区。我国的香港、澳门以及台湾地区的法律地位是明确的,是我国不可分割的一部分。

移(Base Erosion and Profit Shifting，BEPS)问题。①

对于上述所得税问题,区域贸易安排目前主要是分别通过贸易体制和税收体制(主要为双边的避免双重征税协定,以下简称"双边税收协定")来应对的。对于各国借助所得税措施实施贸易保护的做法,WTO框架下的1994年关税与贸易总协定(GATT,也简称为关贸总协定)、《补贴与反补贴措施协定》(《SCM协定》)、《与贸易有关的投资措施协定》(《TRIMs协定》)以及服务贸易总协定(GATS)均设定了相关纪律。区域贸易安排基本是将WTO的规则并入协定之中。不过,WTO规则的适用范围和作用是有限的。比如,GATS并没有服务补贴的具体规则。以WTO多边体制为法律基础的区域贸易安排在本质上属于贸易协定,本身缺乏税收协调的机制。因此,双重征税和税收差别待遇的消除是由双边税收协定来完成的。但是,双边税收协定对于双重征税和税收差别待遇的消除并不彻底,也难以解决区域内的多重征税、逃税避税和税收竞争等问题。需要关注的是,欧盟在其一体化的进程中早已超越了关税同盟阶段,构建了一个货物、服务、人员和资本流动的内部市场,但也一直在致力于消除成员国所得税制所造成的对内部市场自由流动的障碍。欧盟通过其超国家的机制在消除双重征税和税收差别待遇等方面取得了超越税收协定机制的突破,并正在尝试建立欧盟层面的税收协调机制和反避税机制。

因此,区域贸易安排如何应对上述所得税问题,是一个非常重要的议题。由于区域贸易安排的成员有着进一步自由化的诉求,如果不消除所得税壁垒和进行必要的所得税协调,对这些成员具有共同利益的区域安排就会失去其本来意义。

自2001年成为WTO的成员后,我国也开始积极与相关经济体谈判和签署自由贸易协定,并把建设面向全球的高标准自由贸易区网络提升到国家战略的高度。已经启动的中国—东盟自由贸易区的目标就包括逐步实现货物和服务贸易自由化,并创造透明、自由和便利的投资机制。②这意味着上述所得税问题同样存在于我国参与的自由贸易区之中。由于我国在建设自由贸易区之前业已签订了大量双边税收协定,我国处理相

---

① OECD, Addressing Base Erosion and Profit Shifting, 2013.
② 参见《中华人民共和国与东南亚国家联盟全面经济合作框架协议》第1条。

关所得税问题的机制事实上采用了贸易体制和税收协定并行的机制。不过,我国当前的机制是历史沿革的结果,而非制度设计的体现。因此,研究我国在自由贸易区建设中如何进一步应对上述所得税问题,对于我国自由贸易区战略的成功和改革开放的深入也具有重要的现实意义。

研究区域贸易安排的所得税问题也具有重要的理论价值。在全球化和区域化的背景下,一国的贸易政策和所得税政策既会产生涉外影响,也不可避免地受制于其他国家或经济体的政策或措施。全球或区域背景下的所得税协调是必要的。但是,在现行税收协定和贸易安排之下,缔约国或相关成员依然享有税收主权,即使在一体化程度很高且具有超国家色彩的欧盟也是如此,这就决定了所得税协调必须平衡好一国利益、区域利益乃至全球福利的关系,这也要求对现行机制进行改进并探索新的协调方式。

从国内外研究现状看,关于 WTO、区域贸易安排和国际税法等领域的文献是非常丰富的。国内外学者已对贸易协定和所得税的关系、税收协定和 WTO 体制在所得税协调方面的作用与不足以及北美自由贸易协定(NAFTA)、欧盟等区域安排的相关所得税问题进行了研究,为本书的研究奠定了基础,现简要说明如下:

在贸易体制和税收协定的关系方面,Slemrod 和 Avi-Yonah 探讨了贸易法与所得税法的关系,指出税收协定和贸易协定是两个并行的体制,税收协定对于促进自由贸易也具有积极意义。不过,双边税收协定和贸易协定都无法解决税收竞争问题。两位作者还提出应将贸易和所得税问题纳入到一个统一的多边框架。[1] 在税收协定对于所得税协调的作用方面,Warren 分析了国际贸易和投资领域中存在的所得税歧视问题,讨论了税收协定的作用与不足。[2] Avi-Yonah 也深入探讨了税收竞争所带来的问题和挑战。[3]

在 WTO 规则与其成员的所得税措施方面,Daly 分析了 1994 年

---

[1] Joel Slemrod and Reuven Avi-Yonah, "(How) Should Trade Agreements deal with Income Tax Issues?", *Tax Law Review*, Vol. 55, No. 4, 2002.

[2] Alvin C. Warren Jr., "Income Tax Discrimination against International Commerce", *Tax Law Review*, Vol. 54, No. 2, 2001.

[3] Reuven Avi-Yonah, "Globalization, Tax Competition, and the Fiscal Crisis of the Welfare State", *Harvard Law Review*, Vol. 113, No. 7, 2000.

GATT、《SCM协定》《TRIMs协定》和GATS在消除所得税壁垒方面的作用与不足。①

在区域贸易安排的所得税协调方面，Cockfield的专著研究了NAFTA的税收问题，并就NAFTA成员国进行税收协调的路径进行了探讨。② Terra和Wattel的专著也系统阐述了欧盟在间接税和所得税领域的协调机制。③ Panayi的专著研究了欧盟的公司所得税法。④ Graetz和Warren研究了欧盟法院在消除成员国所得税歧视措施方面的作用。⑤ Jogarajan总结了北欧、拉美和亚洲等地区的区域性税收协定的实践。⑥

我国学者在常设机构、有害税收竞争、税收情报交换和欧盟税收制度等方面也有相关研究。⑦

所得税与贸易体制的关系、区域一体化的所得税协调问题也被经合组织（OECD）、联合国（UN）、WTO、泛美开发银行（IDB）、亚洲开发银行（ADB）等国际组织所重视。这些组织也开展了大量工作，提供了丰富的研究文献。比如，OECD早在1998年就出台了关于有害税收竞争的报告。⑧ OECD在2013年发布了应对BEPS的报告和BEPS行动计划，并

---

① Michael Daly, "WTO Rules and Direct Taxation", *World Economy*, Vol. 29, Issue 5, 2006.

② Arthur J. Cockfield, *NAFTA Tax Law and Policy: Resolving the Clash between Economic and Sovereignty Interests*, University of Toronto Press, 2005.

③ Ben J. M. Terra and Peter J. Wattel, *European Tax Law*, 6th edition, Kluwer Law International, 2012.

④ Christiana Hji Panayi, *European Union Corporate Tax Law*, Cambridge University Press, 2013.

⑤ Michael Graetz and Alvin Warren Jr., "Income Tax Discrimination and the Political and Economic Integration of Europe", *Yale Law Journal*, Vol. 115, No. 6, 2006.

⑥ Sunita Jogarajan, "A Multilateral Tax Treaty for ASEAN—Lessons from the Andean, Caribbean, Nordic and South Asian Nation", *Asian Journal of Comparative Law*, Vol. 6, 2011, at http://ssrn.com/abstract=2166620.

⑦ 比如：廖益新：《论适用于电子商务环境的常设机构概念》，载《厦门大学学报（哲学社会科学版）》2003年第4期；朱炎生：《国际税收协定中常设机构原则研究》，法律出版社2006年版；崔晓静：《欧盟税收协调法律制度研究》，人民出版社2011年版；朱洪仁：《欧盟税法导论》，中国税务出版社2004年版；钟晓敏：《竞争还是协调——欧盟各国税收制度和政策的比较研究》，中国税务出版社2002年版；蔡庆辉：《有害国际税收竞争的规制问题研究》，科学出版社2010年版；付慧姝：《税收情报交换制度法律问题研究》，群众出版社2011年版。

⑧ OECD, Harmful Tax Competition: An Emerging Global Issue, 1998.

在 2015 年 10 月发布了实施 BEPS 行动计划的一系列最终报告。① 泛美开发银行也出版了关于拉美经济一体化与税收的研究。②

不过,既有文献并没有从总体上研究区域贸易安排所面临的所得税问题和协调困境。我国自由贸易区实践中的所得税协调问题也缺乏有针对性的研究。国外学者的研究往往局限在其所处区域的背景下,对于贸易领域的所得税协调一般问题和规律的抽象也不够充分。有的学者的建议(比如建立所得税领域的多边组织的设想)也过于理想。③ 另外,由于 OECD 在 2013 年提出了 BEPS 行动计划并在 2015 年才公布了实施 BEPS 行动计划的最终报告,因此,既有文献并不包含这方面的发展。当然,这并非既有文献本身的不足。

因此,本书拟在既有成果基础上并结合最新的发展对区域贸易安排的所得税问题进行较为全面的研究,并尝试做出新的贡献。

---

① 这些文献为:OECD, Addressing Base Erosion and Profit Shifting, 2013; OECD, Action Plan on Base Erosion and Profit Shifting, 2013; OECD/G20 Base Erosion and Profit Shifting Project, Addressing the Tax Challenges of the Digital Economy, Action 1: 2015 Final Report; OECD/G20 Base Erosion and Profit Shifting Project, Neutralising the Effects of Hybrid Mismatch Arrangements, Action 2: 2015 Final Report; OECD/G20 Base Erosion and Profit Shifting Project, Designing Effective Controlled Foreign Company Rules, Action 3: 2015 Final Report; OECD/G20 Base Erosion and Profit Shifting Project, Limiting Base Erosion Involving Interest Deductions and Other Financial Payments, Action 4: 2015 Final Report; OECD/G20 Base Erosion and Profit Shifting Project, Countering Harmful Tax Practices More Effectively, Taking into Account Transparency and Substance, Action 5: 2015 Final Report; OECD/G20 Base Erosion and Profit Shifting Project, Preventing the Granting of Treaty Benefits in Inappropriate Circumstances, Action 6, 2015 Final Report; OECD/G20 Base Erosion and Profit Shifting Project, Preventing the Artificial Avoidance of Permanent Establishment Status, Action 7: 2015 Final Report; OECD/G20 Base Erosion and Profit Shifting Project, Aligning Transfer Pricing Outcomes with Value Creation, Action 8—10, 2015 Final Report; OECD/G20 Base Erosion and Profit Shifting Project, Measuring and Monitoring BEPS, Action 11: 2015 Final Report; OECD/G20 Base Erosion and Profit Shifting Project, Mandatory Disclosure Rules, Action 12, 2015 Final Report; OECD/G20 Base Erosion and Profit Shifting Project, Transfer Pricing Documentation and Country-by-Country Reporting, Action 13, 2015 Final Report; OECD/G20 Base Erosion and Profit Shifting Project, Making Dispute Resolution Mechanisms More Effective, Action 14: 2015 Final Report; OECD/G20 Base Erosion and Profit Shifting Project, Developing a Multilateral Instrument to Modify Bilateral Tax Treaties: Action 15: 2015 Final Report.

② 比如,Vito Tanzi, Alberto Barreix, and Luiz Villela (edts.), *Taxation and Latin American Integration*, Inter-America Development Bank, 2008.

③ 比如,Victor Thuronyi, "International Tax Cooperation and a Multilateral Treaty", *Brooklyn Journal of International Law*, Vol. 26, No4. 2001.

二、研究思路和方法

现实中的区域贸易安排为数众多。笔者选择了 WTO 官方网站所列举的具有代表性的区域贸易安排(比如北美自由贸易区、欧盟、东盟等)作为重点研究的素材,并对区域贸易安排的选择也考虑了地域分布、成员的经济发展水平(比如发达国家之间的安排、发展中国家之间的安排、发达国家和发展中国家之间的安排)等因素,力求尽量全面地反映区域贸易安排实践的特点。另外,本书的研究也包括了相关业已完成谈判但尚未生效的自由贸易协定以及正在谈判中的自由贸易协定。之所以选择这些样本,是因为它们反映了区域贸易安排新的最新发展趋势。即使相关协定最终不能生效或未能完成谈判,也同样能够从中探讨区域贸易安排发展中所面临的一些问题。[①]

如前所述,区域贸易安排中的所得税问题可以分为两类:一类是各国借助所得税方式实施的贸易保护措施;另一类是各国所得税制所导致的双重征税、税收差别待遇和 BEPS 问题。目前,这两类问题是分别通过贸易体制和税收体制来处理的。尽管贸易体制和税收体制都可以作为单独的课题研究,但本书关注了两个体制之间的相互关系。贸易体制和税收体制是相互作用和影响的。双重征税、税收差别待遇以及 BEPS 问题的解决只能通过税收体制解决,但是具有贸易壁垒作用的税收措施并不能因其形式上属于税收措施而游离于贸易体制的纪律约束之外。同时,贸易体制所带来的经济自由化也对现行国际税收制度产生了冲击,为国际税法的变革提供了动因。本书在对通过贸易体制和税收体制并行解决区域贸易安排的相关所得税问题的可行性进行分析的基础上,针对两类所得税问题的具体表现形式,结合相关区域贸易安排的制度和实践,分别就贸易体制和税收体制的具体规则进行了探讨。

本书也将区域贸易安排中的所得税问题放在了经济全球化的背景之

[①] 比如,在书稿写作过程中,美国等 12 个国家完成了跨太平洋伙伴关系协定(TPP)的谈判,中国等 16 国正在谈判区域全面经济伙伴关系协定(RCEP)。不过,美国总统特朗普在 2017 年 1 月就职后宣布美国退出 TPP。但是,TPP 的其余 11 国仍在努力推动 TPP 的签署,计划 2018 年 3 月在智利进行签署仪式,协定文本也进行了调整并更名为 CPTPP(Comprehensive and Progressive Agreement for Trans-PacificPartnership)。参见 http://news.sina.com.cn/o/2018-01-24/doc-ifyqyesy0538807.shtml,2018 年 1 月 25 日最后访问。

下进行研究。区域贸易安排不可能与全球经济割裂开来。区域贸易安排在贸易领域的自由化是以 WTO 多边体制为基础的,而且 1994 年 GATT 第 24 条和 GATS 第 5 条也是区域贸易安排偏离多边体制的最惠国待遇的主要法律依据。此外,尽管国际货币基金组织的成员国在《国际货币基金协定》下没有放开资本管制的法律义务,但现实中越来越多的国家开始放开资本管制。WTO 成员和区域贸易安排的成员在金融服务领域的开放也涉及了构成服务贸易内容的跨境资本流动问题。对于发达国家来讲,经合组织(OECD)的资本流动自由化守则(Code of Liberalisation of Capital Movements)是推动其成员国实现资本项目自由化的动力。OECD 所有成员国已经实质上取消了资本管制。《欧洲联盟运行条约》第 63 条也禁止在成员国之间、成员国和第三国之间实施对资本和支付流动的任何限制。资本的自由流动和金融市场的一体化同样加大了各国的征税和应对避税的难度。此外,区域贸易安排的发展也引发了其是否会对多边体制造成负面影响的争论。但是,区域贸易安排对于多边贸易体制的发展和国际税收体制的变革也是有推动作用的。

在研究方法上,作为法学著作,法学研究的一般方法自应遵循。本书对 WTO 规则、相关区域贸易安排、税收协定和投资协定的文本进行了研究和解读。由于全球存在几千个税收协定,鉴于 OECD 税收协定范本的影响力,本书主要结合 OECD 范本来阐述税收协定的相关机制和问题。①当然,本书对现实中的双边税收协定在必要时也进行了阐述。由于大多数区域贸易安排也包含投资的内容,而且其体例和内容与双边投资协定(BIT)基本类似,因此在与投资有关的所得税方面,本书主要根据区域贸易协定的规则进行研究,但也在必要时结合 BIT 的文本和实践进行论述。

---

① 本书中提及的税收协定,除非特别说明,为通常意义上的避免双重征税国际协定。现实中的税收协定一般是双边的,而且其体例和内容主要受到了 OECD 税收协定范本("OECD 范本")的影响。除了 OECD 范本外,联合国也颁布了税收协定范本("UN 范本"),主要供发展中国家和发达国家间缔结税收协定时参考,但其体例与 OECD 范本类似,只是在个别条款中更加维护发展中国家的税收利益。在实践中,OECD 范本和 UN 范本也不断更新。最新的 OECD 范本是 2017 年版,UN 范本则是 2011 年版。OECD 范本 2017 年版与其之前最近的 2014 年范本相比,主要区别在于把 BEPS 项目相关报告的建议纳入其中。范本相关条款及其注释的内容和序号也有改变。除非另有说明,本书使用 2017 年 OECD 范本和 2011 年 UN 范本进行论述。如果相关问题涉及 2017 年 OECD 前范本的问题,本书将结合 2014 年 OECD 范本进行论述。如果论述的相关问题涉及 2017 年 OECD 范本对 2014 年 OECD 范本的修改,本书也将指出。

本书对于案例分析也给予了足够的重视。比如,美国的外国销售公司案(FSC)是货物贸易领域所得税出口补贴的经典案例。欧盟法院在消除成员国所得税差别待遇方面也有一系列判例。在构成间接征收的税收措施方面,解决投资争端国际中心(ICSID)和其他国际仲裁机构也提供了素材。我国在入世后,也有几个税收案件诉诸了WTO争端解决机制。研究这些案例对于如何理解相关规则的含义及其作用是非常必要的。

本书也采用了比较研究方法。各个区域贸易安排在市场开放和一体化的程度、制度设计等方面是存在差异的。不过,这些区域贸易安排在所面临的所得税方面也有共同之处。只有比较了不同区域贸易安排的异同,才能客观地寻找普遍适用的机制或路径。比如,欧盟虽然在区域一体化方面走在了前列,但由于欧盟成员国依然享有所得税主权,因此欧盟内部市场中的所得税问题与包含广泛的经济一体化内容的自由贸易区所面临的问题也有相似之处。

区域贸易安排中的所得税问题并非只是法学领域的课题,也涉及经济、政治等方面的因素。因此,对其研究也应综合考虑上述因素的影响,并需结合经济学、国际政治经济学等领域的文献和方法进行研究。比如,Frankel的研究有助于理解经济和政治因素对欧盟和NAFTA等区域贸易安排发展的影响。[1] 再比如,吉尔平也在论述全球经济秩序的基础上对区域一体化进行了政治经济学分析。[2]

还需要指出的是,理论和实践相结合也是研究所应遵循的方法。不过,理论和现实总是差距的。现实的发展并不一定会按照理论探讨的路径而进行。比如,尽管理论上关于区域经济一体化的发展阶段存在自由贸易区、关税同盟和共同市场等层次的划分,但现今的区域贸易安排并非按照理论上的划分来发展的。有的自由贸易区(比如北美自由贸易区)也具有了共同市场的一些要素因素,尽管其并没有类似欧盟的机构设计。因此,不应完全以传统的理论来解释现实,而是应当根据实践的发展来审视理论。

---

[1] Jeffrey A. Frankel, *Regional Trading Blocs in the World Economic System*, Institute for International Economics: Washington DC: October 1997.

[2] 〔美〕罗伯特·吉尔平:《全球政治经济学:解读国际经济秩序》,杨宇光、杨炯译,上海世纪出版集团2006年版。

三、写作框架

对于区域贸易安排中的相关所得税问题,本书分六章进行了探讨。

第一章"区域贸易安排中的所得税问题"。该章对区域贸易安排的所得税问题进行了初步论述,由两节组成。第一节阐述了区域贸易安排的法律基础和现状,分析了区域贸易安排蓬勃发展的原因。第二节首先阐述了影响贸易自由的两类所得税问题,进一步分析了包含投资规则的区域贸易安排所面临的所得税问题的复杂性,以及应对跨国逃税、避税和税收竞争的困境。在此基础上,第二节就目前解决所得税问题的贸易体制和税收协定的作用和局限以及进一步解决问题的路径进行了初步的探讨。

第二章"与贸易和投资有关的所得税歧视措施"。该章由三节组成,分别阐述了区域贸易安排消除货物贸易、服务贸易和投资领域的所得税歧视措施的规则,分析了这些规则的作用和局限。在货物贸易和服务贸易领域,WTO体制有相应的纪律,这也为区域贸易安排所沿用。同时,有的区域贸易安排也有特殊的做法。由于WTO并非投资的多边体制,因此在消除投资所得税歧视方面,主要根据区域贸易安排以及国际投资协定的实践进行了探讨。

第三章"所得税补贴问题"。该章共三节,分别讨论了区域贸易安排如何应对货物贸易、服务贸易和投资领域的所得税补贴问题,并对WTO和区域贸易安排的相关规则和实践进行了评析。由于GATS缺乏服务补贴的纪律以及WTO并不全面管辖投资问题,该部分还就区域贸易安排规制服务和投资领域的所得税补贴进行了探讨。

第四章"双重征税和税收差别待遇的消除"。本书第二章和第三章是从贸易协定的视角探讨其解决相关与贸易有关的所得税问题的机制。本书第四章和第五章则是从税收体制的角度来探讨其对双重征税、税收差别待遇以及BEPS等问题的解决机制。第四章共三节。第一节分析了双边税收协定在消除双重征税和税收差别待遇方面的作用和不足之处。在此基础上,第二节探讨了双边税收协定的改进以及制定多边或区域性税收协定的可行性。第三节首先介绍了欧盟的超国家机制,阐述了欧盟消除所得税壁垒的相关指令和欧盟法院拓展税收无差别待遇的判例,并就欧盟机制的局限性进行了评述。

第五章"税基侵蚀与利润转移问题"。该章共三节。第一节结合 BEPS 问题产生的时代背景,论述了各国所面临的跨国避税、有害税收竞争等方面的问题,并分析了数字经济对现行税法规则的挑战。第二节对 OECD 于 2015 年 10 月发布的实施 BEPS 行动计划 15 个议题的最终报告的主要内容进行了论述。第三节探讨了 BEPS 行动计划可能给国际税法所带来的变革。

第六章"自由贸易区建设与所得税的国际协调:中国的视角"。该章在前述研究的基础上,就我国在自由贸易区建设中所面临的所得税问题以及解决机制进行了专门的论述。该章分三节。第一节论述了我国自由贸易区建设的现状。第二节结合我国签订的自由贸易协定、投资协定和税收协定,阐述了我国应对相关所得税问题的机制框架,并分别从规制构成贸易壁垒的所得税措施的机制、自由贸易协定中的投资规则和税收协定的关系以及税收协定的机制等方面进行了论述。第三节就我国应如何进一步完善现行机制提出了建议,分别从贸易协定的完善、税收协定的完善、构建区域税收机制和参与多边税收机制、国内法的完善等视角进行了论证。

结论部分对本书的研究内容进行了总结。

第一章 区域贸易安排中的所得税问题

第一节 多边贸易体制与区域贸易安排

一、区域贸易安排的法律基础

从1947年GATT到如今的世界贸易组织(WTO),多边贸易体制一直以消除贸易壁垒为己任。① 最惠国待遇是多边贸易体制的基石,具有自动减少贸易限制的多边效应并有助于统一规则的形成。② 与此同时,多边贸易体制也允许其缔约方或成员通过组建关税同盟或自由贸易区来背离最惠国待遇③,以期进一步消除区域内的贸易壁垒并促进贸易自由化。

在关贸总协定时期,1947年GATT的第24条允许缔约方建立自由贸易区或关税同盟,以及为建立关税同盟或自由贸易区而订立临时协议。④ 在WTO时代,1947年GATT第24条成为了1994年GATT的第24条,并通过《关于解释1994年GATT第24条的谅解》对该条的相关内

---

① 参见《关税与贸易总协定》和《建立世界贸易组织的马拉喀什协定》的前言。
② 参见赵维田:《世贸组织(WTO)的法律制度》,吉林人民出版社2000年版,第75页。
③ 关贸总协定的参加者称为"缔约方"(contracting party),而世界贸易组织的参加者称为"成员"(member)。之所以出现这种差别,是因为关贸总协定不是法律意义上的国际组织,1947年GATT条文中并没有成立这样一个国际组织并赋予其独立法人地位的条款。不过,关贸总协定在其发展过程中,逐步完善其组织机构,成为了一个事实上的国际贸易组织。世界贸易组织则具备法律人格。由于世界贸易组织的参加者除了国家外,还有单独关税领土(比如我国的香港特别行政区)和国际组织(比如欧盟),因此其参加者称为"成员"。关于关贸总协定的法律地位及其作为一个国际组织的论述,可参见〔瑞士〕奥利维尔·朗:《关贸总协定(GATT)概论》,张杰、陆跃平译,中国对外经济贸易出版社1989年版,第52—64页。
④ 1947年GATT第24条在很大程度上是以第二次世界大战前比利时、卢森堡和荷兰的关税同盟为原型设计的。在《哈瓦那宪章》和GATT条文拟定中,又增加了自由贸易区。参见赵维田:《世贸组织(WTO)的法律制度》,吉林人民出版社2000年版,第75页。

容进行了解释和澄清。此外,由于 WTO 将服务贸易纳入了统辖范畴,服务贸易总协定(GATS)第 5 条也采取了类似于 1994 年 GATT 第 24 条的做法,允许 WTO 成员达成进一步实现服务贸易自由化的协议。①

在 WTO 体制下,组建关税同盟和自由贸易区的法律文件称为区域贸易协定(regional trade agreements,RTAs),关税同盟和自由贸易区则是与多边贸易体制相对应的区域贸易安排(regional trade arrangements)。WTO 下的区域贸易协定的一个特点是自由贸易区或关税同盟的成员之间彼此给予对等(reciprocal)的优惠,并不包括那些非对等的优惠贸易安排(preferential trade arrangements,PTAs),比如发达国家给予发展中国家产品优惠关税的普惠制(Generalized System of Preferences,GSP)。②

还需要指出的是,WTO 体制下的区域贸易安排与理论上关于区域经济一体化的阶段划分存在以下不同:

首先,根据一体化程度的不同,区域经济一体化可以划分为自由贸易区、关税同盟、共同市场和经货联盟等多个阶段。③ 一方面,WTO 体制下的区域贸易安排属于区域经济一体化的范畴;另一方面,作为贸易体制的 WTO 主要为其成员建立自由贸易区和关税同盟设定了规则,而不包括

---

① GATS 第 5 条的标题是"经济一体化",没有像 1994 年 GATT 第 24 条那样将服务贸易领域的区域贸易安排区分为关税同盟和自由贸易区。其原因在于关税和配额等贸易壁垒在服务贸易中作用有限,要把关税同盟概念纳入服务贸易领域比较困难。另外,服务贸易一体化组织在建立共同服务贸易政策方面,也很不容易。所以,GATS 第 5 条经济一体化的重点在于排除区域内部服务障碍,尤其是歧视性措施,以促进服务贸易高度自由化的目标。参见郑玲丽:《WTO 关于区域贸易协定的法律规范研究》,南京大学出版社 2008 年版,第 224 页。

② WTO 网站(http://www.wto.org/english/tratop_e/region_e/rta_pta_e.htm)将区域贸易安排和优惠贸易安排放在不同的数据库中予以归类和统计。需要说明的是,有的文献中也使用 preferential trade agreements 来表述自由贸易区和关税同盟等对等性的安排。比如 Jadish Bhagwati and Arvind Panagariya(ed.),*The Economics of Preferential Trade Agreements*,The AEI Press,1996,以及 Jean-Pierre Chauffour and Jean-Christophe Maur(ed.),*Preferential Trade Agreement Policies for Development: A Handbook*,The World Bank,2011。2011 年的 WTO 世界贸易报告(World Trade Report 2011: The WTO and Preferential Trade Agreements: From Co-existence to Coherence)也采用了 PTA 的说法,但该报告中只是指自由贸易区和关税同盟等对等安排。为了与非对等的优惠安排相区分,本书采用区域贸易安排的称谓,研究范围也不包括非对等的优惠贸易安排。

③ 参见〔英〕伯纳德·霍克曼、迈克尔·考斯泰基:《世界贸易体制的政治经济学:从关贸总协定到世界贸易组织》,刘平等译,法律出版社 1999 年版,第 217 页。对于经济一体化的分类,也有不同观点。比如,有观点将经济一体化分为如下几类:单一产品的一体化(比如欧洲煤钢共同体);自由贸易区;关税同盟;共同市场;全面的经济联盟;全面的政治一体化。参见 A M EL-Agraa(ed.),*The Economics of the European Community*,Philip Allan Publishers,1980,pp.1—2。

共同市场和经货联盟等阶段。不过，WTO 的成员可自主决定在自由贸易区和关税同盟的基础上向共同市场和经货联盟迈进（比如欧盟），或者将 WTO 并不管辖的事项（比如竞争和投资自由化等）纳入区域贸易协定之中。此外，各区域贸易安排的协定称谓也是存在差别的。有的以"自由贸易协定"命名（比如北美自由贸易协定），有的则表述为"经济伙伴协定"（比如日本和新加坡的新时期经济伙伴协定）。

其次，WTO 体制对于自由贸易区和关税同盟有法律上的界定，与一般学理上的定义不尽相同。比如，理论上一般将自由贸易区定义为"区域内的成员完全取消了彼此之间的关税和数量限制措施"[1]。这实际上是一种理想状态的描述。1994 年 GATT 第 24 条第 8 款对自由贸易区的界定是"两个或两个以上的关税区集团，该区域成员对区域内的贸易实质上取消了所有关税和其他限制性商业规章"。在实践中，GATT/WTO 的缔约方或成员组建自由贸易区时也并非全部取消内部的关税和贸易限制，一些产品（比如农产品和劳动密集型产品）仍排除在区域贸易安排之外。[2] 发展中国家还可根据关贸总协定缔约方全体在东京回合通过的《差别和更加优惠的待遇、互惠和发展中国家进一步参与》的决定中第一段至第四段的授权条款（enable clause）来建立不符合第 24 条条件的自由贸易区（比如只消除部分产品的关税或是只消减而非消除关税）。[3]

二、区域贸易安排的现状

20 世纪 50—60 年代，西欧推动了区域贸易安排的初步发展，其标志是 1957 年欧洲经济共同体（European Economic Community，EEC）[4]和

---

[1] Jeffrey A. Frankel, *Regional Trading Blocs in the World Economic System*, Institute for International Economics, Washington DC, October 1997, p. 13.

[2] WTO, World Trade Report 2011: The WTO and Preferential Trade Agreements: From Co-existence to Coherence, p. 6.

[3] 参见〔英〕伯纳德·霍克曼、迈克尔·考斯泰基：《世界贸易体制的政治经济学：从关贸总协定到世界贸易组织》，刘平等译，法律出版社 1999 年版，第 225—226 页。

[4] 1957 年的《欧洲经济共同体条约》（也称为《罗马条约》）要求成员国取消彼此间货物进出口的关税和数量限制并对外实施统一的关税税率，即建立一个关税同盟。在关税同盟的基础上，欧洲经济共同体还致力于建立一个共同市场，消除阻碍成员国间人员、服务和资本自由流动的障碍。1992 年，随着《欧洲联盟条约》的生效和欧盟的成立，欧洲经济共同体更名为欧洲共同体，《欧洲经济共同体条约》也改称《欧洲共同体条约》。在修改《欧洲联盟条约》和《欧洲共同体条约》的《里斯本条约》于 2009 年 12 月 1 日生效后，《欧洲共同体条约》更名为《欧洲联盟运行条约》。本书第四章第三节对欧盟的发展历程做了进一步阐述。

1960年欧洲自由联盟(European Free Trade Association, EFTA)的成立。① 欧洲经济共同体后来发展成为欧洲联盟(European Union, EU, 也简称为欧盟)。② 欧盟现有28个成员国,建立了以货物、服务、人员和资本自由流动为特征的单一市场,并在19个成员国之间采用了单一货币欧元。③ 欧盟还与欧洲自由贸易联盟中的冰岛、列支敦士登和挪威组建了欧洲经济区(European Economic Area, EEA),使得冰岛、列支敦士登和挪威也能够参加到欧盟的单一市场之中。④

到20世纪80年代中期,区域贸易安排在美洲、亚洲和非洲也开始发展起来。⑤ 特别是20世纪90年代以后,区域贸易安排呈现了迅猛发展的势头。在1990—1994年之间,通知关贸总协定的区域贸易安排为33个,这是从1948年起通知关贸总协定的区域贸易安排总数的三分之一。⑥ 到2015年1月8日,通知关贸总协定和WTO的区域贸易协定已有604个,当时有效的有398个。⑦ 在蒙古和日本于2015年签署了经济伙伴协

---

① 欧洲自由贸易联盟是根据1960年的《欧洲自由联盟条约》(也称《斯德哥尔摩条约》)成立的自由贸易区。最初的成员国是奥地利、丹麦、挪威、葡萄牙、瑞典、瑞士和英国等7国。随后,芬兰、冰岛和列支敦士登也加入了欧洲自由贸易联盟。不过,英国、丹麦、葡萄牙、奥地利、芬兰、瑞典后来退出欧洲自由贸易联盟而成为了欧洲共同体的成员。如今,欧洲自由贸易联盟的成员只有冰岛、列支敦士登、挪威和瑞士。欧洲自由贸易联盟的网站为:http://www.efta.int/。

② 关于欧盟的发展历程,本书第四章将做具体的阐述。

③ 欧盟的28个成员国是:奥地利、比利时、保加利亚、克罗地亚、塞浦路斯、捷克、丹麦、爱沙尼亚、芬兰、法国、德国、希腊、匈牙利、爱尔兰、拉脱维亚、意大利、立陶宛、卢森堡、马耳他、荷兰、波兰、葡萄牙、罗马尼亚、斯洛伐克、斯洛文尼亚、西班牙、瑞典、英国。不过,2016年英国全民公决要脱离欧盟,英国和欧盟的脱欧谈判也在进行之中。因此,目前从法律上英国依然是欧盟的成员国。采用欧元的欧盟成员国是:奥地利、比利时、塞浦路斯、爱沙尼亚、芬兰、法国、德国、希腊、爱尔兰、意大利、拉脱维亚、立陶宛、卢森堡、马耳他、荷兰、葡萄牙、斯洛伐克、斯洛文尼亚、西班牙。

④ 欧洲经济区协定(Agreement on European Economic Area)于1994年1月1日生效,其第128条规定只要是欧盟的成员国都可参加欧洲经济区。目前,欧洲经济区的参加方为31个:欧盟28个成员国、冰岛、列支敦士登和挪威。

⑤ WTO, World Trade Report 2011: The WTO and Preferential Trade Agreements: From Co-existence to Coherence, p. 6.

⑥ Jeffrey A. Frankel, *Regional Trading Blocs in the World Economic System*, Institute for International Economics, Washington DC, October 1997, p. 4.

⑦ 根据1947年GATT和1994年GATT的第24条第7款,关贸总协定的缔约方/WTO的成员应将自由贸易区、关税同盟以及临时协议的情况通知关贸总协定/WTO。GATS第5条第7款也有同样的通知要求。此处的数据来自WTO网站:http://www.wto.org/english/tratop_e/region_e/region_e.htm, 2015年1月19日访问。

定之后,所有WTO成员都至少参加了一个现行有效的区域贸易协定。[①]这些区域贸易安排既有两个成员之间的,也有多个成员组建的;既有地理相邻国家之间的安排,也有超越地理界限的安排;既有发达国家之间的安排,也有发达国家和发展中国家以及发展中国家之间的安排。此外,有的区域贸易安排(比如欧盟)还作为一方与其他经济体建立自由贸易区。[②]这些区域贸易安排除了在货物、服务、知识产权等方面给予区域内成员超过WTO多边框架下的减让外,有的还包含了当前WTO所不管辖的竞争政策、资本流动、投资劳工和环境标准等内容,有的还涉及了环境、劳工和签证等方面的内容。[③] 就区域贸易安排的形式来看,自由贸易区是主体,关税同盟并不普遍,而欧盟的模式有其自身的特殊性。关税同盟的组建一般要求缔约方经济发展水平接近。当缔约方经济水平差距较大,并且对于要保护的敏感产品各自不同时,就难以形成统一的对外关税制度。此时,组建自由贸易区更容易满足GATT第24条的要求。[④]

区域贸易安排在过去二十多年的蓬勃发展,主要是基于以下因素:

(1) 区域贸易安排相对于GATT/WTO下的多边贸易谈判更为容易。

特定国家或经济体之间组建区域贸易安排有着各自不同的理由。政治因素、国家间的地理位置以及历史关系和经济发展水平都可能是组建区域贸易安排的动因。

从政治经济学的角度分析,各国在推进区域贸易协定谈判时都根据自身的需要来选择伙伴,并以自身为"轮轴"(hub),其他成员国为"轮辐"(spoke),来构造区域贸易安排的网络。轮辐国可能因轮轴国与其他国家签订区域贸易协定而遭受贸易转移的损失,而轮轴国可从贸易转移中获

[①] 在2015年之前,当时的WTO成员中只有蒙古国没有缔结区域贸易协定。

[②] 从国际法的角度讲,绝大多数区域贸易安排并不具有独立的法律人格,也不具有单独以其名义与第三方签订国际协定的权限。因此,区域贸易安排作为一方缔结的自由贸易协定等安排时,实际上由该区域贸易安排的成员签署。欧盟有特殊之处。在《里斯本条约》生效后,欧盟具有独立的法律人格,作为专有期限(exclusive competence)的共同商业政策(common commercial policy)的范围也扩大了。共同商业政策包括货物贸易、服务贸易以及外国直接投资等方面的内容,欧盟具有独立订立这些方面国际协定的权限。参见《欧洲联盟条约》第47条、《欧洲联盟运行条约》第3条和第207条。

[③] WTO,World Trade Report 2011: The WTO and Preferential Trade Agreements: From Co-existence to Coherence,p.11.

[④] 参见郑玲丽:《WTO关于区域贸易协定的法律规范研究》,南京大学出版社2008年版,第119—120页。

益。事实上,无论何种形式的区域贸易协定都会给非成员构成某种程度的歧视。非成员国在国内利益集团和国外贸易伙伴国的双重压力下,为克服这种负面影响,保障市场准入和获得对等的发展机会,通常选择加入已有的区域经济一体化组织或组建新的一体化组织。而原有一体化组织的加强或新的一体化组织的建立又会增加其他成员国的压力,促进更多区域贸易协定的签订或已有一体化组织的深化。①

在 GATT/WTO 体制下,一些国家彼此之间实现进一步的贸易开放,同时又不希望它们之间的减让由于最惠国待遇原则而被所有 GATT/WTO 成员搭便车,区域贸易安排就提供了一个法律平台。由于 GATT/WTO 的谈判中参加者众多,也导致各国通常寻找在区域这个层次而非全球这个层次比较容易找到的解决方案。② 比如,服务贸易的自由化需要成员之间相互承认对方服务提供者的职业资格或规制规则。不过,GATS 第 7 条并没有要求一个 WTO 成员必须承认其他所有 WTO 成员的规则,而是允许通过有关成员之间签订协议或安排的方式实现。欧盟取得的成就也显示了区域市场建设的生命力,其在自由化的范围、实现模式以及确保遵守的工具上更具开拓性、更为深化。③

(2) 美国和日本等发达国家的政策转向推动了区域贸易安排的发展。

在乌拉圭回合之前,美国是致力于在多边基础上消除贸易壁垒的。在关贸总协定时期,美国支持欧洲经济共同体的成立一方面是出于政治考虑,另一方面也是借助欧洲经济一体化来促进多边贸易谈判。不过,当 1982 年欧洲拒绝了美国对于新一轮关贸总协定谈判的建议时,美国表示只与有兴趣的贸易伙伴谈判,这导致了美国和以色列的自由贸易协定以及美国、加拿大和墨西哥之间北美自由贸易协定的签订。④ 美国的态度

---

① 参见李容林等:《APEC 内部 FTA 的发展及其对 APEC 的影响》,天津大学出版社 2011 年版,第 8 页和第 102 页。
② 参见〔美〕罗伯特·吉尔平:《全球政治经济学:解读国际经济秩序》,杨宇光、杨炯译,上海世纪出版集团 2006 年版,第 323 页。
③ 参见〔美〕弗朗切斯科·迪纳:《自由贸易的社会构建》,黄胜强、许铭原译,中国社会科学出版社 2009 年版,第 26—27 页。
④ 美国和以色列的自由贸易协定签订于 1985 年 4 月 22 日,1985 年 8 月 19 日生效,是美国对外签订的第一个自由贸易协定。北美自由贸易协定于 1992 年 12 月 7 日签订,1994 年 1 月 1 日生效。

是:如果多边路径行不通,就开拓其他路径,直到1994年乌拉圭回合的结束。① 在乌拉圭回合之后,美国也没有放弃区域贸易安排。比如,美国与中美洲五国(尼加拉瓜、洪都拉斯、萨尔瓦多、危地马拉、哥斯达黎加)以及加勒比地区的多米尼加签订了美国—多米尼加—中美洲自由贸易协定(CAFTA-DR)。美国还分别与澳大利亚、巴林、智利、哥伦比亚、约旦、韩国、摩洛哥、阿曼、巴拿马、秘鲁和新加坡订立了双边自由贸易协定,这些自由贸易协定均已生效和实施。② 2015年10月5日,美国等12个国家完成了跨太平洋伙伴关系协定的谈判(Trans-Pacific Partnership,TPP)。③ 2016年2月4日,TPP的12个谈判方在新西兰奥克兰签署了协定文本。④ 此外,在奥巴马时期,美国和欧盟也进行了跨大西洋贸易与投资伙伴关系协定(Transatlantic Trade and Investment Partnership,TTIP)的谈判。⑤

日本长期以来奉行以GATT/WTO为中心的多边自由贸易政策。作为多边机制的受益者,日本曾对区域贸易安排持消极甚至反对的态度。⑥ 但是,从20世纪末开始,日本的态度发生了转变。2002年1月13日,日本和新加坡签署了《日本和新加坡新时期经济伙伴协定》(Agreement between Japan and the Republic of Singapore for a New-

---

① Jeffrey A. Frankel, *Regional Trading Blocs in the World Economic System*, Institute for International Economics, Washington DC, October 1997, p.5.

② 有关美国签订的自由贸易协定情况,可以从下列网址获得:http://www.ustr.gov/trade-agreements/free-trade-agreements。

③ 这12个国家是:美国、日本、马来西亚、越南、新加坡、文莱、澳大利亚、新西兰、加拿大、墨西哥、智利和秘鲁。

④ 2017年1月23日(美国当地时间),美国总统特朗普签署行政命令,正式宣布美国退出TPP(http://finance.sina.com.cn/stock/usstock/c/2017-01-24/doc-ifxzusws0092391.shtml,2017年1月25日访问)。2017年1月30日,美国贸易代表(USTR)向TPP的其他缔约方和TPP的保存方(新西兰)发出了书面信函,表明美国不准备成为TPP的缔约方,美国也不承担因其于2016年2月4日在协定上签字产生的法律义务。检索自https://ustr.gov/sites/default/files/files/Press/Releases/1-30-17%20USTR%20Letter%20to%20TPP%20Depositary.pdf,2017年2月4日访问。不过,TPP的其余11国并不想让谈判的成果付之东流,这11国计划于2018年3月在智利进行签署仪式,协定文本也进行了调整并更名为CPTPP(Comprehensive and Progressive Agreement for Trans-PacificPartnership)。参见http://news.sina.com.cn/o/2018-01-24/doc-ifyqyesy0538807.shtml,2018年1月25日最后访问。

⑤ 有关TTIP谈判的情况,可从欧盟网站的下列地址获取:http://ec.europa.eu/trade/policy/in-focus/ttip/。不过,在特朗普就任美国总统后,TTIP的谈判已陷入停顿。

⑥ 参见郭定平主编:《东亚共同体建设的理论与实践》,复旦大学出版社2008年版,第85页。

Age Economic Partnership），这是日本签署的第一个自由贸易协定。日本将缔结的自由贸易协定冠名为"经济伙伴协定"（Economic Partnership Agreement，EPA），是希望能够促进与主要贸易伙伴的高水平经济关系。① 日本外务省在2002年的《日本的自由贸易协定战略》中指出，尽管WTO在维系自由贸易体制方面具有重要作用，自由贸易协定也能在WTO所不管辖的领域强化经济关系并实现超出WTO水平的自由化。② 日本外务省在2010年的《全面经济伙伴基本政策》中进一步指出，随着新兴经济体的迅速增长，日本在全球经济中的地位正在下降。尽管WTO多哈谈判对于强化多边贸易规则非常重要，但其前途并不确定，而主要贸易国家的高水平的自由贸易协定/经济伙伴协定的网络正在扩展。日本在这方面已经落后。③ 因此，日本近年来也重视经济伙伴协定的谈签。④

就欧盟来讲，自《罗马条约》成立欧洲经济共同体之初，欧盟就开始对外签订贸易协定。不过，这些协定主要是服务于欧盟成员的扩充和内部市场在欧洲范围内的扩展，以及基于欧盟国家与非加太国家的特殊政治关系。⑤ 2006年，欧盟委员会发布了新的贸易政策战略，提出要对外签订新一代的自由贸易协定（new generation of FTAs）。⑥ 欧盟提出新一代的FTA在对手选择方面要以市场潜力（market potential）和消除针对欧盟出口利益的壁垒为主要标准。此外，欧盟在FTA的内容方面追求综合性的谈判，包含投资、政府采购、知识产权和竞争等方面的规则。2011年7月1日，欧盟和韩国的FTA正式生效，这是欧盟对外签署的第一个新一代的FTA。2016年10月30日，欧盟和加拿大签署了全面贸易和经济协

---

① 日本和新加坡的协定不是以消减关税和非关税壁垒为目标的传统意义的自由贸易协定，而是包括两国在金融领域、信息通信服务、科学技术、技术贸易促进、人才培养交流等多个领域的合作，是新型的自由贸易区。参见李容林等：《APEC内部FTA的发展及其对APEC的影响》，天津大学出版社2011年版，第165页。

② 日本外务省网站：Japan's FTA Strategy (Summary)，http://www.mofa.go.jp/policy/economy/fta/strategy0210.html，2018年1月25日最后访问。

③ 日本外务省网站："Basic Policy on Comprehensive Economic Partnerships"，http://www.mofa.go.jp/policy/economy/fta/policy20101106.html，2018年1月25日最后访问。

④ 除了新加坡之外，日本还与墨西哥、马来西亚、智利、泰国、印度尼西亚、文莱、东盟、菲律宾、瑞士、越南、印度、秘鲁、澳大利亚和蒙古等国签订了经济伙伴协定。有关情况参见日本外务省网站：http://www.mofa.go.jp/policy/economy/fta/index.html。

⑤ 有关欧盟贸易协定的类型和历史发展，参见叶斌：《欧盟贸易协定政策的变化和影响——法律的视角》，载《欧洲研究》2014年第3期。

⑥ European Commission，Global Europe：Competing in the World，COM(2006)567 final.

定(Comprehensive Economic and Trade Agreement，CETA)。

(3) 发展中国家成为区域贸易安排发展的生力军。

在20世纪50—70年代,大多数发展中国家为了实现工业化而采用了进口替代战略。但是,通过进口替代战略实现工业化通常只取得了有限的成功,实施进口替代策略的国家比早在20世纪50年代就实行出口导向的国家或地区的经济增长率要低得多。因此,从20世纪80年代起,许多以前实行进口替代工业化政策的亚非拉发展中国家转向贸易自由化并实行外向型策略。① 区域贸易安排对于发展中国家实现这一转变具有主要作用。世界银行和国际货币基金组织也鼓励发展中国家融入世界市场并提供了相应的支持与援助。②

此外,对于发展中国家而言,在世界经济版图基本被发达国家分割的情况下,如果不加入或新建区域经济合作网络,也面临原有市场被集团内成员挤占、新市场难以开拓的风险。③ 如今,亚非拉各大洲均有发展中国家参加或组建的区域贸易安排。

A. 美洲

在北美,墨西哥参加了1992年缔结的北美自由贸易协定(NAFTA)。在中美洲和南美洲,发展中国家区域一体化的发端比NAFTA还早。1965年12月,安提瓜和巴布达、巴巴多斯、圭亚那、特立尼达和多巴哥等国建立了加勒比自由贸易联盟(Caribbean Free Trade Association, CARIFTA)。1973年7月4日签署的《查瓜拉马斯条约》建立了加勒比共同体(Caribbean Community, CARICOM),取代了加勒比自由贸易联盟。经济一体化、外交政策协作、人类与社会发展和安全是加勒比共同体的四个支柱。《查瓜拉马斯条约》在2012年进行了修订,设定了最终建立单一市场和单一货币的目标。④ 1969年5月,秘鲁、玻利维亚、厄瓜多尔、

---

① 参见〔美〕多米尼克·萨尔瓦多:《国际经济学》(第8版),朱宝宪、吴洪、方俞露译,清华大学出版社2004年版,第318—320页。
② May T. Yeung, Nicholas Perdikis and William A. Kerr, *Regional Trading Blocks in the Global Economy: The EU and ASEAN*, Edward Elgar Publishing, 1999, p.5.
③ 参见商务部研究院亚洲与非洲研究所:《中国自由贸易区发展报告2010》,中国商务出版社2011年版,第6页。
④ 加勒比共同体现有15个成员:安提瓜和巴布达、巴哈马、巴巴多斯、伯利兹、多米尼克、格林纳达、圭亚那、海地、牙买加、蒙特塞拉特(英属)、圣基茨和尼维斯、圣卢西亚、圣文森特和格林纳丁斯、苏里南、特立尼达和多巴哥。该组织网站为:http://caricom.org。

哥伦比亚和智利签署了《卡塔赫纳协定》。同年10月16日,该《协定》生效。由于协定的缔约方均系安第斯山麓国家,故称安第斯集团或安第斯条约组织,并于1996年3月9日更名为安第斯共同体(La Comunidad Andina)。安第斯共同体的宗旨为充分利用本地区资源,促进成员国之间平衡和协调发展,取消成员国之间的关税壁垒,组成共同市场,加速经济一体化进程。① 1991年3月26日,南美的阿根廷、巴西、巴拉圭和乌拉圭四国签署了《亚松森条约》,宣布建立南方共同市场(Mercado Común del Sur,MERCOSUR),该《条约》于当年11月29日正式生效。1995年1月1日南方共同市场正式运行。② 2008年5月,南美12国签署了《南美国家联盟组织条约》,宣告南美国家联盟(Unión de Naciones Suramericanas,UNASUR)正式成立。南美国家联盟以增进南美国家间政治互信,促进经济、社会一体化为宗旨。③

B. 亚太地区

1967年8月8日,印度尼西亚、马来西亚、菲律宾、新加坡和泰国等5国建立了东南亚国家联盟,简称东盟(Association of Southeast Asian Nations,ASEAN)。后来,文莱于1984年、越南于1995年、老挝和缅甸于1997年、柬埔寨于1999年相继加入东盟,东盟成员国扩充到10个④,并在1993年1月1日建立了东盟自由贸易区。⑤ 在2003年的东盟峰会上,东盟十国领导人决定建立以经济共同体(Economic Community)、政治安全共同体(Political-Security Community)、社会文化共同体(Social-Cultural Community)为三大支柱的东盟共同体(ASEAN Community)。

---

① 检索自我国外交部网站:http://www.fmprc.gov.cn/web/gjhdq_676201/gjhdqzz_681964/lhg_683286/jbqk_683288,2018年1月25日最后访问。
② 南方共同市场现有6个成员,除了阿根廷、巴西、巴拉圭、乌拉圭之外,还有委内瑞拉和玻利维亚。检索自我国外交部网站:http://www.fmprc.gov.cn/web/gjhdq_676201/gjhdqzz_681964/lhg_683262/jbqk_683264/,2018年1月25日最后访问。
③ 南美国家联盟的前身为南美国家共同体。2000年,巴西在第一届南美国家首脑会议上提出建立南美国家共同体的倡议。2004年12月南美国家共同体正式宣告成立。2007年4月更名为南美国家联盟。南美国家联盟现有12个成员:阿根廷、巴西、乌拉圭、巴拉圭、委内瑞拉、玻利维亚、哥伦比亚、厄瓜多尔、秘鲁、智利、圭亚那和苏里南。检索自我国外交部网站:http://www.fmprc.gov.cn/web/gjhdq_676201/gjhdqzz_681964/nmgjlmy_683238/jbqk_683240/,2018年1月25日最后访问。
④ 参见东盟网站:http://asean.org/asean/about-asean/,2018年1月25日最后访问。
⑤ 参见WTO网站:http://rtais.wto.org/UI/PublicShowRTAIDCard.aspx?rtaid=126,2018年1月25日最后访问。

在2007年的东盟首脑会议上,东盟成员国领导人提出要在2015年建成东盟共同体。① 2015年12月31日,东盟领导人宣布东盟共同体当天正式成立建立。② 东盟及其成员国除了促进东盟内的一体化之外,也分别与东盟外的国家订立了区域贸易协定。比如,东盟分别与澳大利亚和新西兰、中国、印度、日本、韩国建立了自由贸易区。再比如,泰国除了作为东盟成员国集体签署了区域贸易协定之外,还单独与日本、老挝、澳大利亚、智利、新西兰等国订立了自由贸易协定。③ 我国在2001年12月11日成为WTO的成员后,也开始积极谈判和签订自由贸易协定。目前,除了中国—东盟自由贸易区外,我国还与马尔代夫、澳大利亚、瑞士、哥斯达黎加、新加坡、智利、格鲁吉亚、韩国、冰岛、秘鲁和新西兰签署了自由贸易区协定。我国中央政府还与香港特别行政区政府和澳门特别行政区政府签订了关于建立更紧密经贸关系的安排(CEPA)。④ 在南亚,印度等国于1985年成立了南亚区域合作联盟(South Asian Association for Regional Cooperation,SAARC)。⑤ 2004年,《建立南亚自由贸易区的协定》签订,并于2016年1月1日起生效。⑥ 此外,成立于1989年的亚太经合组织(Asia-Pacific Economic Cooperation,APEC)涵盖了包括亚洲和太平洋地区的21个经济体。⑦ 2014年的APEC第22次领导人非正式会议通过的领导人宣言提出了建立亚太自由贸易区(Free Trade Area of the Asia-

---

① 参见东盟网站:http://asean.org/asean/about-asean/overview/,2018年1月25日最后访问。
② 参见人民网:http:world.people.com.cn/n1/2016/0101/c157278-28002170.html,2018年1月25日最后访问。
③ 参见WTO网站:http://rtais.wto.org/UI/PublicSearchByMemberResult.aspx?MemberCode=764&lang=1&redirect=1,2018年1月25日最后访问。
④ 参见中国自由贸易区服务网:http://fta.mofcom.gov.cn/,2018年1月25日最后访问。
⑤ 1985年12月,孟加拉国、不丹、印度、马尔代夫、尼泊尔、巴基斯坦、斯里兰卡等七国通过了《南亚区域合作宣言》和《南亚区域合作联盟宪章》,宣告南亚区域合作联盟正式成立。根据《南亚区域合作联盟宪章》,促进经济、社会、文化、技术和科学领域的积极合作和相互支持也是其宗旨之一。南亚区域合作联盟现有8个成员:阿富汗、孟加拉国、不丹、印度、马尔代夫、尼泊尔、巴基斯坦、斯里兰卡。参见我国外交部网站:http://www.fmprc.gov.cn/web/gjhdq_676201/gjhdqzz_681964/lhg_682662/jbqk_682664/,2018年1月25日最后访问。
⑥ 参见南亚区域合作联盟网站:http://www.saarc-sec.org/areas_of_cooperation,2018年1月25日最后访问。
⑦ APEC的21个成员是:澳大利亚、文莱、加拿大、智利、中国、中国香港、印度尼西亚、日本、韩国、马来西亚、墨西哥、新西兰、巴布亚新几内亚、秘鲁、菲律宾、俄罗斯、新加坡、中华台北、泰国、美国、越南。APEC本身并非一个区域贸易安排,而是一个政府间的论坛。

Pacific，FTAAP)的目标。①

C. 非洲

非洲区域贸易安排的历史可以追溯到第二次世界大战之后。1949年南非与罗得西亚关税同盟是发展中国家按照 GATT 第 24 条登记的第一个区域经济集团。1964 年,喀麦隆、刚果等 6 个法语国家成立了中非关税同盟(UDEAC),掀起了一轮非洲国家成立区域经济集团的地区主义浪潮。② 1975 年,以促进经济一体化为目标的西非国家经济共同体(Economic Community of West African States，ECOWAS)成立。③ 1981年,东部和南部非洲的一些国家成立了东部和南部非洲优惠贸易区(Preferential Trade Area for Eastern and Southern Africa)。1993 年 11月,东部和南部非洲优惠贸易区第 12 次首脑会议通过了把贸易区转变为共同市场的条约。1994 年 12 月,优惠贸易区首脑会议正式批准了该条约,宣布东部和南部非洲共同市场(The Common Market for Eastern and Southern Africa，COMESA)正式成立。东部和南部非洲共同市场的宗旨之一为废除成员国之间的关税和非关税壁垒,实现商品和服务的自由流通。④ 1983 年,中部非洲国家签署了《建立中部非洲国家经济共同体条约》,成立了中部非洲国家经济共同体(Communauté Économique des États de l'Afrique Centrale，CEEAC)。中部非洲国家经济共同体的主要目标是取消成员国之间的关税和各种贸易壁垒,制定共同的对外贸易政策,建立共同的对外贸易关税率。⑤ 1992 年 8 月,安哥拉等国签署了

---

① 参见 APEC 网站:http://www.apec.org/Groups/Other_Groups/FTA_RTA,2018 年 1 月 25 日最后访问。

② 参见刘光溪:《互补性竞争论——区域集团与多边贸易体制》,经济日报出版社 2006 年版,第 378—379 页。

③ 西非国家经济共同体现有 15 个成员:贝宁、布基纳法索、佛得角、科特迪瓦、冈比亚、加纳、几内亚、几内亚比绍、利比里亚、马里、尼日尔、尼日利亚、塞内加尔、塞拉利昂、多哥。参见西非国家经济共同体网站:http://www.ecowas.int/member_stats.,2018 年 1 月 25 日最后访问。

④ 东部和南部非洲共同市场现有 19 个成员:布隆迪、科摩罗、刚果民主共和国、吉布提、埃及、厄立特里亚、埃塞俄比亚、肯尼亚、利比亚、马达加斯加、马拉维、毛里求斯、卢旺达、塞舌尔、苏丹、斯威士兰、乌干达、赞比亚、津巴布韦。参见我国外交部网站:http://www.fmprc.gov.cn/web/gjhdq_676201/gjhdqzz_681964/lhg_683070/jbqk_683072/,2018 年 1 月 25 日最后访问。

⑤ 中部非洲国家经济共同体现有 11 个成员:安哥拉、布隆迪、喀麦隆、中非、乍得、刚果(布)、刚果(金)、加蓬、赤道几内亚、圣多美和普林西比、卢旺达。参见我国外交部网站:http://www.fmprc.gov.cn/web/gjhdq_676201/gjhdqzz_681964/zbfzgjjjgtt_682950/jbqk_682952/,2018 年 1 月 25 日最后访问。

《建立南部非洲发展共同体的宣言与条约》(The Declaration and Treaty establishing the Southern African Development Community),将1980年成立的南部非洲发展协调会议(Southern African Development Coordination Conference,SADCC)转变为南部非洲发展共同体(Southern African Development Community,SADC)。南部非洲发展共同体的宗旨为:打破关税壁垒,促进相互贸易和投资,实行人员、货物和劳务的自由往来,逐步统一关税和货币,最终实现地区经济一体化。① 1999年,肯尼亚、坦桑尼亚和乌干达三国签署了《东非共同体条约》,决定恢复三国间曾于1967年成立而后来解体的东非共同体(East African Community,EAC)。2001年1月15日,三国在坦桑尼亚阿鲁沙举行了东非共同体正式成立仪式。东非共同体以逐步建立关税同盟、共同市场、货币联盟,并最终实现政治联盟为宗旨。

2007年6月,东非共同体吸纳卢旺达、布隆迪为其成员。2009年11月20日,五国共同签署了《东非共同体共同市场协议》。2015年1月签署的建立货币同盟协议确定了建立货币同盟的路线图。2016年3月,南苏丹正式加入东非共同体。② 1999年6月25日,中部非洲经济与货币共同体(Communauté Economique et Monétaire de l'Afrique Centrale,CEMAC)正式成立,取代了之前的中部非洲关税和经济联盟。中部非洲经济与货币共同体由四部分组成:中部非洲经济联盟、中部非洲货币联盟、共同体议会和共同体法院。中部非洲经济联盟负责协调成员国的经济、预算政策,以及行业发展政策,逐步建立次区域共同市场,提高经济竞争力。③ 2002年,博茨瓦纳、莱索托、纳米比亚、南非、斯威士兰5国签订了《南部非洲关税同盟协定》,建立了南部非洲关税同盟(Southern African Customs Union,SACU)④。

---

① 南部非洲发展共同体现有15个成员:南非、安哥拉、博茨瓦纳、津巴布韦、莱索托、马拉维、莫桑比克、纳米比亚、斯威士兰、坦桑尼亚、赞比亚、毛里求斯、刚果(金)、塞舌尔、马达加斯加。参见南部非洲发展共同体网站:www.sadc.int。

② 参见我国外交部网站:http://www.fmprc.gov.cn/web/gjhdq_676201/gjhdqzz_681964/lhg_683046/jbqk_683048/,2018年1月25日最后访问。

③ 中部非洲经济与货币共同体现有6个成员:赤道几内亚、刚果(布)、加蓬、喀麦隆、乍得、中非共和国。参见我国外交部网站:http://www.fmprc.gov.cn/web/gjhdq_676201/gjhdqzz_681964/zbfzjjyhbgtt_682926/jbqk_682928/,2018年1月25日最后访问。

④ 南部非洲关税同盟的历史可以追溯到1889年英国殖民统治时期。在20世纪60年代博茨瓦纳等国取得独立和主权后,于1969年签订了新的关税同盟协定。在纳米比亚于1990年独立后,南部非洲关税同盟的成员国开始了新的谈判,并于2002年签订了新的关税同盟协定。参见南部非洲关税同盟网站:http://www.sacu.int/show.php?id=394,2018年1月25日最后访问。

此外，位于不同大洲的发展中国家也开展了跨洲的区域合作。比如，埃及和约旦等位于中东和非洲的16个阿拉伯国家建立了泛阿拉伯自由贸易区(Pan-Arab Free Trade Area，PAFTA)。①

综上所述，区域贸易安排的蓬勃发展已经成为世界经济的一个重要特征。尽管存在着区域贸易安排是促进还是阻碍多边体制的争论，但区域贸易安排的持续发展却是不容回避的现实。② 事实上，2008年的金融危机之后，区域贸易安排的步伐并没有因此放缓。对于在多边体制基础上追求自由化或一体化的区域贸易安排来讲，也需要进一步消除阻碍货物贸易、服务贸易和投资的壁垒。从所得税与贸易和投资的关系来讲，一国可以借助所得税措施实施贸易保护，而各国正常税制所导致的双重征税和税收差别待遇也会阻碍贸易和投资的自由流动。同时，各国为了吸引外资而竞相给予税收优惠的做法也对投资的流动产生了扭曲，各国也因此面临着税基侵蚀和利润转移问题。不过，尽管以北美自由贸易协定(NAFTA)为代表的区域贸易安排将大量之前的贸易协定从未关注的国内事项纳入到调整范围之中③，但目前并没有出现超国家的国际税收组织，各成员依然享有所得税主权。④ 因此，如何消除这些所得税问题，对于区域贸易安排同样具有重要意义，这将是本书重点研究的内容。⑤

---

① 该自由贸易区协定于1997年2月19日签署，1998年1月1日生效。现有成员为：巴林、埃及、伊拉克、约旦、科威特、黎巴嫩、利比亚、摩洛哥、阿曼、卡塔尔、沙特阿拉伯、苏丹、叙利亚、突尼斯、阿联酋、也门、阿尔及利亚、约旦河西岸和加沙地带的巴勒斯坦民族权力机构。参见WTO网站：http://rtais.wto.org/UI/PublicShowMemberRTAIDCard.aspx? rtaid=16，2018年1月25日最后访问。

② 这方面的争论由来已久，文献也非常丰富。本书在此不予以赘述。

③ 〔美〕约翰·H. 巴顿、朱迪思·L. 戈尔斯坦、蒂莫西·E. 乔思林、理查德·R. 斯坦伯格：《贸易体制的演进：GATT 与 WTO 体制中的政治学、法学和经济学》，廖诗评译，北京大学出版社2013年版，第175页。

④ 严格地讲，WTO和区域安排的成员也包括非主权国家的单独关税区，它们没有国家那样的主权。不过，单独关税区也享有相应的税收管辖权。比如，我国的《香港特别行政区基本法》第108条规定："香港特别行政区实行独立的税收制度。香港特别行政区参照原在香港实行的低税政策，自行立法规定税种、税率、税收宽免和其他税务事项"。《香港特别行政区基本法》第116条规定："香港特别行政区为单独的关税地区"。香港的这些权利是中央政府基于法律的授予，是我国对内行使主权的体现。在本书中，鉴于WTO和区域贸易安排的成员主要是国家，为行文方便，统一采用"所得税主权"的称谓，但这并不意味着单独关税区等地区是主权国家。

⑤ 在理论上，根据税负能否转嫁，税收可分为直接税和间接税。直接税包括所得税和财产税。所得税又包括企业(公司)所得税和个人所得税等税种。本书的研究集中在企业(公司)所得税方面，因为跨境贸易和投资的主体是企业和公司。当然，自然人流动也会涉及个人所得税问题。但是，由于自然人的流动受制于各国的移民、签证等政策，其经济活动的频繁程度远不如公司和企业。不过，本书在第五章论述税基侵蚀和利润转移问题时，相关的讨论也适用于自然人。

第二节 区域贸易安排中的所得税问题

一、区域贸易安排中的所得税问题

(一) 所得税对贸易的影响

从税收与国际贸易的关系来看,关税等间接税对贸易的扭曲作用是非常明显的。① 但是,各国的所得税制度和特定的所得税措施也能对货物贸易和服务贸易产生影响,这体现在:

1. 一国可借助所得税措施实施贸易保护

表面上看,所得税对货物贸易的影响表面上不如关税明显,因为所得税是对纳税人的纯收入课征,而非针对产品本身的征税。② 但是,特定的所得税措施也能够对货物贸易产生负面影响。在进口方面,所得税措施可以用来歧视外国产品从而为本国产品提供保护。比如,一国对购买本国产汽车的本国消费者给予所得税方面的优惠,这会导致消费者倾向于购买国产汽车,从而影响进口汽车的销售。③ 在出口方面,所得税可以作为出口补贴的提供方式。如果政府减免了企业出口所得的税负,企业的竞争力就会基于非市场因素而得到提高,企业就具备了低于正常价值出口产品的可能。出口补贴虽然导致产品出口价格在进口国的降低,但出口国国内的价格将提高。尽管出口企业可能因补贴获益,但出口国的消费者却因此受到损害,进口国产业也处于不公平的竞争条件之下。④ 因此,出口补贴对市场造成了扭曲,降低了经济效率。从全球角度讲,补贴减少了总体世界福利这一点也是清楚的。⑤ 此外,出口国政府通过减免所得税提供出口补贴也会导致预算赤字的增加。为了弥补财政损失,

---

① 比如,高税率的进口关税能够阻挡外国产品的进入。
② 参见杨斌:《税收学》,科学出版社 2003 年版,第 65 页。
③ Joel Slemrod and Reuven Avi-Yonah,"(How) Should Trade Agreements deal with Income Tax Issues?" *Tax Law Review*,Vol. 55,No. 4,2002,p. 536.
④ Paul Krugman and Maurice Obstfeld,*International Economics:Theory and Practice*,6th edition,清华大学出版社 2004 年英文影印版,第 197 页。
⑤ 参见〔美〕约翰·H. 杰克逊:《GATT/WTO 法理与实践》,张玉卿等译,新华出版社 2002 年版,第 101—102 页。

出口国政府就可能提高对其他企业的征税，这对其他企业也是不公的。①

同样的问题也存在于服务贸易之中。由于服务通常是无形的且不能储存②，也就不存在类似于对货物的征税问题，此时所得税措施对服务贸易的影响更为直接。比如，所得税措施可用来歧视外国服务提供者。一国可以对外国服务提供者在当地设立的商业机构征收比从事相同活动的本国服务提供者更高的所得税③，也可以加重本国居民使用境外服务时的税收负担。④ 所得税措施也能够作为给本国服务业提供补贴的方式。WTO的文献表明，服务业的补贴是普遍存在的，其中特别集中在运输、旅游和银行业，而税收激励措施（tax incentives）是常见的补贴方式之一。⑤

上述做法本质上属于贸易限制措施，具有与贸易政策类似的效应。⑥ 由于所得税措施并非直接针对产品征税，该种做法比基于产品原产地而采取的间接税差别措施更具隐蔽性。

2. 各国正常的所得税制也会对国际贸易产生影响

各国正常的所得税制度，即使不以实施贸易保护为目的，也会对贸易要素的流动产生影响。这主要体现在双重征税和税收差别待遇两个方面。

---

① Paul R. McDaniel, "Trade Agreements and Income Taxation: Interactions, Conflicts, and Resolutions", *Tax Law Review*, Vol. 57, No. 2, 2004, pp. 294—295.

② 参见〔英〕伯纳德·霍克曼、迈克尔·考斯泰基：《世界贸易体制的政治经济学：从关贸总协定到世界贸易组织》，刘平等译，法律出版社1999年版，第124页。

③ 比如，作为甲国居民纳税人的A公司在乙国设有一个分公司B，B的营业利润要在乙国缴纳所得税。如果乙国对B营业利润的征税比从事相同业务的本国居民公司更重时，就产生了税收歧视。

④ 比如，甲国A银行向乙国B公司发放一笔贷款，B公司要为此向A银行支付利息。根据乙国法律，B公司从乙国银行取得同等条件贷款并支付利息时，该笔利息是可以从B公司应税所得中扣除的。但是，如果乙国法律不允许B公司将支付给甲国A银行的利息从应税所得中扣除，就加重了B公司的融资成本，从而导致B公司不向甲国A银行申请贷款，这也对甲国A银行提供金融服务造成了歧视。

⑤ WTO, World Trade Report 2006—Exploiting the Links between Subsides, Trade and the WTO, pp. 178—188.

⑥ Joel Slemrod, Free Trade Taxation and Protectionist Taxation, NBER Working Paper Series, No. 4902, 1994, p. 3.

(1) 双重征税

在各国普遍同时主张居民税收管辖权和来源地税收管辖权时[①],一国的居民纳税人可能面临三种类型的法律性双重征税[②],即:居民管辖权和居民管辖权重叠导致的双重征税;居民管辖权和来源地管辖权重叠导致的双重征税;来源地管辖权和来源地管辖权重叠导致的双重征税。这些类型的双重征税在国际贸易中都有体现。以服务贸易为例:

第一,甲国 A 公司在乙国注册成立一个子公司 B 提供服务。乙国对居民公司的认定采用注册地标准,B 公司为乙国居民纳税人。甲国对居民公司的认定除了注册地标准外,还采用有效管理机构所在地标准。如果 B 公司的有效管理机构在甲国,则 B 公司同时也是甲国的居民公司。这样,B 公司就面临两个居民管辖权重叠所导致的双重征税,其境内外全部所得要同时向甲国和乙国纳税。

第二,甲国 A 银行向乙国 B 公司发放一笔贷款,B 公司要为此向 A 银行支付利息。乙国认定 A 银行的利息收入为来源于乙国的所得,要予以征税;而 A 银行作为甲国居民纳税人,该笔利息所得也要在甲国纳税。这样,该笔利息就面临居民管辖权和来源地管辖权所导致的双重征税。

第三,甲国 A 银行向乙国 B 公司发放一笔贷款,B 公司将贷款交给其在丙国的分公司 C 使用,利息由分公司 C 承担和支付。如果乙国对利息的来源认定标准是借款人为居民的所在地,丙国采用常设机构标准[③],则 A 银行的该笔利息要同时被乙、丙两国主张来源地管辖权从而被双重征税。

此外,当各国对公司和股东同时都征收所得税时,一国居民纳税人取

---

① 在居民税收管辖权下,居民要就其境内外全部所得向其居民国纳税;在来源地管辖权下,非居民只就其来源于当地的所得向该国纳税。

② OECD 税收协定范本(2014 年和 2017 年版)引言部分的第 1 段是如下定义法律性双重征税的:指两个或两个以上的国家或地区对同一纳税人的同一课税对象在同一征税期内征收同一或类似种类的税。

③ 常设机构(permanent establishment,PE)是国际税收协定中一国对非居民来源于当地的营业利润(business profits)进行征税的连接点。根据 OECD 范本第 5 条,常设机构指一国企业在另一国境内进行全部或部分经营的固定场所,一般包括管理场所、分支机构、办事处、工厂、矿场或油井以及非独立地位的代理人(agency PE)。OECD 范本第 11 条第 5 款规定:当支付利息的人在缔约国一方有常设机构,且支付利息发生的债务与该常设机构有联系并由其负担利息,则利息应认为来源于该常设机构所在国。

得的来源于境外的股息还会面临经济性国际双重征税。[1]

在纳税人存在跨国所得和各国普遍征收所得税的背景下,国际双重征税的产生是一种必然现象,但也对国际贸易产生了负面影响:

首先,国际双重征税违背税收公平原则。[2] 对于有跨国所得的纳税人来讲,假如其纳税能力与没有跨国所得的纳税人相同,在国际双重征税存在的情况下,跨国纳税人的税收负担就比没有跨国所得的纳税人更重。

其次,国际双重征税也违反了税收中性[3]原则。双重征税的存在可能迫使纳税人取消海外经营的计划,对国际经济交往产生扭曲影响。

(2) 税收差别待遇

如前所述,在国际贸易中,一国可借助所得税措施歧视外国服务提供者(包括通过跨境交付方式提供服务和通过商业存在提供服务的情况)。税收歧视不仅使外国服务提供者处于不公平的竞争条件,也具有规避服务进口国市场准入承诺的效应。

不过,假如外国服务提供者和本国服务提供者并不处于相同情况下(in the same circumstances),所得税法中对外国服务提供者和本国服务提供者给予差别待遇也是正常的,因为外国服务提供者通常是该国税法上的非居民纳税人,而本国服务提供者是居民纳税人。作为所得税法的基本要素,居民和非居民的纳税负担是不同的,因此非居民和居民的税收待遇也是存在差别的,通常非居民不能享受所得税法中给予居民的全部优惠待遇。

此外,一国所得税法还可能对居民的境外所得或亏损采取不同于境内所得或亏损的处理方式,从而造成本国居民之间的差别待遇。比如,一国采用限额抵免法消除法律性双重征税,即居民在境外实际缴纳的税额,仅允许其抵免不超过该笔境外所得依居民国税率计算的应纳税额(即抵

---

[1] 经济性国际双重征税是指两个或两个以上的国家对属于不同纳税人的来源于同一税源的课税对象在同一征税期内征税。See Arnold A. Knechtle, *Basic Problems in International Fiscal Law* (translated from the German by W. E. Weisflog), Kluwer, 1979, p31.

[2] 税收公平原则是指税收应基于纳税人的纳税能力,包括横向公平和纵向公平。横向公平是指两个处境相似的纳税人被相等地课税;纵向公平是指不同处境的纳税人纳税不同,但与纳税人的纳税能力成比例。参见〔美〕凯文·墨菲、马克·希金斯:《美国联邦税制》,解学智等译,东北财经大学出版社 2001 年版,第 6 页。

[3] 税收中性意味着税收不应干预或影响纳税人的投资取向和经营决策。纳税人对投资区域、行业和经营方式的选择,主要应由价值规律和市场竞争因素来支配。参见廖益新:《国际税法学》,北京大学出版社 2001 年版,第 133 页。

免限额）。在居民国的所得税率低于来源地国税率的情况下，抵免限额就小于居民纳税人在来源地国实际缴纳的税额。此时，居民纳税人境外缴纳的税额不能得到全额抵免，意味着其税收负担高于应税所得相同但所得只来源于境内的纳税人。再比如，一国对于本国居民公司从该国另一居民公司收到的股息给予消除经济性双重征税的待遇，但不把这种待遇给予本国居民公司从境外的公司收取的股息，因为该国认为对居民股东的待遇是以其能够对分配股息的公司主张居民税收管辖权为前提的，而该国对于作为其非居民的境外公司是无法像对待居民公司那样全面课税的。这样的话，该国居民从境内公司和境外公司收取的股息就面临着差别的税收待遇。

上述差别待遇虽然与刻意通过所得税措施歧视非居民不同，但也会影响国际贸易和经济活动。比如，一国服务提供者为了能够享受另一国居民的税收优惠，可能会放弃设立分公司在当地提供服务的做法而转而在当地设立子公司，因为子公司是当地的居民公司，而分公司是非居民。再比如，一国对本国居民海外所得不同于境内所得的税收处理，也会对居民的海外投资产生影响。

（二）区域贸易安排的特殊问题

上述所得税问题在国际贸易中是普遍存在的，区域贸易安排也不例外。由于区域贸易安排追求更高程度的自由化，这些所得税问题在区域贸易安排中更为突出，这体现在：

（1）区域贸易安排将面临更为突出的开放和保护之间的矛盾。

区域贸易安排应当实现高于多边贸易体制的贸易自由化，这既是区域贸易安排成员追求的目标，也是多边贸易体制允许区域贸易安排背离最惠国待遇的经济因素和法律条件。在货物贸易领域，根据1994年GATT第24条第8款，无论是组建关税同盟还是自由贸易区，都要求实质上取消区域内贸易的所有关税和其他限制性商业规章。在服务贸易领域，GATS第5条要求区域性的服务贸易自由化协议应涵盖大部分服务部门，取消成员间现存歧视性措施和/或禁止新的歧视性措施。

不过，纯粹的自由贸易只是经济学理论上的可能。一国基于保护国内产业、就业压力和政治因素而实施贸易保护或限制的情况并没有因贸易开放而消失,重商主义在21世纪仍然活跃。[①] 由于 GATT/WTO 下的关税减让降低了关税的壁垒效应,而任意提高关税会导致对 WTO 法律义务的违背[②],因此,在关税无法实现贸易保护时,更具隐蔽性的所得税措施就成为了一个便利的选择。对于志在追求更高自由化的区域贸易安排的成员来讲,也将面临更为突出的开放和保护之间的矛盾。一方面,随着区域一体化的深入,区域贸易安排的成员之间的经济联系将更加密切,就需要进一步消除阻碍贸易的壁垒(包括所得税障碍)。另一方面,区域一体化的深入也不可避免地会对其成员缺乏竞争力的国内产业产生冲击,各成员平衡市场开放和保护国内产业、就业的压力也就更大。正如经济学家们所指出的:虽然每个国家总体上能从贸易中获益,但并不是每个国家内的所有个人或群体都必然受益。[③] 因此,出于经济利益或其他原因而产生的支持和反对贸易限制的政治力量的较量也决定着一国的贸易政策。[④]

(2)包含投资自由化内容的区域贸易安排中的所得税问题更为复杂。

除了进一步消除货物贸易和服务贸易的壁垒之外,区域贸易安排还涵盖了 WTO 体制目前并不调整的投资保护和投资自由化的内容。

[①] 重商主义认为国家富强的方法应当是尽量使出口大于进口,不主张甚至限制商品进口。自亚当·斯密开始的古典主义经济学家则认为所有国家都可以通过自由贸易获利,倡导自由放任(laissez-faire,即政府尽可能少地干预经济活动)。参见〔美〕多米尼克·萨尔瓦多:《国际经济学》(第8版),朱宝宪、吴洪、俞露译,清华大学出版社2004年版,第27—30页。

[②] WTO 成员将关税减让的成果列入其关税减让表(tariff concession schedule),该减让表是1994年 GATT 的组成部分,构成做出减让承诺的成员要承担的法律义务。1994年 GATT 第2条第1款(a)项规定,WTO 成员对其他成员贸易给予的待遇,不得低于减让表中的待遇。1994年 GATT 第2条第1款(b)项进一步明确:各成员对列入关税减让表第一部分中的产品征收普通关税(ordinary customs duties)时,在遵守减让表中所列出的条款、条件或限制(terms, conditions or qualification)的前提下,应免征超过减让表中承诺水平的部分。也就是说,减让表中的税率是可征收关税的最高水平,当然 WTO 成员可以按照征收低于减让表承诺水平的税率课征关税。

[③] 这是哈佛大学的五位经济学家编写的《发展经济学论》中的观点。参见 Dwight H. Perkins, Steve Radelet, Donald R. Snodgrass, Malcolm Gillis, and Michael Roemer, *Economics of Development*, 5th edition, W. W. Norton and Company, 2001, p.625。转引自〔美〕詹姆斯·巴克斯:《贸易与自由》,黄鹏、林惠玲、葛颖、方睿译,上海人民出版社2013年版,第124页。

[④] 比如,1988年,加拿大是以全民公决的方式通过了 NAFTA 的前身——美加自由贸易协定,而在1911年一个相似的协议却被投票否决。瑞典也曾就贸易政策举行过类似的全民公决。参见〔美〕道格拉斯·A.欧文:《备受非议的自由贸易》,陈树文、逯宇铎译,中信出版社/辽宁教育出版社2003年版,第153—154页。

第二次世界大战之后,贸易和投资领域的国际协调分别是通过关贸总协定和双边投资协定(BIT)两个并行体制进行的。不过,随着 NAFTA 的成立,投资保护和投资自由化问题也开始被纳入到贸易安排之中。① 正如 NAFTA 第 102 条所表明的,NAFTA 的目标之一是"实质增加缔约方领土内的投资机会"。我国和东盟的《投资协议》第 2 条也以建立自由、便利、透明和竞争的投资体制为目标。②

之所以会出现这种变化,一方面,是因为区域贸易安排的贸易自由化能够保障投资企业的产品和服务在区域内的自由流动,从而产生投资创造效应。③ 区域贸易安排建立区域内的投资体制也能够提高成员吸引外资(包括吸引区域外投资)的竞争力,并促进货物和服务向区域外的出口。④ 另一方面,将投资包括在区域贸易安排中也没有法律障碍,而且服务与投资的界定也越来越模糊,某些投资是与贸易相关的,或者是贸易本身(比如服务业的投资就被认为是 GATS 下的商业存在服务提供模式)。⑤ 此外,由于投资领域缺少多边实体规则⑥,区域贸易安排更容易在投资待遇和保护水平等方面达成一致,消除因双边投资协定在投资待遇和保护水平方面的差异而对建立区域性投资体制的阻碍。

对于要实现投资自由化的区域贸易安排来讲,双重征税和税收差别待遇等问题也会出现在跨境投资之中。特别是对于在区域内两个以上成

---

① NAFTA 第 11 章是关于投资的。
② 该协议的全称为《中国与东盟成员国政府全面经济合作框架协议投资协议》。
③ 参见马静、郑晶:《FDI、区域经济一体化与区域经济增长》,中国经济出版社 2009 年版,第 57 页。
④ 比如,在 NAFTA 建立之前,北美并不生产电视机显像管。NAFTA 为生产满足原产地规则要求产品的企业提供了贸易优惠条件。因此,日立、三菱、索尼和三星随后在美国设厂生产电视机显像管,并向墨西哥和亚洲地区出口。关于这方面的讨论和例证,可参见 UNCTAD, Investment-Related Trade Measures, UNCTAD Series on Issues in International Investment Agreements, UNCTAD/ITE/IIT/10(Vol. IV), 1999.
⑤ Chang-fa Lo, "A Comparison of BIT and the Investment Chapter of Free Trade Agreement from Policy Perspective", *Asian Journal of WTO and International Health Law and Policy*, Vol. 3, 2008, p165.
⑥ 《多边投资机构担保公约》和《解决国家和他国国民间投资争端公约》可以说是国际投资领域的多边安排,但前者是关于投资政治风险担保的,后者是关于投资争端解决的,都不是关于投资准入、投资待遇和投资保护等方面实体问题的公约。OECD 曾经尝试谈判一个多边投资协定(Multilateral Agreement on Investment, MAI)。但是,由于存在众多分歧,谈判最后失败了。有关 MAI 谈判失败的分析,可参见 UNCTAD, Lessons from the MAI, UNCTAD Series on Issues in International Investment Agreements, UNCTAD/ITE/IIT/Misc.22, 1999.

员开展经营活动的投资者来讲,还可能面临多重征税以及在不同东道国享受的税收待遇存在差异的局面。以欧盟为例,成员国税法的差异对内部市场的运行造成了扭曲,这些税收障碍包括:双重征税;对居民和非居民的差别税收待遇;对境内投资和境外投资的差别税收待遇;欧盟企业(特别是大企业)在内部市场开展经营活动时也要遵从存在差异的众多成员国税法,成本很高。①

(3)区域贸易安排加剧了各国在全球化背景下所面临的应对跨国逃税、避税和税收协调的困境。

区域贸易安排是在经济全球化的基础上追求进一步的自由化。一方面,区域贸易安排要求各国进一步消除阻碍贸易和投资流动的所得税措施;另一方面,区域贸易安排的发展也加剧了各国应对跨国逃税、避税和税收协调的困境。

2013年2月,OECD发布了《应对税基侵蚀和利润转移》的报告(Addressing Base Erosion and Profit Shifting,以下简称"BEPS报告")。所谓税基侵蚀和利润转移(Base Erosion and Profit Shifting,BEPS),是指纳税人利用税收规则的漏洞而采取的将其利润人为转移到其没有开展经济实质活动的税负很低或不征税的地区的安排。② BEPS报告指出,现行跨境征税原则为BEPS提供了机会。③ 之所以如此,一个很重要的原因在于经济全球化和区域贸易安排所带来的区域一体化并没有导致超国家政府或国际组织的出现,各国依然保留税收主权。④ 各国税法有关居民身份、收入来源判定标准等之间的差异以及征税范围、扣除项目等方面的不同规定,都可能为纳税人不当利用。⑤ 比如,纳税人借助一些混合金融工具来实现在居民国和来源地国双重免税(double non-taxation)。⑥

---

① Ben J. M. Terra and Peter J. Wattel, *European Tax Law*, 6th edition, Kluwer Law International, 2012, p. 3.

② BEPS refers to tax planning strategies that exploit gaps and mismatches in tax rules to artificially shift profits to low or no-tax locations where there is little or no economic activity. 参见OECD网站:http://www.oecd.org/tax/beps/beps-about.htm, 2018年1月25日最后访问。

③ 参见BEPS报告第4章的论述。本书第五章也将予以详细讨论。

④ 即便在一体化程度已经很高的欧盟,虽然欧盟成员国的关税主权已经交给欧盟层面,19个成员国已经采取了单一货币欧元,但欧盟成员国依然享有所得税主权。

⑤ 刘剑文主编:《国际税法学》(第二版),北京大学出版2004年版,第212页。

⑥ 比如,纳税人通过某种交易工具的所得被界定为利息,而在居民国被界定为股息。根据居民国和来源地国的税收协定,来源地国对利息免除预提税,而居民国则对该笔股息予以免税。

资本流动的开放也加大了各国征税的难度。区域贸易安排的成员为了吸引外资,也会借助税收激励措施(tax incentives)来吸引资本流入。[①]不论从区域还是全球的角度来看,各国竞相给予税收优惠,还会产生有害税收竞争问题(harmful tax competition)。税收竞争会对资本跨境流动产生扭曲作用,会导致资源仅仅因为税收优惠而向另一国转移,而非出于经济效率的考虑。[②]

此外,随着信息和通讯技术(information and communication technology)的发展,人类进入了数字经济时代(digital economy)。但是,现行国际税法规则并没有跟上数字经济的步伐,面临着新的挑战。[③]

二、区域贸易安排中所得税问题的现行处理机制

区域贸易安排中的上述所得税问题是国际贸易和经济交往中既有问题的延伸。这些所得税问题可以分为两类:一类属于借助所得税措施实施的贸易保护,另一类则是各国所得税制所造成的。对于这两类问题,传统做法是分别由贸易体制和国际税收协定来处理的,区域贸易安排承继了这种模式。

(一)现行机制的作用

1. 贸易体制

由于区域贸易安排是在 WTO 框架下运行的,对于属于贸易保护的所得税措施,区域贸易安排的基本做法是并入和沿用 WTO 的相关规则。1994 年 GATT 的第 3 条、《SCM 协定》和 GATS 第 17 条都对 WTO 成员的所得税措施具有制约作用。这些规则也为相关区域贸易安排所进一步

[①] 比如,在 20 世纪 80 年代中期到 90 年代初期,欧洲国家就普遍使用税收激励措施来吸引投资。参见 Horst Raff, "Preferential Trade Arrangements and Tax Competition for Foreign Direct Investment", CESifo Working Paper No. 763, at http://ssrn.com/abstract_id=343561.

[②] Arthur J. Cockfield, *NAFTA Tax Law and Policy: Resolving the Clash between Economic and Sovereignty Interests*, University of Toronto Press, 2005, p. 15.

[③] 比如,数字经济对各国主张来源地管辖权的连接点造成了冲击。在传统商业模式下,企业的跨境经营活动可能需要在境外设立商业存在。但是,数字经济使得企业与境外客户通过网络进行远程交易成为可能,从而降低了设立商业存在的必要性,特别是企业通过网络对境外客户销售通过下载即可交付的产品或服务。在这种情况下,税收协定关于常设机构的规则就无法适用。以 2014 年 OECD 范本第 5 条和第 7 条为例,一国要对另一国企业的营业利润征税需要另一国企业在该国有常设机构为前提,其征税范围也可以归属到该常设机构的所得为限。但是,在数字经济环境下,一国企业可以通过互联网或其他数字手段与另一国的客户进行交易,而无需设立常设机构。此时,客户所在国就无法对另一国企业由此取得的营业利润课税。

确认。①

在货物贸易领域,1994年GATT第3条(国民待遇)禁止WTO成员借助国内税和规章对国产品实施保护。值得注意的是,第3条第4款要求"任何成员境内的产品被进口到其他任何成员境内时,在影响它们境内销售、推销、购买、运输或分销、使用的所有法律、法规和要求方面,应当给予不低于相同国产品的待遇"。因此,该款关于国内规章的规定则可将用于保护国产品的所得税措施包括在内。正如WTO争端解决机制的专家组在美国外国销售公司(FSC)案中所指出的,第3条第4款的条文并未对该条款管辖的措施设置限定范围,并没有明确排除所得税措施的适用。②

同样在货物贸易领域,《SCM协定》第3条明确禁止WTO成员提供出口补贴(包括以所得税方式提供的补贴)。《SCM协定》第1条第1款(a)项指出,放弃或不收取本应取得的政府财政收入(government revenue that is otherwise due is foregone or not collected)是一种补贴。《SCM协定》附件1(出口补贴的解释性清单)第5段列举的措施就包括"对工商企业已经缴纳或应缴纳的与出口有关的直接税的全部或部分免税、退税或递延"。

在服务贸易领域,GATS的相关规则也能够消除针对服务提供者的税收歧视。GATS第17条是关于国民待遇的规定,要求WTO成员在承诺开放的部门,应给予其他成员的服务和服务提供者不低于本国相同服务和服务提供者的待遇。因此,对外国服务提供者的歧视性所得税措施就在被禁止之列。

2. 国际税收协定

对于各国所得税制度适用于国际经济交易所导致的双重征税和差别待遇,WTO体制和区域贸易安排本身并没有应对机制,而是通过成员间的税收协定来解决的。税收协定的主要目的是通过消除国际间的双重征

---

① 以中国—东盟自由贸易区为例:根据其《货物贸易协议》第2条和第7条的规定,1994年GATT第3条以及补贴与反补贴规则也构成该协议的组成部分;《服务贸易协议》第19条也照搬了GATS第17条关于国民待遇的规定。

② Report of the Panel, United States-Tax Treatment for "Foreign Sales Corporations"-Recourse to Article 21.5 of the DSU by the European Communities, WT/DS/108/RW, para. 8.142-8.143.

税,以促进商品、劳务的交换和资本、人员流动①,这与自由贸易的目标是相吻合的。

在消除法律性双重征税方面,对于居民管辖权重叠导致的双重征税,税收协定的做法是由一国来行使居民税收管辖权。②此时仍存在双重征税,但转化为居民管辖权和来源地管辖权重叠导致的双重征税。对于此类双重征税,税收协定首先在缔约国之间划分征税权,如果征税权划归居民国或来源地国单独享有,就从根本上消除了双重征税;如果征税权划归两国共享,则对来源地管辖权进行适当限制,并由居民国采取免税法或抵免法消除双重征税。③

对于税收差别待遇,税收协定中有专门的"无差别待遇条款"来应对。OECD范本第24条的"无差别待遇"就包括国籍无差别、常设机构无差别、扣除无差别和资本无差别等内容。国籍无差别是指缔约国一方国民在缔约国另一方的税收,不应比缔约国另一方国民在相同情况下的负担更重。常设机构无差别是指缔约国一方企业在缔约国另一方的常设机构的税负,不应高于进行同样活动的该另一国企业。扣除无差别是指缔约国一方企业支付给缔约国另一方居民的利息、特许权使用费等款项,在确定该企业的纳税所得时,应与在同样情况下支付给本国居民一样扣除。资本无差别是指缔约国另一方居民所拥有或控制的缔约国一方企业的税负,不应比该缔约国一方同类企业更重。因此,无差别待遇条款能够防止税收协定的缔约国一方对通过跨境交付和商业存在方式提供服务的缔约国另一方的服务提供者采取所得税歧视措施。而且,税收协定中无差别待遇的适用不以外国服务提供者或投资者的经营活动属于一国在WTO或区域贸易安排下承诺开放的行业为前提。

区域贸易安排的实践也表明了税收协定对于自由贸易的重要性。比

---

① 参见OECD范本关于第1条的注释第54段。

② 比如,对于同时为缔约国双方居民的公司,2014年OECD范本第4条第3款的处理方式为只将该公司认定为其有效管理机构所在国的居民。不过,2017年OECD范本第4条第3款进行了改动,强调由缔约国双方税务主管当局通过相互协商程序解决,协商时应考虑的因素包括有效管理机构、公司注册地或其他相关因素。当税务当局不能达成协议时,纳税人不能享受税收协定给予的税收减免,除非税务当局同意。

③ 以缔约国一方的居民公司收取的来源于缔约国另一方的股息为例,OECD范本第10条第1款和第2款将该笔股息的征税权划归居民国和来源地国共享,但限制了来源地国的征税税率。居民国则应根据第23条对居民收取的股息在来源地国实际缴纳的税款予以抵免。

如,为了参加 NAFTA,墨西哥分别与加拿大和美国谈判了税收协定。墨西哥和加拿大的税收协定于 1992 年 1 月 1 日生效,墨西哥和美国的税收协定于 1994 年 1 月 1 日生效。NAFTA 也于 1994 年 1 月 1 日开始运行。[①]

(二)现行机制的局限

上述机制对于消除区域贸易安排中的相关所得税问题是有积极作用的,但也存在不足之处。

1. 贸易体制

如前所述,区域贸易安排基本上沿用 WTO 规则来规制其成员借助所得税措施实施贸易保护的做法。但是,WTO 的规则也有局限性。

首先,WTO 规则无法完全消除借助所得税方式实施的贸易歧视措施。比如,在服务贸易领域,GATS 下的国民待遇属于具体承诺的范畴,即 WTO 成员只在承诺开放的服务部门有义务给予国民待遇。这种正面清单(positive list)的承诺难以提供全面的国民待遇。也就是说,在 WTO 成员没有承诺开放的服务部门,即使是借助所得税措施歧视外国服务提供者,也并不是对国民待遇的违背。对于区域贸易安排来讲,有的维持了 GATS 正面清单的方式,GATS 的上述问题依然存在。有的则采取了与 GATS 不同的负面清单(negative list)的做法,即未列入清单的服务行业都在开放之列。这比 GATS 的模式开放程度要高。不过,区域贸易安排的成员在负面清单范围的服务部门仍没有义务给予国民待遇。即使是在开放的服务部门,也可做出限制国民待遇适用的规定。[②]

其次,禁止出口补贴的义务适用范围有限。在货物贸易领域,《SCM 协定》只是禁止 WTO 成员以减免所得税的方式提供出口补贴。但是,如果所得税措施是为了吸引外资流入,且跨国公司的业务不涉及货物贸易时,就很难适用反补贴规则。[③] 在服务贸易领域,GATS 没有明确禁止采用服务补贴,第 15 条只是规定"各成员认识到,在某些情况下,补贴可对

[①] Arthur J. Cockfield, *NAFTA Tax Law and Policy: Resolving the Clash between Economic and Sovereignty Interests*, University of Toronto Press, 2005, p. 51.

[②] 比如 NAFTA 采用了负面清单的方式,其第 1205 条规定各缔约方在跨境服务贸易方面应给予另一缔约方的服务提供者不低于处于相同情况下的本国服务提供者的待遇(即国民待遇),但第 1206 条又规定了国民待遇不适用的情况。

[③] Joel Slemrod and Reuven Avi-Yonah, "(How) Should Trade Agreements deal with Income Tax Issues?", *Tax Law Review*, Vol. 55, No. 4, 2002, p. 550.

服务贸易产生扭曲作用。各成员应进行谈判,以期制定必要的多边纪律,避免此类贸易扭曲作用"①。迄今为止,GATS 的补贴规则尚未订立。需要指出的是,由于区域贸易安排普遍纳入了投资自由化的内容,而 WTO 本身并非一个投资体制,投资补贴(包括所得税激励措施)将是更为突出的问题。

因此,对于区域贸易安排来讲,仅仅沿用 WTO 规则,并不能充分约束其成员借助所得税措施实施贸易保护的做法。

2. 税收协定

尽管区域贸易安排的成员可以通过缔结双边税收协定来消除双重征税和税收差别待遇,但双边税收协定也同样存在不足:

(1)双边税收协定无法保障双重征税的彻底消除。

对于前文提及的三种类型的法律性双重征税,税收协定无法解决两个来源地管辖权重叠导致的双重征税。这种来源地管辖权的重叠实际上涉及三个国家。② 但是,税收协定一般是双边的,而且适用于至少是缔约国一方居民的纳税人。③

对于居民管辖权和来源地管辖权重叠导致的双重征税,税收协定要求居民国采取免税法或抵免法。但是,免税法或抵免法的具体适用仍离不开缔约国的国内法。④ 在适用国内法时,仍可能出现双重征税问题。比如,一国采取限额抵免法时,在境外税率高于境内税率时,居民纳税人在境外缴纳的全部税款并不能全部得到抵免。实行免税法的国家可能并不将本国居民的全部境外所得都视为可以免的境外所得。

税收协定对于经济性双重征税的处理也是有限的。OECD 范本并没有消除股息经济性双重征税的条款。其原因在于这种类型的双重征税源自国内税制结构(即对公司利润和股东的股息所得都征税)。OECD 认

---

① 中国—东盟自由贸易区《服务贸易协议》同样也没有补贴纪律。根据该《协议》第 14 条的规定,服务贸易协议并不适用于中国—东盟自由贸易区成员的补贴,即使补贴只给予国内服务、服务消费者或服务提供者。

② 来源地管辖权重叠导致的双重征税在国际税法上被称为三角情况。有关三角情况的详细阐述,可参见〔美〕罗伊·罗哈吉:《国际税收基础》,林海宁、范文祥译,北京大学出版社 2006 年版,第 591—596 页。

③ 参见 OECD 范本第 1 条。

④ 就税收协定和国内法的关系来讲,税收协定的主要目的在于分配征税权并尽量消除双重征税;而纳税人税负的认定和计算方式则由国内法规定。参见〔美〕罗伊·罗哈吉:《国际税收基础》,林海宁、范文祥译,北京大学出版社 2006 年版,第 40 页。

为，如果对经济性双重征税在国内不予以缓解，也没有必要在国际层面上予以解决。① 不过，有的税收协定对于股息面临的经济性双重征税给予了间接抵免，但一般限于公司股东从境外公司收取的股息，且有持股比例的要求。②

因此，这些问题不仅存在于两个成员之间的区域贸易安排之中，在有两个以上成员参加的区域贸易安排中更加突出。

(2) 税收协定无法全面消除税收差别待遇。

税收协定"无差别待遇"条款的适用是以居民和非居民的划分为前提的。因此，前述的一些税收差别待遇，税收协定也无法解决，这体现在：

首先，税收无差别待遇同样要求基于相同情况进行比较，也承认一国基于民事地位、家庭负担给予本国居民的任何扣除、优惠和减免可不给予非居民。③ 再比如，一国对作为本国居民的公司和股东的所得都征税时，也会产生经济性双重征税，此时该国可以给予居民股东以特定的减免措施来予以消除，但一般不给予非居民股东，因为给予居民股东的减免是以其境内外全部所得纳税为前提的。

其次，税收无差别待遇主要解决来源地国给予非居民的待遇，但不涉及居民国对本国居民境外所得的歧视。如果一国居民公司有来源于境外的所得，其税负比应税所得相同但所得只来自于境内所得的居民公司更重时，税收协定是不予以管辖的。前述限额抵免消除双重征税不彻底的情况即为一个例证。税收协定对这种情况是作为消除双重征税措施的正常结果对待，并不将其视为一种歧视。④

再次，税收协定的无差别待遇是类似于国民待遇，缺乏最惠国待遇的内容。也就是说，一国可以在与不同国家的税收协定中给予来自这些国家的服务或投资以差别待遇。这意味着区域贸易安排的一个成员可给予

---

① 参见 OECD 范本关于第 10 条的注释第 41 段和第 42 段。
② 间接抵免是指居民纳税人在其居民国用其间接缴纳的外国税款抵免其在居民国应缴纳的税款。居民纳税人在国外间接缴纳的税款，是指由国外的与纳税人不具有同一身份但又有某种法定股权关系的纳税人缴纳的税款，这部分纳税视同居民纳税人在国外自己缴纳的税款，因而予以抵免。比如，中国与马来西亚的税收协定第 23 条第 1 款第 2 项给予中国居民公司取得的马来西亚居民公司支付的股息以间接抵免，但要求中国居民公司拥有马来西亚居民公司至少 10% 的股份。
③ 参见 OECD 范本第 24 条第 3 款。
④ Alvin C. Warren Jr., "Income Tax Discrimination against International Commerce", *Tax Law Review*, Vol. 54, No. 2, 2001, pp. 153—154.

另一成员投资者及其投资以更优惠的税收待遇而没有义务给予第三个成员的投资者及其投资。显然,对于区域贸易安排内的企业来讲,如果要在多个成员进行营业,双边税收协定也无法解决上述税收差别待遇问题。

(3) 税收协定无法有效应对区域内的 BEPS 问题。

区域贸易安排内的避税问题涉及多个成员。在一个成员有比较完备的反避税措施而另一个成员并不积极打击避税时,该成员的措施可能并不奏效。出于吸引外资和担心资本外流的考虑,一些国家(特别是发展中国家)还可能对特定的避税安排进行容忍。即使是通过税收协定应对避税,由于税收协定的双边性,也无法约束第三方。

税收协定同样无法解决税收竞争问题。对于税收协定来讲,无差别待遇条款并不限制缔约方给予非居民更多优惠。双边税收协定也无法约束第三方给予优惠措施。

(4) 贸易体制也无助于税收协定中相关问题的解决。

在 WTO 体制下,尽管《SCM 协定》明确禁止 WTO 成员借助所得税减免措施提供出口补贴,但根据该《协定》注释 59 的第 5 句话的规定,这一义务并非旨在限制一个成员采取措施,以避免该成员或其他成员的企业的外国来源所得的双重征税。因此,消除双重征税的做法并不构成出口补贴。[①] 即便相关做法(比如限额抵免)对于双重征税的消除并不彻底,也不在 WTO 管辖之列。

根据 GATS 第 14 条第 1 款第 5 项的规定,与 GATS 第 2 条最惠国待遇不一致的 WTO 成员的措施,如果差别待遇是基于税收协定而产生的,也不构成对最惠国待遇的背离。因此,作为多边贸易体制基石的最惠国待遇原则并不适用于 WTO 成员间的双边税收协定。双边税收协定的无差别待遇条款缺乏最惠国待遇内容的问题依然没有改变。

此外,WTO 体制也缺乏税收竞争的应对机制。事实上,WTO 体制

---

① 对于何为消除双重征税的措施,专家组在美国外国销售公司(FSC)案中指出:一个措施如果只是偶然或碰巧在特定情况下防止了双重征税,并不能使其成为注释 59 中的消除双重征税的措施。事实上所有通过减轻所得税负方式提供的补贴都具有这样的效果。如果这样的广义解释将使得《SCM 协定》禁止出口补贴的规定失去其本来意义。参见 Report of the Panel, United States-Tax Treatment for "Foreign Sales Corporations", Recourse to Article 21.5 of the DSU by the European Communities,WT/DS108/RW, para. 8.94.

是鼓励其成员给予外国投资或服务提供者更多优惠的。①

区域贸易安排也采取了同样的态度。比如，NAFTA 第 2103 条第 2 款规定，NAFTA 并不影响缔约方在税收协定下的权利和义务。如果 NAFTA 与税收协定相冲突，税收协定优先。再以中国—东盟自由贸易区为例：《货物贸易协议》第 7 条只是重申缔约方遵守 WTO 规则（包括补贴和反补贴措施）；《服务贸易协议》第 12 条第 4 款和第 5 款也是 GATS 第 14 条第 1 款第 4 项和第 5 项的翻版；《投资协议》第 3 条第 4 款规定该协议不适用于税收协定，第 16 条第 4 款也与 GATS 第 14 条第 1 款第 4 项一样。

三、进一步的思考

以上简要论述了区域贸易安排处理两类所得税问题的现行机制。由于现行机制存在着不足，如何进一步完善现行机制是需要进一步思考的问题。

（一）路径探讨

上述两类所得税问题分别由贸易体制和税收协定来处理是有历史原因的。税收协定和贸易体制一直是作为两个平行的机制发展的，而且双边税收协定的出现要早于从 1947 年 GATT 开始的多边贸易体制。② 客观地讲，作为贸易法的 WTO 体制和区域贸易安排与属于税法范畴的税收协定是存在区别的。贸易法的目标是促进货物和服务的自由流动，而税法的目的是取得收入。如果单纯从自由贸易角度讲，不应当有关税和非关税措施，但政府需要征税来获取财政收益。一国既不可能为了贸易目标而牺牲财政利益，也不会为了单纯追求财政目标而不考虑贸易因素。因此，贸易体制和税收协定是并行的且无法相互替代的。

从贸易法的角度看，关税是针对货物的征税，只要确定了产品的分类、估价和原产地三个要素，关税就能够正确征收，因此关税减让谈判也相对容易。相比之下，所得税计算复杂，管理相对困难，征税成本也高于

---

① 比如，GATS 的国民待遇关注的是外国服务提供者的待遇不低于本国相同的服务提供者，并不禁止"超国民待遇"。
② 双边税收协定的历史可追溯到 19 世纪。参见廖益新：《国际税法学》，北京大学出版社 2001 年版，第 136—143 页。

间接税。① 在应税所得的确定、费用扣除的范围等方面,各国差异很大,并没有统一的国际标准。② 与关税相比,所得税政策与一国社会福利政策更为密切,这也是WTO体制有限涉及所得税措施的一个原因。③ 此外,由于WTO并非超国家组织,本身也没有权限调整其成员的税制。正如上诉机构在美国外国销售公司案中所指出的,WTO没有强迫一个成员选择某种税收体制。WTO成员原则上可基于其主权对任何种类的收入课税或免税。④

从税收协定的功能来看,税收协定的目的不是统一缔约国之间的税负水平和税收差异,而是协调、划分征税权。⑤ 因此,税收协定可以减免税负,但不能为缔约方创设新的征税权,因为其征税权来自于国内法,而税收协定并非超国家立法。即使税收协定将某类所得的管辖权划分为一个缔约国单独享有,该国也可通过国内法免予征税。⑥ 不过,即便税收协定也没有统一缔约国税制的功能,但其提供的消除双重征税和税收差别待遇的机制对于区域贸易安排也是至关重要的。因此,区域贸易安排通过贸易体制和税收协定带来分别应对两类所得税问题的模式也是可行的。事实上,双边税收协定也更容易与成员数量较少(特别是两个成员之间)的区域贸易安排进行配合。

当然,如果要消除区域贸易安排成员之间所得税制的差异,理想状态是区域贸易安排的成员能够将所得税主权交由超国家机构行使。但是,这种理论上的设想并不具有现实可行性。在经济全球化和区域化的背景下,一国经济政策可能无法保持自主,其发展要受制于其他国家的政策和全球经济情势,还可能受到外部危机的冲击。因此,保留税收主权来发展、稳定和复苏经济就越发重要。以欧盟为例,欧元区成员国已经不再享

---

① 参见杨斌:《税收学》,科学出版社2003年版,第65页。
② 关税则不同。在产品分类方面,WTO成员普遍采用世界海关组织(WCO)的协调规则(HS),WTO在海关估价和原产地方面也有专门的协定。
③ WTO的《SCM协定》也是从货物贸易的角度来规制WTO成员的所得税补贴。
④ Report of the Appellate Body, United States-Tax Treatment for "Foreign Sales Corporations", WT/DS/108/AB/R, para. 90.
⑤ Arnold A. Knechtle, *Basic Problems in International Fiscal Law* (translated from the German by W. E. Weisflog), Kluwer, 1979, p. 175.
⑥ 参见〔美〕罗伊·罗哈吉:《国际税收基础》,林海宁、范文祥译,北京大学出版社2006年版,第40页。

有以汇率和利率政策调整经济的权限①,税收政策就成为了这些国家吸引资金和改善竞争条件的主要手段。

因此,对于区域贸易安排所面临的上述所得税问题,需要在各成员保留所得税主权并维持贸易体制和税收协定体制并行的背景下考虑如何进一步解决。或者说,区域贸易安排和税收协定还应分别予以完善并辅之以其他机制,才能适应区域经济一体化的要求。

(二)具体思路

对于区域贸易安排来讲,由于彼此间的经济联系更为紧密,且其成员的数量要比 WTO 少得多,是有可能对现行机制有所突破的。

1. 贸易体制

在贸易规则方面,WTO 的实践表明,即便贸易体制不干涉其成员的所得税,但将某些与贸易有关的所得税问题置于其管辖下并没有困难。区域贸易安排可以考虑制定自身的服务和投资的补贴规则,以及限制或消除其成员与区域贸易自由化目标不符的所得税措施。比如,澳大利亚和新西兰的更紧密经济关系贸易协定(Australia-New Zealand Closer Economic Relations Trade Agreement,ANZCERTA)关于服务贸易的议定书(Protocol on Trade in Services to the Australia-New Zealand Closer Economic Relations Trade Agreement)第 11 条就规定,缔约方不应采取新的出口补贴、出口激励和其他对服务贸易有直接扭曲效应的措施,或者把现行措施扩大适用。再比如,《欧洲联盟运行条约》(Treaty on the Function of the European Union)第 107 条(原《欧洲共同体条约》第 87 条)就对成员国的补贴(包括税收补贴措施)进行了限制。而且欧盟的补贴规则既适用于货物贸易,也适用于服务贸易。此外,现今的区域贸易安排一般还包含了投资保护和投资自由化的内容,而 WTO 并非投资体制。因此,区域贸易安排也需要在与投资相关的所得税方面做出规定。

2. 税收协定

虽然税收协定与贸易协定是并行的,但区域贸易安排的成员仍可对它们之间的税收协定进行改进。

---

① 对于欧元区成员国来讲,单一货币(欧元)的发行权集中到了欧洲中央银行手中,欧元的利率政策也由欧洲中央银行决定。部长理事会可根据欧洲中央银行或委员会的建议缔结欧元与非欧盟货币的有关汇率安排的协定。

一方面,税收协定可以考虑引入最惠国待遇条款的可能。尽管OECD范本的税收无差别待遇条款没有最惠国待遇的内容,但并不意味着现实中的税收协定缺乏这方面的实践。有学者统计,国际间有近六百个双边税收协定中存在最惠国待遇条款。日本和荷兰1970年的税收协定曾规定:荷兰和日本政府同意,当日本与其他OECD成员国签订税收协定,且日本对于利息、股息和特许权使用费的来源征税税率低于荷兰和日本协定的税率时,两国政府将重新审查本协定条款以便给予同等待遇。①

另一方面,有多个成员参加的区域贸易安排也可以考虑缔结区域性的多边税收协定。不过,缔结区域或多边税收协定要求缔约国间所得税制相对趋同。OECD认为在消除双重征税方面,双边税收协定仍是更适合的方式。② 不过,多边税收协定有助于消除竞争扭曲,消除税收因素对决策投资地点的影响。由于跨国资本通常流向能够给予最多优惠和保护的地区,因此,多边税收协定能够将不同双边协定引起的扭曲作用中性化,避免东道国之间的竞争。③ 现实中也有多边税收协定的例子。比如,1983年丹麦、芬兰、冰岛、挪威和瑞典等国家缔结了北欧税收协定(The Treaty between the Nordic Countries for the Avoidance of Double Taxation with Respect to Taxes on Income and Capital)。南亚区域合作联盟(South Asian Association For Regional Cooperation,SAARC)也缔结了《关于避免双重征税和税收事务互助的有限多边协定》(SAARC Limited Multilateral Agreement on Avoidance of Double Taxation and Mutual Administrative Assistance in Tax Matters)。

此外,区域贸易安排也存在根据自身机制的特点通过税收协定之外的方式来消除双重征税和税收差别待遇。比如,尽管欧盟成员国享有所得税主权,欧盟仍借助其超国家的机制,颁布了相关指令来进一步消除内部市场的双重征税,欧盟法院也借助开业自由、服务提供自由、人员自由

---

① Ines Hofbauer,"Most-Favoured-Nation Clauses in Double Taxation Conventions-A Worldwide Overview",*INTERTAX*,Vol. 30,Issue 10,2005,pp. 445—446.
② 参见 OECD 范本引言部分第 37—40 段。
③ UNCTAD,*Taxation*,UNCTAD Series on Issues in International Investment Agreements,UNCTAD/ITE/IIT/16,2000,p. 29.

流动和资本自由流动的规则来消除成员国所得税法中的歧视措施。①

3. 其他机制

除了贸易体制和税收协定可以进一步完善之外,应对区域贸易安排中的所得税问题还需要其他机制的配合。

首先,以 WTO 为基础的区域贸易安排仍可借助多边贸易体制。比如,对于区域贸易安排的成员来讲,WTO 的贸易政策审议机制(TPRM)能够作为它们讨论税收政策的平台。贸易政策审议机制可对 WTO 成员的全部贸易政策和做法及其对多边贸易体制运行的影响进行定期的集体评价和评估。根据《贸易政策审议机制》A 款之规定,该机制下的评估并不作为 WTO 成员履行有关义务的依据,也不为争端解决程序所采用。不过,该机制有助于所有成员更好地遵守 WTO 协定和履行承诺,有助于多边贸易体制更加平稳地运行。通过审议机制,WTO 成员可以就相关所得税政策进行探讨,增进理解或达成共识。②

其次,区域贸易安排的成员可以借助 OECD 等组织在推动全球税收合作方面所建立的平台。区域贸易安排是无法与全球经济割裂开来的。税收领域的国际或多边机制也能够为区域贸易安排应对跨国逃、避税和税收竞争等问题提供支持。比如,加强税收情报交换对于防范跨国逃税和避税具有重要意义。为此,OECD 提出了税收情报交换和透明度的一系列标准③,并纳入了 OECD 起草的税收情报交换协议范本(Model Agreement on Exchange of Information on Tax Matters)和随后的税收协定范本中。国际间已签署了数百个以 OECD 范本为基础的情报交换协定。《多边税收征管公约》(Convention on Mutual Administrative Assistance in Tax Matters)则为情报交换和税务合作提供了多边机制。此外,OECD 也致力于推动建立自动情报交换的全球网络。在 2014 年 5

---

① 本书第四章第三节将专门论述欧盟的超国家机制。

② 比如,我国的《个人所得税法》《外商投资企业和外国企业所得税法》《企业所得税暂行条例》(后两者业已被《企业所得税法》所取代)等法律法规就列入了"与贸易有关的法规"清单。参见 WT/TPR/S161/Rev.1。

③ 这些标准包括:提供与请求方国内税法的管理和实施可预见相关(foreseeable relevance)的情报;不以银行保密和缺乏国内税收利益为理由拒绝提供情报;确保主管当局有权获取情报以及情报的有效性;尊重纳税人权利;交换情报的严格保密。See OECD: "Promoting Transparency and Exchange of Information for Tax Purposes: A Background Information Brief", April 2010, para. 12.

月 6 日于巴黎召开的 OECD 理事会部长级会议上，OECD 的 34 个成员国和其他 13 个国家以及欧盟的代表在巴黎签署了《关于税收情报自动交换的宣言》(Declaration on Automatic Exchange of Information in Tax Matters)[1]，声明将实施 OECD 关于金融账户情报自动交换的标准 (Standard for Automatic Exchange of Financial Account Information)。2013 年 7 月，OECD 发布的《应对税基侵蚀和利润转移的行动计划》(Action Plan on Base Erosion and Profit Shifting，以下简称"BEPS 行动计划")列出了 15 项应对 BEPS 的行动方案。2015 年 10 月，OECD 发布了实施 BEPS 行动计划的一系列最终报告。《实施税收协定相关措施以防止税基侵蚀和利润转移的多边公约》(Multilateral Convention to Implement Tax Treaty Related Measures to Prevent Base Erosion and Profit Shifting)也完成了谈判于 2017 年 6 月在巴黎举行了签约仪式。

此外，区域贸易安排的成员在保留所得税主权的前提下，仍有就税收政策和国内税制进行协商或协调的空间。比如，除了具有法律约束力的条约或协定外，区域贸易安排的成员还可以通过"软法"等方式协调其税收政策。欧盟在 1997 年通过了《商业税收行为守则》(Code of Conduct on Business Taxation)[2]，相关内容也被 OECD 1998 年出台的"有害的税收竞争：一个凸现的全球性问题"(Harmful Tax Competition: An Emerging Global Issue)的报告所采纳。如果区域贸易安排中有起主导作用的大国，其单边制度的改变也能够影响其他成员向其靠拢。比如，NAFTA 由一个主导经济体和两个依附经济体组成，墨西哥和加拿大的经济力量加起来是美国的十分之一[3]，NAFTA 的税收协调事实上是跟从

---

[1] OECD 的 34 个成员国是：澳大利亚、奥地利、比利时、加拿大、智利、捷克、丹麦、爱沙尼亚、芬兰、法国、德国、希腊、匈牙利、冰岛、爱尔兰、以色列、意大利、日本、韩国、卢森堡、墨西哥、荷兰、新西兰、挪威、波兰、葡萄牙、斯洛伐克、斯洛文尼亚、西班牙、瑞典、瑞士、土耳其、英国、美国。其他 13 个国家是：阿根廷、巴西、中国、哥伦比亚、哥斯达黎加、印度、印度尼西亚、拉脱维亚、立陶宛、马来西亚、沙特阿拉伯、新加坡和南非。需要指出的是，拉脱维亚于 2016 年 7 月 1 日成为 OECD 的成员国。目前，OECD 的成员国有 35 个。

[2] 该《守则》没有法律约束力，属于成员国的政治承诺。成员国表示：不采取新的有害的税收措施；审查现行立法并修改相关有害措施；开展成员国间的税制磋商。参见欧盟的 Official Journal(O. J.)，1998 C 2/3。

[3] 〔美〕卡伦·明斯特、伊万·阿雷奎恩—托夫特：《国际关系精要》(第五版)，潘忠岐译，上海世纪出版集团 2012 年版，第 325 页。

美国的。①

小　　结

　　以上简要阐述了区域贸易安排的发展、现状以及其所面临的所得税问题,分析了现行机制在解决这些所得税问题方面的不足,并就如何进一步完善相关机制进行了初步的探讨。本书接下来将对这些方面进行细致的探讨和论证。当然,由于各区域贸易安排在经济一体化程度上存在不同,其发展路径和机制也是存在差异的。不过,对于包含贸易和投资内容的区域贸易安排来讲,上述两类所得税问题是普遍存在的,只是程度有所不同。以欧盟为例。从区域经济一体化的程度来讲,欧盟早已超越了关税同盟阶段,建立起了一个货物、服务、资本和人员自由流动的内部市场(internal market)。不过,在欧盟现行法律框架下,欧盟成员国依然享有所得税主权,可以自行确定税收管辖权、税基、税率等税收要素。从这一点来讲,欧盟面临的所得税问题与其他区域贸易安排没有实质区别。因此,本书也试图从区域贸易安排的差异中寻找共同之处。

　　此外,如第一节所述,我国也正与相关贸易伙伴推动自由贸易区的建设。这些自由贸易协定除了在货物贸易、服务贸易等领域对其成员进一步开放市场之外,也涵盖了投资的内容。这意味着上述所得税问题同样存在于我国的自由贸易区之中。本书也将对我国应对上述所得税问题的机制进行研究,并提出相关建议。

---

① Arthur J. Cockfield, *NAFTA Tax Law and Policy: Resolving the Clash between Economic and Sovereignty Interests*, University of Toronto Press, 2005, pp. 124—127.

第二章 与贸易和投资有关的所得税歧视措施

WTO多边体制是区域贸易安排的法律基础。一方面,WTO为区域贸易安排的成员偏离最惠国待遇原则从而实现区域内货物贸易和服务贸易的进一步自由化提供了法律依据;另一方面,WTO也有约束其成员采用所得税歧视措施的规则,这也为区域贸易安排所沿用。此外,由于WTO并非投资的多边体制,因此包含投资内容的区域贸易安排也需要规制其成员针对投资的歧视性措施(包括所得税措施)。本章就对这些问题进行探讨。

第一节 与货物贸易有关的所得税歧视措施

一、WTO规则

非歧视原则是WTO体制的基石。非歧视原则包括最惠国待遇和国民待遇两个方面,但在货物贸易和服务贸易中的具体含义并不相同。在多边货物贸易规则中,最惠国待遇和国民待遇分别规定在1994年GATT第1条和第3条。此外,《TRIMs协定》也将1994年GATT的国民待遇原则适用于与货物贸易有关的投资措施。这些规则都不允许WTO成员借助所得税措施歧视外国产品。

1. 1994年GATT第1条

理论上讲,最惠国待遇是指条约或协定的一方现在和将来给予任何第三国的一切优惠、特权和豁免等,应当给予条约或协定的另一方。其作用在于使缔约一方在缔约另一方享有不低于第三国享有的待遇。[①] 不过,1994年GATT的最惠国待遇有其特殊之处。

---

① 参见冯大同:《国际贸易法》,北京大学出版社1995年版,第339页。

根据 1994 年 GATT 第 1 条的规定，WTO 成员对原产于或运往其他国家或地区的产品所给予的利益、优待、特权或豁免，应当立即无条件地给予原产于或运往所有其他缔约方的相同产品。具体来讲，1994 年 GATT 中最惠国待遇的适用范围是：(1) 对进出口货物征收的关税和费用；(2) 对与进出口货物有关的国际支付所征收的关税和费用；(3) 征收上述关税和费用的方法；(4) 进出口的规章手续；(5) 与进出口货物有关的国内税与国内规章的国民待遇。

可见，1994 年 GATT 的最惠国待遇是给予产品的，是无条件和多边的最惠国待遇，其意义在于：

首先，最惠国待遇可以把 WTO 成员关税减让的结果多边化。① 同时，即使某种产品不在 WTO 成员根据 1994 年 GATT 第 2 条做出的关税减让表中，WTO 成员也有义务给予其他 WTO 成员的相同产品以最惠国待遇。

其次，WTO 成员对原产于或运往其他国家或地区的产品所给予的利益、优待、特权或豁免，应当立即无条件地给予原产于或运往所有其他 WTO 成员的相同产品。这意味着 WTO 成员给予非 WTO 成员产品的优惠待遇也必须给予其他 WTO 成员。同时，凡是原产于 WTO 成员的产品，即使转由非 WTO 成员进入 WTO 成员境内，仍享受最惠国待遇。相反，并非原产于 WTO 成员的产品，即使经一个 WTO 成员进入另一 WTO 成员境内的产品，也不能享受最惠国待遇。②

由于 1994 年 GATT 的最惠国待遇适用于产品，WTO 成员的关税措施要受其约束是非常明确的。但是，所得税并非对产品征收，最惠国待遇能否适用于 WTO 成员的所得税措施呢？

需要注意的是，1994 年 GATT 的最惠国待遇也适用于与进出口货物有关的国内税与国内规章的国民待遇。这意味着，进口产品不仅在进口环节上要享受相同待遇，在进入进口国市场后，进口产品间也要求相同待遇。

---

① 关税是 WTO 允许的合法的贸易保护手段，因为关税能够清楚地反映保护的程度，并且允许竞争。不过，这并不意味着 WTO 提倡高关税的使用。恰恰相反，WTO 通过关税减让谈判来降低成员的关税水平，使关税不至于成为关税壁垒。

② 参见黄东黎、杨国华：《世界贸易组织法：理论·条约·中国案例》，社会科学文献出版社 2013 年版，第 149 页。

在比利时家庭补助案中,比利时对进口产品收费,用于补充本国家庭补助福利制度的财政来源。如果出口国的家庭补助制度与比利时的制度接近,该国的产品进口到比利时就可以免除这类收费,而家庭补助制度与比利时不同的国家,其产品进口到比利时就不能免除。据此,丹麦和挪威的产品不能免除,它们主张比利时违反了 1947 年 GATT 第 1 条第 1 款。专家组认为比利时的收费属于国内费的性质,因为费用仅对公共机构购买的自用产品收取,不对进口本身征收,收取时间也不在进口时,而是在公共机构购买时。不过,这一收费对某些缔约方的产品是豁免的,而没有无条件的给予所有缔约方,对家庭补助制度与比利时不同的缔约方产品造成了歧视。因此,比利时的做法与第 1 条不符。[①]

因此,比利时家庭补助案表明,WTO 成员对于进口到其境内的其他成员的相同产品,也不得通过相关国内措施实施差别待遇,这当然也包括税收措施。在我国集成电路增值税案中,我国对在我国境内设计但在我国境外生产的集成电路产品给予增值税退税的待遇,但不给予未使用我国设计而在其他成员境内生产的相同产品。美国认为我国的做法违反了 1994 年 GATT 第 1 条的最惠国待遇义务。该案以中美双方达成谅解而解决,我国宣布取消对境内设计、境外生产的集成电路产品的增值税退税政策。[②] 虽然集成电路增值税案涉及的并非所得税措施,但其原理也同样适用于所得税问题,因为增值税措施和所得税措施都属于"国内规章",而且 1994 年 GATT 第 1 条也没有排除税收措施。

除了第 1 条的最惠国待遇,1994 年 GATT 第 3 条还规定了国民待遇。那么,1994 年 GATT 的国民待遇原则能否适用于 WTO 成员的所得税措施呢?

2. 1994 年 GATT 第 3 条

1994 年 GATT 第 3 条第 1 款明确要求国内税费和规章不能用来对国产品进行保护,其规定如下:"国内税和其他国内费用,影响产品的国内销售、购买、运输、经销或使用的法令、条例和规定,以及对产品的混合、加

---

① 参见韩立余:《GATT/WTO 案例及评析》(1948—1995) 上卷,中国人民大学出版社 2002 年版,第 19—24 页。

② 该案涉及的法律争议还包括 1994 年 GATT 第 3 条的国民待遇、GATS 第 17 条国民待遇以及我国入世议定书给予 WTO 成员非歧视待遇的承诺。本书第六章将对该案进行详细论述。

工或使用须符合特定数量或比例要求的国内数量限制条例,在对进口产品或国产品实施时,不应用来对国产品提供保护"。

第3条第2款和第4款则进一步阐述了国民待遇原则对于进口方国内税和规章的具体要求。

第3条第2款规定:"一个成员领土的产品输入到另一成员领土时,不应对它直接或间接征收高于对相同国产品所直接或间接征收的国内税或其他费用。同时,成员不应对进口产品或国产品采用其他与本条第1款规定的原则有抵触的方法来实施国内税或其他国内费用"。

第3条第4款规定:"任何成员境内的产品被进口到其他任何成员境内时,在影响它们境内销售、推销、购买、运输或分销、使用的所有法律、法规和要求方面,应当给予不低于相同国产品的待遇。"

与最惠国待遇不同,国民待遇原则关注的是进口产品和国产品之间的待遇。WTO争端解决机制的上诉机构在日本酒案中指出,进口产品清关进入进口国市场后,即应按照对待国内相同产品的方式对待进口产品。国民待遇保护的是进口产品和国产品之间的公平的竞争关系(equal competitive relationship),而不是进口产品销售数量的增加。[1]

国民待遇还具有防止WTO成员规避关税减让义务的作用。比如,某成员在关税减让表中承诺某产品的进口关税从10%降低到5%,但是在产品的国内销售税方面,进口产品为10%,而相同的国产品为5%,这就抵消了关税减让为进口产品带来的利益。

此外,国民待遇原则还是WTO成员的一项普遍义务,即使其他WTO成员的产品不在某个WTO成员的关税减让表之列,该成员也要给予其他WTO成员的相同产品以国民待遇。[2]

就第3条第2款的国内税(internal tax)而言,需要注意两个问题:

一是如何区分国内税和关税。区分国内税和关税的法律意义在于:征收正常关税(ordinary customs duties)是允许的,只要不超过关税减让约束。但是,国内税的税率高低是不受限制的,只要国内税不用于歧视进

---

[1] Report of Appellate Body, Japan-Alcoholic Beverages, WT/DS8/AB/R, WT/DS10/AB/R, WT/DS11/AB/R, p. 16.

[2] 这一原则早在关贸总协定时期就已经明确。参见 Group on Environmental Measures and International Trade, Border Tax Adjustment, Note by the Secretariat, TRE/W/20, 11 January 1994, para. 6.

口产品,且不论该产品是否受减让约束。就国内税和关税的区别而言,国内税既适用于进口产品,也适用于相同国产品,而关税只适用于进口产品。一般来讲,国内税是自进口产品清关加入进口国市场后征收。但是,即使是在进口时点征收,也并不因此改变其国内税的性质。或者说,对进口产品征收关税,但不对国产品征收相同的税收并不违反国民待遇原则。不过,对于某项税收属于 GATT 中的关税还是国内税,WTO 成员国内法中的界定并不是最终的。早在 1948 年的哈瓦那会议上,会议报告指出:为进口国法律定为国内税的东西,其本身并无给它们以国内税地位的效力。对几个国家的被称为国内税的研究表明它们都是关税,因为:它们是在货物入境进口时并作为入境条件征收的;它们是专门对进口产品实行的,与本国相同国产品征收的同类税费毫无关系。①

二是第 3 条第 2 款所管辖的国内税(internal tax)是针对产品的间接税②,并不适用于所得税。③ 不过,WTO 成员也不得以表面上为所得税的措施来规避第 3 条第 2 款下的义务。

在阿根廷影响牛皮出口和皮革制品进口的措施案④中,阿根廷政府第 3543 号决议要求海关在产品进口时对进口商先预收一定数额的所得税,且预先征收的税款可在进口商年终所得税核定时扣除。在国内销售中,第 2784 号决议也要求特定的代扣代缴人向其他纳税人支付其他纳税人应缴纳所得税的款项时,预先扣缴一定数额的所得税。收到款项的其他纳税人可就预先扣缴的税金金额在其年终纳税核定时扣除。不过,如果每月支付低于 11242.7 比索就不需要预扣税款。但是,对于进口产品的所得税预缴则没有类似的待遇。⑤

欧盟(当时的欧共体)认为阿根廷对进口产品所得税的预征与 GATT 第 3 条第 2 款不符,因为进口产品的税负超过了相同国产品。⑥ 阿根廷认为所得税不是对产品的征税,不受第 3 条第 2 款管辖。第 3543

---

① 参见赵维田:《世贸组织(WTO)的法律制度》,吉林人民出版社 2000 年版,第 142 页。
② John H. Jackson, *The World Trading System: Law and Policy of International Economic Relations*, 2nd edition, The MIT Press, 1997, p.219.
③ 参见赵维田:《世贸组织(WTO)的法律制度》,吉林人民出版社 2000 年版,第 142 页。
④ Report of the Panel, Argentina-Measures Affecting Export of Bobine Hidesand and the Import of Finished Leather, WT/DS155/R.
⑤ Ibid., paras. 6.16—6.22.
⑥ Ibid., para. 8.1.

号决议是为了建立所得税征收体制,而且最终核定纳税人义务时,预缴部分超过了实际税负的部分也是退还的。因此,阿根廷认为其制度针对的是纳税人的净所得,与货物无关。① 欧盟同意所得税不是对产品的征税。但是,阿根廷预扣的税收是在产品进口时就征收的,征税并不来自于纳税人的利润。同时,阿根廷税收当局也不对预缴的税额支付利息,只是对超出最终所得税义务的部分退还时支付利息,预缴所得税导致的成本并不能在所得税中抵免。②

专家组认为双方争议的焦点在于阿根廷第 3543 号决议所建立的税收征管机制是否受第 3 条第 2 款管辖。③ 第 3543 号决议明确指明适用于货物,征税税额是根据进口产品的价格。尽管第 3543 号决议表面上适用于产品进口,但专家组也将其与第 2784 号决议进行了比较,认为第 3543 号决议建立的征税机制与第 2784 号决议的机制具有相同性质,属于国内措施。第 3543 号决议第 9 条也指向了第 2784 号决议,并将其作为适用第 2784 号决议的一种辅助方式。因此,第 3543 号决议是适用于产品的税收措施并受第 3 条第 2 款管辖。第 3 条第 2 款也不因为第 3543 号决议表面上与所得税建立了某种所谓联系就被排除适用。④ 专家组进一步分析了进口产品和相同的国产品在第 3543 号决议和第 2784 号决议下的待遇,认定进口产品的负担更重。⑤ 因此,专家组裁定第 3543 号决议违反了 1994 年 GATT 第 3 条第 2 款,且不能根据 1994 年 GATT 第 20 条(d)项豁免。⑥

此外,1994 年 GATT 第 3 条第 4 款不允许 WTO 成员对进口产品的销售或购买等方面采取歧视性的规章,这同样适用于 WTO 成员借助所得税措施歧视进口产品的做法。在日本酒案中,上诉机构指出,第 1 款的目的在于建立理解和解释第 2 款和其他款项特定义务的一般原则,即国内税和规章不应当用来保护国产品。这一原则也统领和适用于第 3 条其

---

① Report of the Panel, Argentina-Measures Affecting Export of Bobine Hidesand and the Import of Finished Leather, WT/DS155/R, paras. 8.14,8.23.
② Ibid., paras. 8.25,8.27,8.29,8.30.
③ Ibid., paras. 11.140.
④ Ibid., paras. 11.143,11.148,11.153,11.154,11.159,11.161.
⑤ Ibid., paras. 11.176—11.191.
⑥ Ibid., paras. 12.4—12.5.

他部分。① 因此，第 3 条第 4 款的目的也在于防范 WTO 成员通过国内税之外的措施来歧视进口产品。

在 1958 年的意大利农用机械案中，意大利政府曾规定向购买意大利农用机械的意大利农民提供特别低息贷款，但购买外国农用机械则不享受。英国主张意大利的做法违反了 1947 年 GATT 第 3 条第 4 款。专家组支持了英国的主张，裁定意大利违反了国民待遇义务。② 在 WTO 时期的韩国影响牛肉进口的措施案中，专家组和上诉机构都裁定韩国法律和规章确立的分别适用于国产牛肉和进口牛肉的双重零售制度给予了进口牛肉低于国内相同牛肉的待遇，与第 3 条第 4 款的要求不符。③

因此，如果 WTO 成员借助所得税措施歧视进口产品的销售，这同样不符合第 3 条第 4 款的要求。在美国外国销售公司案中，专家组认为：第 3 条并没有明确排除所得税措施的适用。第 3 条第 4 款也适用于针对产品的所得税措施。④ 在印度尼西亚汽车案中，专家组指出：以所得税方式提供的补贴只要与促进国内产品的购买或使用相关，也会违反 1994 年 GATT 第 3 条第 4 款。⑤ 或者说，只要所得税措施实质上属于影响进口产品的销售或购买等方面的法律或规章，也不应用于保护国产品。

不过，1994 年 GATT 第 3 条第 8 款（b）项规定："本款不禁止只是针对国内生产者的补贴，包括将符合本条征收的国内税费的款项支付给国内生产者"。因此，如果 WTO 成员以所得税优惠的方式为本国产品生产者提供补贴不给予进口产品的生产者时，并不违反 1994 年 GATT 第 3 条的国民待遇义务。但是，这并不意味着补贴不受 WTO 规则的约束。如果 WTO 成员通过减免所得税方式提供了出口补贴，则为 WTO 规则所禁止。⑥

---

① Report of the Appellate Body, Japan-Alcoholic Beverages, WT/DS8/AB/R, WT/DS10/AB/R, WT/DS11/AB/R, p. 18.

② Italy-Discrimination against Imported Agricultural Machinery (BISD 7S/60).

③ 关于该案的详细评述，参见韩立余：《WTO 案例及评析（2000）》，中国人民大学出版社 2001 年版，第 123—181 页。

④ Report of the Panel, United States-Tax Treatment for "Foreign Sales Corporations", Recourse to Article 21.5 of the DSU by the European Communities, WT/DS108/RW, para. 8.142—8.143.

⑤ Report of the Panel, Indonesia-Certain Measures Affecting the Automobile Industry, WT/DS54/R, WT/DS55/R, WT/DS59/R, WT/DS64/R, para. 14.38.

⑥ 关于这方面的问题，本书将在第三章予以详细论述。

3.《TRIMs 协定》

《TRIMs 协定》是乌拉圭回合谈判的三个新议题之一。[①]《TRIMs 协定》首次将与货物贸易有关的投资措施纳入了多边贸易体制。之所以如此,是因为某些投资措施会对货物贸易产生限制或扭曲影响。比如,一国在外资法中要求外资企业应当购买或使用当地生产的产品或原材料(即"当地成分要求"),会对进口产品在国内的销售产生歧视。在关贸总协定时期的加拿大外国投资审查法案中,外国投资者为了获得投资批准,需要向加拿大政府提交书面承诺,承诺的内容涉及产品的购买、出口等方面。比如,外国投资者承诺购买一定比例或金额的加拿大产品。尽管加拿大外国投资审查法没有强制要求外国投资者提交书面承诺,但实践中几乎所有的大额外国投资都这样做,而且有些承诺是外国投资者和加拿大政府谈判的结果。专家组裁定加拿大违反了 1947 年 GATT 第 3 条第 4 款。[②]

《TRIMs 协定》第 2 条禁止 WTO 成员实施与 1994 年 GATT 第 3 条(国民待遇)或第 11 条(取消数量限制)规定不符的与货物贸易有关的投资措施。《TRIMs 协定》所附的解释性清单明确列出了五种违反 1994 年 GATT 第 3 条第 4 款和第 11 条第 1 款的措施。违反 1994 年 GATT 第 3 条第 4 款的措施有:(1)要求企业购买或使用当地产品;(2)限制企业购买或使用进口产品的数量,并把这一数量与该企业出口当地产品的数量或价值相联系。违反 1994 年 GATT 第 11 条第 1 款的措施有:(1)对企业进口用于当地生产的产品予以限制,通常是与该企业出口其当地生产的产品的数量或价值相挂钩;(2)限制企业进口用于当地生产的产品所需要的外汇数额,通常以企业可获得的外汇收入为限;(3)限制企业产品的出口,不论这种限制是以规定特定产品的出口、出口产品的数量或价值等方式做出。

尽管解释性清单没有列出与所得税有关的措施,但这并不意味着所得税措施不受《TRIMs 协定》的管辖。

首先,解释性清单并非穷尽性的,并非只有这五种措施才为《TRIMs

---

① 另外两个新议题是服务贸易和与贸易有关的知识产权。
② Canada-Administration of the Foreign Investment Review Act (FIRA) (BISD 30S/140).

协定》所禁止。《TRIMs 协定》第 2 条是对该协定所禁止措施的概括性规定,而解释性清单则是对第 2 条的注释,二者之间是相互补充的关系。解释性清单也指出:与 1994 年 GATT 第 3 条第 4 款和第 11 条第 1 款不符的与货物贸易有关的投资措施包括那些强制性或必须执行的措施,也包括为获取某种优惠(advantage)而有必要遵循的措施。"包括"应理解为"包括但不限于"①。因此,如果 WTO 成员所采取的与货物贸易有关的投资措施不在清单之列,就应当按照《TRIMs 协定》第 2 条来界定,即该措施是否违反了 1994 年 GATT 的第 3 条和第 11 条。就 1994 年 GATT 第 3 条第 4 款本身而言,也没有将所得税措施排除在外。

其次,解释清单指出为获取某种优惠而有必要遵循的措施也可能属于被禁止的与贸易有关的投资措施。由于《TRIMs 协定》没有界定"优惠"的含义,所得税优惠措施也应当包括在内。② 比如,我国在加入 WTO 之前,1994 年发布的汽车产业政策中关于外汇平衡、对国产化给予税收优惠规定等与 WTO 原则不符的条款,加入 WTO 后我国有关部门已发文停止执行。③

二、区域贸易安排的做法

非歧视原则在区域贸易安排中依然存在,同样是消除区域内贸易歧视措施的关键。不过,一些区域贸易安排中并没有最惠国待遇条款,而是强调国民待遇,并以 1994 年 GATT 的国民待遇为基础。

1. 最惠国待遇

就区域贸易安排的成员与区域外的 WTO 成员而言,1994 年 GATT 第 24 条和授权条款允许区域贸易安排对区域外的 WTO 成员豁免 1994 年 GATT 第 1 条的最惠国待遇义务。这是区域贸易安排能够在多边贸易体制下运作的法律基础和必要条件,因为区域贸易安排的成员做出超出 WTO 减让的初衷就是不希望给予区域外的成员。区域贸易安排的成

---

① 参见黄东黎、杨国华:《世界贸易组织法:理论·条约·中国案例》,社会科学文献出版社 2013 年版,第 397 页。
② Michael Daly, "WTO Rules and Direct Taxation", *World Economy*, Vol. 29, Issue 5, 2006, p.534.
③ 参见商务部世界贸易组织司、中国政府世贸组织通报咨询局编著:《中国履行加入世界贸易组织承诺年度评估(2003 年)》,中国商务出版社 2005 年版,第 84 页。

员也同样不希望将同区域外的其他经济体所谈判的新的区域贸易协定中的优惠给予原先的区域贸易安排的成员。因此,有的区域贸易安排在其成员之间没有规定最惠国待遇义务。

不过,区域贸易安排在其成员之间也可能设立最惠国待遇义务,从而保证区域贸易安排的成员与第三方谈判新的安排时,该区域安排的成员也能够享受其他成员与第三方安排的更加优惠的待遇,而不遭受更差的贸易待遇。比如:

欧盟与加勒比、中美洲和南美洲等一些国家签署的经济伙伴协定(CARIFORUM-EC Economic Partnership Agreement)第19条是关于货物贸易的最惠国待遇的。① 该条第1款要求欧盟将与未来第三方签订的自由贸易协定中所给予的更优惠的待遇自动适用于 CARIFORUM 等国。② 该条第2款则要求 CARIFORUM 等国将未来与欧盟之外的主要贸易经济体(major trading economies)签订的自由贸易协定中的更优惠待遇也给予欧盟。③ 不过,CARIFORUM 国家并没有义务将其与第三方之间的自由贸易协定中的优惠自动给予欧盟,是需要经过谈判的,也可能拒绝给予欧盟。④

再比如,东盟自由贸易区货物贸易协定(ASEAN Trade in Goods Agreement)第5条(最惠国待遇)规定:在进口关税方面,东盟成员国与非成员国达成协议从而给予高于本协定下的优惠时,其他东盟成员国有权要求与该成员国进行谈判并要求享受不低于非成员国的待遇。该成员国在单边基础上决定是否将与非成员国的优惠给予其他东盟成员国。一旦决定给予的话,应给予所有东盟成员国。

上述例子表明,区域贸易安排可以规定非自动或非强制的最惠国待遇,这与1994年 GATT 第1条的要求是不同的。事实上,对于区域贸易

---

① 该协定于2008年10月15日签署,2008年11月1日起生效。
② CARIFORUM 是对签署该协定的加勒比、中美洲和南美洲等国家的统称。
③ 根据第19条第4款的定义,主要贸易经济体是指:任何发达国家、或者在新自由贸易协定签署前一年超过全球商品出口1%份额的任何国家或地区;以及新自由贸易协定签署前一年超过全球商品出口1.5%份额的国家或地区的团体。
④ 不过,第19条第2款的规定可能限制 CARIFORUM 等国与达到主要贸易经济体标准的发展中国家之间订立自由贸易协定,这会与授权条款相冲突。有关这一问题的论述,可参见:Claude S. K. Chase,"MFN in the CARIFORUM-EC Economic Partnership Agreement: Policy Blunder or Legal Inconsistency?", *Legal Issues of Economic Integration*, Vol. 38, No. 2, pp. 189—197, 2011, at http://papers.ssrn.com/sol3/papers.cfm?abstract_id=1891895.

安排来讲,不论其成员的数目是两个或两个以上,它们之间一般是不需要最惠国待遇的。一方面,关税同盟和自由贸易区都应当对区域内的贸易实质上取消所有关税。既然成员内部不存在关税,也就不需要最惠国待遇了。另一方面,即使成员间对特定产品存在关税,一般也低于从第三方的进口税率,而且也能够通过内部谈判来给予区域内特定成员的产品以更优惠的待遇。以中国—东盟自由贸易区为例,其货物贸易协议第 3 条规定,各缔约方应将"正常产品"按照该协议附件 1 列明的模式逐步削减和取消各自的最惠国税率并实现模式中的降税门槛所规定的目标。[①]

2. 以 GATT 为基础的国民待遇

区域贸易安排中关于国民待遇的规定一般有两种做法:一是明确指向 GATT 国民待遇并将 GATT 的国民待遇作为区域贸易安排的条文;二是虽然没有指向 GATT 的国民待遇,与 GATT 国民待遇的规定类似。

(1) 明确指向 GATT 国民待遇的做法

明确指向 GATT 国民待遇是区域贸易安排的普遍方式,而且不论其缔约方是发达国家、发展中国家,或是区域贸易安排作为缔约一方。

日本和瑞士的自由贸易与经济伙伴协定(Agreement on Free Trade and Economic Partnership between Japan and the Swiss Confederation)是发达国家之间的双边安排,其第 14 条规定,缔约方应根据 1994 年 GATT 第 3 条给予另一缔约方的产品以国民待遇,1994 年 GATT 第 3 条应并入该协定并作为该协定的组成部分。

东盟自由贸易区属于发展中国家之间的安排,其货物贸易协定第 6 条的标题为"国内税和国内法规的国民待遇",这与 1994 年 GATT 第 3 条的标题是一样的。该条要求东盟成员国根据 1994 年 GATT 第 3 条给予其他成员国的产品以国民待遇,1994 年 GATT 第 3 条也是该货物贸易

[①] 中国—东盟自贸区的货物贸易谈判采取的是"负面清单"(negative list)的方式,凡是没有列入敏感产品清单的产品均视为正常产品。在中国—东盟自贸区中,绝大多数的产品都是正常产品。对于中国和东盟六国(文莱、印度尼西亚、马来西亚、菲律宾、新加坡和泰国),正常产品自 2005 年 7 月 1 日起开始降税,2007 年 1 月 1 日和 2009 年 1 月 1 日各进行一次关税削减,2010 年 1 月 1 日将关税最终削减为零。中国—东盟自贸区货物贸易协议详细规定了正常产品关税减让的模式。对东盟新成员国(柬埔寨、老挝、缅甸和越南)的特殊和差别待遇是协议所体现的一项重要原则。对这四个国家,从 2005 年 7 月 1 日起开始降税,2006—2009 年每年 1 月 1 日均要进行一次关税削减,2010 年不削减关税,2011 年起每两年削减一次关税,至 2015 年将关税降为零。详见中国—东盟自由贸易区货物贸易协议附录 1"列入正常类税目的关税削减和取消模式"。

协定的内容。中国—东盟自由贸易区货物贸易协议也是这样规定的。①

NAFTA是美国、加拿大两个发达国家与作为发展中国家的墨西哥之间的安排,其第301条第1款规定各缔约方应根据GATT第3条给予另一缔约方的产品以国民待遇,同时GATT第3条成为NAFTA的一部分。② NAFTA第301条第2款进一步明确,各缔约方的州和省所给予另一缔约方产品的待遇,应不低于该州或省给予其所在缔约国的任何相同、直接替代或竞争产品的最优惠待遇。不过,第301条第1款和第2款不适用于NAFTA附件301.3中所列出的措施。③ NAFTA的模式也应用到了美国与其他国家的自由贸易协定之中。④

此外,当区域贸易安排与其他经济体缔结区域贸易协定时,通常也会采用1994年GATT的国民待遇。欧盟与韩国的自由贸易协定(Free trade Agreement between the European Union and Its Member States, of the one part, and the Republic of Korea, of the other part)第2.8条要求缔约方根据1994年GATT第3条给予其他缔约方的产品以国民待遇,1994年GATT第3条也并入该协定并成为协定的内容。欧洲自由贸易联盟国家与秘鲁的自由贸易协定(Free Trade Agreement between the Republic of Peru and the EFTA States)第2.11条的内容也与之类似。⑤

(2) 没有直接指向GATT国民待遇的做法

有的区域贸易安排没有采用直接指向1994年GATT第3条并将其

---

① 中国—东盟自由贸易区货物贸易协议第2条的标题为"国内税和国内法规的国民待遇",要求缔约方根据1994年GATT第3条对其他缔约方的货物给予国民待遇,1994年GATT第3条也作为该协议的组成部分。

② NAFTA自1994年1月1日起运行,当时WTO还没有成立,因此其条文没有出现1994年GATT的字样。

③ 附件301.3分别列出了第301条(国民待遇)和第309条(进出口限制)不适用于加拿大、墨西哥和美国的相关措施。比如,第301条和第309条不适用于加拿大根据《消费税法》对产品生产中使用的无水酒精所征收的消费税,也不适用于加拿大禁止在沿海贸易中使用国外船舶,除非根据《沿海贸易法》取得了许可证。

④ 比如,美国和韩国的自由贸易协定(Free Trade Agreement between the United States of America and the Republic of Korea)第2.2条的体例与NAFTA第301条类似,其第1款规定各缔约方应根据GATT第3条给予另一缔约方的产品以国民待遇,同时GATT第3条成为NAFTA的一部分;第2款规定任何一方的地方政府给予另一缔约方产品的待遇,应不低于该地方政府给予其所在缔约国的任何相同、直接替代或竞争产品的最优惠待遇;第3款则规定国民待遇不适用于该协定附件2-A所列的措施。

⑤ 该条规定缔约方应根据1994年GATT的第3条给予国民待遇,1994年GATT第3条也并入该协定并成为协定的内容。

纳入的做法,但其关于国民待遇的规定也与 GATT 规则类似。以欧盟为例。

欧盟是建立在关税同盟基础之上的。① 关税同盟要求取消成员国内部的进出口关税和与之具有相同效果的收费,并禁止成员国采取进出口数量限制和与之具有相同效果的措施。② 与此同时,欧盟禁止成员国采用国内税来保护国产品。《欧洲联盟运行条约》第 110 条规定:"成员国不得直接或间接对其他成员国的产品征收任何超过对类似国产品(similar domestic products)直接或间接征收的国内税。成员国不得对其他成员国的产品征收任何具有间接保护其他产品作用的国内税。"③

虽然第 110 条没有直接指向 GATT 的国民待遇,但在国内税方面与 1994 年 GATT 第 3 条第 2 款是类似的。1994 年 GATT 第 3 条第 2 款包括两句,第 1 句要求对进口产品的征收的国内税费不得超过相同国产品。在日本酒案中,上诉机构指出:如果进口产品和国产品是相同产品,而且对进口产品的征税超过了相同的国产品,则该项措施就与第 3 条第 2 款第 1 句不符。④ 因此,如果某种进口产品与某种国产品不是相同产品,对进口产品征收的国内税即使高于国产品,也不能认定该措施违反了第 3 条第 2 款第 1 句。但是,第 3 条第 2 款第 2 句进一步规定,WTO 成员不应对进口产品或国产品采用其他与本条第 1 款规定的原则有抵触的方法来征收国内税费。因此,即使进口产品和国产品不是相同产品,如果它们属于直接竞争产品或替代产品时,借助国内税对国产品提供保护,也是与国民待遇不符的。上诉机构在日本酒案中同样指出,确立国内税是否与第 2 句一致,需要解决三个独立的问题:进口产品和国产品是否为直接竞争或替代的产品;对直接竞争或替代的进口产品和国内产品是否存在不

---

① Ben J. M. Terra and Peter J. Wattel, *European Tax Law*, 6th edition, Kluwer Law International, 2012, p. 9.
② 参见《欧洲联盟运行条约》第 26 条、第 28 条、第 30 条、第 34 条和第 35 条。
③ 该条最初规定在《欧洲经济共同体条约》第 95 条。《欧洲经济共同体条约》第 95 条后来成为《欧洲共同体条约》第 90 条。《欧洲共同体条约》第 90 条在《里斯本条约》生效后成为了《欧洲联盟运行条约》第 110 条,但内容没有变化。关于《欧洲经济共同体条约》到《欧洲联盟运行条约》的发展历程,参见本书第四章的相关内容。
④ Appellate Body Report, Japan-Alcoholic Beverages, WT/DS8/AB/R, WT/DS10/AB/R, WT/DS11/AB/R, pp. 18—19.

同征税;这种不同征税是否对国产品提供了保护。①

欧盟在其一体化进程中,也不乏关于第110条的案例。比如,在Commission v. France案②中,欧盟法院认为第110条(当时的《欧洲共同体条约》第95条)的目的在于③:通过取消所有形式的歧视进口产品的国内税,确保成员国之间货物按照正常的竞争条件自由流动,保证税收对国产品和进口产品竞争的中性。《欧洲共同体条约》第95条第1款侧重于比较进口产品和类似的国产品的税收负担,而第95条第2款则侧重于国内税的保护作用。第95条第1款中的"类似"应理解为产品具有类似的特征和满足消费者的共同需求,或者说产品具有类似的和同等的用途。第95条第2款禁止对与进口产品相竞争的国产品采用任何形式的间接税收保护,即使产品之间是部分、间接或潜在竞争的,而不必一定是第95条第1款中的类似产品。在该案中,法国对从谷物蒸馏出来的酒和从水果、葡萄提炼的酒采取区别的税收,前者以威士忌为代表,后者以白兰地酒为代表。前一类酒的税负较后一类酒重,而前一类酒主要为进口产品。欧盟法院认为这两类酒具有共同特征,是可为消费者替代选择的,属于竞争产品。因此,法国的做法违反了第95条。

此外,《欧洲联盟运行条约》第34条(原《欧洲经济共同体条约》第30条、《欧洲共同体条约》第28条)禁止在成员国之间采取进口数量限制或与数量限制具有等同作用的所有措施。④ 就进口数量限制而言,其与1994年GATT第11条的含义类似,包括配额或许可证等做法。那么,什么是"与数量限制具有等同作用的措施"(measures having equivalent effect to quantitative restrictions,MEQR)呢? 欧盟委员会曾经发布的

---

① Appellate Body Report,Japan-Alcoholic Beverages,WT/DS8/AB/R,WT/DS10/AB/R,WT/DS11/AB/R,p.24.

② Case 168/78,[1980] ECR 347.

③ 欧盟法院(Court of Justice of the European Union)是《里斯本条约》生效后的欧盟司法机构的称谓。《里斯本条约》之前的司法机构称为"欧洲共同体法院",包括欧洲法院(court of justice)以及初审法院(court of first instance)。根据《欧洲联盟条约》第19条,欧盟法院包括欧洲法院(court of justice)、综合法院(general court)和专门法院(specialised courts)。为叙述方便,本书统一采用欧盟法院的称谓。

④ 该条最初规定在《欧洲经济共同体条约》第30条。《欧洲经济共同体条约》第30条后来成为《欧洲共同体条约》第28条。《欧洲共同体条约》第28条在《里斯本条约》生效后成为了《欧洲联盟运行条约》第34条,但内容没有变化。

第 70/50 号指令第 2 条指出①,MEQR 包括如下措施:对进口产品的最低或最高销售限价;对进口产品采取比国产品苛刻的支付、包装等条件;对国产品的促销安排等。因此,MEQR 的范围是非常广泛的,也包含了 1994 年 GATT 第 3 条第 4 款所管辖的成员国影响进口产品的境内销售等方面的法律和规章。在 Commission v. Ireland 案②中,爱尔兰政府促进国内产品销售的做法也被欧盟法院裁定违反了当时的《欧洲经济共同体条约》第 30 条的义务,即使相关活动表面上是通过私人公司进行的。

(3) 对所得税歧视措施的约束

从区域贸易安排的上述规则来看,其成员借助所得税措施歧视其他成员产品的做法也是受到约束的。

对于将 1994 年 GATT 第 3 条纳入区域贸易协定的安排来讲,既然 1994 年 GATT 第 3 条没有排除适用于所得税措施,那么区域贸易安排的成员也不应以此歧视进口产品。尽管 NAFTA 第 2103 条第 2 款明确表明该协定不影响缔约方在税收协定下的权利和义务,但该条第 3 款规定,第 301 条下的国民待遇适用于税收措施,并且适用范围与 GATT 第 3 条相同。也就是说,国民待遇适用于与货物贸易有关的所得税措施。③

对于没有将 1994 年 GATT 第 3 条纳入区域贸易协定的安排来讲,由于其相关条文与 GATT 类似,结论也是相同的。以欧盟为例。在 Commission v. France 案④中,法国对某些报刊发行企业为发行所购买的设备给予加速扣除的所得税税收优惠,但发行企业在境外的印刷不能享受。欧盟法院裁定法国的做法促使发行企业在境内印刷而非境外,是与

---

① Commission Directive of 22 December 1969 based on the provisions of Article 33 (7), on the abolition of measures which have an effect equivalent to quantitative restrictions on imports and are not covered by other provisions adopted in pursuance of the EEC Treaty (70/50/EEC).

② Case 249/81,[1982] ECR 4005。该案审理时,现在的《欧洲联盟运行条约》第 34 条为原《欧洲经济共同体条约》第 30 条。

③ David B. Oliver, "Tax Treaties and the Market-State", *Tax Law Review*, Vol. 56, No. 4. 2003, p.589.

④ Case 18/84,[1985] ECR 1339。该案审理时,现在的《欧洲联盟运行条约》第 34 条为原《欧洲经济共同体条约》第 30 条。

进口数量限制具有相同效果的措施。①

3. 与贸易有关的投资措施的问题

对于与贸易有关的投资措施,包含投资规则的区域贸易安排也一般在其投资章节做出规定。

比如,NAFTA 第 11 章是关于投资的规则,其 1106 条是关于"履行要求"(performance requirements)的义务②,其第 1 款规定任何缔约方在投资的设立、并购、管理、经营或运作方面,不得要求投资者:(1) 出口达到一定数量或百分比的货物或服务;(2) 达到一定数量或百分比的国内成分;(3) 购买、使用或优先选择其境内生产的货物或提供的服务;(4) 以任何方式将投资者的进口数量或价值与出口数量或价值,或与外汇收入相联系等。第 1106 条第 3 款也禁止缔约方以投资者符合下列要求作为获得投资优惠的条件:(1) 达到一定数量或百分比的国内成分;(2) 购买、使用或优先选择其境内生产的货物;(3) 以任何方式将投资者的进口数量或价值与出口数量、价值或外汇收入相联系;(4) 限制投资者生产或提供的货物或服务在其境内的销售,以任何方式将此类销售与出口数量或价值或者外汇收入联系起来。NAFTA 第 2103 条第 5 款也明确指出,第 1106 条第 3 款也适用于税收措施。因此,NAFTA 第 1106 条的规定与随后的 WTO 下的《TRIMs 协定》的内容是类似的,而且涉及了缔约方限制投资者服务的措施。

---

① 不过,在 Krantz 案(Case C-69/88,H. Krantz GmbH & Co. v. Ontvanger der Directe Belastingen and Netherlands State,[1990]ECR I-583)案中,荷兰《税收征收法》第 16 条允许税务当局扣押纳税人在经营中使用的设备,即使该设备并非纳税人的财产。一个德国公司采用分期付款方式出售给一个荷兰公司机器但保留了所有权。后来荷兰公司破产,但有未缴纳的税款。税务当局扣押并出售了这些机器,尽管德国公司仍保留所有权。德国公司主张荷兰的法律影响了内部市场的贸易,因为外国卖方可能因为荷兰法律的这一规定而不愿意采用分期付款并保留所有权的销售方式。欧盟法院注意到荷兰法律适用时并不区分国产品和进口产品,也并非为了控制与其他成员国的贸易,因此限制内部市场贸易的证据不足。至于德国公司主张的荷兰法律可能导致其他成员国的卖方不采用分期付款并保留使用权的销售方式的主张,欧盟法院认为二者之间没有直接的联系,也无法得出荷兰法律影响成员国之间贸易的结论。因此,欧盟法院认为《欧洲经济共同体条约》第 30 条并不禁止荷兰国内法的做法,即使被扣押的货物属于另一成员国供应商的财产。

② 履行要求是指东道国要求私人投资者为特定行为的措施,通常是基于东道国的经济发展需要对投资者施加的条件限制,包括外国投资获准进入东道国或在东道国经营及获得特定优惠的条件限制。参见余劲松:《区域性安排中的投资自由化问题研究》,载王贵国主编:《区域安排法律问题研究》,北京大学出版社 2004 年版,第 54 页。

再比如,日本和智利的战略经济伙伴协定(Agreement between Japan and the Republic of Chile for a Strategic Economic Partnership)第1条表明缔约双方要建立一个自由贸易区。该协定第77条属于第8章"投资"的内容,其规定与 NAFTA 第1106条类似。第77条第1款明确要求缔约方不得对投资者的投资活动实施如下履行要求:(1)出口达到一定数量或百分比的货物或服务;(2)达到一定数量或百分比的国内成分;(3)购买、使用或优先选择其境内生产的货物或提供的服务,或从境内的供应商处购买产品或服务;(4)以任何方式将投资者的进口数量或价值与出口数量、价值或外汇收入相联系;(5)将投资者在境内生产产品或服务的数量与其出口数量、价值或外汇收入相联系;(6)要求投资者将技术转让给境内企业或个人;(7)要求投资者将产品或服务外销。第77条第2款同样禁止缔约方以投资者符合下列要求作为获得投资优惠的条件:(1)达到一定数量或百分比的国内成分;(2)购买、使用或优先选择其境内生产的货物;(3)以任何方式将投资者的进口数量或价值与出口数量、价值或外汇收入相联系;(4)限制投资者生产或提供的货物或服务在其境内的销售,以任何方式将此类销售与出口数量或价值或者外汇收入联系起来。

对于没有就与贸易有关的投资措施做出专门规定的区域贸易安排来讲,作为 WTO 成员,《TRIMs 协定》也是适用的:

一方面,1994年 GATT 第24条和授权条款只是明确允许区域贸易安排的成员豁免1994年 GATT 第1条的最惠国待遇义务。尽管对于GATT 第24条是否允许 WTO 成员背离所有 GATT 条款存在争论[①],但区域贸易安排并没有排除1994年 GATT 第3条和第11条的适用。如前所述,区域贸易安排都将1994年 GATT 的国民待遇纳入或采取与之类似的条文表述,而 GATT 第11条关于取消数量限制的要求也同样体

---

① 比如,一些 WTO 成员认为第24条只允许成员背离 GATT 第1条的最惠国待遇,一些成员认为第24条允许成员背离所有 GATT 条款,不限于第1条。在土耳其纺织品案中,专家组曾裁定成员只能背离 GATT 第1条。但是,上诉机构推翻了专家组的裁定,认为以 GATT 第24条为抗辩,需要满足两个条件:一是抗辩方必须证明形成的关税同盟满足第24条第8款(a)项和第24条第5款(a)项的条件,二是证明如果不采取该措施就不能形成关税同盟。参见张玉卿主编:《WTO 新回合法律问题研究》,中国商务出版社2004年版,第582页。

现在区域贸易安排之中。① 而 1994 年 GATT 第 3 条和第 11 条也是《TRIMs 协定》适用并判定某项投资措施是否违反该协定的基础。在印度尼西亚汽车案中,专家组指出,在审查一项措施是否违反了《TRIMs 协定》第 2 条时,应审查以下几个因素:是否是投资措施;是否与贸易有关;是否违反了 1994 年 GATT 第 3 条或第 11 条的规定。②

另一方面,《TRIMs 协定》和 1994 年 GATT 是相平行的,属于《建立 WTO 的马拉喀什协定》附件 1A 多边货物贸易协定的组成部分③,1994 年 GATT 第 24 条并不能豁免 WTO 成员在《TRIMs 协定》的义务。同样在印度尼西亚汽车案中,专家组指出,当《TRIMs 协定》提及 1994 年 GATT 第 3 条时,指的是第 3 条的实体方面,而不是第 3 条在 WTO 框架下的适用方面。《TRIMs 协定》和 1994 年 GATT 第 3 条是两个独立的法律规范,互不影响适用,不适用第 3 条不影响对《TRIMs 协定》的适用。④ 事实上,《WTO 协定》关于附件 1A 的一般解释性注释指出:当 1994 年 GATT 与附件 1A 中的其他多边货物贸易协定(当然也包括《TRIMs 协定》)相冲突时,其他协定在冲突所涉及的范围内具有优先效力。因此,《TRIMs 协定》对于所得税措施的约束也同样适用于区域贸易安排。

---

① 比如,NAFTA 第 309 条规定,任何缔约方不得采取进出口限制,除非符合 GATT 第 11 条的规定。GATT 第 11 条也纳入 NAFTA 并作为该协定的一部分。再比如,欧洲自由贸易联盟协定第 7 条禁止在成员国之间实施进出口数量限制和与之具有等同效果的措施。中国—东盟自由贸易区货物贸易协议第 8 条也规定,除非 WTO 规则允许,各缔约方不应在任何时候保留任何数量限制措施。

② 参见韩立余:《WTO 案例及其评析(1995—1999)》(上卷),中国人民大学出版社 2001 年版,第 170 页。

③ 除了 1994 年 GATT 和《TRIMs 协定》之外,多边货物贸易协定还包括:农产品协定、实施动植物卫生检疫措施协定、纺织品与服装协定、技术性贸易壁垒协定、关于履行 1994 年 GATT 第 6 条的协定(即反倾销协定)、关于履行 1994 年 GATT 第 7 条的协定(即海关估价协定)、装运前检验协定、原产地规则协定、进口许可程序协定、补贴与反补贴措施协定、保障措施协定、贸易便利化协定。

④ 参见韩立余:《WTO 案例及其评析(1995—1999)》(上卷),中国人民大学出版社 2001 年版,第 169—170 页。

第二节　与服务贸易有关的所得税歧视措施

一、WTO 规则

WTO 框架下的 GATS 是关于服务贸易的多边规则。根据 GATS 第 1 条,服务贸易是通过服务提供模式来界定的。① GATS 适用于 WTO 成员影响服务的所有"措施",这涉及服务的购买、使用、支付、人员入境和商业存在等方面的措施。这些措施也包括中央和地方的法律、行政法规、规章、程序和决定等如何理解影响服务贸易的措施。在欧共体香蕉案 III 中,专家组指出:没有任何措施从 GATS 的适用范围内预先排除,GATS 适用于成员的任何措施,只要影响了服务提供,不论是政府直接管制服务提供的措施,或是政府规制其他事项但对服务提供产生影响的措施。② 上诉机构支持了这一观点,并指出没有 GATS 条文表明 GATS 的适用范围是有限的。③ 因此,WTO 成员影响服务贸易的所得税措施也当然受 GATS 管辖,除非 GATS 本身做出了排除。事实上,在乌拉圭回合谈判中,谈判方也认识到所得税歧视措施也会像非关税壁垒那样对跨境服务产生负面影响。不过,由于乌拉圭回合谈判的截止时间临近,专门规定所得税非歧视义务的条款并没有被写入 GATS。④ 尽管 GATS 目前没有关于所得税非歧视义务的专门条款,由于 GATS 没有完全排除所得税措施,GATS 中关于最惠国待遇和国民待遇的规定也能够规制 WTO 成员借助所得税措施歧视外国服务和服务提供者的做法。

---

① GATS 界定了服务贸易的四种交易模式:(1) 在一个成员境内将服务提供至任何其他成员境内(跨境交付);(2) 在一个成员境内,向其他成员在该成员境内的服务消费者提供服务(境外消费);(3) 一个成员的服务提供者通过其在其他成员境内的商业存在提供服务(商业存在);(4) 一个成员的服务提供者通过其派往其他成员的自然人提供服务(自然人流动)。

② Report of the Panel, European Communities-Regime for the Importation, Sale and Distribution of Bananas, WT/DS27/R/USA, para. 7.285.

③ Report of the Appellate Body, European Communities-Regime for the Importation, Sale and Distribution of Bananas, WT/DS27/AB/R, para. 220.

④ Catherine Brown, "Tax Discrimination in the NAFTA Bloc: The Impact of Tax and Trade Agreements on the Cross-Border Trade in Services", *Dalhousie Law Journal*, Vol. 28, No. 1, 2005, p.101.

1. 最惠国待遇

根据 GATS 第 2 条第 1 款，WTO 的成员应立即和无条件地给予其他成员的服务和服务提供者不低于其给予其他国家的相同服务和服务提供者的待遇。这是 GATT 关于货物贸易的多边和无条件的最惠国待遇在服务贸易领域的延伸，其目的在于使所有成员的服务和服务提供者处于平等地位，在相同条件下竞争。

在加拿大汽车案中，上诉机构认为适用 GATS 第 2 条首先需要认定存在 GATS 管辖的措施，即存在以四种模式之一提供的服务贸易，而且有影响服务贸易的措施。之后，需要根据事实审查采取该 WTO 成员的措施是否在其他成员和其他国家之间的相同服务和服务提供者之间造成了歧视。[①] 就税收措施而言，如果 WTO 成员对其他成员的相同服务和服务提供者存在基于服务提供者来源地（national origin of the service supplier）的差别待遇并产生了不利的竞争条件时，就违反了最惠国待遇义务。[②] 比如，某个 WTO 成员 A 的消费者使用成员 B 的金融服务时，该消费者对于成员 B 服务提供者的付款是可在该消费者的应税所得中扣除的，那么该消费者在使用成员 C 的相同金融服务时的付款也应当从该消费者的应税所得中扣除。否则就在相同服务之间造成了歧视。再比如，来自成员 B 和 C 的相同服务提供者如果在 A 成员的所得税待遇存在差异，A 就没有给予相同服务提供者以最惠国待遇。在阿根廷金融服务案中，上诉机构也认为相同的服务和服务提供者可根据其竞争关系来认定。如果争端的申诉方能够证明服务和服务提供者的来源地是被诉方给予差别待遇的唯一因素且被诉方没有成功反驳的话，争议涉及的服务和服务提供者就可推定是"相同"的，专家组可继续分析差别待遇而无需评估争议所涉的服务和服务提供者的竞争关系。[③]

不过，GATS 下最惠国待遇的无条件性不如 GATT 绝对，它允许

[①] Report of the Appellate Body, Canada-Certain Measures Affecting the Automotive Industry, WT/DS139/AB/R, WT/DS142/AB/R, para. 170—171.

[②] Uruguay Round Group of Negotiations on Services, The Applicability of the GATS to Tax Measures, Note by the Secretariat, MTN. GNS/W/210, 1December 1993 (UR-93-0143).

[③] Report of the Appellate Body, Argentina-Measures Relating to Trade in Goods and Services, WT/DS453/AB/R, para. 6.44. 关于该案的讨论，可参见崔晓静、丁颖：《WTO 非歧视原则在国际税法领域的适用——评阿根廷金融服务案》，载《国际税收》2016 年第 8 期。

WTO 成员在一个最惠国待遇豁免清单中列入不给予最惠国待遇的国家。也就是说,只要列入了豁免清单,WTO 成员给予其他国家服务和服务提供者的待遇(包括所得税待遇)就可以不给予 WTO 成员。

此外,GATS 第 14 条(一般例外)还规定:本协定不得解释为阻止 WTO 成员采取或实施如下措施,只要这些措施不在情况相同的国家之间构成武断或不合理的歧视手段或成为对服务贸易的伪装的限制:(1)为保护公共道德(public moral)或维护公共秩序(public order)所必需的措施。(2)为保护人类、动植物的生命或健康所必需的措施。(3)为保证与本协定不相抵触的包括与下列事项有关的法律或法规得到遵守而采取的必要的措施:(i)防止欺骗或欺诈做法或处理服务合同的违约情况;(ii)与个人资料的加工和散播相关的个人隐私保护和个人账户与记录秘密的保护;(iii)安全。(4)与第 17 条(国民待遇)不一致的措施,只要差别待遇是为了保证对其他成员的服务或服务提供者平等和有效地课征或收取直接税。(5)与第 2 条(最惠国待遇)不一致的措施,只要差别待遇是源于避免双重征税协定或该成员受约束的其他协定或安排中的避免双重征税条款。

因此,根据第 14 条例外的第 5 项,WTO 成员在与其他 WTO 成员的税收协定中给予其他成员的服务提供者以不同的所得税待遇[①],并不违反 GATS 的最惠国待遇。

还需要指出的是,一些国家的税法对在避税地有关联企业的服务提供者给予低于在有正常税制的国家有关联企业的服务提供者的待遇,这是为了防止服务提供者利用避税地的关联企业进行避税活动。只要此类措施是基于反避税的客观标准而非基于服务提供者的国籍,也是 GATS 所允许的,并不构成对最惠国待遇的违背。[②]

2. 国民待遇

GATS 第 17 条是关于国民待遇的规定,第 1 款是核心内容,要求

[①] 比如,某个 WTO 成员 A 与 WTO 成员 B 的税收协定中对于成员 B 的居民来源于 A 的利息所得免除预提税,而 A 与成员 C 的税收协定中对于成员 C 的居民来源于 A 的利息所得征收预提税。

[②] Uruguay Round Group of Negotiations on Services, Taxation Issues Related to Article XIV(d), Note by the Secretariat, MTN. GNS/W/178, 15 November 1993 (UR-93-0096).

WTO成员在承诺开放的服务部门,在所有影响服务提供的措施方面,给予任何其他成员的服务和服务提供者不得低于其给予本国相同服务和服务提供者的待遇。

从第17条的规定来看,该条并没有将WTO成员对外国服务提供者的歧视性所得税措施排除在外。[①] 不过,与1994年GATT的国民待遇是一项基本原则不同,GATS的国民待遇属于具体承诺的范畴,并非全面的国民待遇义务。在WTO成员没有承诺开放的服务部门,该成员就没有给予其他成员的服务和服务提供者国民待遇的义务。即使是在WTO成员承诺开放的服务部门,该成员也可在其服务贸易承诺表中列出国民待遇的例外。也就是说,如果在承诺表中规定税收优惠只给予本国的服务提供者,就不是对国民待遇义务的违反。比如,加拿大在其服务贸易承诺表的水平承诺(horizontal commitments)中,在国民待遇的限制(limitations on national treatment)方面就明确列明与科研和实验服务支出相关的税收差别待遇不适用国民待遇。[②]

那么,在WTO成员承诺开放的服务部门,当WTO成员没有在服务贸易承诺表中将税收措施作为国民待遇的例外列出时,第17条对其所得税措施有哪些具体影响呢?

根据第17条,一项税收措施要满足三个条件才被认为是违反了国民待遇:服务和服务提供者是相同的;差别待遇是基于服务或服务提供者的来源国;给予外国服务或服务提供者的待遇应是低于国内服务或服务提供者的。[③]

就所得税措施来讲,这方面最主要的一个问题是如何认定服务提供者是相同的。从所得税法的角度来讲,作为某个WTO成员税法上居民的服务提供者和作为非居民的外国服务提供者是不同的,因为居民要就其全球所得纳税,而非居民只就其来源于当地的所得纳税,因此居民和非居民的所得税待遇存在差别是必然的。但是,在所得税法中,一国对于在

---

① Michael Daly,"WTO Rules and Direct Taxation",*World Economy*,Vol. 29,Issue 5,2006,p. 536.

② Canada Schedule of Specific Commitments,GATS/SC/16,15 April 1994 (94—1015).

③ Uruguay Round Group of Negotiations on Services,The Applicability of the GATS to Tax Measures,Note by the Secretariat,MTN. GNS/W/210,1 December 1993 (UR-93-0143).

本国有机构、场所和没有机构、场所的非居民的待遇也是不同的。① 有机构、场所的非居民来源于当地的所得是比照当地居民纳税的,而没有机构场所的非居民的所得(比如利息、股息和特许权使用费)是适用预提税模式的。② 因此,在 GATS 的四种服务贸易提供模式下,国民待遇适用于这些模式时也是有差别的。

根据 GATS 第 28(d)条之规定,商业存在是指任何形式的商业或专业机构,包括通过(1)组建、收购或一个法人,或(2)创立或维持一个分支机构或代表处,以在一个成员境内通过服务。在所得税制度下,一国服务提供者在另一国设立的子公司一般是设立地的居民;而分公司等机构则属于机构、场所或常设机构。因此,在商业存在模式下,WTO 成员的服务提供者在另一成员设立的作为非居民的商业存在的税收待遇就应不低于东道国相同的服务提供者。

不过,当 WTO 成员的消费者采用跨境交付或境外消费方式购买其他 WTO 成员服务提供者的服务时,此时其他成员的服务提供者与本国服务提供者位于不同的国家,在消费者所在地也没有商业存在,国民待遇义务并不要求 WTO 成员将给予本国服务提供者的待遇也给予位于其他

---

① 机构、场所是一国国内税法中对非居民的所得(特别是营业利润)主张来源地管辖权的连接点,税收协定中采用的是常设机构标准。税收协定中常设机构的认定门槛通常要比国内法中的机构、场所要高。比如,我国《企业所得税法》第 3 条第 2 款规定:非居民企业在中国境内设立机构、场所的,应当就其所设机构、场所取得的来源于中国境内的所得,以及发生在中国境外但与其所设机构、场所有实际联系的所得,缴纳企业所得税。根据我国《企业所得税法实施条例》第 5 条,机构、场所是指在中国境内从事生产经营活动的机构、场所,包括:(1)管理机构、营业机构、办事机构;(2)工厂、农场、开采自然资源的场所;(3)提供劳务的场所;(4)从事建筑、安装、装配、修理、勘探等工程作业的场所;(5)其他从事生产经营活动的机构、场所。此外,非居民企业委托营业代理人在中国境内从事生产经营活动的,包括委托单位或者个人经常代其签订合同,或者储存、交付货物等,该营业代理人视为非居民企业在中国境内设立的机构、场所。不过,我国的税收协定中构成常设机构的条件要比企业所得税法严格。比如,中美税收协定第 5 条(常设机构)第 3 款规定,常设机构也包括建筑工地,建筑、装配或安装工程,或者与其有关的监督管理活动,但仅以连续超过 6 个月的为限。再比如,在代理人常设机构方面,中美税收协定第 5 条第 6 款和第 7 款还区分了独立地位的代理人和非独立地位的代理人,独立地位代理人原则上不构成常设机构。

② 比如,我国《企业所得税法》第 3、4 和 37 条的规定,非居民企业在中国境内设立机构、场所的,应当就其所设机构、场所取得的来源于中国境内的所得,以及发生在中国境外但与其所设机构、场所有实际联系的所得,缴纳企业所得税,税率为 25%。非居民企业在中国境内未设立机构、场所的,或者虽设立机构、场所但取得的所得与其所设机构、场所没有实际联系的,应当就其来源于中国境内的所得缴纳企业所得税,适用税率为 20%,《企业所得税法实施条例》第 91 条则规定减按 10%的税率征收企业所得税。

成员境内的服务提供者。① 但是，WTO 成员不得通过所得税措施使购买其他成员服务的成本比购买本国相同服务更高。比如，服务消费者使用国内银行提供的抵押信贷服务能够享受税费减免，那么从境外银行取得的相同信贷服务也应当享有。

此外，如前所述，GATS 第 14 条的一般例外第 4 项规定也允许 WTO 成员采取与第 17 条(国民待遇)不一致的措施，只要差别待遇是为了保证对其他成员的服务或服务提供者平等和有效地课征或收取直接税；第 14 条关于该项例外的注释指出，旨在保证公平或有效课税的所得税措施包括 WTO 成员根据其自身税制采取以下措施:(1) 适用于非居民服务提供者的措施，且该措施承认这样的事实:非居民的纳税义务限于其来源于该成员境内的所得；(2) 适用于非居民的以确保在该成员境内课税的措施；(3) 适用于非居民或居民的防止逃税和避税的措施；(4) 适用于购买另一成员境内服务的消费者的措施，以确保对这些消费者来源于该成员境内的所得课税；(5) 基于全球所得纳税的服务提供者和其他服务提供者在税基上的差异而采取的措施；(6) 为确保该成员的税基，在其居民与该居民的分支机构之间或该居民的不同分支机构之间分配所得、利润、损失或扣除的措施。

因此，第 14 条第 4 项表达了 GATS 不干预 WTO 成员所得税制的态度。如果税收差别是基于居民和非居民的税负差异等因素产生的，并不违反国民待遇。如何判定服务提供者属于居民还是非居民也是根据 WTO 成员的国内税法来界定的。因此，WTO 成员对不同种类的服务提供者的差别税收待遇，不一定导致不利的竞争条件。② 事实上，第 17 条第 2 款规定，一个成员给予其他成员的服务提供者的待遇，与给予本国相同服务提供者的待遇不论在形式上相同或形式上不同，都可满足国民待遇的要求。当然，如果 WTO 成员采取了并非基于居民和非居民税负差异的所得税措施从而造成了对其他成员相同服务和服务提供者的歧视，改变了其与本国服务和服务提供者的竞争条件，则不为 GATS 第 17 条

---

① Guidelines for the Scheduling of Specific Commitments under the General Agreement on Trade in Services (GATS), Adopted by the Council for Trade in Services, S/L/92, 28 March 2001 (01—1542).

② Uruguay Round Group of Negotiations on Services, The Applicability of the GATS to Tax Measures, Note by the Secretariat, MTN.GNS/W/210, 1 December 1993 (UR-93-0143).

所允许。正如第 17 条第 3 款所指出的：形式上相同或不同的待遇，如果改变了竞争条件从而使该成员的服务或服务提供者与任何其他成员的相同服务或服务提供者相比处于有利地位，这种待遇应被认为是较低的待遇。

由于 GATS 第 14 条第 4 项的注释在列举旨在公平或有效课征所得税的措施时使用"包括"的用语，这意味着注释中列举的措施是解释或说明（indicative）性质的，而非穷尽性的。除了前述 6 项措施外，WTO 成员税法的其他一些措施，比如不把给予居民股东从居民公司收取的股息的免税待遇给予非居民股东从居民公司收取的股息，也属于第 14 条予以豁免的范围。①

除了国内法措施外，GATS 第 22 条第 3 款还规定，WTO 成员不能就其与另一成员的属于税收协定范围的措施援引第 17 条而适用 GATS 的争端解决机制。这实际上将 WTO 成员之间的税收协定排除适用 GATS 的国民待遇。税收协定中通常有"税收无差别待遇条款"，假如税收协定中的非歧视待遇与 GATS 第 17 条的国民待遇不一致，税收协定的条款优先于 GATS 第 17 条。

不过，尽管 GATS 第 14 条将 WTO 成员旨在保证公平或有效地课征所得税的措施排除适用国民待遇，但该条的句首仍要求这些措施不在情况相同的国家之间构成武断或不合理的歧视手段或成为对服务贸易的伪装的限制。也就是说，WTO 成员援引第 14 条作为背离 GTAS 义务的依据时，仍需要满足该条句首的要求。在美国赌博案（DS285）中，美国国内法禁止跨境赌博服务的提供。但是，专家组和上诉机构都认为美国的具体承诺减让表中是做出了此种服务开放的承诺的。因此，美国的措施与其承诺不符。美国以第 14 条第 1 项的例外为抗辩理由。专家组指出，WTO 成员需要证明其措施必须是为保护公共道德或维护公共秩序而设计的，且该措施必须是"必要"的。② 上诉机构也指出，WTO 成员援引第 14 条也需要满足双层测试：即 WTO 成员采取的与 GATS 义务不符的措

---

① 这种做法的理由在于居民股东和非居民股东的纳税义务不同，对居民股东的股息免税是以居民股东就其全球所得纳税为基础。

② Report of the Panel, United States-Measures Affecting the Cross-border Supply of Gambling and Betting Services, WT/DS285/R, para. 6.455.

施符合第 14 条下 5 项例外的具体条件,并符合该条句首的要求。①

二、区域贸易安排的做法

区域贸易安排关于服务贸易自由化的制度也是以 GATS 为基础的,其体例安排和相关条文差不多是 GATS 的翻版。

1. 最惠国待遇

与货物贸易类似,GATS 第 5 条是区域贸易安排的成员对区域外的 WTO 成员豁免 GATS 第 2 条最惠国待遇义务的法律基础。与货物贸易存在专门的原产地规则以保证区域内的优惠待遇为区域内成员的产品所享有不同,服务领域缺乏类似的服务产地规则。因此,区域贸易安排一般都有利益排除条款。比如,中国—东盟自由贸易区服务贸易协议②第 31 条规定,如果一项服务的提供是从或在一个非缔约方的领土内提供的,或者对于一个具有法人资格的服务提供者如确定其不是另一缔约方的服务提供者,则缔约方可拒绝给予本协定下的利益。

不过,根据 GATS 第 5 条第 6 款的规定,区域贸易安排以外的其他成员,如果是根据区域贸易安排成员方法律设立的法人,只要在区域贸易安排的成员方境内从事"实质性的商业经营",就有权享受区域贸易安排中的待遇。因此,尽管区域贸易安排是排他的,但也并不绝对排斥区域外成员在区域内设立的法人实体享受区域内的待遇。尽管该法人实体的投资来源于区域以外,但仍属于区域内的服务提供者。因此,第三国的子公司也可能享受区域贸易安排中的待遇。③

不过,如何认定"实质性商业经营",GATS 并没有进一步界定。因此,区域贸易安排一般对此有其自身的判定标准。比如,我国内地与香港的更紧密经贸关系安排(CEPA)第 12 条第 2 款规定,任何 WTO 其他成

---

① Report of the Appellate Body, United States-Measures Affecting the Cross-border Supply of Gambling and Betting Services,WT/DS285/AB/R, para. 292.

② 该协议的全称为《中华人民共和国政府与东南亚国家联盟成员国政府全面经济合作框架协议服务贸易协议》。

③ 比如 NAFTA 运行后,荷兰和西班牙银行通过美国的子公司在墨西哥开业。在欧盟和墨西哥的自由贸易协定签订后,由于其关于金融服务的待遇与 NAFTA 类似,一些公司把美国子公司持有的在墨西哥子公司的股权又转移回了欧洲的母公司。参见 Jean-Pierre Chauffour and Jean-Christophe Maur (ed.), *Preferential Trade Agreement Policies for Development: A Handbook*, The World Bank, 2011, p. 315.

员的服务提供者,如系根据一方的法律所设立的法人并在该方从事附件5中规定的"实质性商业经营",则有权享受另一方在CEPA下给予该方服务提供者的优惠。CEPA附件5(关于服务提供者定义及相关规定)对此进行了具体规定,从银行在香港从事的业务性质和范围、在香港纳税、经营年限、业务场所和雇佣员工等方面界定了在香港从事实质性商业经营的判断标准。①

此外,由于服务的市场准入是通过谈判达成的,与货物贸易下货物原则上可自由进口不同,区域贸易安排更加重视最惠国待遇对区域内成员的适用。

比如,我国和新西兰的自由贸易协定第107条是关于服务贸易最惠国待遇的规定。该条第1款明确:对于附件九中所列部门,各方应当依据其中所列及条件和资格,对涉及服务提供的所有措施,给予另一方服务和服务提供者的待遇,不得低于其给予第三国同类服务和服务提供者的待遇。不过,该条第2款也做了限定,即本协定生效之日前签署或生效的贸易协定或多边国际协定,双方有权保留采取或实施任何措施,给予相关协定成员第三国差别待遇的权利。

再比如,NAFTA第1203条规定:各缔约方给予另一缔约方服务提供者的待遇,应不低于在相同情况下给予任何其他缔约方或非缔约方服务提供者的待遇。

欧洲自由贸易联盟国家和韩国的自由贸易协定(Free Trade Agreement between the EFTA States and the Republic of Korea)第3.4条也要求,在影响服务提供的所有措施方面,一个缔约方应立即和无条件

---

① 以银行业为例,香港有关企业应符合以下条件,方可享受CEPA中银行业的待遇:(1)香港有关企业应是根据香港特别行政区《公司条例》注册成立的银行或财务公司,并为香港特别行政区《银行业条例》所认可。(2)企业应在香港从事实质性商业经营,其判断标准为:(a)企业应获香港金融管理专员认可,在香港经营银行业务。企业拟在内地从事的业务性质应与其在香港从事的业务性质相一致,并在其在香港从事的经营范围内。企业应提交相关证明材料,如商业登记证、公司年报或业务单据等,予以证明。(b)企业在实质运营期间,应在香港缴纳利得税,并提交相关证明材料,如利得税申报表或缴税收据证明等(如果企业因亏损而无须缴纳利得税,只要可以证明在香港进行实质业务,仍然符合有关资格)。(c)企业应已在获得香港金融管理局发出注册银行牌照后,在香港实质性经营5年以上(含5年)。(d)企业应在香港拥有或租用业务场所,从事实质性经营,其业务场所的规模应与其业务范围和规模相符合。一般的联络处、"信箱公司"或企业特别成立用于为母公司提供某些服务的企业都不可享受CEPA下的优惠。(e)企业在香港雇佣的员工应占其员工总数的50%以上(含50%)。

地给予另一缔约方服务和服务提供者的待遇不低于其给予非缔约方的相同服务和服务提供者的待遇。不过,一个缔约方根据 GATS 第 5 条与非缔约方缔结的协定中的待遇除外。但是,缔约方与非缔约方缔结 GATS 第 5 条下的协定时,应另一缔约方的请求,应给予该另一缔约方充分的机会来谈判将缔约方与非缔约方缔结的 GATS 第 5 条下的协定中的待遇给予另一缔约方。

2. 国民待遇

国民待遇对于服务贸易自由化同样具有重要意义。一方面,服务一般是无形的且不能储存,贸易壁垒的方式不是以进口关税的形式来实行,而是以禁止、数量限制和政府规章的形式来实施的。因此,歧视性的数量限制或政府规章不利于服务的准入和自由化。① 另一方面,GATS 第 5 条第 1 款也对区域贸易安排在国民待遇方面提出了要求,而这也是区域贸易安排豁免最惠国待遇义务的条件。② 在加拿大汽车案中,专家组指出,GATS 第 5 条旨在实现各方更高水平的自由化,但必须达到最低的自由化水平才能豁免 GATS 第 2 条的最惠国待遇义务。加拿大 1998 年的汽车关税条例对美国少数的汽车服务提供者提供了优惠待遇,但排除了美国和墨西哥的所有其他汽车服务提供者。因此,加拿大的做法只对某些而并非所有 NAFTA 的服务和服务提供者提供了优惠待遇,而 GATS 第 5 条第 1 款要求必须不存在第 17 条意义下的歧视才能获得对 GATS 第 2 条的豁免。因此,专家组裁定加拿大的措施不能视为 NAFTA 服务贸易自由化的内容,不能豁免第 2 条的最惠国义务。③

GATS 下的国民待遇适用于 WTO 成员承诺开放的服务部门,或者说是以正面清单为基础的,这种模式也为大多数区域贸易安排所沿用。比如,日本和新加坡的新时期经济伙伴协定(Agreement between Japan and the Republic of Singapore for a New-Age Economic Partnership)第

---

① 理论上讲,服务贸易的市场准入和国民待遇是两个概念。不过,二者也存在交叉,因为禁止性的措施可能是歧视性的也可能是非歧视性的(例如对外资参股的限制违反市场准入并且是歧视性的)。参见〔英〕伯纳德·霍克曼、迈克尔·考斯泰基:《世界贸易体制的政治经济学:从关贸总协定到世界贸易组织》,刘平等译,法律出版社 1999 年版,第 130 页。

② GATS 第 5 条第 1 款要求,区域贸易安排的成员应在进一步开放的服务行业取消第 17 条意义下的现行歧视措施和/或不实施新的或更为歧视的措施。

③ 参见韩立余:《WTO 案例及评析(2000)》,中国人民大学出版社 2001 年版,第 93—94 页。

60条第1款规定,在该协定附件4C中所在的部门中,在遵照该附件所列条件的前提下,任何一方在所有影响服务提供的措施方面,应给予对方的服务和服务提供者以不低于其给予本国相同服务和服务提供者的待遇;该条第2款规定,一方给予另一方服务或服务提供者的待遇,与给予本国相同服务或服务提供者的待遇不论在形式上相同或形式上不同,都可满足第1款的要求;该条第3款则规定:形式上相同或不同的待遇,如果改变了竞争条件从而使一方的服务或服务提供者与对方的相同服务或服务提供者相比处于有利地位,这种待遇应被认为是较低的待遇。因此,该条的用语与GATS第17条是一样的。

NAFTA则是采取了负面清单的方式来开放服务贸易。NAFTA第1202条是关于国民待遇的规定,要求各缔约方给予另一缔约方服务提供者的待遇,应不低于该缔约方给予在相同情况下给予本国服务提供者的待遇。① 根据NAFTA第1206条第3款的规定,国民待遇不适用于任何缔约方就附件二中列出的产业所采取或维持的措施。由于NAFTA第1203条规定了最惠国待遇,第1204条还强调,各缔约方应给予其他缔约方的服务提供者以最惠国待遇和国民待遇中更为优惠的待遇。

3. 所得税措施

以GATS为基础的区域贸易安排对于所得税问题的态度与GATS是基本一致的,即一方面没有将歧视性的所得税措施排除在外,另一方面也不干涉成员基于所得税制度和税收协定而给予非居民服务提供者的差别待遇。不过,在具体条文结构上,区域贸易安排的做法也存在一些区别:

(1) 有的区域贸易安排直接将GATS的相关条款并入,或采用与GATS类似的措辞。

比如,欧洲自由贸易联盟国家和韩国的自由贸易协定第4.15条规定,缔约方在GATS中第14条一般例外下的权利和义务并入本协定并

---

① NAFTA第1213条将跨境服务贸易定义为通过下列方式提供的服务:(1) 自一个缔约方内向另一缔约方内提供服务;(2) 一个缔约方的人在该缔约方境内向另一缔约方的人提供服务;(3) 一个缔约方的国民在另一缔约方境内提供服务。但是,不包括在一个缔约方境内通过属于第1139条定义下的投资而提供的服务。因此,NAFTA关于服务贸易的界定不包括GATS下的商业存在模式,商业存在模式适用第11章"投资"。第1205条强调:任何缔约方不得要求另一缔约方服务提供者在其境内设立或维持办事处或任何形式的企业或成为居民,作为提供跨境服务的条件。

成为内容的一部分。新加坡和秘鲁的自由贸易协定(Peru-Singapore Free Trade Agreement, PeSFTA)第18条第1款也规定,在跨境服务贸易和投资等方面,GATS第14条(包括其注释)也并入该协定并成为协定内容的一部分。

再比如,我国和东盟的服务贸易协议第12条(一般例外)与GATS第14条的条文几乎一致。日本和新加坡的新时期经济伙伴协定第60条第4款规定,任何一方不得主张对方采取的属于税收协定的措施违反前3款关于国民待遇的规定。该协定第69条(一般例外条款)第1款列举了缔约方可以偏离该协定义务的情况,与GATS第14条类似。[①] 第69条第2款还规定,在适用第1款时,WTO协定的相关解释也应被适当考虑。

(2) 有的区域贸易安排还进一步就所得税措施的适用做出了专门规定。

在这方面,区域贸易安排的通常做法是明确将所得税措施和税收协定普遍排除在外。

NAFTA关于所得税措施的规定具有代表性。NAFTA第2103条专门就所得税措施做出了规定。NAFTA第2103条属于该协定第21章"例外"的内容,该条款就货物、服务和投资方面的义务不适用于税收措施做出了总括性的规定。

第2103条第1款首先明确,除该条之外,NAFTA中任何规定都不适用于税收措施(tax measures)。由于NAFTA的主要目标之一是消除关税壁垒,第2107条将关税、反倾销税、反补贴税以及与进口相关的且同提供的官方服务成本相当的收费排除在税收措施之列,并不适用第2103条。因此,除第2107条之外的税收措施(包括所得税措施)属于第2103条所规定的不受NAFTA管辖的范畴。

第2103条第2款明确了该协定并不影响缔约方在任何税收协定下的权利和义务。在税收协定与该协定不一致时,税收协定优先。这意味着NAFTA缔约方之间的税收协定以及NAFTA缔约方与第三方之间的税收协定都不受NAFTA协定的制约。NAFTA缔约方可通过税收协定给予其他缔约方的服务提供者以歧视性的税收待遇,只要与税收协定

---

① 不过,该条没有GATS第14条第5项的内容。

下的非歧视要求相符。① 因此,第 2103 条前 2 款的基本原则是 NAFTA 不影响缔约方的国内所得税法和税收协定。②

NAFTA 第 2103 条第 1 款和第 2 款的体例在其他自由贸易协定中也有体现。比如,新加坡和秘鲁的自由贸易协定第 18 条第 3 款规定:除本条另有规定外,该协定不适用于税收措施(tax measures)。③ 该协定不影响缔约方在任何税收协定下的权利和义务。在税收协定与该协定不一致时,税收协定优先。就该协定缔约方之间的税收协定而言,由税收协定下的税务主管当局来确定税收协定是否与该协定一致。

不过,NAFTA 第 2103 条并非完全将所得税措施排除在外。第 2103 条第 4 款规定,在符合第 2 款的情况下,第 1202 条(跨境服务贸易的国民待遇)和第 1405 条(金融服务的国民待遇)仍适用于与购买或消费跨境服务和金融服务相关的所得税和资本利得税。比如,缔约方如果允许服务消费者购买国内服务的费用从其应税所得中扣除,也应同样适用于购买其他缔约方服务的费用。再比如,加拿大和其他 NAFTA 缔约方的税收协定都不约束各自州或省等地方政府的税收。如果加拿大的省(或者美国、墨西哥的一个州)设置的所得税违反了国民待遇义务,只要这些地方政府有 NAFTA 下的义务,就违背了 NAFTA 的义务。④

此外,根据第 2103 条第 4 款的规定,缔约方在 NAFTA 协定生效时与之不符的税收措施可以排除。缔约方采取的新的税收措施,如果是为了公平和有效地征税并不在各缔约方人员、货物或服务之间造成歧视,也是被允许的。

由于 NAFTA 关于服务贸易的规则将以商业存在模式提供的服务排

---

① 根据第 2103 条第 3 款,税收协定的优先性有两个例外:第一个与货物贸易的国民待遇相关。第 301 条(市场准入和国民待遇)以及为实施该条所必需的本协定任何其他条款应适用税收措施,并且适用范围与 GATT 第 3 条相同。第二个是出口税。第 314 条允许墨西哥对食品征收出口税,第 604 条允许对能源征收出口税。由于税收协定是关于所得税领域的安排,第 3 款的规定并没有多少实际意义。

② David B. Oliver, "Tax Treaties and the Market-State", *Tax Law Review*, Vol. 56, No. 4, 2003, p. 589.

③ 根据该协定第 18 条第 5 款的定义,税收措施不包括关税、反倾销税和反补贴税以及并非出于为国产品直接或间接提供保护而针对进口服务的收费。

④ Catherine Brown, "Tax Discrimination in the NAFTA Bloc: The Impact of Tax and Trade Agreements on the Cross-Border Trade in Services", *Dalhousie Law Journal*, Vol. 28, No. 1, 2005, p. 113.

除在外,对于以商业存在模式提供的服务,将适用 NAFTA 第 11 章关于投资的规定。根据第 1106 条第 3 款的要求,缔约方不得采取当地成分、使用当地货物或服务等履行要求作为其他缔约方在其境内投资时取得投资优惠的条件。第 2103 条第 5 款对此予以了确认,即除非税收协定另有规定,第 1106 条第 3 款关于投资履行要求的义务也同样适用于税收措施,即缔约方不得以履行要求作为投资者取得税收优惠的条件。

由于 NAFTA 的产生要早于 GATS,因此 GATS 的条文就无法体现在 NAFTA 之中。不过,在 WTO 之后美国与第三方签订的自由贸易协定除了沿用 NAFTA 第 2103 条的体例外,也把 GATS 的例外并入。比如,美国和韩国的自由贸易协定(Free Trade Agreement between the United States of America and the Republic of Korea)第 23 条第 2 款将 GATS 第 14 条的例外并入,第 23 条第 3 款则就税收的例外做出了与 NAFTA 第 2103 条相似的规定。

第三节 与投资有关的所得税歧视措施

一、区域贸易安排的投资体制

除了进一步消除区域内货物贸易和服务贸易的壁垒之外,区域贸易安排还涵盖了 WTO 体制目前并不调整的投资保护和自由化的内容。区域贸易安排的投资规则一般有这样几种体例:一是在区域贸易协定中规定专门的投资章节,比如 NAFTA 第 11 章;二是签署专门的投资协定,比如中国—东盟自由贸易区投资协议[①];有的则直接将缔约方之间的投资条约并入。比如,欧洲自由贸易联盟国家与韩国的自由贸易协定第 14 条规定:在投资方面,应参照韩国与冰岛、列支敦士登和瑞士之间业已签署的投资协定,且这些投资协定成为建立自由贸易区文件的组成部分。

就多边贸易体制而言,未曾生效的《哈瓦那宪章》第 12 条第 1 款曾规定:成员认识到,国际投资,不论是公共还是私人的,都对促进经济发展和复兴有重要价值。如果给予其他国家的国民以投资机会并保障现行和未

---

① 该协议的全称为《中华人民共和国政府与东南亚国家联盟成员国政府全面经济合作框架协议投资协议》。

来投资的安全,就能够激励国际资本流动。资本输出国和资本输入国的利益可通过双边或多边条约来促进。该条第 2 款进一步规定,成员国承诺给予投资合理的机会并对现行和未来的投资给予充分的安全保障,并对避免外国投资间的歧视给予适当的关注(due regard)。不过,直到 WTO 成立,多边贸易体制才开始涉及投资的规则,但其出发点也是消除对贸易具有扭曲作用的投资措施,并非建立一个专门的投资体制。比如,《TRIMs 协定》只是禁止 WTO 成员采用与 1994 年 GATT 第 3 条和第 11 条不一致的与货物贸易有关的投资措施,并未将双边投资协定(BIT)中的国民待遇引入贸易体制,影响服务贸易的投资措施也不受该协定管辖。在服务贸易领域,尽管 GATS 是第一个包含投资规则的多边框架[①],但其第 16 条关于市场准入和第 17 条关于国民待遇的要求属于 WTO 成员具体承诺的范畴。WTO 成员的服务提供者能否在另一成员境内通过商业存在提供服务,要看该另一成员的具体承诺表中是否允许该种服务提供方式以及是否存在市场准入和国民待遇的限制。

相比之下,区域贸易协定中的投资安排旨在建立一个全面的投资体制,涵盖了投资保护、投资自由化和投资争端解决等方面的内容。

比如,NAFTA 第 11 章为缔约方设定了以下投资纪律:(1) 给予其他缔约方的投资和投资者以国民待遇(第 1102 条)、最惠国待遇(第 1103 条)、公正和公平待遇以及全面的保护和安全(第 1105 条)。(2) 取消当地成分要求、出口实绩要求、贸易平衡要求等方面的履行要求(第 1106 条)。(3) 保障投资者任命高级管理人员和董事会成员的自由(第 1107 条)以及资金转移的自由(第 1109 条);不对投资实行直接或间接的国有化和征收,除非满足特定条件并给予公平市场价值的补偿(第 1110 条)。此外,对于投资者和东道国之间的投资争端,NAFTA 第 11 章还建立了具有约束力的仲裁机制(第 1120—1138 条)。

再以中国—东盟自由贸易区投资协议为例。该协议共有 27 个条款,缔约方的义务也包括:给予其他缔约方的投资者及其投资以国民待遇(第 4 条)、最惠国待遇(第 5 条)、公正和公平待遇(第 7 条);任何一个缔约方不得对另一缔约方投资者的投资实施征收、国有化或采取其他等同措施,

---

① Piritta Sorsa, "The GATS Agreement on Financial Services-A Modest Start to Multilateral Liberalization", IMF Working Paper, WP/97/55, p. 4.

除非符合特定条件(第 8 条);保证投资者自由转移其投资及其收益(第 10 条);缔约方与另一缔约方投资者之间投资争端的解决机制,包括提交国际仲裁(第 14 条)等。

因此,区域贸易协定中的投资安排具有与双边投资协定(BIT)类似的体例和作用。事实上,2004 年后,美国 BIT 范本的内容就体现在了其与智利、新加坡、奥地利等国的自由贸易协定之中。[①] 由于区域贸易协定的缔约方数量相对较少,缔约方之间更容易在投资待遇和保护水平等方面达成一致。对于有两个以上成员参加的区域贸易协定来讲,将统一适用的投资安排纳入其中,也能够消除由于双边投资条约在投资待遇和保护水平方面的差异而对建立区域性投资体制的阻碍。此外,对于缔约方之间缺乏 BIT 或需要对旧的 BIT 进行更新时,在区域贸易安排中纳入与 BIT 类似的内容,也是一种替代的方法。

二、区域贸易安排关于投资的非歧视纪律

消除对外国投资的歧视性措施是区域贸易安排投资体制的一个重要内容。与传统的 BIT 一样,最惠国待遇、国民待遇、公平和公正待遇也是区域贸易安排中投资纪律的标准条款。

最惠国待遇要求缔约方给予另一缔约方的投资者及其投资的待遇不低于在相同情况下给予任何其他缔约方或非缔约方的投资者及其投资的待遇。从具体适用范围来讲,最惠国待遇包括投资准入之前(pre-entry)和投资准入(post-establishment)之后。比如,NAFTA 第 1103 条要求在投资的设立、收购、扩大、管理、运作以及出售或其他方面,各缔约方给予另一缔约方投资者及其投资的待遇,不应低于任何其他缔约方或非缔约方的投资者及其投资的待遇。中国—东盟自由贸易区投资协议第 5 条第 1 款规定:各缔约方在准入、设立、获得、扩大、管理、经营、维护、使用、清算、出售或对投资其他形式的处置方面,应当给予另一缔约方投资者及其相关投资,不低于其在同等条件下给予任何其他缔约方或第三国投资者及/或其投资的待遇。这都是给予外资准入前和准入后最惠国待

---

① Chang-fa Lo, "A Comparison of BIT and the Investment Chapter of Free Trade Agreement from Policy Perspective", *Asian Journal of WTO and International Health Law and Policy*, Vol. 3, 2008, p154.

遇的做法。中国—智利自由贸易协定关于投资的补充协定第 6 条规定,在管理、经营、运营和销售或其他对其境内投资的处置方面,缔约一方给予缔约另一方投资者及其投资的待遇,不得低于其在类似情形下给予任何非缔约方投资者及其投资的待遇。这是只给予外资准入后最惠国待遇的表述。

不过,区域贸易安排也会将缔约方与第三方安排中的投资待遇排除适用最惠国待遇。比如,中国—东盟自由贸易区投资协议第 5 条第 2 款规定,如果一个缔约方依据任何其为成员的将来的协定或安排,给予第三国投资者及其投资更优惠的待遇,其没有义务将此待遇给予另一缔约方的投资者及其投资。经另一缔约方要求,该缔约方应给予另一缔约方充分的机会,商谈其间的优惠待遇。此外,中国—东盟自由贸易区投资协议第 5 条第 3 款还规定:最惠国待遇不包括:(1)在任何现存与非缔约方的双边、地区及国际协定或任何形式的经济或区域合作中,给予投资者及其投资的任何优惠待遇;(2)在东盟成员国之间及一个缔约方同其单独关税区之间的任何协定或安排中,给予投资者及其投资的任何现有或未来优惠待遇。

国民待遇要求缔约方给予另一缔约方投资者及其投资的待遇不低于相同情况下给予本国投资者及其投资的待遇。国民待遇的适用也包括准入之前和准入之后。比如,NAFTA 第 1102 条规定,在投资的设立、收购、管理、经营、运作以及出售等方面,缔约方给予另一缔约方投资者和投资的待遇应不低于在相同情况下给予本国投资者及其投资的待遇。这是国民待遇适用于准入前和准入后的例子。再比如,中国—东盟自由贸易区投资协议第 4 条规定,各方在其境内,应当给予另一方投资者及其投资,在管理、经营、运营、维护、使用、销售、清算或此类投资其他形式的处置方面,不低于其在同等条件下给予其本国投资者及其投资的待遇。这表明国民待遇只适用于投资准入之后。①

---

① 在实践中,准入前国民待遇和准入后国民待遇在具体的投资协定中也有不同的表现。比如,准入后国民待遇也存在有限的准入后国民待遇和全面的准入后国民待遇之分。准入前国民待遇也包括有限的准入前国民待遇和全面的准入后国民待遇等做法。有限的准入前国民待遇可通过正面清单列出给予准入前国民待遇的情况,而全面的准入后国民待遇则通过负面清单列出不给予准入前国民待遇的情况。参见余劲松主编:《国际投资法》(第四版),法律出版社 2014 年版,第 241—243 页。

公平和公正待遇旨在保护投资者应对东道国严重的武断、歧视或滥用权力等行为。① 不过,从 BIT 和区域贸易安排的条文来看,它们对于公平和公正待遇的表述是大相径庭的。比如:有的只是简单规定缔约一方的投资者在缔约另一方的境内的投资应始终享受公平和公正的待遇②;有的将公平和公正待遇的义务与国际法或根据习惯国际法应给予外国人的最低待遇相联系③;有的则将公平和公正待遇规定为程序方面的待遇。④

需要指出的是,由于通过商业存在提供服务的模式属于投资的范畴,这还涉及关于服务的非歧视待遇与投资待遇如何适用的问题。从区域贸易安排的体例来看,大致可分为 NAFTA 模式和以 GATS 体例为基础的模式。

NAFTA 模式下的区域贸易协定中,投资规定在单独的章节,并且把商业存在从服务贸易中排除,一般不会涉及投资和服务规则的交叉适用。投资领域的国民待遇和最惠国待遇都适用于投资准入前后并适用于所有行业或领域的投资,不适用的情况通过负面清单列出。不过,NAFTA 第1112 条也规定,该章关于投资的规定与 NAFTA 中另一章的规定不一致

---

① UNCTAD, *Fair and Equitable Treatment*, UNCTAD Series on Issues in International Investment Agreement II, UNCTAD/DIAE/IA/2011/5, p. 1.

② 比如中国—德国 BIT 第 3 条第 1 款。

③ 比如 NAFTA 第 1105 条的标题为"最低待遇标准",其第 1 款规定:各缔约方应根据国际法,给予另一缔约方投资者投资的相应待遇,包括公平和公正的待遇以及全面保护和安全。2001 年 NAFTA 的自由贸易委员会对第 1105 条第 1 款做出了如下解释:第 1105 条第 1 款中对另一缔约方投资者投资的待遇是指根据习惯国际法而给予外国人的最低待遇标准;"公平和公正"与"全面保护和安全"的概念并不要求给予超出习惯国际法给予外国人的最低待遇标准;缔约方违反 NAFTA 其他条款或另一独立的国际协定义务,并不能用于确定缔约方违反了第 1105 条第 1 款(参见 NAFTA Free Trade Commission, Notes of Interpretation of Certain Chapter 11 Provisions, July 31, 2001, 检索自 http://www.naftaclaims.com/commissionfiles/NAFTA_Comm_1105_Transparency.pdf, 2018 年 1 月 25 最后访问)。NAFTA 的上述解释也被纳入到了美国随后的 2004 年 BIT 范本之中,2012 年的范本也继续沿用。除了并入上述解释外,美国 BIT 范本还进一步指出公平和公正待遇的概念并不创设实体性的权利,并明确了缔约方关于公平和公正待遇方面所承担的义务,包括在刑事、民事或行政司法程序中根据世界主要法律体系中所蕴含的正当程序原则而不得拒绝司法的义务(参见美国 2012 年 BIT 范本第 5 条第 1—3 款)。

④ 比如中国—东盟自由贸易区投资协议第 7 条规定:各缔约方应给予另一方投资者的投资公平和公正待遇,提供全面保护和安全。公平和公正待遇是指各方在任何法定或行政程序中有义务不拒绝给予公正待遇。全面保护和安全要求各方采取合理的必要措施确保另一缔约方投资者投资的保护与安全。违反本协议其他规定或单独的国际协定的决定,并不构成对本条的违反。

的,另一章的规定优先。此外,美国—摩洛哥自由贸易协定(United States—Morocco Free Trade Agreement)第 10.2 条第 1 款也有与 NAFTA 第 1112 条类似的规定,且第 11.1 条第 3 款也允许跨境服务贸易中关于市场准入、国内规章和透明度等方面的义务在特定条件下适用于投资。

以 GATS 体例为基础的区域贸易安排中,其服务贸易章节包括了商业存在模式,这就涉及投资章节是否也适用于服务贸易(特别是商业存在服务)的情况。有的协定把服务和投资规则的关系规定在投资章节;有的协定中把服务和投资规则的关系规定在服务章节;有的协定没有规定服务和投资规则的关系。[①]

具体而言,以 GATS 为基础的区域贸易安排下,服务贸易的自由化(包括通过商业存在模式)受服务义务的约束,关于服务贸易承诺的正面清单限定了非歧视待遇的适用范围,但投资领域的非歧视待遇并不适用。比如,欧洲自由贸易国家联盟与新加坡的协定(Agreement between the EFTA States and Singapore)第 4 章是关于投资的。属于该协定第 4 章的第 38 条第 2 款规定,第 40 条第 1 款(投资章节的国民待遇)不适用于影响服务贸易的措施,不论涉及的服务行业是否属于该协定第 3 章(服务)下的承诺表中的行业。第 38 条第 2 款还明确,第 40 条第 1 款也不适用于服务行业的投资者及其投资。

不过,GATS 模式下的区域贸易安排也会规定服务投资的保护(比如征收、损失的补偿、投资者与东道国投资争议的解决)仍适用投资部分的规定。比如,中国—东盟自由贸易区投资协议第 3 条第 4 款第 5 项明确了该协议不适用于缔约方采取的影响服务贸易的措施。但是,该协议第 3 条第 5 款还规定:尽管有第 4 款第 5 项的规定,该协议第 7 条(公平和公正待遇)、第 8 条(征收)、第 9 条(损失的补偿)、第 10 条(转移和利润汇回)、第 12 条(代位)和第 14 条(缔约方与投资者间争端解决),经必要修改后,应适用于影响一缔约方服务提供者在另一缔约方境内通过商业存在的方式提供服务的任何措施,但仅限于此类措施与本协议相关的投资

[①] Marie-France Houde, Akshay Kolse-Patil and Sébastien Miroudot, The Interaction Between Investment and Services Chapters in Selected Regional Trade Agreements, OECD Trade Policy Working Paper, No. 55, pp. 7—8.

和义务,无论此服务部门是否列于缔约方在服务协议下的具体承诺减让表中。再比如,新加坡和印度的全面经济合作协定(Comprehensive Economic Cooperation Agreement between the Republic of India and the Republic of Singapore)第7章是关于服务贸易的,第7.24条的标题为"服务与投资的联系",规定该协定第6章(投资)中关于征收、代位、履行要求等方面的规定也适用于通过商业存在模式提供的服务。不论该服务部门是否在缔约方的具体承诺表中,但仅限于该种模式下与投资相关的方面。

三、所得税措施的例外

理论上讲,如果缔约方在所得税方面给予其他缔约方的投资者和投资以歧视待遇,也是不符合上述投资待遇标准的。不过,BIT对此的态度仍是交由国内法或税收协定来处理,并且税收协定优先于BIT。[①]之所以做出这种例外安排,在联合国贸易和发展会议(UNCTAD)看来,有以下原因:(1)一些国家为了最大限度地保护税收主权而倾向于通过单独的税收协定来解决。(2)缔约国可通过税收协定给予来自另一国的投资在对等减让的基础上以更优惠的税收待遇,而不需要担心其他国家基于BIT的最惠国待遇条款来主张同样的待遇。(3)税收问题的复杂性决定了也不适宜纳入与BIT一样的标准待遇条款。[②]区域贸易安排也沿用了这一做法。区域贸易安排的体例一般有两种情况:

区域贸易安排中有投资章节的,关于税收例外的总括性规定也同样适用于投资,比如前文所述的NAFTA第2103条与新加坡和秘鲁的自由贸易协定第18条第3款。

对于专门制定投资协议的区域贸易安排来讲,投资协议中也会就税收的例外做出规定。比如,中国—东盟自由贸易区投资协议第3条第4款规定该协议不适用于任何税收措施,不影响缔约方在避免税收协定关

[①] 比如中国—德国BIT第3条要求缔约方给予另一缔约方的投资者及其投资以最惠国待遇、国民待遇以及公平和公正待遇,但同时又规定这不应解释为缔约方有义务把任何双重征税协定或其他有关税收问题的协定中产生的待遇、优惠或特权给予缔约国另一方的投资者。该投资协定的议定书也指出投资协定第3条并不要求缔约一方有将其依照税法只给予住所在本国境内的投资者的税收优惠、免税或减税待遇,扩大到住所所在缔约另一方境内的投资者的义务。

[②] UNCTAD, *Taxation*, UNCTAD Series on Issues in International Investment Agreement, UNCTAD/ITE/IIT/16, 2000, p.36.

于税收措施的权利和义务。该投资协议第 16 条"一般例外"中也包括缔约方旨在保证对任何一方的投资或投资者公平或有效课征所得税的措施。

四、税收措施与间接征收

虽然区域贸易安排原则上将税收措施排除在外,但在关于投资征收的义务方面却将税收措施包括在内。也就是说,如果缔约方借助税收措施(不论是所得税还是间接税)进行征收,也必须遵守投资安排中关于征收的义务。

(一) 间接征收的界定

东道国对外国投资的国有化或征收是外国投资者面临的政治风险之一[①],而国有化或征收又是国家主权的体现。[②] 为了平衡国家主权和外国投资者的利益,国际法上对国有化或征收限定了如下条件:国有化或征收应基于公共目的;以非歧视的方式进行;通过正当法律程序;给予补偿。[③]

从国际投资的实践看,经过第二次世界大战后的国有化浪潮后,国家通过国有化或征收措施来直接取得外国投资所有权的做法已经很少见了。与此同时,间接征收(indirect expropriation)开始为国际社会所关注。间接征收,是与传统的国家直接取得外国投资的所有权或对其占有的方式(也称为直接征收)相对的。在间接征收的做法下,尽管国家并没有取得外国投资的使用权或将其占有,但相关措施具有与直接征收类似或等同的效果。间接征收具有这样几个特点:属于国家行为;对投资者的财产权或受法律保护的权利进行了干涉;干涉的程度导致投资者实际被剥夺了相关权利或几乎丧失了财产的全部价值;尽管投资者仍享有对财

---

① 一般来讲,国有化和征收是同义词,是指国家对原属于私人或外国政府所有的财产采取的收归国有的强制性措施。当然,二者也有细微的区别。征收仅影响个别人的权利和财产,而国有化是大规模的并反映了国家社会经济结构的变化。参见姚梅镇主编:《比较外资法》,武汉大学出版社 1993 年版,第 763—764 页;王贵国:《国际投资法》(第 2 版),法律出版社 2008 年版,第 202 页。

② 《各国经济权利和义务宪章》第 2 条第 2 款规定,每个国家有权:……(c)将外国财产的所有权收归国有、征收……

③ UNCTAD, Expropriation, UNCTAD Series on Issues in International Investment Agreement II, UNCTAD/DIAE/IA/2011/7, p. 1.

产的所有权或占有。① 因此,间接征收也称为"事实上的征收"(de facto expropriation)、"爬行征收"(creeping expropriation)、"等同于征收的措施"(measures tantamount to expropriation)。②

间接征收问题的出现有这样两方面的因素:一是国际投资条约注重保护外国投资者的权利,他们能够直接挑战东道国的行为;二是国家对经济的干预越来越频繁,特别是在经济危机发生时,而国家管制经济的一些措施对私人投资者的经济利益产生了负面影响。③

因此,BIT 和区域贸易协定的投资安排也把间接征收同样纳入了管辖范围。比如,根据 NAFTA 第 1110 条第 1 款的规定,除非满足特定条件④,任何缔约方不得对其境内另一缔约方投资者的投资直接或间接国有化或征收,或对此类投资采取等同于国有化或征收的措施。再比如,中国—东盟自由贸易区投资协议第 8 条规定,除非符合下列条件,任何一个缔约方不得对另一缔约方投资者的投资实施征收、国有化或采取其他等同措施。⑤

不过,间接征收的认定远比直接征收复杂,一个突出的问题是如何划清间接征收与国家规制权利(the right to regulate)之间的界限。理论上讲,国家出于公共目的或利益而采取的规制措施,比如非歧视的反垄断、消费者和环境保护等措施,是国家主权和职能的体现。尽管这些措施会影响外国投资者的利益,但原则上不构成征收,也不需要给予补偿。与之相对,对外国人财产的征收原则是需要补偿的。⑥ 因此,如何区分间接征收和国家规制措施对于投资者和东道国都很重要。

从 BIT 和区域贸易协定的投资安排来看,一般都明确国家规制措施

---

① UNCTAD, Expropriation, UNCTAD Series on Issues in International Investment Agreement II, UNCTAD/DIAE/IA/2011/7, p. 12.
② OECD, International Investment Law: A Changing Landscape, 2005, p. 47.
③ UNCTAD, Expropriation, UNCTAD Series on Issues in International Investment Agreement II, UNCTAD/DIAE/IA/2011/7, p. 2.
④ 这些条件是:出于公共目的;非歧视地实施;通过正当法律程序;按照该条第 2 款至第 6 款的规定给予补偿。
⑤ 这些条件是:为公共目的;符合可适用的国内法包括法律程序;以非歧视的方式实施;并按照该条第 2 款的规定予以补偿。
⑥ 国际投资协定并没有针对间接征收规定有别于直接征收的补偿规则。不过,在理论上对间接征收的补偿标准存在三种学说。参见蔡从燕、李尊然:《国际投资法上的间接征收问题》,法律出版社 2015 年版,第 52—56 页。

原则上不属于间接征收。比如,哥伦比亚和印度2009年的BIT第6.2条c项规定:缔约方基于保护公共健康、安全和环境等目的而采取的非歧视的规制措施并不构成国有化或征收;在极其特殊的情况下,除非这些措施如此严厉以至于不能够被合理地认为是基于为实现其目标而善意实施的。

在国际投资仲裁实践中,仲裁庭也承认国家的规制措施不需要补偿。在 Saluka 案中,仲裁庭指出:国际法承认国家无需对外国投资者补偿,如果国家正常行使其规制权力并善意和非歧视地为实现公共福利而采取措施。[①]

为了进一步界定国家规制措施和间接征收,美国和加拿大在其各自的2004年BIT范本中还专门通过关于征收的附件来做进一步的说明[②],这也为现实中的BIT或区域贸易安排所借鉴。

比如,日本和秘鲁2008年的BIT第13条是关于征收(包括直接征收和间接征收)的规定。该BIT附件4进一步说明:(1)间接征收是指缔约方的措施或一系列措施,这些措施虽然并不导致投资者投资权益的转让或剥夺,但具有与直接征收等同的效果。(2)确定缔约方的这些措施是否构成间接征收,需要个案审查,以事实为依据,并考虑如下因素:(a)措施所造成的经济影响,尽管措施对投资经济价值的负面影响这一事实本身并不导致该行为构成间接征收;(b)措施对投资合理期待的干涉程度;(c)措施的特征,包括是否是歧视性的。(3)缔约方根据该BIT第19条(一般和安全例外)所采取的非歧视性的旨在保护合法公共利益的措施不构成间接征收。第19条的例外也包括保护环境的措施。

再比如,我国和新西兰2008年的自由贸易协定关于征收的附件(附件13)也有类似的规定:(1)除非一方采取的一项或一系列举措干涉到投资的有形或无形财产权利或财产利益,否则不构成征收。(2)征收可以是直接或间接的:(a)直接征收发生在政府完全取得投资者财产的情况下,包括通过国有化、法律强制或没收等手段;(b)间接征收发生在政府通过等同于直接征收的方式取得投资者财产的情况下,此时,尽管其举措

---

① Saluka v. the Czech Republic, UNCITRAL Arbitration, Partial Award, 17 March 2006, para. 255.
② 美国2012年的BIT范本依然延续了这一做法。

不构成上述第 1 种所列情况,但政府实质上剥夺了投资者对其财产的使用权。(3)构成间接征收,政府剥夺投资者财产的行为必须为:严重的或无限期的;并且与公共目的不相称。(4)在以下情况下,对财产的剥夺应被认为构成间接征收:效果上是歧视性的,既可能是针对特定投资者的,也可能是针对投资者所属的一个类别的;或者违反政府对事前向投资者所做的具有约束力的书面承诺,无论此种承诺是通过协议、许可还是其他法律文件做出的。(5)除符合构成前述间接征收的极少数情况外,政府为履行管理权而采取的、可被合理地判定为基于保护包括公共健康、安全及环境在内的公共利益的目的而采取的措施,不应构成间接征收。

(二)构成间接征收的税收措施

如上所述,东道国的规制措施原则上不构成间接征收。这同样适用于税收措施。税收是国家取得财政收入的主要手段,是一种强制性的且不存在直接返还性的课征,税收同时还承担着社会收入再分配、宏观调控和保障经济和社会稳定的职能。[①] 在 Feldman v. Mexico 案中,仲裁庭指出:政府必须能够为公共利益而自由行事,比如实施新的税制或修改现行税制、给予或撤销政府补贴、限制或提高关税水平。如果商业因此受到影响而就寻求补偿,此类理性的政府规制措施就无法实现其自身的目的。习惯国际法也承认这一点。[②]

不过,这并不意味着东道国的所有税收措施都不会构成征收。在 Occidental v. Ecuador 案中,仲裁庭指出:税收能够导致与其他规制性措施一样的征收效果(taxes can result in expropriation as can other types of regulatory measures)。[③]

在 Quasar de Valores 案中,仲裁庭裁定俄罗斯联邦税务当局对西班牙投资者所投资的俄罗斯公司所采取的课征所得税的做法构成了间接征收。该案的基本案情为:西班牙投资者持有俄罗斯 Yukos 石油公司的美国存托凭证(American Depository Receipt,ADR)。西班牙投资者并不

---

① 参见张守文:《税法原理》(第 6 版),北京大学出版社 2012 年版,第 7—12 页。
② Marvin Feldman v. Mexico, ICSID Case No. ARB (AF)/99/1, Award, 16 December 2002, para. 103.
③ Occidental Exploration and Production Company v. The Republic of Ecuador, London Court of International Arbitration Administered Case No. UN 3467, Final Award, 1 July 2004, para. 85.

参与 Yukos 石油公司的经营管理,属于证券投资人。西班牙投资者主张,俄罗斯联邦税务当局对 Yukos 石油公司不当课征巨额税款,也不认可 Yukos 石油公司提出了偿还税款的方案,俄罗斯政府以此作为剥夺 Yukos 石油公司资产和强迫其破产清算的理由,西班牙投资者持有的 ADR 也因此没有什么价值。西班牙投资者根据西班牙—俄罗斯 BIT 第 10 条要求仲裁庭判定俄罗斯政府给予充分补偿。① 仲裁庭首先承认所有税收都具有取得纳税人财产的效果,就此而主张征税要给予补偿是荒谬的。但是,表面上是征税措施的做法,如果实质上为超出正常税收权力行使的措施并具有剥夺纳税人财产的效果,就属于西班牙—俄罗斯 BIT 第 6 条所管辖的征收,仲裁庭需要审查是否对于该项征收给予了适当补偿。② 仲裁庭认为,西班牙—俄罗斯 BIT 第 6 条所规定的合法征收的条件包括:应只基于公共利益并依据该国有效的立法进行;且这些措施不应是歧视性的;采取这些措施的缔约国应当对投资者给予充分且毫不迟延的补偿。尽管仲裁庭根据该 BIT 第 10 条享有的管辖权仅限于征税补偿,而不包括审查公共利益、与法律一致和非歧视等要件,但仲裁庭仍有管辖权裁定补偿是否符合俄罗斯的国际义务,即便以征收是合法的为前提。③ 仲裁庭认为,俄罗斯政府的做法是故意阻止 Yukos 石油公司支付税款,而把 Yukos 石油公司因此导致的欠税作为征收 Yukos 石油公司的条件,并非合法征税的措施。仲裁庭裁决俄罗斯政府对西班牙投资者给予补偿。④

因此,为了避免缔约方借助税收措施的形式来实现间接征收,BIT 和区域贸易协定中的相关条款进行了限定,明确征收规则适用于税收措施。

---

① Quasar de Valores SICAV S. A., Orgor de Valores SICAV S. A. GBI 9000 SICAV S. A v. The Russian Federation, Arbitration Institute of the Stockholm Chamber of Commerce, Award, 20 July 2012, para. 9—10. 西班牙—俄罗斯 BIT 第 10 条规定,投资者和东道国关于征收补偿数额的纠纷可通过国际仲裁解决。双方选择了斯德哥尔摩仲裁院仲裁。

② Quasar de Valores SICAV S. A., Orgor de Valores SICAV S. A. GBI 9000 SICAV S. A v. The Russian Federation, Award, para. 48. 西班牙—俄罗斯 BIT 第 6 条规定:缔约国一方当局对缔约国另一方的投资者在该缔约国一方的投资所采取的任何国有化、征收或导致与国有化、征收类似结果的措施,应只基于公共利益并依据该国有效的立法进行,且这些措施不应是歧视性的。采取这些措施的缔约国应当对投资者给予充分且毫不迟延的补偿,并以自由兑换货币支付。

③ Quasar de Valores SICAV S. A., Orgor de Valores SICAV S. A. GBI 9000 SICAV S. A v. The Russian Federation, Award, para. 6.

④ Ibid., paras. 127, 128, 177, 227.

比如,2008 年日本—秘鲁 BIT 第 23 条(税收)第 3 款规定:该 BIT 第 9 条(透明度)和第 13 条(征收)适用于税收措施。给予当事人非歧视地寻求行政和司法救济的要求也适用于税收措施。新加坡—韩国自由贸易协定第 21.4 条(税收)第 4 款也规定,该协定第 10.13 条关于征收和补偿的规定也适用于税收措施,如果税收措施构成了征收。

此外,BIT 和区域贸易协定中的其他条款也为投资者挑战东道国的税收措施提供了支持,主要表现在:

首先,当今 BIT 和区域贸易协定中关于"投资"的定义呈现扩张的态势,大多采取了以资产(asset)为基础的定义,将投资界定为"各种资产"(every kind of asset),并非穷尽地列举了相关投资的类型。① 就投资争端解决来讲,投资者挑战的东道国的征收措施应当是针对投资的。广泛的投资定义为仲裁庭将投资者根据原有税收措施享有的权利界定为投资提供了依据。在 EnCana v. Ecuador 案中,投资者主张厄瓜多尔税务当局拒绝增值税(VAT)退税构成征收。仲裁庭需要确定 VAT 退税权利是否构成征收加拿大—厄瓜多尔 BIT 中的投资。该 BIT 对投资的定义广泛,包括金钱请求权,仲裁庭认为 VAT 退税权构成可投资。如果 BIT 对投资定义有限定或指向财产或财产权,就可能是相反的结论。②

其次,投资者的待遇条款也能够用于挑战东道国的税收措施。BIT 和区域贸易安排中赋予投资者及其投资的国民待遇、最惠国待遇以及公平和公正待遇都会对东道国的税收措施产生影响,如果这些待遇没有将税收措施排除在适用范围之外。比如,Feldman v. Mexico 案中,仲裁庭认为墨西哥违背了 NAFTA 第 1102 条的国民待遇义务,因为墨西哥的措施在事实上对外国投资者适用了严格的税收规则,但对国内竞争者予以免除。③ 此外,由于贸易协定和税收协定中没有公平和公正待遇,这一条款也会被投资协定下的仲裁庭用来审查东道国的税收措施。无法预见的、非透明的税收措施可能导致征收或被认为缔约方违背了给予投资者

---

① UNCTAD, Scope and Definition: A Sequel, UNCTAD Series on Issues on International Investment Agreements II, 2011, p. 24.

② UNCTAD, Expropriation: A Sequel, UNCTAD Series on Issues on International Investment Agreement II, 2012, p. 24.

③ Marvin Feldman v. Mexico, ICSID Case No. ARB(AF)/99/1, Award, 16 December 2002, para. 173.

公平和公正待遇的义务。因此,区域贸易安排的成员要给予投资者稳定、公平和公正的税收制度,税收政策制定时要避免被认定为征收或导致不公平和不公正待遇的可能性。[①]

为了在维护税收主权和保护投资者利益之间寻求平衡,有的 BIT 和区域贸易协定还设定了投资者将其与东道国的税收争议提交国际仲裁之前的前置程序。

比如,美国 2012 年的 BIT 范本第 21 条第 2 款列出了投资者根据第 6 条主张税收征收的程序要求。投资者应先向缔约国双方税收主管当局提出书面申请,提出税收措施是否构成征收,如果 180 天内双方主管当局不能就该税收措施不构成征收达成一致意见,投资者可以根据 BIT 的仲裁机制主张救济。当然,如果双方当局一致认为税收措施不构成征收,则投资者不能启动仲裁。中国—东盟自由贸易区投资协议第 14 条第 9 款也规定:当一个投资者提出争端缔约方采取或执行税收措施已违背第 8 条(征收),应争端缔约方请求,争端缔约方和非争端缔约方应举行磋商,以决定争议中的税收措施是否等效于征收或国有化。任何依照本协议设立的仲裁庭应根据本款认真考虑缔约双方的决定。

再比如,韩国—新加坡自由贸易协定第 21 条第 4 款虽然规定征收规则适用于税收措施,但该款还要求投资者在诉诸该协定的争端解决机制之前,应先将争议提交缔约方的税收主管当局来审议该税收措施是否构成征收。如果缔约国税收主管当局在 6 个月内未能就该措施不构成征收达成一致看法,投资者可诉诸该协定的争端解决机制。

小　　结

本章结合 WTO 体制和区域贸易安排的相关规则,对区域贸易安排应对与贸易和投资有关的歧视性所得税措施的机制进行了探讨。由于区域贸易安排在货物贸易和服务贸易领域的规则是以 WTO 体制为基础的,其对与货物贸易和服务贸易有关的所得税歧视措施的处理,基本上是

[①] Adrian F. Rodriguez, International Arbitration Claims against Domestic Tax Measures Deemed Expropriatory or Unfair and the Inequitable, INTAL and ITD Occasional Paper-SITI-11, January 2006, Inter-American Development Bank (IDB), pp. 17—18.

纳入和沿用了 WTO 的相关规则，禁止缔约方借助所得税措施来歧视其他缔约方的产品或服务。在货物贸易领域，由于国民待遇是一项普遍适用的原则，区域贸易安排之间的做法没有实质差别。在服务贸易领域，由于服务业的市场准入和国民待遇属于具体承诺的范畴，以 NAFTA 为代表的采用负面清单的区域贸易安排在开放程度上要大于采用 GATS 模式正面清单的区域贸易安排，其对与服务贸易有关的所得税歧视措施规制的范围也比 GATS 模式的区域贸易安排更为广泛。

由于 WTO 并非一个投资的多边体制，区域贸易安排中关于投资的规则实际上是沿用了 BIT 的体例和内容。区域贸易安排的投资规则也要求缔约方为其他缔约方的投资者及其投资提供最惠国待遇、国民待遇以及公平和公正待遇。一些区域贸易安排在投资领域还采用了准入前国民待遇。

不过，不论是 WTO 体制还是区域贸易安排，其共同特征是没有协调缔约方所得税制度的权限，非歧视待遇并不适用于作为缔约方所得税制要素的差别待遇（比如居民和非居民之间的不同税收待遇）以及基于税收协定所导致的差别待遇。GATS 第 14 条对此进行了明确规定。以 GATS 为基础的区域贸易安排和以 NAFTA 为代表的区域贸易安排也采用了与 GATS 类似的表述。区域贸易安排中的投资规则原则上也同样不适用于税收措施，而且规定税收协定优先于投资规则。但是，区域贸易安排投资规则的一个重要职能是保护投资。因此，区域贸易安排也强调关于征收的规则适用于税收措施。一方面，税收措施是国家规制经济权利的体现，原则上不构成征收；另一方面，缔约方特定的所得税措施也存在构成间接征收的可能性。

除了可以借助所得税措施歧视外国产品、服务或投资外，一国还可通过出口补贴（包括相关所得税减免措施）的方式来促进本国产品、服务的出口或海外投资的发展。区域贸易安排如何应对这方面的问题，这是本书接下来要研讨的内容。

第三章 所得税补贴问题

补贴是政府干预经济的一种方式。补贴可以用来促进国内经济的发展,也可用于保护国内产业或支持本国的出口产业。不过,出口补贴会给国际贸易带来扭曲作用。WTO 的《SCM 协定》对 WTO 成员在货物贸易中的补贴设定了严格的纪律,并禁止采用出口补贴(包括以所得税方式提供出口补贴)。以 WTO 为基础的区域贸易安排沿用了 WTO 的补贴规则。不过,WTO 关于服务贸易的补贴纪律依然空白,区域贸易安排在这方面也几乎没有进展。同时,为了吸引外资和促进海外投资,各国还会采用税收激励措施(tax incentives)。但是,WTO 并非投资领域的多边体制,以促进投资自由化为目标的区域贸易安排也需要应对各国竞相采取税收激励措施的问题。本章将对上述问题分别予以探讨。

第一节 货物贸易的所得税补贴问题

一、多边贸易体制的补贴纪律

1994 年 GATT 第 3 条国民待遇不允许 WTO 成员借助所得税措施来保护国产品。不过,1994 年 GATT 第 3 条第 8 款(b)项规定:"本款不禁止只是针对国内生产者的补贴,包括将符合本条征收的国内税费的款项支付给国内生产者"。理论上讲,WTO 成员只给本国产品生产者提供补贴也可能导致对进口产品的歧视,因为国产品可能因此取得优于进口产品的生产条件并低价销售。不过,1994 年 GATT 的国民待遇只适用于产品本身,规制的是影响产品销售、购买、运输、经销等方面的措施,而不适用于产品的生产。因此,如果 WTO 成员以所得税优惠的方式为本国产品生产者提供补贴但不给予进口产品的生产者时,并不违反 1994 年

GATT 第 3 条的国民待遇义务。① 此时,这种补贴是否合法,则要根据 1994 年 GATT 第 16 条和《SCM 协定》来判定。

在关贸总协定时代,1947 年 GATT 在补贴问题上几乎没有强制性的制度。最初的第 16 条只是要求缔约方通报补贴。1955 年,关贸总协定各缔约方对补贴制度进行了修订,增加了关于出口补贴的第 2—5 款。②

理论上讲,出口补贴会使企业的竞争力基于非市场因素而得到提高,企业具备了低于正常价值出口产品的可能。表面上看,进口国的消费者可以购买到更廉价的产品。国外有学者主张进口国应当给提供补贴的出口国发一封感谢信(thank you note)。进口国政府也无须担心外国产业的这种成本优势,从而可将本国稀缺资源更好地分配到那些更具效率的产品生产中去。③

不过,自由贸易理论认为:出口补贴虽然导致产品出口价格在进口国的降低,但出口国的价格将提高。虽然出口企业可能因补贴获益,但出口国的消费者却因此受到损害。④ 出口国的补贴也使得进口国的产业处于不公平的竞争条件之下,从而对市场造成了扭曲,导致资源配置扭曲,降低了经济效率。⑤ 事实上,出口国政府提供补贴是鼓励特定产业部门获取全球市场份额,使该产业部门能得到垄断租金。从全球角度讲,补贴减少了总体世界福利这一点也是清楚的。⑥ 因此,修订后的 1947 年 GATT 第 16 条第 2 款指出:各缔约方认为,一个缔约方对某种出口产品给予补贴,可能既对进口方也对出口同一产品的其他缔约方造成有害的影响,对

---

① 与货物贸易领域的国民待遇不同的是,GATS 关于服务贸易的国民待遇既适用于产品(服务)本身,也适用于产品的生产者(服务提供者)。因此,WTO 成员在服务贸易领域给予国内服务提供者的补贴要受 GATS 国民待遇的约束。关于这一问题,本章第二节将进行阐述。

② 第 16 条经修订后,原第 1 款之上增加了"第一节 一般补贴"的标题,增加的第 2—5 款则在"第二节 对出口补贴的附加规定"中。有关关贸总协定下补贴规则的演变,参见王贵国:《世界贸易组织法》,法律出版社 2003 年版,第 384—386 页。

③ 关于这方面学术观点的综述,可参见甘瑛:《国际货物贸易中的补贴与反补贴法律问题研究》,法律出版社 2005 年版,第 16—17 页。

④ Paul Krugman and Maurice Obstfeld, *International Economics: Theory and Practice*, 6th edition, 清华大学出版社 2004 年英文影印版,第 197 页。

⑤ 参见甘瑛:《国际货物贸易中的补贴与反补贴法律问题研究》,法律出版社 2005 年版,第 16 页。

⑥ 参见〔美〕约翰·H.杰克逊:《GATT/WTO 法理与实践》,张玉卿等译,新华出版社 2002 年版,第 101—102 页。

它们的正常贸易造成不适当的干扰,并阻碍总协定目标的实现。

不过,1947年GATT第16条并没有对"补贴"进行界定。尽管第16条第4款要求各缔约方自1958年1月1日或其后最早的可行日期起停止直接或间接给予使任何非初级产品的出口价格低于国内销售价格的补贴,但在实际适用中却遇到了困难。因此,缔约方全体决定暂停第4款的适用,并于1962年发表声明,对第4款义务实行开放签字。① 其结果是只有17个缔约方认可,对其他缔约方没有约束力。② 东京回合达成的补贴守则也没有对补贴进行界定,也只对签字的缔约方有约束力。③ 这些问题在WTO下得到了解决。④

《SCM协定》属于WTO框架下货物贸易的多边规则之一,与1994年GATT是并列的,适用于所有WTO成员。当1994年GATT的条文与《SCM协定》的内容不一致时,《SCM协定》的规定优先。

《SCM协定》第1条第1款对补贴进行了定义。当WTO成员政府或公共机构给予财政资助(financial contribution),并因此构成"利益授予"(a benefit is hereby conferred)时,就认为补贴存在。

政府的财政资助包括:(1)涉及资金的直接转移(比如赠与、贷款和股权投资)或潜在的资金或债务的直接转移(比如贷款担保)的政府做法;(2)本应征收的税收的放弃或不予征收(比如税款抵免之类的财政激励措施);(3)政府提供一般基础设施之外的产品、服务或收购产品;(4)政府向专门的基金支付款项,委托或指示私人机构履行前述3项本应由政府行使的职能,且与政府的行为没有实质性差别。

所谓利益授予,是指存在受益人并接受相关利益。在加拿大飞机案

---

① 参见赵维田:《世贸组织(WTO)的法律制度》,吉林人民出版社2000年版,第309—310页。

② 第16条第4款把对国内企业的补贴与出口补贴加以区别,无形中也为解释该条的规定制造了障碍,因为即使国内产品与出口产品的价格不同,也很难断然判定就是补贴的结果。同时,对非初级产品的出口补贴不一定导致双重价格。例如,对出口所得减税或免税可能刺激出口,但这种形式的补贴可能与内销和出口产品的价格无关。参见王贵国:《世界贸易组织法》,法律出版社2003年版,第386页。

③ 全称为《关于解释与使用GATT第6条、第16条和第23条的协定》。实际签字的缔约方只有24个,其中发达国家14个,发展中国家10个。参见赵维田:《世贸组织(WTO)的法律制度》,吉林人民出版社2000年版,第313页。

④ 1947年GATT第16条的补贴纪律实际上包括初级产品补贴和非初级产品补贴。在WTO框架下,农产品的补贴由专门的《农业协定》管辖。农产品的补贴特殊而复杂,本章主要阐述《SCM协定》的相关规则。

中,加拿大认为只有当财政资助导致政府净成本产生时才会存在利益的授予。专家组反驳了加拿大的抗辩,指出利益的通常含义并不包含政府净成本的解释。利益的通常含义包括一些类型的优势。为确立是否存在这种优势,专家组认为有必要确定财政资助是否使得受益人取得了没有财政资助时的优势。财政资助是否导致受益人取得了没有资助时的优势,应根据市场来判定,即财政资助是否给予了受益人在市场条件下所无法取得的优势。专家组的观点也为上诉机构所支持。[①]

不过,《SCM 协定》并非管辖所有的补贴,只有专向性(specificity)的补贴才需要遵守该协定的相关纪律。在补贴专向性的认定标准方面,法律上的专向性和事实上的专向性均包括在内。法律上的专向性是指授予补贴的立法明确将补贴限定在给予特定企业。不过,如果补贴立法对补贴的取得条件设定了客观标准[②],只要企业符合条件就能够自动取得补贴,该补贴就不具备专向性。不过,如果立法及其条件从表面上看不具有专向性,但仍可在事实上具有专向性,下列因素可用于判定补贴的专向性:只有有限数量的企业取得补贴;给予某些企业不成比例的大量补贴;补贴授予当局以任意的方式做出给予补贴的决定等。[③]

对于专向性补贴,《SCM 协定》又将其分为禁止性补贴和可诉补贴。[④]两者的主要区别在于:任何成员只要实施了禁止性补贴即违反了 WTO 义务,申诉方无需证明其利益受到损害;而对于可诉补贴,申诉方需要证明受到了损害。此外,两类补贴的争端解决程序也不同。[⑤]

根据《SCM 协定》第 3 条,禁止性补贴包括出口补贴和进口替代补贴,而第 2 条第 3 款将出口补贴和进口替代补贴都视为专向性的。如果

---

① WTO Analytical Index: Subsidies and Countervailing Measures,检索自 http://www.wto.org/english/res_e/booksp_e/analytic_index_e/subsidies_01_e.htm#fnt115,2016 年 12 月 21 访问。

② 即这些条件是中性和普遍适用的,并不倾向于特定企业(比如以企业规模或雇员人数为条件)。

③ 参见《SCM 协定》第 2 条。

④ 《SCM 协定》第 8 条还有一类不可诉补贴,包括非专向性补贴和即使为专向性但属于资助科研、支持落后地区发展或是环保方面的补贴。不过,根据《SCM 协定》第 31 条,第 8 条的有效期截止到 1999 年 12 月 31 日,但 WTO 的补贴与反补贴措施委员会可决定将其延长适用。补贴与反补贴措施委员会曾于 1999 年 12 月 20 日根据第 31 条进行了审议,但没有达成共识。因此,第 8 条不可诉补贴的规定自 2000 年 1 月 1 日起失效。

⑤ 参见王贵国:《世界贸易组织法》,法律出版社 2003 年版,第 384—386 页。

一个 WTO 成员认为另一成员实施了禁止性补贴而诉诸争端解决机制，专家组可请求常设专家小组（Permanent Group of Experts，PEG）来帮助判定争议的补贴是否属于禁止性补贴。① 专家组应无条件接受 PEG 关于争议的补贴是否构成禁止性补贴的结论。专家组的裁决报告中如果认定补贴属于禁止性补贴，应建议实施补贴的成员立即取消该项补贴，并规定取消的期限。②

除了出口补贴和进口替代补贴之外，《SCM 协定》并没有绝对禁止 WTO 成员采用其他类型的补贴。从经济角度来讲，纠正市场失灵和刺激经济发展是政府给予财政支持的最重要的目的。③ 不过，根据《SCM 协定》第 5 条，WTO 成员的补贴措施不得因此而对其他 WTO 成员造成不利影响，这包括：损害另一成员的国内产业；使其他成员在 1994 年 GATT 下直接或间接取得的利益丧失或损害，特别是根据 1994 年 GATT 第 2 条下的关税减让所取得的利益；严重阻碍另一成员的利益。④

二、所得税补贴问题

《SCM 协定》把政府放弃本应征收的税收也列入财政资助的范畴。当然，放弃税收收入的做法是否受《SCM 协定》的约束还要看其是否具有专向性。《SCM 协定》第 2 条第 2 款规定，政府的税收部门对普遍适用税率的设定或改变并不视为专向性的补贴。因此，政府对特定企业放弃税收的做法属于《SCM 协定》要管辖的专向性补贴。

---

① 《SCM 协定》第 24 条规定应设立补贴与反补贴委员会。补贴与反补贴委员会应建立一个由 5 位补贴与贸易领域内的资深独立专家组成的常设专家小组。
② 参见《SCM 协定》第 4 条。
③ Raymond, H. C. Luja, Assessment and Recovery of Tax Incentives in the EC and the WTO: A View on State Aids, Trade Subsidies and Direct Taxation, Metro 2003 Intersentia, p. 5.
④ 《SCM 协定》第 6 条第 3 款规定，如果补贴导致下列一种或几种情况，将可能被认定存在"严重阻碍"：(a) 排除或阻碍另一成员的同类产品进入实施补贴的成员的国内市场的效果；(b) 排斥或阻碍其他成员的产品进入第三国市场的效果；(c) 在同一市场上，与另一成员的同类产品的价格相比，受补贴产品的价格存在明显下降；(d) 与前 3 年的平均市场份额相比，受补贴的特定初级产品在世界市场中的份额增加，该增加在补贴给予后一段时间呈现持续趋势。需要指出的是，《SCM 协定》第 6 条第 1 款曾经规定了下列情况将被认为构成"严重阻碍"：(a) 对产品的从价补贴总额超过 5％；(b) 对某类产业弥补经营亏损的补贴；(c) 对某个企业的经营亏损进行补贴，但不包括为长期发展或避免严重的社会问题而向该企业提供的非重复性的一次性补贴；(d) 直接的债务免除，即免除政府的债权和给予还债补偿。不过，根据《SCM 协定》第 31 条，第 6 条第 1 款的规定仅在 WTO 协定生效之日起 5 年内适用。补贴与反补贴措施委员会在 1999 年 12 月 20 日召开的会议上并没有达成延长适用第 6 条第 1 款的一致意见。

政府通过放弃税收提供补贴的做法也有多种,比如免税、递延纳税、优惠税率、加速折旧等。这些做法实质上是税法上的税收优惠或激励措施。从财政学的角度讲,政府从其财政收入中发放补贴属于预算直接支出(direct expenditure)的范畴,而政府通过税收优惠给予补贴的方式则称为"税式支出"(tax expenditures)。

20世纪60年代,税式支出的概念几乎同时发端于美国和德国。[①] 时任美国财政部长助理的哈佛大学教授萨里(Stanley S. Surrey)认为,税式支出是指美国联邦所得税制中的某些特殊做法(比如优惠税率和免税),这些做法的实质是旨在实现社会和经济目标的政府支出。[②] 此后,国外学者纷纷提出对税式支出的看法。比如,有的认为税式支出是政府税收收入的减记,是偏离于常规税制、受到较少约束与监督的政府支出,用于激励特定产业发展或个人行为。[③] 此外,一些国际组织也在相关文献中对税式支出进行了界定。比如,国际货币基金组织(IMF)的财政透明度手册将税式支出定义为"正常税制中减少财政收入的减免税措施,与预算支出具有同等作用"[④]。OECD关于预算制度的一份出版物中将税式支出界定为"给予非政府实体的税收优惠,此类优惠减少了政府财政收入,具有与给予受益人直接补贴类似的效果"[⑤]。

上述定义揭示了税式支出的基本特征:首先,税式支出的表现形式是税收优惠或税收激励措施。税收优惠是对基准税制(benchmark tax)的背离。基准税制包括税率、会计准则、费用扣除等要素。因此,不少OECD国家也使用税收减免(tax relief)、税收补贴(tax subsidies)、税收资助(tax aids)等术语来表述税式支出。[⑥] 其次,税式支出的实质属于政

[①] Luiz Villela, Andrea Lemgrubery, Michael Jorratt:"Tax Expenditures Budgets: Concepts and Challenges for Implementation", Inter-American Development Bank Working Paper Series No. IDB-WP-131, IDB, 2010, p.2.

[②] Stanley S. Surrey, "Tax Incentives as A Device for Implementing Government Policy: A Comparison with Direct Government Expenditures", *Harvard Law Review*, Vol. 83, No. 4, 1970, p.706.

[③] 参见毛捷:《税式支出研究的新进展》,载《经济理论与经济管理》2011年第5期,第43页。

[④] IMF, *Manual on Fiscal Transparency*, 2007 revised edition, Glossary.

[⑤] Ian Lienert and Moo-Kyung Jung, "The Legal Framework for Budget Systems: An International Comparison", *OECD Journal on Budgeting*, Vol. 4, No. 3, 2004, p.152.

[⑥] Allen Schick, "Off-Budget Expenditure: An Economic and Political Framework", *OECD Journal on Budgeting*, Vol. 7, No. 3, 2007, p.10.

府的财政支出,与政府预算中的直接支出具有替代性。从形式上看,政府的直接支出来自于政府业已取得的财政收入。税收优惠意味着纳税人义务的减轻,但对政府来讲则是财政收益的放弃,这与政府取得税收后再以直接支出的方式给予纳税人具有同样的效果。

与政府取得税收后再提供资金发放补贴相比,通过税收优惠给予补贴具有如下优势:首先,减少了政府在资金发放和管理方面的成本。特别是对于免税措施来讲,只要纳税人符合税法的条件,一般就可自动取得。① 其次,税收补贴能够促使私人参与政府起主导作用的经济和社会项目,并提高私人决策程度。② 此外,以税收优惠实施的税式支出不需要立法机关的年度批准,只要税法不发生改变,税式支出就会存在(除非税法本身有日落条款)。③

从税种来讲,税收补贴可以通过间接税或直接税来提供。理论上讲,间接税和直接税的划分依据是税负能否转嫁。所得税是直接税的代表性税种,关税、销售税、增值税等属于间接税。④《SCM 协定》将直接税界定为对工资、利润、利息、租金等收入的征税,而间接税则指对货物或制造产品中直接或非直接使用的服务的征税。⑤ 不过,从关贸总协定时期起,多边贸易体制关于间接税和所得税的补贴纪律就存在差别。

间接税是直接针对货物征收的。不过,关税和销售税等国内税(internal tax)的法律地位是不同的。关税只对进口或出口产品征收,而国内税则是对国产品和相同的进口产品都征收的。在多边贸易体制下,进口关税的税率可以通过关税减让而降低。关税减让(tariff concession)是一种关税约束(binding),WTO 成员对关税减让表中的产品所征收的关税,其税率不得超过减让表中所作的承诺,即减让表中的税率是可征收关税的最高水平。但是,WTO 并没有限制其成员的国内税税率,只要求

---

① OECD, *Tax Expenditures in OECD Countries*, 2010, p. 24.
② Zhicheng Li Swift, Hana Polackova Brixi, and Christian Valenduc, "Tax Expenditures: General Concepts, Measurement, and Overview of Country Practices", in *Tax Expenditures-Shedding Light on Government Spending through the Tax System: Lessons from Developed Transition Economies*, edited by Hana Polackova Brixi, Christian M. A. Valenduc, and Zhicheng Li Swift, The World Bank, 2004, p. 3.
③ IMF, *Manual on Fiscal Transparency*, 2007 revised edition, para. 187.
④ 参见张守文:《税法原理》(第 6 版),北京大学出版社 2012 年版,第 15—17 页。
⑤ 参见《SCM 协定》注释 58。

给予进口产品以国民待遇。在这种体制下,如果不免除出口产品的出口关税和在其原产国所缴纳的国内税,在进口国也征收进口关税和缴纳国内税的情况下,是难以与进口国的国产品公平竞争的。因此,多边贸易体制对国内税的征收采取了消费地征收的原则,允许出口国对其出口的产品给予出口退税,即在产品出口时将产品负担的税收予以退还。[①] 在关贸总协定时期,1947年GATT关于第16条的注释就指出:出口方免征出口产品的关税和国内销售的国内税,或退还与所缴数量相当的关税和国内税,不能视为补贴。1947年GATT第6条第4款也规定:一个缔约方的产品进口到另一缔约方时,进口方不得因该产品在出口国业已退税而对其征收反倾销税或反补贴税。这些规定在1994年GATT下没有改变。《SCM协定》虽然将政府放弃本应征收的税收作为财政资助的方式之一,但该协定对此的注释依然指出:根据GATT第16条和《SCM协定》附件1、2、3,免除出口产品的关税或国内税,或实行不超过实际征收数额的出口退税,不应视为补贴。

对于哪些所得税措施构成补贴,1947年GATT并没有明确规定。1960年,关贸总协定缔约方全体通过了一个关于出口补贴的解释性清单,列举了构成出口补贴的八种情况,其中第3项为对工商企业与出口相关的直接税的退还(remission),第4项为对出口产品除了国内销售税费的免税(exemption)[②]。因此,与间接税的退税一般不构成出口补贴不同,直接税(所得税)的退税并没有一个额度界限,只要是与出口相关的企业所得税的退还或免除就构成出口补贴。

关贸总协定的这一区分实际上与其边境税调整(border tax adjustments)政策相关。允许间接税出口退税的一个理由是间接税最终由消费者或购买者承担,是可转嫁的,而直接税是由资本投资的提供者承担的,因此在目的地对进口产品与相同国产品那样征收间接税是合理的。[③]

在关贸总协定时代,有关所得税出口补贴的典型案例是美国的

---

① 参见王传纶、朱青:《国际税收》(修订版),中国人民大学出版社1997年版,第265—266页。
② Report of the Panel, United States Tax Legislation(DISC), L/4422, para. 28.
③ John H. Jackson, *The World Trading System: Law and Policy of International Economic Relations*, 2nd edition, The MIT Press, 1997, pp. 218—221.

DISC 案。

DISC 是 Domestic International Sales Corporation 的缩写。1972 年 1 月 1 日，美国的 DISC 法案生效并成为美国税法典（Internal Revenue Code）的第 991—997 节。按照美国税法典的规定，美国公司要就其境内外全部所得向美国纳税。不过，美国公司可通过在美国境内设立 DISC 来享受出口所得的税收优惠。DISC 是指一个美国公司，其在每个纳税年度中总收入的 95% 来自于"适格的出口收入"（qualified export receipts），以及该公司 95% 的资产属于"适格的出口资产"（qualified export assets）。① 在设立 DISC 后，美国公司先将产品销售给 DISC，然后由 DISC 负责向境外销售。不过，DISC 本身并非一个纳税实体。根据 DISC 法案，DISC 出口所得的 50% 被推定属于设立该公司的美国股东公司的所得并作为股息纳税。但是，DISC 剩下的 50% 出口所得则享受无限期递延纳税（deferral）的优惠，即只有股东收到这 50% 的所得时才纳税，而且也没有利息的追加，因此，DISC 的设立能够减少其股东（实际的出口商）出口所得的税负，无息的递延纳税相当于政府提供了无息贷款。② 当时的欧共体认为美国的做法构成了 1947 年 GATT 第 16 条第 4 款所禁止的出口补贴，并诉诸关贸总协定的争端解决机制。专家组裁决美国的 DISC 法案违反了 1947 年 GATT 第 16 条第 4 款的义务，构成出口补贴。尽管缔约方全体关于出口补贴的解释性清单并没有把所得税的递延纳税包括在内，但美国无息递延纳税的做法属于解释清单第 3 项和第 4 项所包含的"部分免税"（partial exemption）。③

或许是吸取了 DISC 案的经验和教训，在以税收方式提供补贴方面，《SCM 协定》第 1 条第 1 款将"放弃或不收取本应取得的政府财政收入"（government revenue that is otherwise due is foregone or not collected）列入了政府财政资助的范畴。《SCM 协定》附件 1（出口补贴的解释性清单）列举的第 5 项措施即为"对工商企业已经缴纳或应缴纳的与出口有关的直接税的全部或部分免税、退税或递延"。不过，《SCM 协定》的注释 59 进一步说明：各成员认识到，如果给予递延纳税时同时收取适当的利息，

---

① Report of the Panel, United States Tax Legislation(DISC), L/4422, para. 10—12.
② Paul R. McDaniel, "Trade Agreements and Income Taxation: Interactions, Conflicts, and Resolutions", *Tax Law Review*, Vol. 57, No. 2, 2004, p. 277.
③ Report of the Panel, United States Tax Legislation(DISC), L/4422, para. 71.

并不当然等同于出口补贴。

三、FSC 案

在 DISC 案后,美国对其法律进行了修改。1984 年,美国国会通过的"税收改革法案之财政条款"被并入美国税法典第 921—927 节,创立了 FSC 制度,以取代原先的 DISC 制度。FSC 是 Foreign Sales Corporation 的缩写。FSC 是在美国以外成立的,从事美国产品出口的外国公司。虽然美国法律没有要求 FSC 必须为美国公司所控制,但事实上许多 FSC 是美国公司设立的境外子公司。FSC 立法的核心是免除了 FSC 及其美国母公司的特定美国纳税义务,这主要包括三方面:(1) 第一类免税与外国公司的外国来源所得在美国税法下的税收待遇相关。美国税法的一般性规定是:外国公司,不论是否为美国公司所控制,当其外国来源(foreign source)所得与美国境内进行的贸易或商业行为存在有效联系(effectively connected)时应向美国纳税。至于是否存在有效联系,需经税务机关根据事实调查认定。但是,在 FSC 制度下,FSC 的部分外贸所得视为与美国境内的贸易或商业活动没有有效联系的外国来源所得而当然免税。也就是说,免税的所得不再经过税务机关的事实调查认定是否存在联系,而是法律直接认定不存在联系从而免税,并不考虑没有 FSC 制度时税务机关的调查结果如何。(2) 第二类免税与受美国公司控制的外国公司的所得在美国税法下的税收待遇相关。美国税法的一般性规定为:受控外国公司的美国股东必须将受控外国公司的 F 分部所得中尚未分配给母公司的那部分按照其持股比例归属到该美国公司的所得中纳税。根据 FSC 制度,FSC 的外贸所得不再视为 F 分部所得,FSC 的母公司也不被要求对 FSC 的外贸所得中未分配给母公司的部分并入母公司所得中进行纳税申报,从而免税。(3) 第三类免税与美国公司从外国公司获得的股息的美国税法待遇相关。美国税法的一般性规定是:美国公司从外国公司的外国来源所得中分配的股息要在美国纳税。但是,根据 FSC 制度,FSC 的美国股东可以将 FSC 分配的股息全部从其纳税所得中扣除,即此类股息免税。[①]

---

① Report of the Panel, United States-Tax Treatment for "Freign Sales Corparations", WT/DS108/R, paras. 7.95—7.97.

在欧共体看来，美国的 FSC 税制与原先的 DISC 税制没有实质区别，仍属于出口补贴。在关贸总协定时代，欧共体曾于 1985 年 3 月 26 日根据 1947 年 GATT 第 22 条的磋商程序与美国磋商，但磋商未果。在 WTO 成立后，欧共体诉诸了 WTO 的争端解决机制，主张 FSC 法案构成了《SCM 协定》第 3 条第 1 款所禁止采用的出口补贴。1997 年 11 月 18 日，欧共体提出与美国磋商，并于 1998 年 7 月 1 日提出成立专家组。专家组报告于 1999 年 10 月 8 日做出。由于美国随后提出了上诉，专家组报告要在根据上诉机构的报告修改后和上诉机构的报告一起提交争端解决机构（DSB）通过。[1] DSB 通过的专家组报告裁定 FSC 法案构成了《SCM 协定》第 3 条第 1 款所禁止采用的出口补贴，上诉机构报告支持了专家组报告的结论。[2]

此后，美国于 2000 年 11 月 15 日废除了 FSC 法案，但引入了作为美国税法典第 114 节的域外所得排除法案（Extraterritorial Income Exclusion Act，以下简称"ETI 法案"）。根据 ETI 法案，美国公司的部分域外所得（Extraterritorial Income or ETI）从其全部应税所得中扣除。ETI 的核定和免除与 FSC 法案的做法是类似的。与 FSC 法案不同的是，ETI 并非美国境外公司的所得，而是美国公司的直接出口所得，无需通过原先的 DISC 或 FSC 取得。但是，美国公司享受 ETI 法案的税收优惠仍以其出口美国境内生产的产品为条件。[3] 因此，欧共体认为 ETI 法案同样构成出口补贴，并于 2000 年继续诉诸了 WTO 的争端解决机制。2002 年 2 月 DSB 通过的专家组报告和上诉机构报告依然认定 ETI 法案属于《SCM 协定》第 3 条第 1 款所禁止采用的出口补贴。[4]

---

[1] 参见张玉卿:《WTO 案例精选：美国国外销售公司（FSC）案评介》，中国商务出版社 2011 年版，第 9 页。

[2] Report of the Panel, United States-Tax Treatment for "Freign Sales Corparations", WT/DS108/R, paras. 7.130, and Report of the Appellate Body, United States-Tax Treatment for "Freign Sales Corparations", WT/DS108AB/R, para. 171.

[3] Asif H. Qureshi and Roman Grynberg, "United States Tax Subsides under Domestic International Sales Corporations, Foreign Sales Corporation and Extraterritorial Income Exclusion Act Legislation within the Framework of the World Trade Organization", *Journal of World Trade*, Vol. 36, No. 5, 2002, p.984.

[4] Report of the Panel, United States-Tax Treatment for "Foreign Sales Corporations", Recourse to Article 21.5 of the DSU by the European Communities, WT/DS108/RW, paras. 8.75, 9.1, and Report of the Appellate Body, United States-Tax Treatment for "Foreign Sales Corporations", Recourse to Article 21.5 of the DSU by the European Communities, WT/DS108/AB/RW, para. 256.

尽管 ETI 法案被裁定构成了出口补贴，但美国并没有执行裁决。欧共体于 2004 年 3 月对美国进行了 WTO 授权下的报复。美国在 2004 年 10 月通过了美国创业法案(the American Jobs Creation Act of 2004)，废止了 ETI 法案，但规定了"过渡期条款"和"祖父条款"，试图继续提供 ETI 下的补贴。欧共体继续诉诸 WTO 的争端解决机制。由于 ETI 法案业已被认定构成出口补贴，2006 年 3 月 DSB 通过的专家组报告和上诉机构报告同样认为美国创业法案中的"过渡期条款"和"祖父条款"提供的补贴依然属于出口补贴。①

2006 年 5 月，美国国会终于通过废止了创业法案中"祖父条款"的立法，而"过渡期条款"在 2006 年年底也到期。至此，美国最终取消了 FSC 法案和 ETI 法案中的所得税出口补贴，履行了 WTO 的裁决。

FSC 案是颇具影响的一个案例。从 DISC 案起算的话，美国的所得税补贴制度历经了近四十年才尘埃落定。从 DISC 到 FSC 和 ETI，美国的做法均构成了出口补贴。由于《SCM 协定》将"放弃本应收取的财政收入"列入政府财政资助的范畴以及出口补贴清单明确了"对工商企业已经缴纳或应缴纳的与出口有关的直接税的全部或部分免税、退税或递延"构成出口补贴，这就为争端解决机构认定 WTO 成员的所得税措施是否违反了补贴义务提供了法律依据。从专家组和上诉机构的报告看，以下问题是值得 WTO 成员所重视的：

首先，尽管 WTO 体制并不干涉其成员的所得税制度，但也不允许成员以其税制与其他成员所得税制存在差异为理由提供出口补贴。

美国通过 DISC 和 FSC 提供出口补贴的一个理由是为了消除美国所得税制的劣势。在 DISC 案中，美国指出，法国、比利时和荷兰等欧共体国家对本国公司的境外所得是不征税的，而且一些国家还对子公司汇回母公司的所得全部或部分免税。但是，美国对本国公司的全球所得是征税的，包括境外子公司汇回的所得。因此，美国引入 DISC 税制是为了抵消欧洲国家的公司相对于美国公司的税制竞争优势。但是，美国的抗辩

---

① Report of the Panel, United States-Tax Treatment for "Foreign Sales Corporations", Second Recourse to Article 21.5 of the DSU by the European Communities, WT/DS108/RW2, paras. 7.65, 7.87, 8.1, and Report of the Appellate Body, United States-Tax Treatment for "Foreign Sales Corporations", Second Recourse to Article 21.5 of the DSU by the European Communities, WT/DS108/AB/RW2, para.100.

并没有被接受。①

在 FSC 案中,专家组指出:各国对所得的课税原则一般包括两类,一类是对居民的全球所得课税,另一类是只对来源于境内的所得课税,大多数国家都同时采用这两类原则。美国对居民的全球所得和非居民来源于美国的所得课税;而一些欧洲国家只对来源于境内的所得课税,并不对境外经济活动的所得课税,不论所得归属于国内公司还是外国公司。客观地讲,这些欧洲国家的税制比美国的全球所得课税更有利于出口。但是,没有国际法规则要求各国遵循单一的税制。一国可以采取全球所得课税,也可只对境内所得课税,或者二者相结合。WTO 从没有试图建立国际税收准则。② 但是,一些 WTO 规则确实也对其成员的某些税收措施产生了影响。在补贴领域,《SCM 协定》第 1 条清楚表明税收措施要受补贴纪律的约束。美国可以自由采取对全球所得征税或只对境内所得征税的做法,这与 WTO 无关。但是,美国不能自由选择的是:建立与出口相关的所得的免税制度并以消除美国正常税制所导致的出口商的劣势为理由。比如,在本国正常公司所得税税率为 75% 时,不能以其他 WTO 成员的公司税率为 25%,就对本国的出口商适用 25% 的特殊税率。③

上诉机构也指出:WTO 成员可自行决定对任何种类的收入课税或免税,只要这种做法不构成出口补贴。④

因此,WTO 成员不得以其选择的税制不如其他成员的税制有利于出口为理由而提供出口补贴。如果 WTO 成员选择了某种税制,又针对某些所得采取了特殊的减免税措施,就符合了"放弃本应收取的财政收入"的补贴认定要件。在 FSC 案中,专家组在认定放弃所得方面采用了"若无"(but for)标准,即假如 FSC 制度不存在时,被放弃的财政收入是否存在,纳税人的纳税义务是否会更高。⑤ 专家组进一步认定 FSC 的补

---

① United States Tax Legislation (DISC), Report of the Panel, L/4422, paras. 40, 41.
② Report of the Panel, United States-Tax Treatment for "Foreign Sales Corporations", WT/DS108/R, paras. 4.312—4.321.
③ Ibid., para. 7.122.
④ Report of the Appellate Body, United States-Tax Treatment for "Foreign Sales Corporations", WT/DS108AB/R, para. 90.
⑤ Report of the Panel, United States-Tax Treatment for "Foreign Sales Corporations", WT/DS108/R, para. 7.45.

贴是与出口实绩相关的,构成了出口补贴。① 因此,专家组裁定美国的做法违反了《SCM 协定》。② 上诉机构支持了专家组的结论。③

其次,WTO 体制也不干涉其成员消除双重征税的措施,但不包括以免税方式体现的出口补贴。

对于实行全球所得课税的国家,其居民的境外所得在当地也被征税时将面临法律性双重征税。为此,一国可通过国内法或税收协定来消除双重征税。《SCM 协定》注释 59 也规定:出口补贴清单第 5 项的"对工商企业已经缴纳或应缴纳的与出口有关的直接税的全部或部分免税、退税或递延"措施并不限制 WTO 成员采取避免其企业境外所得的双重征税。美国在 FSC 案中提出注释 59 确认了一国可对境外经济活动的所得不予征税,且不予征税的做法不构成出口补贴,而 FSC 税制的目的就在于对境外经济活动的所得免税。④ 但是,专家组认为,注释 59 的理解需要结合出口补贴清单来理解。注释 59 没有任何地方讲出口补贴清单第 5 项并不试图禁止 WTO 成员对与出口交易相关的外国来源所得免除所得税。如果 WTO 成员想将与出口相关的所得税免税措施完全排除在出口补贴之外,它们会在协定文本中明确表达出来。⑤

因此,尽管对出口相关的所得税免税措施可能具有消除双重征税的效果,但与一般的消除双重征税的措施在本质上是不同的。事实上,美国对居民公司境外所得双重征税的消除一般是采用抵免法的,而 FSC 税制下免除的出口所得是不适用抵免法的。

在 ETI 案中,美国同样提出了注释 59 的抗辩,因为其做法是对美国公司的境外所得免税。在专家组看来,注释 59 指向的避免双重征税的措施需要满足三个条件:有境外所得;存在双重征税;措施是为了避免双重征税。特别是就避免双重征税的措施而言,要考察其目的,而非只看其效果。某项措施碰巧具有防止某些所得双重征税的效果并不能当然使其成

---

① Report of the Panel, United States-Tax Treatment for "Foreign Sales Corporations", WT/DS108/R, para. 7.119.
② Ibid., para. 8.1.
③ Report of the Appellate Body, United States-Tax Treatment for "Foreign Sales Corporations", WT/DS108AB/R, para. 90.
④ Report of the Panel, United States-Tax Treatment for "Foreign Sales Corporations", WT/DS108/R, paras. 7.119, 4.352.
⑤ Ibid., paras. 7.118, 7.119.

为注释59所允许的避免双重征税的措施。事实上,通过所得税减免提供的出口补贴也具有这样的效果。如果将这样的出口补贴也理解为避免双重征税的措施,这将使得出口补贴清单第5项的规定失去意义。① 事实上,美国消除双重征税的普遍做法是抵免法,但ETI只适用于与出口相关的所得,而且ETI税制中所免除的所得并不都是在境外要被征税的。因此,ETI税制下的免税并非避免双重征税的措施。② 上诉机构支持了专家组的结论。③

四、区域贸易安排的一般做法

既然所得税补贴要受WTO规则的约束,区域贸易安排的缔约方如果要实施所得税补贴,也需要遵守WTO的纪律。因此,区域贸易安排在货物贸易的补贴方面也基本沿用1994年GATT和《SCM协定》的相关规则。

一些区域贸易安排明确规定1994年GATT和《SCM协定》同样适用。比如,欧洲自由贸易联盟国家与韩国的自由贸易协定第2.9条第1款规定:缔约方在补贴和反补贴方面的权利和义务受1994年GATT第6条、第16条和《SCM协定》的约束。再比如,中国—智利自由贸易协定第52条第1款规定缔约双方保留构成WTO协定组成部分的《SCM协定》项下的权利与义务。该条第2款还规定,缔约双方依据1994年GATT第6条和《SCM协定》所采取的反补贴措施不适用该协定第十章(争端解决)的规定。这意味着中国和智利的补贴纠纷仍需要通过WTO的争端解决机制处理。

有的区域贸易安排则规定该协定本身不影响《SCM协定》等WTO规则的适用。比如,日本和新加坡的新时期经济伙伴协定第6条是关于"取消关税"的规定,但该条第5款强调,该条不影响缔约方根据《SCM协定》征收反补贴税。再比如,中国—东盟自由贸易区货物贸易协议第7条

---

① Report of the Panel, United States-Tax Treatment for "Foreign Sales Corporations", Recourse to Article 21.5 of the DSU by the European Communities, WT/DS108/RW, paras. 8.94, 8.107, 9.1.

② Ibid., para. 8.97.

③ Report of the Appellate Body, United States-Tax Treatment for "Foreign Sales Corporations", Recourse to Article 21.5 of the DSU by the European Communities, WT/DS108/AB/RW, paras. 186, 256.

规定缔约方遵守 WTO 规则中相关条款的承诺(包括补贴和反补贴措施)。

不过,区域贸易安排还可根据自身的需要做出特殊规定。比如,欧洲自由贸易联盟国家与韩国的自由贸易协定第 2.9 条第 2 款在反补贴措施的程序方面规定:在缔约方根据《SCM 协定》第 11 条启动反补贴调查前,应书面通知受调查产品的缔约方并在 30 日内争取达成共同接受的解决方案。我国内地与香港的 CEPA 第 8 条也规定,双方遵守 WTO 的《SCM 协定》和 1994 年 GATT 第 16 条的规定,并承诺一方将不对原产于另一方的进口货物采取反补贴措施。

五、欧盟的制度

与一般的区域贸易安排不同,欧盟为了实现区域经济一体化的目标,还建立了专门的补贴制度。

1. 一般规则

与 WTO 以逐步消除贸易壁垒和贸易歧视的目标不同,欧盟的经济一体化以建立一个货物、服务、人员和资本自由流动的内部市场为更高目标。为了保障上述自由流动,《欧洲联盟运行条约》除了设定相关纪律外,还建立了欧盟层面的竞争准则,而欧盟补贴(其条约用语为"国家资助")制度的核心条款——《欧洲联盟运行条约》第 107、108 和 109 条[1]就属于条约第 7 部分"竞争、税收和法律趋同的共同规则"中第 1 章"竞争"中第 2 节"国家资助"(aids granted by states)的内容。[2]

《欧洲联盟运行条约》第 107 条第 1 款明确指出:除本条约另有规定外,成员国提供的任何资助(aid)或通过政府资源(state resources)提供的资助,不论以任何方式体现,如果有利于特定企业或特定产品的生产,从

---

[1] 原《欧洲经济共同体条约》第 92、93 和 94 条,后来的《欧洲共同体条约》第 87、88 和 89 条。

[2] 以货物自由流动为例,《欧洲联盟运行条约》的法律框架是这样设计的:(1) 消除成员国在内部市场贸易中的关税壁垒、数量限制以及与数量限制具有相同作用的措施。(2) 禁止成员国借助国内税歧视其他成员国的产品。(3) 消除成员国企业影响竞争的做法。第 101 条第 1 款明确禁止企业采用影响成员国之间贸易和禁止、限制或扭曲内部市场竞争的协议、决定和联合行动(比如限定产品价格或产量)。(4) 消除成员国对本国特定行业的补贴所造成的对货物自由流动的扭曲和障碍。此外,第 113 条还规定:部长理事会可根据委员会的建议,在一致同意的基础上,在会商欧洲议会和欧洲经济和社会委员会后,为内部市场的建立和市场运行的需要,通过协调成员国营业税、消费税和其他形式的间接税的立法。

而扭曲竞争或导致扭曲竞争的威胁并影响成员国之间的贸易,就是与内部市场的要求所不符的。第107条第2款和第3款分别列出了应(shall)视为与内部市场相符的资助[①]和可(may)被视为与内部市场相符的资助。[②]

《欧洲联盟运行条约》第108条第1款赋予了欧盟委员会对成员国补贴措施的监督职能。该条第2款进一步规定,如果欧盟委员会认为成员国的补贴措施与内部市场的要求不符,可要求成员国限期取消或改正。假如成员国未能限期取消或改正,欧盟委员会和因补贴而受到影响的成员国可诉至欧盟法院。不过,应成员国请求,欧盟部长理事会可在一致同意的条件下做出成员国的补贴视为与内部市场相符的决定。该条第3款还要求成员国准备实施补贴时,应通知欧盟委员会并给予委员会充足的时间提出意见。如果欧盟委员会认为补贴计划与内部市场不符,成员国应不予实施。

《欧洲联盟运行条约》第109条规定,经欧盟委员会提出立法提案,欧盟部长理事会在与欧洲议会会商后,可制定适用第107条和第108条的规则(regulation),确定适用第108条第3款程序的条件和可以豁免该程序的补贴。第108条第4款也赋予欧盟委员会根据部长理事会基于第109条通过的规则制定进一步的立法的权限。[③]

[①] 应视为与内部市场相符的资助(补贴)包括:(1)给予消费者个人并具有社会性质的资助,只要资助不在其所涉及的产品之间基于原产地进行歧视;(2)对自然灾害或突发事件导致的损害进行救助的资助;(3)对德国特定地区因原先德国分裂所导致的经济发展劣势的资助。

[②] 可被视为与内部市场相符的资助(补贴)包括:(1)促进生活水平及其落后地区的经济发展的资助;(2)促进共同欧洲利益重要项目执行的资助或救助经济状况严重紊乱的成员国的资助;(3)促进特定区域经济发展的资助,只要该资助不对欧盟共同利益下的贸易条件造成负面影响;(4)促进文化和传统保护的资助,只要不影响欧盟的贸易条件和竞争;(5)其他欧盟部长理事会根据欧盟委员会的提案所批准的资助。

[③] 比如:部长理事会曾在1999年制定了关于实施当时的《欧洲共同体条约》第93条(如今的《欧洲联盟运行条约》第108条)的规则[Council Regulation (EC) 659/1999 of 22 March 1999 laying down detailed rules for the application of Article 93 of the EC Treaty]。欧盟委员会在2004年也制定了实施部长理事会1999年规则的立法[Commission Regulation (EC) 794/2004 of 21 April 2004 implementing Council Regulation (EC) 659/1999 laying down detailed rules for the application of Article 93 of the EC Treaty]。部长理事会1999年的规则现为2015年新的立法所取代[Council Regulation (EU) 2015/1589 of 13 July 2015 laying down detailed rules for the application of Article 108 of the Treaty on the Functioning of the European Union]。欧盟委员会的立法也改称为 Commission Regulation (EC) No 794/2004 of 21 April 2004 implementing Council Regulation (EU) 2015/1589 laying down detailed rules for the application of Article 108 of the Treaty on the Functioning of the European Union。

对比欧盟的规定和 WTO 的《SCM 协定》,可以看出二者在机构和程序方面是存在差异的。《欧洲联盟运行条约》赋予了欧盟委员会审查和批准成员国补贴的权限,而且委员会能够强制要求成员国取消补贴并可起诉成员国,成员国也有义务将实施的补贴通知委员会。在 WTO 框架下,尽管 WTO 成员应将实施的补贴通知 WTO 补贴与反补贴委员会,但该机构没有欧盟委员会那样的权限。此外,欧盟的补贴规则比《SCM 协定》的适用范围要宽,欧盟补贴规则既适用于欧盟间的货物贸易,也适用于服务贸易;而《SCM 协定》只适用于货物贸易。

不过,在补贴规则的实体内容方面,《欧洲联盟运行条约》和《SCM 协定》并没有实质差别。

首先,欧盟所管辖的补贴也是专向性补贴,这与《SCM 协定》是一样的。在专向性的认定方面,《SCM 协定》第 2 条的规定比《欧洲联盟运行条约》要详细,明确列出了法律上和事实上的专向性的判定标准,而《欧洲联盟运行条约》只规定了给予特定企业或产品的生产。不过,从欧盟的实践看,实际上专向性也包括法律上的和事实上的,与《SCM 协定》没有实质差别。①

其次,《欧洲联盟运行条约》没有像《SCM 协定》那样把补贴明确划分为禁止性、可诉性等种类,但第 107 条的规定实际上也做出了区分,即原则上补贴是禁止的,但应视为与内部市场相符的资助和可被视为与内部市场相符的资助能够取得豁免。② 虽然《欧洲联盟运行条约》没有将出口补贴明确列出属于禁止之列,但第 107 条第 1 款适用于任何形式的补贴,因此出口补贴也在被禁止之列。事实上,欧盟法院早在 1969 年就裁决出

---

① 关于这方面的具体论述,可参见 Macro M. Slotboom,"Subsidies in WTO Law and in EC Law",*Journal of World Trade*,Vol. 36,No. 3,2002,pp. 517—542.

② 第 107 条第 2 款规定的"应视为与内部市场相符的补贴"并不意味着这些补贴能够取得自动豁免。欧盟委员会也要审查这些补贴是否满足了第 107 条第 2 款的条件。比如"对自然灾害或突发事件导致的损害进行救助的资助",委员会需要确认是否存在自然灾害或突发事件和遭受的损失,以及补贴没有超出弥补损失的必要程度。对于第 107 条第 3 款中"可被视为与内部市场相符的补贴",欧盟委员会有比认可第 107 条第 2 款的补贴更大的裁量权。欧盟委员会需要在该类补贴的必要性、适当性和其对内部市场竞争造成的负面影响之间进行平衡。参见 European Commission,State Aid Manual of Procedures:Internal DG Competition Working Documents on Procedures for the Application of Articles 107 and 108 TFEU,Revision 10/7/2013.

口补贴是被禁止的。①

再次,《欧洲联盟运行条约》虽然没有如《SCM 协定》那样对"国家资助"进行界定,但其核心仍是与《SCM 协定》类似的"政府资源"(state resources)的给予。欧盟委员会曾经颁布了一个关于补贴的清单,包括直接给予的补贴、税收减免、优惠利率、贷款担保、递延纳税等措施。② 在 Gezamenlijke Steenkolenmijnen 案③中,欧盟法院指出政府资助不仅包括积极的利益,也包括与之性质相同和效果类似的减轻企业在正常制度下财税负担的措施。在 France v. Commission 案④中,欧盟法院曾判定软贷款构成政府资助,即使政府并没有因此导致财政费用或损失。⑤ 在 Ecotrade 案⑥中,欧盟法院认为政府存在潜在的财政负担也足以使相关措施构成国家资助。该案中的措施允许陷入财务困境的公司继续经营,而在破产程序适用的一般情况下则是不被允许的。欧盟法院认为这样的措施为政府带来了额外财政负担。在 Ladbroke 案⑦中,欧盟法院认为通过政府控制的私人基金取得的利益属于国家资助,因为国家对基金的决策具有绝对控制。此外,对消费者和私人投资者决策产生影响的政策也可能间接导致对特定行业的政府资助。⑧

2. 税收补贴规则

《欧洲联盟运行条约》管辖的是成员国以任何方式提供的专向性政府

---

① Raymond, H. C. Luja, *Assessment and Recovery of Tax Incentives in the EC and the WTO: A View on State Aids, Trade Subsidies and Direct Taxation*, Metro 2003 Intersentia, p. 64.

② Paul Craig and Gráinne De Burca, *EU LAW*, 2nd edition, Oxford University Press, 1998, p. 1077.

③ Case 30/59, De Gezamenlijke Steenkolenmijnen in Limburg v. High Authority of the European Coal and Steel Community,[1961] ECR 95.

④ Case 301/87,[1990] ECR I-307.

⑤ 比如,市场贷款利率是10%,政府贷款利率是9%,而政府能够以8%利率筹措资金。此时,政府并没有因贷款发放而有政府账户的损失,反而有收益。

⑥ Case C-200/97, Ecotrade Srl v. Altiforni e Ferriere di Servola SpA (AFS),[1998] ECR I-7907.

⑦ Case C-83/98, French Republic v. Ladbroke Racing Ltd and Commission of the European Communities,[2000] ECR I-3271.

⑧ 在 Fonds Industriel de Modernisation 案 (Case 102/87, France v. Commission,[1988] ECR 4067)中,法国对特定个人存款账户的利息免税。这些储蓄被用于为特定工业项目提供优惠利率的贷款。即使表面上资金来自私人储蓄,但涉及的工业项目仍间接从存款利息免税中受益。

资助,因此税收补贴当然包括在内。不过,在欧盟经济一体化的进程中,税收补贴仍有其特殊性:首先,欧盟成员国享有所得税主权,可以自行决定本国的所得税制度。不过,专向性的税收补贴是相当于一般税制的特殊做法,如果影响了内部市场贸易并扭曲了竞争,原则上是禁止的,除非能够根据第107条第2款或第3款取得豁免。因此,如何区分一般性税制和专向性的税收补贴就是一个关键问题。其次,欧盟的经济一体化也以建立一个经货联盟(economic and monetary union)为目标[1],这要求欧元区国家遵循更为严格的财政纪律。由于欧元区国家的货币发行权交由欧洲中央银行行使而财税主权依然在成员国手中,成员国实施税收补贴可能带来税收收入的减少,导致赤字和债务增加,并对欧元区的经济稳定造成负面影响。因此,对成员国的税收补贴予以严格控制是非常必要的。

1998年,欧盟委员会发布了一个文件,结合欧盟法院的判例和委员会的实践,阐述了其对税收补贴的态度。[2] 2016年7月,欧盟委员会发布了关于《欧洲联盟运行条约》第107条下国家资助的新的文件,取代了1998年的文件。[3] 2016年的文件就认定国家资助的相关要素进行了整体性的说明,也包括对税收措施的专门阐述:

(1)《欧洲联盟运行条约》第107条所管辖的成员国的税收措施是以企业为受益人的资助措施。

所谓企业(undertaking),是指从事经济活动的实体,不论其法律地位和资本来源如何。某个实体在成员国法律下的地位并不是最终性的。成员国法律下的协会或体育俱乐部以及属于公共管理机构的实体都可能属于第107条下的企业,只要其从事经济活动。因此,即使是非盈利实体,如果提供市场条件的产品或服务,也为第107条所管辖。不过,某个实体行使公共权力(public authority)的行为不属于经济活动。

(2)国家的资助措施应当给企业带来优惠。第107条管辖的国家资助涉及国家资源对企业的转移(transfer of State resources),并给予企业一项优惠(advantage)。

---

[1] 参见《欧洲联盟运行条约》第3条第4款。
[2] Commission Notice on the Application of State Aid Rules relating to Direct Business Taxation.
[3] Commission Notice on the Notion of State Aid as referred to in Article 107(1) of the Treaty on the Functioning of the European Union.

所谓优惠,是指企业在正常市场条件下所无法获得经济利益(economic benefit)。判定企业是否得到了优惠,要根据措施的效果来认定,而不问国家采取措施的目的与原因。当企业的财务状况因国家非基于市场条件的措施而改善时,优惠就是存在的。国家直接给予资助以及企业经济负担的减轻都会导致企业获得优惠。因此,通过税收减免放弃国家财政收入无疑属于国家资助的范畴并会给企业带来优惠。不过,政府偿还非法课征的税收并不属于给予企业的利益。

(3) 针对企业的税收补贴应当是专向性的。

第107条管辖的是给予特定企业的专向性国家资助。因此,普遍适用而非针对特定企业或产品生产的措施并不属于第107条管辖的范畴。但是表面上普遍适用而事实上只给予特定企业的国家资助措施仍为第107条所管辖。比如,直布罗陀的表面上适用于所有公司的税收方案就被认定在事实上只给予离岸公司以优惠。① 表面上普遍适用的措施,当企业满足授予优惠的标准不能自动取得而是需要通过行政当局自由裁量权而选择性地给予特定企业时,也是专向性的。再比如,税收机关可根据企业投资项目的特征设定不同的给予税收减让的条件,或者税收机关可根据税制无关的标准(比如维持就业)决定获得优惠的企业。因此,如果并非所有行业都能从中获益,即使绝大多数企业(甚至是某个行业的所有企业)能够享受优惠,或享受优惠的企业分布的行业非常广泛,也不能当然构成该种国家资助措施属于普遍适用的经济政策措施的证据。不过,某项税收优惠的取得需要事先取得税收机关的批准并不当然导致该措施是专向性的,比如审批是根据预先设定的、客观和非歧视的标准做出,且税收机关没有自由裁量权。

欧盟委员会2016年的文件还在某些税收措施(不论是针对所得税还是流转税)的专向性认定方面做了专门说明,比如:

(a) 税收裁定(tax ruling)专向性的认定。税收裁定是税收机关事先针对特定纳税人适用正常税收规则而做出的裁定,比如事先就正常交易原则如何适用于特定关联企业之间的交易定价做出认可。理论上讲,税

---

① Commission and Spain v. Government of Gibraltar and United Kingdom, Joined Cases C-106/09 P and C-107/09 P, ECLI:EU:C:2011:732。

收裁定能够为纳税人提供确定性和可预见性。欧盟成员国税务机关做出税收裁定也应当遵从国家资助规则。如果某项税收裁定没有正常体现税收规则的适用,从而导致给予了该裁定指向的纳税人低于其他处于类似情况的纳税人的税负,就是专向性的。比如,某项税收裁定认可某个企业与其关联企业的内部交易定价不同于类似情况下的独立竞争企业的定价,或者说允许关联企业的定价偏离正常交易原则①,从而导致该企业税基的扣减,该税收裁定就给予了该企业专向性的优惠。②

(b) 税收争端(tax settlement)裁定专向性的认定。此处的税收争端是指纳税人和税收机关就其应纳税额而产生的争端。如果税务机关的裁定在没有明确法律依据(clear justification)的情况下减少了纳税人的应纳税额或纳税人因此取得了不相称的税收利益(disproportionate manner to the benefit of the taxpayer),就存在给予该纳税人特定优惠的情况,比如:相对于其他处类似情形的纳税人,税务机关给予了该纳税人不相称的税收减让;税收机关的裁定与税法不符并导致了该纳税人超出合理范围的较低税负。

(c) 折旧规则(depreciation rules)专向性的认定。原则上讲,纯技术性的折旧规则并不构成国家资助。但是,给予针对特定企业或资产的相对于正常折旧规则的更短期限的折旧或更优惠的折旧方法仍可能构成国

---

① 关联企业是指存在特殊的财务或商业关系的企业。比如,一个企业直接或间接参与另一个企业的管理控制或资本,或者两个企业同时被第三方企业所控制。关联企业间对内部交易的作价称为转让价格。偏离正常市场价格的转让价格会给关联企业带来避税的效果。因此,税务机关要根据正常交易原则(也称独立交易原则,arm's length principle)进行调整,即关联企业间交易的价格或发生的费用应当比照独立竞争企业之间交易的价格。关于转让定价问题,本书将在第四章和第五章进一步阐述。

② 比如,爱尔兰政府对美国苹果公司在爱尔兰设立的苹果销售国际公司(Apple Sales International)和苹果运营欧洲公司(Apple Operations Europe)给予了特殊的税收裁定(tax ruling),允许这两个公司的几乎全部利润都被归入一个没有经济实质活动的总部(head office),从而不需要纳税。2016年8月30日,欧盟委员会裁定爱尔兰给予苹果公司的税收裁定违反了《欧洲联盟运行条约》第107条的禁止给予国家资助的规定,因为爱尔兰的税收协定没有遵守正常交易原则,选择性地给予了苹果公司优于其他公司的税收待遇。欧盟委员会要求爱尔兰回收金额高达130亿欧元的资助(包括利息)。参见 European Commission Press Release, State Aid: Ireland Gave Illegal Tax Benefits to Apple Worth up to 13 Billion, Brussels, 30 August 2016.

家资助。① 不过,对于融资租赁资产的加速折旧,如果相关规则适用于所有行业和规模的融资租赁下的公司,就是普遍性而非专向性的。此外,如果税基机关对不同的公司、行业适用不同的折旧期限或折旧方法有自由裁量权,那么该规则将被推定为专向性的。

(d) 反滥用规则(anti-abuse rules)的专向性问题。为了防范纳税人避税,反滥用规则是有其正当性的。不过,如果反滥用规则存在对特定企业或交易豁免适用的情况,而豁免适用与制定该规则的理由相悖时,就可能是专向性的。

(4) 成员国境内区域性税收措施的专向性问题。

原则上,成员国只适用于境内特定区域的税收措施也具有专向性。不过,区域性的税收措施如果满足特定条件,也将不被认定为专向性的。在审查成员国的区域性税收措施是否具有专向性方面,需要区分三种情况:

首先,成员国中央政府单方面决定对特定地区适用低税率,这属于专向性的措施。

其次,成员国的所有一定级别的地方政府有独立于中央政府的税收立法权来确定本地区的税率,此时该地方的税收措施相当于中央政府的措施就不是专向性的。

再次,成员国中只有特定的地方政府能够制定适用于该地区的税收措施。此时,地方政府税收措施是否具有专向性应当看该地方政府的权限是否是充分自主和独立于中央政府的。或者说,地方政府同时具有机构、程序和财政资助性时,其权限需要满足三个条件才能被认为具有充分和独立的自主性(three cumulative criteria of autonomy):机构自主性,即

---

① 假如10万欧元的设备的使用期限是10年,之后的残值是1万欧元。某成员国普遍采用直线折旧法(linear depreciation),每年9000欧元。如果该成员国当允许某些企业采取灵活的折旧方法时,企业可以选择第1年就提取折旧9万欧元,纳税人在第1年就会少纳税,因为多了8.1万欧元的折旧费用。在税率是30%时,节税2.43万欧元。这些节省的税款可存入银行取得利息。在第2—10年纳税人将比正常情况下多纳税,因为少了原先9000欧元的折旧。在30%的税率下将每年多交2700欧元的税款。这笔税款可从存款账户中每年列支。10年后,存款账户将清空,但有利息收入。参见 Raymond, H. C. Luja, *Assessment and Recovery of Tax Incentives in the EC and the WTO: A View on State Aids*, *Trade Subsidies and Direct Taxation*, Metro 2003 Intersentia, pp. 33—34.

地方政府有自己的政治和行政地位以及制定税收措施的宪法依据；程序自主性，即中央政府不对地方政府制定的税收措施的内容进行干预；财政自主性，即地方政府承担税收措施（比如税收减免）的政治和财政后果与责任。比如，在 Azores 案①中，欧盟法院认为葡萄牙宪法承认 Azores 地区是一个具有自身的政治和行政地位的自治区域，有自己的财政权限。

（5）基于税制特征的豁免。

由于欧盟成员国有其自身的税收立法，因此在认定某项税收措施是否具有专向性时，还需要以其普遍适用的税制或税收立法（比如在税基、纳税人、税率等方面）作为基准（benchmark）来进行比较。环境、产业政策等方面的目标不能作为成员国偏离正常税制而给予特定企业专向性优惠的理由。不过，某些税收措施，即使表面上是专向性的，也可能基于税制的特征而豁免（justified by the nature and general scheme of the system）。比如，该措施是：为了应对逃税和避税；或基于针对特定企业的会计要求和税收征管②；或基于税收中性的要求；或是对所得税适用累进税率和实现财富再分配的要求；为了避免双重征税，等等。此外，成员国还可根据第 107 条第 2 款和第 3 款关于"应（shall）视为与内部市场相符的资助"和"可（may）被视为与内部市场相符的资助"取得豁免。但是，欧盟委员会不能对违反其他条约义务的税收措施豁免，比如税收措施违反了非歧视和开业自由等自由流动的条约义务。③

（6）关于内部市场影响竞争和贸易的认定。

在适用第 107 条的国家资助规则时，还应当认定成员国给予特定企业或产品生产的资助措施扭曲了竞争或导致扭曲竞争的威胁并影响成员国之间的贸易。当成员国的措施提高了作为受益人的特定企业相对于其

---

① Portugal v. Commission, C-88/03, ECLI:EU:C:2006:511.

② 针对特定经济活动的特定税收规则，如果不包含税务机关的裁量权，对纳税人按照固定税基核对其所得税时，是能够基于该规则的性质和普遍适用性而豁免的。比如，该规则考虑到了特定行业的特殊会计要求或土地资产的重要性。特别是对下列规则来讲，如果满足如下条件，就不是专向性的：采用固定税基规则是为了避免特定类型企业的不相称的税收行政负担（比如农业或渔业部门）；与其他企业相比，固定税基规则所适用的企业并不因此取得更低的税负。

③ 只要税收措施具有歧视性或限制自由流动的效果就不应实施，不论税收措施是一般性的还是专向性的。但是，政府资助规则只适用于给予特定企业或产品生产的措施。因此，专向性的税收措施可同时违反欧盟的自由流动和政府资助规则。参见下文。

竞争对手的竞争地位时,就认为该措施扭曲或威胁了竞争。成员国的资助措施即使没有帮助受益人扩大市场份额并不影响对该措施扭曲竞争的认定,只要该措施提高了受益人的竞争地位(比如减少受益人的日常经营费用),且这种情况是未提供资助时所不具备的。国家资助措施的认定并不考虑其对竞争的扭曲或贸易影响的程度,也不考虑资助的金额和受益人的企业规模大小。

在对贸易影响的认定方面,实践中并不需要确认国家资助措施影响成员国间贸易影响的实际效果(actual effect on trade between Member States),也不需要界定相关市场或详细调查该措施对受益人及其竞争对手的竞争地位的影响,只考虑该措施是否会影响成员国间的贸易(whether the aid is liable to affect such trade)即可。事实上,扭曲或威胁竞争和影响贸易两个因素通常是相互联系的。欧盟法院认为,当成员国的资助措施加强了企业相当于其欧盟内贸易的竞争对手的竞争地位时,就认定该措施影响了贸易。[①] 即使受益人没有直接措施影响欧盟内部的跨境贸易,国家资助措施也可能被认定为影响了成员国间的贸易。比如,国家资助措施将使得其他成员国的竞争者更难以进入当地市场。同样,即使受益人将其所有或几乎全部产品都出口到欧盟之外,也不影响得出其影响欧盟内部市场贸易的结论。资助数额很少以及受益人的企业规模很小也不能排除国家资助措施影响成员国间贸易的可能性。成员国的资助措施,即便给予仅在该国特定地区提供服务且不在该国之外提供服务的企业,也会影响成员国间的贸易,如果其他成员国的企业也在该国提供服务。比如,某个成员国为本国运输服务企业提供的资助减少了其他成员国的企业在该国市场提供运输服务的机会。

不过,对于贸易影响的认定不应只是假定或推测的。应当以该措施可预见的效果来确定该措施为什么会扭曲或威胁竞争和导致了对成员国间贸易的影响。在欧盟委员会看来,对于只在一国非常有限的区域内提供产品或服务的企业,如果其不可能吸引其他成员国的消费者,是不能预

---

① 参见欧盟法院关于 Eventech v. The Parking Adjudicator 案(C-518/13)和 Libert and Others 案(Joined Cases C-197/11 and C-203/11)的判决。

见该措施会影响成员国间贸易的结论的。①

3.《欧洲联盟运行条约》第 107 条之外条款的影响

虽然成员国普遍适用的税制不受第 107 条的约束,而且欧盟成员国税制的差异也可能对内部市场的运转产生影响,但这不是成员国单方面通过税收措施提供政府资助的理由。对成员国税制的协调和差异的消除应由部长理事会根据第 115 条和第 116 条的程序来进行处理,而不能由成员国通过单边措施来消除。《欧洲联盟运行条约》第 115 条②规定:"部长理事会根据委员会的建议,应当在一致同意的基础上,在会商欧洲议会和欧洲经济和社会委员会后,为内部市场的建立和市场运行的需要,颁布协调成员国法律、法规或行政措施的指令。"《欧洲联盟运行条约》第 116 条③规定:"当委员会发现成员国法律、法规或行政措施的差异对内部市场的竞争具有扭曲作用并需要相处时,委员会应与相关成员国进行磋商。如果委员会与成员国经磋商后不能达成消除前述扭曲的协议,欧洲议会和部长理事会应根据普通立法程序制定相应的指令。"④

还需要指出的是,欧盟成员国的税收补贴措施也同时受《欧洲联盟运行条约》中相关自由流动规则的约束。⑤ 成员国的税收补贴措施,只要具有歧视或限制自由流动的效果,也不为自由流动规则所允许。比如,成员国将保险费的税收扣除优惠只给予国内的保险公司,这是专向性的补贴,也同时对其他成员国的保险公司造成了歧视。降低国内保险公司的所得税税率的措施如果也适用于其他成员国的保险公司在该国的分公司和子公司,就不存在歧视,因而并不违反自由流动规则。但是,这种做法仍受补贴规则的约束。⑥

---

① 比如:只对当地客户提供且不太可能吸引其他成员国客户或投资的运动或休闲服务;新闻媒体或文化产品,出于语言和地理的原因,只有当地有限的观众;一个会议中心,考虑其地理位置和补贴对价格的潜在影响,是不可能将其他成员国会议中心的用户吸引过来的。
② 1998 年时为《欧洲共同体条约》第 100 条。
③ 1998 年时为《欧洲共同体条约》第 101 条。
④ 普通立法程序是指不需要部长理事会一致同意,而是根据加权多数通过。关于欧盟的立法机制,本书第四章第三节将进行专门的论述。
⑤ 关于欧盟的自由流动规则,本书第四章第三节将具体论述。
⑥ Wolfgang Schön, "Taxation and State Aid Law in the European Union", Common Market Law Review, Vol. 36, 1999, pp. 916—917.

第二节 服务贸易的所得税补贴问题

一、GATS 涉及服务补贴的规则

理论上讲,服务业的补贴与货物领域的补贴一样,也可能对服务贸易产生扭曲作用。GATS 第 15 条指出:"各成员认识到,在某些情况下,补贴可对服务贸易产生扭曲作用。各成员应进行谈判,以期制定必要的多边纪律,避免此类贸易扭曲作用。"但是,迄今为止,GATS 的补贴规则尚未订立。就 GATS 现行规定来看,最惠国待遇和国民待遇义务对 WTO 成员提供服务补贴有一定的限制作用。

1. 最惠国待遇条款

GATS 第 2 条要求 WTO 的成员应立即和无条件地给予其他成员的服务和服务提供者不低于其给予其他国家的相同服务和服务提供者的待遇。由于 GATS 并没有禁止 WTO 提供服务补贴(包括所得税补贴),因此 WTO 成员给予某个成员的服务和服务提供者补贴时,也应当基于最惠国待遇义务给予其他成员的相同服务和服务提供者,除非在其豁免清单中予以列出。不过,由于 GATS 没有补贴的定义,在适用最惠国待遇条款时,应根据补贴措施是否在不同 WTO 成员的相同服务和服务提供者之间产生差别待遇来判断。

2. 国民待遇条款

GATS 第 17 条要求 WTO 成员在承诺开放的服务部门,在所有影响服务提供的措施方面,给予任何其他成员的服务和服务提供者不得低于其给予本国相同服务和服务提供者的待遇,除非该成员在减让表中做出了国民待遇限制的说明。由于 GATS 没有专门的补贴规则,而第 17 条的国民待遇也适用于服务提供者,因此 WTO 成员通过所得税方式给予国内服务提供者补贴的做法也受第 17 条的约束。不过,由于 GATS 界定了四种服务提供模式,在国民待遇的适用方面也会有差别。

在第 1 种模式(跨境交付)和第 2 种模式(境外消费)之下,一国如果为了保护本国服务业,很难像货物贸易那样通过数量限制来实现。此时,给予国内服务产业补贴就是一个可供选择的方法。对服务业的补贴可以直接给予服务提供者,也可通过给予服务消费者来实现。

第 17 条的国民待遇义务并不能约束在第 1 种和第 2 种模式下给予国内服务提供者的补贴,因为此时国外服务提供者并没有在实施补贴的成员有商业存在。WTO 2001 年的承诺表指南指出:国民待遇义务并不要求 WTO 成员将待遇给予位于其他成员境内的服务提供者。① 从现实中的承诺表看,一些 WTO 成员(比如克罗地亚和亚美尼亚)就把国民待遇义务限制在给予在本国境内设立的其他成员服务提供者的商业存在。②

不过,WTO 成员在第 1 种和第 2 种服务提供模式下给予消费者购买国内服务的补贴时应遵循国民待遇义务。即当外国服务提供者的服务进入该国,或该国消费者购买境外服务时,就要把给予国内服务产品的补贴也给予其他 WTO 成员的相同服务。

当然,在商业存在模式下,第 17 条的国民待遇要求 WTO 成员将给予本国服务提供者的补贴也给予其他成员在当地的商业存在。

因此,在 GATS 现行框架下,WTO 成员对于服务业给予补贴(包括税收补贴)是自由的,只要遵循最惠国待遇和国民待遇的义务。一个 WTO 成员也没有法律依据对另一成员的服务补贴采取类似于货物贸易的反补贴措施。

还需要指出的是,GATS 第 14 条规定了与国民待遇不一致的所得税差别措施,只要差别待遇是为了保证对其他成员的服务或服务提供者公平或有效地课征所得税,就不构成对国民待遇义务的违背。就税收补贴来讲,该项例外显然是不适用的,因为给予所得税补贴是改变服务提供者的竞争条件,并非属于各国税制中公平或有效征税的内容。

---

① Guidelines for the Scheduling of Specific Commitments under the General Agreement on Trade in Services (GATS), Adopted by the Council for Trade in Services, S/L/92, 28 March 2001 (01-1542)。该指南是乌拉圭回合谈判期间几个文件的汇总和修订,其中一个是 Scheduling of Initial Commitments in Trade in Services: Explanatory Note of 3 September 1993, MTN. GNS/W/16。在美国赌博案中,上诉机构指出 1993 年的指南不是《维也纳条约法公约》第 31 条第 2 款意义上的对 GATS 解释的文件,但属于第 32 条的辅助性解释方式。参见 Report of the Appellate Body, United States-Measures Affecting the Cross-Border Supply of Gambling and Betting Services, WT/DS285/AB/R, paras. 196—197.

② Rudolf Adlung, "Negotiations on Safeguards and Subsidies in Services: A Never-ending Story", Journal of International Economic Law, Vol. 10, No. 2, p. 246.

二、区域贸易安排的做法

由于 GATS 没有类似于货物贸易中《SCM 协定》的制度,绝大多数区域贸易安排也没有建立自身的补贴纪律,只有极少数做出了专门规定。

1. 没有建立自身服务补贴纪律的区域贸易安排

没有建立自身服务补贴纪律的区域贸易安排一般会在缔约方之间明确排除补贴适用于该协定关于服务贸易的义务。

比如,新加坡和秘鲁的自由贸易协定第 11 章是关于跨境服务贸易的,其第 11.2 条第 5 款规定:第 11 章的规定不适用于缔约方提供的补贴,包括政府支持的贷款、担保或保险。从第 11 章的内容看,最惠国待遇和国民待遇也是缔约方的义务,但 11.2 条第 5 款规定意味着服务补贴不受这方面纪律的约束。

韩国和美国的自由贸易协定也有类似规定。该协定第 12.1 条第 4 款规定,第 12 章(跨境服务贸易)的规定不适用于缔约方提供的补贴,包括政府支持的贷款、担保或保险。

再比如,中国—东盟自由贸易区服务贸易协议第 14 条规定:服务贸易协议并不适用于中国—东盟自由贸易区缔约方提供的补贴,不论这类补贴仅给予国内服务、服务消费者或服务提供者。

区域贸易安排将补贴排除在服务规则之外是降低 GATS 义务(GATS minus)或放弃 GATS 下权利的做法,因为 GATS 下补贴的提供是受最惠国待遇和国民待遇义务约束的。① 不过,即使区域贸易安排将补贴排除在外,也赋予缔约方就补贴进行磋商的机制。比如,中国—东盟自由贸易区服务贸易协议第 14 条规定:如果这类补贴显著影响了在本协议下承诺的服务贸易,任何缔约方均可请求磋商,以友好地解决该问题。

此外,没有建立自身服务补贴纪律的区域贸易安排也表示了将未来 GATS 下达成的补贴纪律纳入协定的态度。

---

① 这种做法是否与 GATS 相符还需要通过未来的案件检验。不过,这应该不是一个突出的问题,因为 GATS 本身也允许 WTO 成员在其已承诺开放的服务行业实施国民待遇限制,即使是在开放的领域也可在其具体承诺表中设定国民待遇的限制。事实上,WTO 成员在 GATS 的服务承诺表中的水平承诺将补贴排除也是常见的。参见 Pierre Latrille and Juneyoung Lee, "Service Rules in Regional Trade Agreements: How Diverse and How Creative as Compared to the GATS Multilateral Rules?", WTO Staff Working Paper ERSD-2012-19.

比如,中国和新西兰的自由贸易协定第 119 条规定:双方应当按照 GATS 第 15 条下达成的纪律审议与服务贸易有关的补贴纪律事项,以期将这些规则并入本协定。

再比如,新加坡和秘鲁的自由贸易协定第 11.2 条第 5 款进一步规定,如果根据 GATS 第 15 条或缔约方为参加方的其他多边机制达成了补贴谈判结果生效,应对第 11 章进行修改并把相关谈判结果纳入该章。

2. 建立自身服务补贴制度的区域贸易安排

建立自身服务补贴制度的区域贸易安排是很少见的。

在 WTO 运行前,澳大利亚和新西兰的更紧密经济关系贸易协定(Australia-New Zealand Closer Economic Relations Trade Agreement, ANZCERTA)关于服务贸易的议定书(Protocol on Trade in Services to the Australia-New Zealand Closer Economic Relations Trade Agreement)第 11 条规定:缔约方不应采取新的出口补贴、出口激励和其他对服务贸易有直接扭曲效应的措施,或者把现行措施扩大适用。缔约国应在 1990 年 6 月 30 日消除这些措施。不过,服务贸易议定书并没有进一步确立具体的反补贴措施。

欧盟的补贴制度既适用于货物贸易,也适用于服务贸易。欧盟的补贴制度也体现在其与欧洲自由贸易联盟之间的《欧洲经济区协定》(Agreement on the European Economic Area)中。《欧洲经济区协定》也包含了欧盟关于自由流动和竞争等方面的内容。《欧洲经济区协定》第 2 章为国家资助(state aid),其中第 61 条的条文与《欧洲联盟运行条约》的第 107 条基本一样。第 61 条第 1 款规定:除本条约另有规定外,欧盟成员国和欧洲自由贸易联盟成员国提供的任何资助(aid)或通过政府资源(state resources)提供的资助,不论以任何方式体现,如果有利于特定企业或特定产品的生产,从而扭曲竞争或导致扭曲竞争的威胁并影响该协定缔约方成员国之间的贸易,就是与该协定的要求不符的。第 61 条第 2 款和第 3 款也分别列出了应视为与该协定相符的补贴[①]和可被视为与该

[①] 应视为与该协定相符的补贴包括:(1)给予消费者个人并具有社会性质的资助,只要资助不在其所涉及的产品之间基于原产地进行歧视;(2)对自然灾害或突发事件导致的损害进行救助的资助;对德国特定地区因原先德国分裂所导致的经济发展劣势的资助。

协定相符的补贴。① 当《欧洲经济区协定》的一个缔约方认为另一缔约方实施了与协定不符的补贴时，第 64 条要求相关缔约方交换意见并在欧洲经济区联合委员会主持下进行磋商，如果不能达成解决方案，受补贴影响的缔约方可采取救济措施。

在欧盟吸收原东欧国家入盟的过程中，欧盟禁止专向性补贴的要求也体现在当时与这些国家的联系协定中。比如，当时的欧共体和匈牙利的协定第 33 条第 1 款规定：给予特定企业或产品生产的并扭曲或威胁竞争的任何形式的政府资助是与该协定不符的。② 再比如，当时的欧共体和斯洛伐克的协定第 64 条第 1 款规定：如下影响欧共体和斯洛伐克之间贸易的措施是与该协定不符的……(iii)任何给予特定企业或产品生产并扭曲或威胁竞争的任何政府资助……③

澳大利亚和新西兰的 ANZCERTA 和欧盟之所以会专门规定补贴的规则，与它们的开放程度或一体化的目标有关。ANZCERTA 是世界上最为全面的自由贸易协定之一，该协定在贸易与经济政策的许多方面实现了一体化。④ ANZCERTA 的服务贸易议定书尽管也采用了负面清单模式，但清单涉及的服务行业有限，两国之间的几乎所有服务贸易都能够不受限制的开展。⑤ 欧盟以建立货物、服务、资本和人员的自由流动为特征的内部市场为目标。以金融服务为例，除了《欧洲联盟运行条约》禁止对已在一个成员国开业的成员国国民为另一成员国国民提供服务的自由实施限制外，欧盟通过一系列二级立法确立了欧盟内部银行业的单一执

---

① 可被视为与该协定相符的补贴包括：(1)促进生活水平及其落后地区的经济发展的资助；(2)促进共同欧洲利益重要项目执行的资助或救助经济状况严重紊乱的欧盟成员国或欧洲自由贸易联盟成员国的资助；(3)促进特定区域经济发展的资助，只要该资助不导致对具有共同利益的贸易条件造成负面影响；(4)其他欧洲经济区联合委员会所认定的资助。

② Working Party on GATS Rules, Provisions on Subsidies Relating to Trade in Services in Regional Trade Agreements, Note by the Secretariat, S/WPGR/W/12, 20 May 1996 (96-1930).

③ Working Party on GATS Rules, Overview of Subsidy Disciplines Relating to Trade in Services in Economic Integration Agreements, Note by the Secretariat, S/WPGR/W/46, 12 November 2003 (03-6070).

④ 参见〔美〕约翰·H.巴顿、朱迪思·L.戈尔斯坦、蒂莫西·E.乔思林、理查德·R.斯坦伯格：《贸易体制的演进：GATT 与 WTO 体制中的政治学、法学和经济学》，廖诗评译，北京大学出版社 2013 年版，第 185 页。

⑤ 参见澳大利亚政府网站对 ANZCERTA 的说明。检索自 http://www.dfat.gov.au/trade/agreements/anzcerta/Pages/australia-new-zealand-closer-economic-relations-trade-agreement.aspx，2016 年 12 月 22 日访问。

照(single license)和母国监管制度。单一执照制度免除了成员国银行在其他成员国开展业务时的再次许可程序。① 因此,为了内部市场的自由流动和竞争秩序,欧盟的补贴规则也是不可或缺的。

三、服务补贴规则谈判的展望

由于大多数区域贸易安排并没有规定服务补贴纪律并期待将未来 GATS 谈判的结果纳入,GATS 谈判的进展对于规范服务贸易补贴就非常关键。

在 WTO 于 1995 年 1 月 1 日开始运行时,除了补贴之外,服务领域的保障措施和政府采购规则在 GATS 中也没有规定,但第 10 条和第 13 条也要求进行多边谈判。这三个方面规则的谈判是由 GATS 规则工作组(The Working Party on GATS Rules,WPGR)来负责的。1996 年 5 月,服务补贴问题开始列入 WPGR 的议程。② 但是,WTO 成员尚未达成补贴规则。那么,多边贸易体制是否需要服务贸易的补贴规则? 多边补贴纪律谈判的困难又在哪里?

1. 建立服务补贴的多边贸易纪律的必要性

理论上讲,建立服务补贴的多边贸易纪律是有必要的。

尽管补贴作为政府干预或促进经济的手段业已得到承认,但正如 GATS 第 15 条所言,某些补贴(比如服务出口的补贴)可对服务贸易产生扭曲作用:首先,服务出口补贴可对进口国的服务产业造成损害。其次,补贴提供国可能因提供补贴而面临财政损失,也会刺激国内服务业转向境外市场,从而可能导致国内服务成本提高。再次,服务出口补贴提高了服务提供者在全球市场中的竞争优势,改变了在全球市场中凭借自身的

---

① 单一执照制度最初由 1989 年的第二银行指令(Second Council Directive 89/646/EEC of 15 December 1989 on the Coordination of Laws, Regulations and Administrative Provisions relating to the Taking up and Pursuit of the Business of Credit Institutions)确立。有关欧盟单一执照制度产生的背景和最初的发展,参见李仁真:《欧盟银行法研究》,武汉大学出版社 2002 年版。目前欧盟的立法为 2013 年的第 36 号指令(Directive 2013/36/EU of the European Parliament and of the Council of 26 June 2013 on access to the Activity of Credit Institutions and the Prudential Supervision of Credit Institutions and Investment Firms, Amending Directive 2002/87/EC and Repealing Directives 2006/48/EC and 2006/49/EC)。欧盟的第 2014/17 号指令、第 2014/59 号指令以及第 2015/2366 号指令还分别对第 2013/36 号指令进行了修订。

② Working Party on GATS Rules, Report of the meeting of 28 March 1996, Note by the Secretariat, S/WPGR/M/5, 13 May 1996 (96-1874).

条件去竞争的格局。因此,对于补贴国家的国民经济和世界经济来讲,都意味着一种福利损失,因为接受补贴的服务阻止了其他国家以更有效的方式生产相似的服务产品。①

就现行 GATS 规则来讲,WTO 成员是无法主张另一成员补贴违反 GATS 义务的,除非该成员没有遵守最惠国待遇义务和国民待遇等方面的具体承诺。不过,理论上讲,GATS 第 23 条第 3 款关于非违反之诉(non-violation complaint)的规定可以用于处理 WTO 成员关于服务补贴的争议。第 23 条第 3 款规定:如果 WTO 成员认为其根据另一成员的具体承诺所能合理预见的利益由于与 GATS 并不冲突的措施导致丧失或损害,可以诉诸 WTO 的争端解决机制。如果该措施被争端解决机构认定上述利益因该措施遭受丧失或损害,受到影响的 WTO 成员有权与采取该措施的成员根据 GATS 第 21 条第 2 款(承诺表的修改)做出相互满意的调整,包括措施的修改或撤销。如果相关 WTO 成员之间不能达成协议,受影响的成员可根据 WTO 框架下的《关于争端解决规则与程序的谅解》第 22 条(赔偿和减让的中止)行事。在关贸总协定时代,大多数非违反之诉是关于因补贴导致关税减让的利益丧失或损害的。不过,在服务补贴方面,非违反之诉的门槛是很高的:首先需要存在 WTO 成员的具体承诺,并以此确定合理预期利益的丧失或损害。这意味着非违反之诉无法适用于下列情况:在 WTO 成员没有承诺开放的服务行业;业已存在的服务补贴,其持续存在属于 WTO 成员所能够合理预期的。②

此外,鉴于当前的区域贸易安排基本没有自身的补贴纪律,这也便于达成多边纪律后的统一适用。假如区域贸易安排都建立了各自的补贴纪律,这反而可能增加多边谈判的难度。另外,即便是区域贸易协议有自身的补贴纪律,也无法解决对区域外市场的扭曲问题。

2. 多边补贴纪律谈判的困难

服务补贴的谈判确实比货物贸易领域更加困难,这体现在:

---

① Marc Benitah, David Vivas-Eugui, Alexander Werth, Mahesh Sugathan, Subsidies, Services and Sustainable Development, ICTSD Trade in Services and Sustainable Development, ICTSD, Geneva, at http://www.ictsd.org/downloads/2008/06/ip_services_01.pdf.

② Working Party on GATS Rules, Subsidies and Trade in Services, Note by the Secretariat, S/WPGR/W/9, 6 March 1996 (96-0816).

(1) 服务补贴被 WTO 成员所普遍使用。

服务业在经济中的作用日益增强。发达国家和发展中国家都有对服务业进行补贴促进的愿望。发达国家希望通过补贴进一步扩大本国服务业在海外的市场份额,而发展中国家也希望借助补贴来促进本国服务业的发展。现实中,服务补贴是大量存在的。根据 2007 年 WPGR 的一份文件,补贴存在于所有服务行业,但主要存在于旅游、运输和金融服务等领域,比如:有 76 个成员补贴旅游服务,32 个成员补贴海运服务,22 个成员补贴空运服务,49 个成员补贴金融服务。① 根据 2015 年 1 月 WPGR 的一份文件,81 个成员补贴旅游服务,36 个成员补贴海运服务,32 个成员补贴空运服务,44 个成员补贴金融服务。②

此外,不少国家还对服务出口提供补贴。出口补贴的形式或适用于所有服务行业的出口,或给予特定服务。③ 比如,出口补贴在海运等行业被普遍使用。④ 由于服务补贴多以税收方式提供,而 GATS 中也没有限制 WTO 成员所得税制的规定,这也增加了服务补贴谈判的难度。此外,由于货物贸易领域已经存在了《SCM 协定》,对 WTO 成员实施补贴进行了制约,它们对于规制服务补贴的态度可能就会有所保留。

(2) 服务补贴谈判在技术上比货物贸易补贴更为复杂。

要建立服务补贴纪律,首先需要对服务贸易进行定义。但是,GATS 没有这方面的规定。由于《SCM 协定》对于货物贸易领域的补贴进行了界定,在 WTO 和经合组织(OECD)等国际组织的报告和文件中,《SCM 协定》的定义也被用于服务补贴研讨的参考。⑤ 不过,这并不当然意味着

---

① Working Party on GATS Rules, Subsidies for Services Sectors: Information Contained in WTO Trade policy Reviews, Note by the Secretariat, Addendum, S/WPGR/W/25/Add. 5, 27 March 2007 (07-1266), pp. 2—6.

② Working Party on GATS Rules, Subsidies for Services Sectors: Information Contained in WTO Trade policy Reviews, Note by the Secretariat, S/WPGR/W/25/Add. 7/Rev. 1, 13 January 2015 (15-0231).

③ 比如,文莱对所有的服务出口都给予优惠的税收待遇。参见 UNCTAD, Services, Trade and Development, UNCTAD/DITC/TNCD/2010/5, p. 27, 32.

④ Working Party on GATS Rules, Subsidies for Services Sectors: Information Contained in WTO Trade Policy Reviews, Background Note by the Secretariat, Addendum, S/WPGR/W/25/Add. 4, 12 February 2004 (04-0564).

⑤ 比如,WTO World Trade Report 2006 以及 Massimo Geloso Grosso, "Analysis of Subsidies for Services: The Case of Export Subsidies", OECD Trade Policy Working Paper, No. 66.

《SCM 协定》的定义就适合服务贸易。

根据《SCM 协定》第 1 条,补贴方式包括政府直接提供资金或税收减免等方式。这是可以适用于服务补贴的。比如,以金融业为例,补贴方式有政府担保、股权参与、软贷款和税收减免等做法。澳大利亚对金融服务补贴的 90％ 以上是以税收减免的方式提供的。① 不过,也有观点主张政府对进口产品征收关税也属于广义上对国内竞争产业的补贴,因为国内产业受到了保护。因此,从补贴提供方式(政府资金的直接授予或税收减免)来界定补贴似乎并不全面。② 就服务贸易来讲,政府的规制措施也会对服务和服务提供者产生影响。补贴定义是否应考虑规制措施呢?③

缺乏统一的服务补贴定义也制约着 WTO 成员就各自的服务补贴进行信息交换和评估。服务部门行业众多、服务贸易又具有无形的特点,难以监控,也缺乏详细的统计数据。④ 服务也可能与货物贸易补贴联系在一起。⑤ 因此,在核定补贴的程度和影响等方面,服务贸易所面临的困难也比货物贸易更突出。

制定补贴纪律的另一困难在于:一方面,国际社会承认补贴会对贸易自由化产生扭曲;另一方面也承认补贴是实现社会和经济目标的重要手段。这也是 GATS 第 15 条所体现的思路,这无疑增加了制定规则的复杂程度。⑥

此外,如前所述,由于 GATS 界定了四种服务提供模式,制定适用于服务补贴时也比货物贸易更为复杂。商业存在服务模式还与投资相关。为了吸引外资和促进本国资本输出的需要,一国还会采取给予税收优惠

---

① WTO, World Trade Report 2006, pp. 178, 187.
② Ibid., p. 47.
③ Working Party on GATS Rules, Subsidies and Trade in Services, Note by the Secretariat, S/WPGR/W/9, 6 March 1996(96-0816), para. 41.
④ 有关服务业分类和统计的现行做法的论述,可参见付亦重:《服务补贴制度与绩效评估——基于美国服务补贴制度的研究与启示》,对外经济贸易大学出版社 2010 年版,第 48—58 页。
⑤ 比如《SCM 协定》关于出口补贴的清单就包括:政府向出口运输提供的优于国内运输的国内交通、运输费条件。
⑥ Working Party on GATS Rules, Subsidies and Trade in Services, Note by the Secretariat, S/WPGR/W/9, 6 March 1996 (96-0816).

或激励措施的做法。① 但是,WTO 也并非一个投资体制,没有专门针对投资补贴(包括所得税激励措施)的规则。《SCM 协定》只是禁止 WTO 成员以减免所得税的方式为货物贸易提供出口补贴。如果所得税措施是为了吸引外资流入,且跨国公司的业务不涉及货物贸易时,就很难适用反补贴规则。② 此外,各方即使遵循 GATS 的最惠国待遇和国民待遇给予税收优惠(包括税收激励或补贴),乃至给予外资超国民待遇③,还会产生有害税收竞争(harmful tax competition)问题。税收竞争会对资本跨境流动产生扭曲作用,会导致资源仅仅因为税收优惠而向另一国转移,而非出于经济效率的考虑。④ 但是,GATS 也不管辖 WTO 成员的所得税体制并原则上将税收措施排除在外,这也导致了规制税收补贴的困难。

还需要指出的是,建立 GATS 补贴规则还需要对现行 GATS 条文进行相应的修改,而修改程序的要求很高。比如,如果允许 WTO 成员对另一成员的服务补贴采取反补贴措施,也需要对现行的最惠国待遇条款进行修改,因为只对某个 WTO 成员采取措施是不符合现行最惠国待遇要求的。但是,由于某个成员的补贴对另一成员造成了损害,而受到损害的成员却需要根据最惠国待遇义务对其他所有成员采取反补贴措施又是一个荒谬的结论。因此,如果不在反补贴措施方面豁免最惠国待遇,WTO 成员就无法采取反补贴措施。⑤ 但是,根据《WTO 协定》第 10 条第 2 款的要求,修改 GATS 的最惠国待遇条款需要所有 WTO 成员同意。

(3) 展望。

就目前的谈判情况来看,何时能够达成 GATS 的补贴纪律很难预测。不过,货物贸易领域的《SCM 协定》的模式可能为未来的服务补贴纪

---

① 比如,美国、加拿大在 20 世纪 80 年代中期开展了大规模的减税运动。1984 年,美国废除了向外国人证券投资利息所得征收 30%预提税的规定。1986 年,美国将公司所得税的最高名义税率由 46%降低至 34%。其他发达国家也纷纷效仿美国实行减税。参见蔡庆辉:《有害国际税收竞争的规制问题研究》,科学出版社 2010 年版,第 7—9 页。

② Joel Slemrod and Reuven Avi-Yonah, "(How) Should Trade Agreements deal with Income Tax Issues?", *Tax Law Review*, Vol. 55, No. 4, 2002, p.550.

③ GATS 的国民待遇关注的是外国服务提供者的待遇不低于本国相同的服务提供者,并不禁止"超国民待遇"。

④ Arthur J. Cockfield, *NAFTA Tax Law and Policy: Resolving the Clash between Economic and Sovereignty Interests*, University of Toronto Press, 2005, p.15.

⑤ Working Party on GATS Rules, Subsidies and Trade in Services, Note by the Secretariat, S/WPGR/W/9, 6 March 1996 (96-0816).

律所借鉴：

首先，GATS所管辖的补贴也应是专向性的。由于服务补贴能够纠正市场失灵或提高社会福利，完全禁止补贴是不可能的。随着服务经济在发达国家和发展中国家经济中的比重越来越高，物质生产活动本身也越来越依赖于服务活动。服务部门的效率、成本对农业和工业部门，进而对整体经济的国际竞争力的重要性越来越大。与第一产业和第二产业的补贴相比，服务补贴在促进一国经济增长的战略中更能够起到重要的作用。[1] 因此，GATS的补贴规则应当承认非专向性补贴的积极作用，而关注专向性的且对国际贸易具有扭曲作用的补贴。或者说，GATS也可借鉴《SCM协定》关于补贴的分类方式。

其次，出口补贴应当是GATS规则所重点规范的。在GATS所界定的四种服务提供模式中，由于商业存在模式下东道国能够对其进行有效管理，现实中在国民待遇方面予以限制的情况是比较少见的。特别是商业存在模式与国际投资相关，一国为了吸引外资，还可能给予超过国内企业的待遇。服务的出口补贴则不然。在GATS的四种服务模式下，服务补贴都能够适用。比如，在跨境交付模式下，一国可对从事服务出口的居民给予所得税扣除优惠（比如根据其出口额和总营业额的比例）；在境外消费模式下，一国可对本国旅游服务提供者根据其带入国内的旅游者的人数给予补贴；在商业存在模式下，一国可对本国服务提供者在境外的建筑工程的利润免税；在自然人流动模式下，一国可对本国计算机软件公司驻外雇员从出口服务得到的汇款免税。[2] 出口补贴无疑会影响服务贸易，这已为相关WTO成员所指出。比如，瑞士认为出口补贴负面影响大，因为其目的在于影响第三国市场的贸易和竞争条件。我国台湾地区也认为服务补贴有扭曲作用，特别是第一种模式（跨境交付）下的做法类似于货物贸易。[3] 不过，在目前的GATS条文下，就服务的出口补贴而言，GATS下的最惠国待遇以及市场准入和国民待遇的规则只是适用于跨境服务进口和境外服务消费等四种服务提供模式，并不适用于服务跨

---

[1] 参见付亦重：《服务补贴制度与绩效评估——基于美国服务补贴制度的研究与启示》，对外经济贸易大学出版社2010年版，第31页。

[2] Massimo Geloso Grosso, Analysis of Subsidies for Services: The Case of Export Subsidies, OECD Trade Policy Working Paper, No. 66, p. 7.

[3] Ibid., No. 66, p. 8.

境出口和境外服务投资。①

再次,补贴的方式应当包括直接的政府资助或税收减免,并对税收补贴予以特别关注,因为 WTO 成员更多依赖于税收激励措施。② 在所得税补贴方面,对公司利润的税收减免,以及对贷款利息和股东收取的股息的税收激励措施,包括对出口企业雇员的所得税优惠是常见的做法。以印度为例,印度境内设立了几个自由贸易区(Free Trade Zone,FTZs),区内从事软件出口的印度居民可将其特定比例的出口额从其利润中扣除;从事旅游的国内公司从对外国旅游者提供服务中取得的利润的 50% 可以免税。墨西哥也是如此。墨西哥境内自由贸易区的计算机、工程等服务行业能够享受优惠的所得税税率。再比如,新加坡对于离岸金融有所得税税率的优惠。③ 政府普遍适用的服务规制措施原则上不应包括在补贴方式之内,尽管规制措施可能对国内产业提供保护,但这可以通过市场准入等方面的谈判解决。GATS 第 6 条也要求 WTO 成员应当确保普遍适用的影响服务贸易的措施以合理、客观和公正的方式实施。不将政府规制措施列为补贴的另一个理由在于该类措施很难以政府财政资助的标准去衡量。

此外,服务补贴规则还应呈现与《SCM 协定》不同的特点:

首先,由于服务产品具有无形的特点,难以通过征收类似于货物贸易领域的反补贴税的方式来实施反补贴措施。比较现实的反补贴措施是受影响的 WTO 成员中止服务承诺。另外,货物贸易领域的贸易救济制度除了反补贴之外,还有反倾销和紧急保障措施。目前的 GATS 既没有反补贴规则,也没有反倾销和紧急保障措施。因此,服务的反补贴制度的设计也需要与保障措施的谈判相结合。

其次,鉴于 GATS 下的服务开放是通过谈判来实现的,而且不同服务行业的补贴又有其自身特点,有可能未来 WTO 成员先就特定行业的补贴设定特别纪律。比如,金融服务对于一国经济发展和经济安全至关

---

① Rudolf Adlung, "Negotiations on Safeguards and Subsidies in Services: A Never-ending Story", Journal of International Economic Law, Vol. 10, No. 2, p. 240.

② Working Party on GATS Rules, Subsidies for Services Sectors: Information Contained in WTO Trade Policy Reviews, S/WPGR/W/25/Add. 6.

③ Massimo Geloso Grosso, Analysis of Subsidies for Services: The Case of Export Subsidies, OECD Trade Policy Working Paper, No. 66, pp. 18—20.

重要。为了促进金融业的发展,一国可能对离岸业务提供支持;而为了金融稳定,在金融危机发生时,政府或中央银行对商业金融机构的注资或救助是常见的方式,GATS 的金融服务附件第 2 条允许 WTO 成员为了审慎监管或金融体系的稳定而采取相应措施。再比如,在视听服务领域,政府可以保护本土产业和以文化、公共道德为理由来支持本国的影片制作商或电视、广播节目,比如通过软贷款、税收激励等措施予以补贴。国有的电视台也可以通过主要购买国产片来间接资助国内的服务商。此外,WTO 成员还可借助 GATS 第 14 条一般例外中的"保护公共道德或维护公共秩序"的理由来支持本国视听服务。GATS 关于国民待遇的注释 10 也指出:国民待遇义务并不能解释为 WTO 成员有义务补偿由于外国服务或服务提供者来自境外而导致的竞争劣势。在欧盟看来,这适用于一国基于语言、宗教、文化等原因而不购买外国视听服务的情况,因为视听服务的需求确实与语言和文化因素相关。①

因此,未来的服务补贴多边纪律可能会以《SCM 协定》为范例,但会体现服务的特殊之处。至于具体的制度如何,目前还只能拭目以待。

第三节 投资中的所得税激励措施

一、税收激励措施对于区域贸易安排的意义

通过税收激励措施来吸引外资或促进海外投资是各国通常的做法,区域贸易安排的成员也不例外。在区域贸易安排将投资自由化纳入统辖范围的背景下,税收激励措施依然有其特殊的意义:

首先,区域贸易安排的发展是经济全球化的产物。全球化不仅使得资本更易于跨境流动,政府的税收政策也开始在这一新的背景下重新设计。资本管制的逐步消除促使政府在全球范围内展开投资竞争,而税收政策也开始服务于这一目标。② 追求更高自由化的区域贸易安排也不能

---

① UNCTAD, Subsidies to Services Sectors: A Neo-Protectionist Distortion or a Useful Development Tool? UNCTAD/DITC/TNCD/MISC/2003/7, p. 38.

② Jacques Morisset and Neda Pirnia, "How Tax Policy and Incentives Affect Foreign Direct Investment: A Review", World Bank Policy Research Working Paper, No. 2509, pp. 2—3.

回避这一现实。事实上,区域贸易安排除了要形成区域内的自由化投资体制外,吸引区域外的投资也是一个重要因素。

其次,致力于投资自由化的区域贸易安排为国际投资创造了更好的投资环境,通过税收激励措施进一步吸引投资能够充分发挥其作用。客观地讲,税收激励属于一种投资激励措施(investment incentives),是一国吸引外资的手段之一。放松外资准入的条件、保障投资利润的汇回和投资者的利益是一个良好的投资环境所不可或缺的要素。只有东道国为国际投资开放市场并提供了法律保障,税收激励措施才能在吸引外资方面产生效应。区域贸易安排的投资体制恰恰能够提供这方面的法律环境。

再次,由于区域贸易安排并不涉及各成员的所得税制度,也不禁止各成员给予外国投资者高于本国投资者的优惠,采用税收激励措施也就具有更大的自主性。一国可基于其税收主权而改变税收激励的内容或增加新的激励措施,而改变影响国际投资地点选择的其他因素则相对更为困难。①

此外,对于促进投资自由化的区域贸易安排来讲,假如东道国为外资进入提供了税收激励,母国的税收政策(包括税收激励措施)也将为本国资本充分享受东道国的税收激励创造条件。比如,资本输出国在与东道国的税收协定中承诺给予本国居民来源于东道国的所得以税收饶让抵免,就能够使本国居民切实享受东道国的税收激励。②

二、税收激励措施与 WTO 规则

对于同时为 WTO 成员的区域贸易安排的成员来讲,WTO 框架下的《TRIMs 协定》和《SCM 协定》依然能够约束这些成员采取的涉及货物贸

---

① UNCTAD, Tax Incentives and Foreign Direct Investment: A Global Survey, UNCTAD/ITE/IPCMisc.3, p.11.

② 税收饶让抵免是指居民国和所得来源地国在税收协定中约定,居民国对其居民因享受来源地国税收减免优惠而未在来源地国实际缴纳的税额,视同该居民在来源地国已缴纳的税额并享受抵免的一种制度。这种方式实际上借助了消除双重征税的抵免法的方式。在抵免法下,一国居民只有在来源地实际缴纳的所得税款才能在居民国得到抵免。当来源地国给予外资税收优惠时,如果居民国没有税收饶让抵免,纳税人被减免的税收仍要在其居民国纳税。这一方面造成来源地国税收收入的减少,同时跨国投资者也得不到减免税的实惠,来源地国吸引外国投资的愿望就得不到实现。居民国给予税收饶让抵免就能够解决这一矛盾。

易的投资措施(包括税收激励措施)。

虽然投资和货物贸易是两种不同的国际经济交往方式,但二者却又存在着密切的联系。货物贸易是产品发生国际间的位移,而投资是资本的跨境流动。对于一国企业来讲,可以选择直接将产品出口,也可以选择在进口国设立企业在当地进行生产。不过,进口国的贸易和投资措施也会影响企业的选择。如果出口产品的运输成本高,以及进口国关税和非关税壁垒不利于产品的直接出口,而进口国的投资环境又比较好,企业就可能选择在进口国投资设厂。或者说,进口国的某些贸易措施对投资产生影响,属于"与投资有关的贸易措施"(investment-related trade measures)。[①] 另一方面,进口国的投资措施也会对贸易产生影响,即存在与贸易有关的投资措施。WTO框架下的《TRIMs协定》就对此设定了纪律。如本书第二章所述,与货物贸易有关的投资措施包括那些强制性或必须执行的措施,也包括为获取某种优惠(advantage)而有必要遵循的措施。由于《TRIMs协定》没有界定"优惠"的含义,税收激励措施也包括在内。一些区域贸易安排也把《TRIMs协定》的相关义务纳入其中。当然,WTO成员以及区域贸易安排的成员采取的与货物贸易有关的税收激励措施只要符合与1994年GATT第3条第4款和第11条第1款的要求,就不为《TRIMs协定》所禁止。不过,WTO成员的投资激励(包括税收激励措施)即使符合《TRIMs协定》的要求,还需要进一步看能否为《SCM协定》所允许。

联合国贸发会将税收激励措施(tax incentives)界定为"减少企业税负以吸引其到特定行业、项目或地区投资的措施。税收激励措施是一般税制的例外,包括降低所得税税率、免税期、加速折旧等做法"[②]。从这个角度来看,税收激励措施无疑是具有专向性的,也具备了政府给予财政资助的特点,显然符合《SCM协定》中的补贴定义。不过,《SCM协定》的补贴纪律适用于投资税收激励措施的前提是投资与货物贸易相关。

《SCM协定》明确禁止WTO成员采用出口补贴和进口替代补贴。东道国吸引外资的激励措施和资本输出国促进海外投资的激励措施如果

---

① 关于这方面的详细论述,可参见余劲松:《论"与投资有关的贸易措施"》,载《中国法学》2001年第6期。

② UNCTAD, Tax Incentives and Foreign Direct Investment: A Global Survey, UNCTAD/ITE/IPCMisc.3, p.12.

涉及货物贸易,就受《SCM 协定》纪律的约束。在出口补贴方面,本章第一节所述的美国外国销售公司案就是一个典型的案例。如果进口国吸引外资的目的是通过外资在当地的生产实现进口替代,这同样为《SCM 协定》所禁止。此外,尽管《SCM 协定》并不禁止 WTO 成员在其境内设立专门的出口加工区(Export Processing Zones, EPZs)来吸引外资,但是,出口加工区中补贴(包括税收激励)的授予也同样不得以投资者达到一定的出口实绩、实现进口替代或给予特定企业为条件。[①]

不过,如果 WTO 成员吸引外资流入的所得税激励措施不涉及货物贸易时,《SCM 协定》就难以适用。[②] 此外,由于 WTO 的 GATS 没有服务补贴的纪律,有关投资的税收激励措施即使与服务业相关(特别是通过商业存在模式提供服务),除了遵守 GATS 关于最惠国待遇和国民待遇的要求外,税收激励措施是不受 GATS 约束的。

三、区域贸易安排与税收激励措施

从区域贸易安排的现行实践看,除了欧盟的补贴规则能够适用于投资激励(包括税收激励)之外,目前并没有明确的有约束力的纪律。现行的区域贸易安排一般采取将补贴(包括所得税激励措施)排除在投资纪律之外。比如,新加坡和秘鲁的自由贸易协定第 10 章是关于投资的,其第 10.14 条第 4 款规定,投资方面的国民待遇、最惠国待遇等条款不适用于缔约方提供的补贴,不论补贴是否只给予缔约一方的投资或投资者。韩国和美国的自由贸易协定关于投资的第 11 章的第 11.12 条第 5 款规定,国民待遇和最惠国待遇方面的规定不适用于缔约方提供的补贴,包括政府支持的贷款、担保或保险。根据中国—东盟自由贸易区投资协议第 3 条第 4 款第 3 项,最惠国待遇、国民待遇等投资纪律并不适用于中国—东盟自贸区成员国给予的补贴及接受补贴的条件,即使此类补贴仅提供给国内投资者和投资。

之所以如此,可能与下列因素有关:

首先,投资激励和补贴具有类似的特点并存在交叉。投资激励和补

[①] UNCTAD, Incentives, UNCTAD Series on Issues in International Investment Agreements, UNCTAD/ITE/IIT/2003/5, p. 15.

[②] Joel Slemrod and Reuven Avi-Yonah, "(How) Should Trade Agreements deal with Income Tax Issues?", *Tax Law Review*, Vol. 55, No. 4, 2002, pp. 550—551.

贴一样也会为了实现社会目标而实施,也具有促进经济发展的积极作用。既然《SCM 协定》已经为某些补贴和激励措施设定了纪律,不论是发达国家还是发展中国家对于在《SCM 协定》之外达成关于激励措施的协议都缺乏兴趣。① 尽管也有批评观点认为投资激励措施可能缺乏经济效率或导致公共资源的错配,但各国依然把投资激励措施作为吸引外资的政策工具。在 2013 年,一半以上的与投资促进、投资自由化和便利化的措施都与投资激励相关。②

其次,国际投资对于发展中国家经济的发展具有重要作用,资本输出国在技术转让、财政和金融激励方面的措施也被承认在促进对发展中国家投资方面具有积极意义。③ 世界银行外国直接投资待遇指南(World Bank Guidelines on the Treatment of Foreign Direct Investment)④第三节第 10 段指出:发达国家和资本富裕国家不应阻止资本向发展中国家的流动,资本输出国可采取适当的措施(比如税收协定和投资保证)促进资本流动。2000 年欧共体与非加太国家的《科托努协定》(Cotonou Agreement)是第四个洛美协定的后续协定,也强调要促进欧盟私人企业在非加大国家的投资,并提供了缔约方(包括母国)可采取的投资激励措施的清单。⑤

再次,税收激励措施也有其特殊性。区域贸易协定和投资协定也不涉及缔约方的税收主权,并把税收措施原则上排除在外,承认税收协定的优先性。但是,税收协定也同样不限制缔约方给予税收激励措施。

还需要指出的是,即使国民待遇、最惠国待遇等条款区域贸易安排将补贴或投资激励措施(包括税收激励措施)排除在最惠国待遇、国民待遇等投资义务的适用范围之外,如果一个成员给予了外资激励措施却随后取消的话,可能被认定违反了投资规则下的公平与公正待遇。比如,在

---

① UNCTAD, Incentives, UNCTAD Series on Issues in International Investment Agreements, UNCTAD/ITE/IIT/2003/5, p. 39.

② UNCTAD, World Investment Report 2014: Investing in the SDGs: An Action Plan, p. 113.

③ UNCTAD, World Investment Report 2003: FDI Policies for Development: National and International Perspectives, p. 87.

④ 该指南于 1992 年发布,本身不具有法律约束力。

⑤ UNCTAD, Incentives, UNCTAD Series on Issues in International Investment Agreements, UNCTAD/ITE/IIT/2003/5, p. 44.

Micula 案中,由于欧盟委员会裁决罗马尼亚给予外国投资者的某些税收优惠构成了非法的国家资助,罗马尼亚取消了这些税收优惠。但是,外国投资者认为罗马尼亚的措施违反了罗马尼亚和瑞典之间的 BIT 中的公平与公正待遇。外国投资者根据罗马尼亚和瑞典 BIT 中的投资者—国家争端解决机制(Investor-to-State Dispute Settlement,ISDS)选择了根据 1965 年《解决国家和他国国民间投资争端公约》(也称"《华盛顿公约》")设立的解决投资争端国际中心(ICSID)仲裁。[①] 仲裁庭支持了外国投资者的诉求,并裁定罗马尼亚补偿外国投资者。[②] 罗马尼亚根据建立《华盛顿公约》的撤销程序请求撤销仲裁庭裁决[③],但其诉求也被驳回了。[④]

不过,致力于投资自由化的区域贸易安排仍有协调各成员投资激励措施(包括税收激励措施)的必要。对单个国家来讲,投资激励措施无疑具有吸引外资并促进其经济发展的积极作用,但税收激励措施可能也会带来负面影响:

首先,投资激励措施,特别是税收激励措施是以暂时牺牲财税收入为代价来吸引外资的。但是,外资的成功运营并不只是税收一个方面的因素所能够决定的。如果外资经营不成功,政府会得不偿失。为了弥补因税收激励措施而带来的财税损失,一国可能提高对劳务等流动性较差要素的征税,这对普通的自然人纳税人是不公平的,而且也不利于就业。如果一国无法提高对劳务的课税,就只能降低社会保障标准。[⑤]

其次,在各国为了吸引外资而竞相给予投资激励(包括税收激励)的

---

① ICSID 通过调解或仲裁来处理缔约国投资者和另一缔约国的投资纠纷。纠纷的处理由个案组成的调解委员会和仲裁庭来负责。此外,ICSID 行政理事会还制定了《附加便利规则》(Additional Facility Rules),用以解决《华盛顿公约》所不管辖的一些投资争议,比如争端当事人一方为非缔约国或非缔约国国民之间的投资争议。

② Ioan Micula, Viorel Micula, S. C. European Food S. A., S. C. Starmill S. R. L., and S. C. Multipack S. R. L, v. Romania, ICSID Case No. ARB/05/20, Award, December 11, 2013, para. 1329.

③ 《华盛顿公约》第 52 条第 1 款规定,任何一方当事人可基于下列一个或几个理由向秘书长提出书面申请,要求撤销仲裁裁决:(1) 仲裁庭的组成不适当;(2) 仲裁庭明显超越其权限;(3) 仲裁庭成员存在腐败行为;(4) 严重违背仲裁基本程序;(5) 裁决未陈述其所依据的理由。

④ Ioan Micula, Viorel Micula and Others v. Romania, ICSID Case No. ARB/05/20, Annulment Proceeding, Decision on Annulment, February 26, 2016, para. 355.

⑤ Reuven S. Avi-Yonah, "Globalization, Tax Competition, and the Fiscal Crisis of the Welfare State", *Harvard Law Review*, Vol. 113, Issue 7, 2000, pp. 1576, 1578.

情况下,可能出现投资政策竞争到底(race-to-the-bottom)而非向高标准看齐(race-to-the-top)的结果,或者说在税收领域会产生有害的税收竞争问题(harmful tax competition)。有害税收竞争会对资本跨境流动产生扭曲作用,导致资源仅仅因为税收优惠而向另一国转移,而非出于经济效率的考虑。[1] 有害税收竞争也会为国际避税提供方便,一国(特别是发展中国家)可能基于吸引外资和担心资本外流的考虑而对特定的避税安排进行容忍。对于区域贸易安排来讲,投资激励措施(特别是税收激励措施)的竞争也无助于良性区域投资体制的形成。

客观地讲,国际社会和区域贸易安排已认识到了投资激励(包括税收激励)竞争的负面作用,尽管缺乏关于投资激励的明确纪律,但一些投资协定和区域贸易安排中也倡导在缔约方之间进行磋商。

世界银行的外国直接投资待遇指南第三节第 9 段指出:本指南并不建议各国应当为外国提供者提供免税优惠或其他财税激励措施。尽管这样的激励措施从一国的角度来讲可能是正当的,但各国激励措施(特别是免税优惠)的竞争是不应提倡的。合理和稳定的税率比不确定或过度的免税效果更好。

经合组织曾经推动过多边投资协定(Multilateral Agreement on Investment,MAI)的谈判。尽管 MAI 的谈判失败了,但谈判期间也曾经提出过关于投资激励的条款草案,提供了缔约方建立有法律约束力的投资激励规则的磋商机制。[2] 该草案将投资激励措施定义为与投资的设立、取得、经营等相关的来源于公共支出或财政资助的特殊优惠,明确 MAI 中关于国民待遇和最惠国待遇以及透明度的义务适用于投资激励措施。同时,该草案指出:在特定条件下,即使投资激励措施非歧视地实施,也会对资本流动和投资选择造成扭曲作用。任何缔约方认为其投资或投资者因另一缔约方的投资激励措施而受到负面影响并导致了扭曲效果,可要求与该另一缔约方进行磋商。此外,为了将投资激励的扭曲作用最小化,缔约方应进行谈判,以期在 MAI 之外建立这方面的相应纪律。在谈判中,缔约方也应承认投资激励措施在促进地区、社会和环境、研发

---

[1] Arthur J. Cockfield, *NAFTA Tax Law and Policy*: *Resolving the Clash between Economic and Sovereignty Interests*, University of Toronto Press, 2005, p15.

[2] Negotiating Group on the Multilateral Agreement on Investment (MAI), The Multilateral Agreement on Investment (Draft Consolidated Text), DAFFE/MAI(98)7/REV1.

等方面的作用。

在现实中的区域贸易协定中,有的也提出某些激励措施不应被采用,或应当进行协调。比如,修改建立加勒比共同体条约的议定书的第14条为该条约中加入了新的第49条,要求:成员国应协调针对工业、农业和服务业的投资激励措施。该条款要求财政和计划理事会(Council for Finance and Planning, COFAP)提出建立给予区域性投资激励体制的提案,该提案应与相关国际条约一致,支持对共同体具有战略意义的工业,考虑各国促进出口导向和服务业发展的政策,并强调激励措施的非歧视。[①] 再比如,1997年12月1日,欧盟部长理事会专门通过了一个商业税收行为守则(Code of Conduct on Business Taxation)。尽管该守则没有法律约束力,属于成员国的政治承诺(political commitments),但成员国表示不采取新的有害的税收措施,并审查现行做法并修改相关税收措施。

因此,就目前的实践来看,各国政府在遵从 WTO 的《TRIMs 协定》和《SCM 协定》的前提下,是可以自由给予投资激励措施的。不过,投资激励措施,特别是税收激励措施的竞争确实也会有扭曲作用和负面影响。对于《TRIMs 协定》和《SCM 协定》以及区域贸易安排所不禁止的激励措施,缔约方仍有磋商和进一步谈判的必要。[②] 就所得税激励措施所导致的税收竞争而言,也会为纳税人从事跨国避税提供诱因,从而导致税基侵蚀和利润转移(BEPS)问题。因此,关于税收竞争的问题,本书将在第五章专门探讨。

小　结

本章论述了 WTO 体制和区域贸易安排与货物贸易、服务贸易和投资相关的所得税补贴规则和实践。WTO 在货物贸易领域建立了相对完

[①] UNCTAD, Incentives, UNCTAD Series on Issues in International Investment Agreements, UNCTAD/ITE/IIT/2003/5, pp. 33—34.

[②] 比如,有的投资协定和区域贸易安排不提倡东道国通过降低劳工和环保标准来吸引外资。新加坡和美国的自由贸易协定第17.2条第2款和第18.2条第2款分别强调了缔约方认识到通过降低国内劳工法和环保法来促进贸易和投资是不恰当的,第17.5条、第17.6条和第18.6、18.7条分别建立了劳工和环保的合作和磋商机制。

善的补贴纪律,但在服务贸易领域没有类似货物贸易领域的制度。由于WTO并非国际投资体制,因此,《TRIMs协定》和《SCM协定》只是有限涉及了投资补贴问题。从区域贸易安排的实践看,相关补贴纪律也是以WTO规则为基础,少有在服务和投资领域超过WTO义务规定的例子。当然,欧盟由于追求建立一个货物、服务、资本和人员自由流动的内部市场,在这方面要比一般的区域贸易安排走得远一些。

所得税补贴也受WTO补贴纪律的约束。不过,借助所得税措施实施的补贴也有其特殊性。由于WTO和区域贸易安排都不干涉其成员的所得税税制,某些所得税补贴措施表面看起来可能属于其成员国税制的内容。美国的FSC案是一个经典的案例。专家组和上诉机构的报告厘清了所得税补贴和属于成员国税制内容措施的区别。欧盟委员会也阐述了其对税收补贴的态度。

不过,现行补贴(包括税收补贴)规则在服务贸易和投资领域的普遍缺失是一个值得关注的问题。尽管GATS第15条要求WTO成员谈判和以期制定服务补贴的多边纪律,但迄今为止,GATS的补贴规则尚未订立。在投资领域,尽管国际社会和区域贸易安排业已认识到了投资激励(包括税收激励)竞争的负面作用,但从区域贸易安排的现行实践看,除了欧盟的政府资助规则能够适用于投资激励(包括税收激励)之外,目前并没有明确的有约束力的纪律。这与WTO和区域贸易安排并不管辖其成员的所得税制度也有关系。

如本书第一章所述,区域贸易安排中的所得税问题可以分为两大类。本书第二章和第三章已对与贸易和投资相关的所得税歧视措施和补贴措施的问题进行了讨论。但是,区域贸易安排侧重于从贸易角度来消除所得税壁垒,对于各成员所得税制所导致的双重征税和税收差别待遇是无法解决的。贸易体制还需要借助税收体制(特别是税收协定)来处理这些问题。本书第一章也论证了贸易体制和税收体制并行解决区域贸易安排中的两大类所得税问题的可行性。因此,本书接下来将讨论税收体制应对双重征税、税收差别待遇和税基侵蚀和利润转移(BEPS)等问题的机制。

第四章 双重征税和税收差别待遇的消除

传统上,双重征税和税收差别待遇是通过双边税收协定而非贸易协定来解决的。不过,双边税收协定也存在不足之处。在实践中,也出现了多边税收协定或区域性税收协定的范例。同时,欧盟还借助其超国家的机制来消除欧盟内部市场的双重征税和税收差别待遇。本章将分别予以探讨。

第一节 双边税收协定的机制

一、税收协定与双重征税的消除

国际层面的双重征税包括法律性双重征税和经济性双重征税。税收协定对这类双重征税的消除采取了不同的机制。

(一)法律性双重征税的消除

在各国普遍同时主张居民税收管辖权和来源地税收管辖权时,一国的居民纳税人可能面临三种类型的法律性双重征税,即居民管辖权和居民管辖权重叠导致的双重征税;居民管辖权和来源地管辖权重叠导致的双重征税;来源地管辖权和来源地管辖权重叠导致的双重征税。

既然法律性国际双重征税根源于各国税收管辖权的叠加,那么此种国际双重征税的消除就需要各国限制或放弃一定的税收管辖权。限制或放弃税收管辖权可以通过一国单方面做法(单边措施)实现。比如,对于居民管辖权和来源地管辖权重叠导致的双重征税,一国可在国内法中通过免税法或抵免法来消除。单边措施的优点在于一国可以基于自身的需要来决定管辖权的限制或放弃,具有自主性和主动性。不过,这种做法也存在缺点。国际双重征税是两国税收管辖权重叠的结果,单靠一国的措施,有可能在该国放弃或限制税收管辖权从而减少税收收入的情况下,本国的居民纳税人并不一定真正获益。比如,在居民国采用免税法从而放弃居民纳税人境外所得的征税权时,尽管居民纳税人免除了双重征税,但如果来源地国不限制税率,纳税人在当地的税负并未减轻,来源地国没有税收损失,损失的是居民国的税收利益。再比如,在两个居民管辖权重叠时,一国也不会因为其他国家将本国居民也认定为居民纳税人而因此放弃本国的居民管辖权。这就需要借助国际机制。

消除法律性国际双重征税的国际机制主要是通过国际税收协定来确立的。国际税收协定一般是双边的,而且其体例和内容主要受到了OECD税收协定范本(以下简称"OECD范本")的影响。以2014年OECD范本为例[①],税收协定消除法律性国际双重征税的机制如下:

1. 居民管辖权重叠导致的法律性双重征税的解决

对于居民管辖权重叠导致的法律性双重征税,税收协定的通常做法是由一国来行使居民税收管辖权,而另一国的居民税收管辖权转化为对"非居民"的征税权。比如,OECD范本第4条第2款规定:

同时为缔约国双方居民的个人,其居民身份应按如下规则确定:(1)应认定仅是其永久性住所(permanent home)所在国的居民;如在两国同时有永久性住所,应认为仅是其个人和经济关系更密切国家(重要利益中心,center of vital interest)的居民;(2)如果重要利益中心所在国无法确定,或该个人在任何一国都没有永久性住所,应认为是其习惯性居所(habitual abode)所在国的居民;(3)如果该个人在两国都有或都没有习惯性居所,应认为是其国籍国的居民;(4)如果该个人同时是两国的国民或不是任何一国的国民,缔约国双方主管当局应通过相互协商程序解决。

对于个人之外的其他人(比如公司)同时为缔约国双方居民的,应将其认定为仅是其有效管理机构(place of effective management)所在国的居民。[②]

2. 居民管辖权和来源地国管辖权重叠导致的双重征税

税收协定在将两个居民管辖权划分一个缔约国享有后,仍会存在居

[①] 由于OECD在2017年11月才推出2017年范本,且2017年范本主要增加了应对BEPS的措施,有关消除双重征税和税收差别待遇的机制没有变化,除非另有说明,本章根据2014年范本(包括注释)进行阐述。

[②] 2017年范本第4条第3款进行了改动,强调由缔约国双方税务主管当局通过相互协商程序解决,协商时应考虑的因素包括有效管理机构、公司注册地或其他相关因素。当税务当局不能达成协议时,纳税人不能享受税收协定给予的税收减免,除非税务当局同意。

民管辖权和来源地管辖权重叠导致的双重征税。对于此类双重征税,税收协定首先在缔约国之间划分征税权,如果征税权划归居民国或来源地国单独享有,就从根本上消除了双重征税。比如 OECD 范本第 12 条规定:"发生于缔约国一方的特许权使用费,如果收取它的受益所有人是缔约国另一方的居民,则应仅由该缔约国另一方征税。"这意味着特许权使用费的来源地国不能对此行使征税权,或者说征税权划归居民国独享。

不过,在大多数情况下,税收协定是把征税权划归居民国和来源地国共享。此时,来源地国的优先征税权得到承认,但来源地国的征税范围或税率一般要进行限制,比如营业利润适用常设机构原则,对股息和利息的预提税税率受到限制。在来源地国课税之后,居民国要对本国居民在来源地国的所得采取免税法或抵免法等措施来消除双重征税。比如,OECD 范本第 7 条第 1 款规定:"缔约国一方企业的利润应仅在该国纳税,但该企业通过设在缔约国另一方的常设机构进行营业的除外。如果该企业通过在缔约国另一方的常设机构进行营业,其利润可以在另一国征税,但其利润应仅以可归属于常设机构的为限。"在来源地国课税之后,OECD 范本第 23 条要求居民国采用免税法或抵免法来消除双重征税。

(二) 经济性双重征税的消除

国际间的经济性双重征税虽然也与各国税收管辖权的重叠相关,但其涉及的纳税人至少有两个,而法律性双重征税则是一个纳税人所承担的。实践中,国际间的经济性双重征税主要有两类表现形式。

1. 股息所得经济性双重征税的消除

股息所得经济性双重征税的产生实际上源于各国所得税制,即各国对公司利润和股东(包括非居民股东)来源于公司利润的所得都同时征收所得税。因此,这种情况在国内和国际范围内都存在。也就是说,一国居民从居民公司取得的股息以及一国居民取得的来源于境外公司的股息都会面临经济性双重征税。

对于是否应消除国内或国际的双重征税,理论和实践中存在不同的观点和做法。一些国家认为没有必要在一国之内消除经济性双重征税,因为公司所得税和个人所得税两者不仅纳税人各异,征税对象不同,税基也不同。[①] 有观点认为,公司是一个独立存在的法人实体,是进行经济和

---

① 参见刘剑文主编:《国际税法》,北京大学出版社 1999 年版,第 72 页。

社会决策的一个强有力部门,它由专业人员进行管理,而几乎不受个人股东的支配。公司作为一个独立的实体,也有独立的纳税能力,可课以独立的税种。① OECD 也认为,对经济性双重征税如在国内不予以缓解,那么在国际上也不必予以解决。② 因此,OECD 范本中并没有消除国际间经济性双重征税的条款。

不过,主张消除经济性双重征税的观点认为:分别对公司的利润和股东的股息征税,尽管在法律上合法有据,但从经济上看却不合理。从经济意义上说,公司实质上由各个股东组成,公司的资本是各个股东持有股份的总和,公司的利润是股东分得股息的源泉,二者是同一事物的两个不同侧面。因此,对公司的利润征税,同时又对作为公司税后利润分配的股息再征税,这明显是对同一征税对象或称同一税源进行了重复征税。从经济效果来讲,对公司利润征收的所得税,最终还是按股份比例落到各个股东身上承担。这与对同一纳税人的同一所得的重复征税实质上并无区别。③ 此外,也有观点对公司税的存在提出了异议,提出了归并课税论(the integration view),即只课征个人所得税。这种观点认为所有的税收归根结底都要由个人来承担,公平课税的概念只能应用于纳税人个人。因此,在个人所得税之外征收公司税是不合理的,应当把所得作为一个整体来课税,而与所得的来源无关。公司税的存在却导致利润被征了两次税。在个人所得税取代公司所得税的情况下,可对来源于公司的所得征收的个人所得税也应当实行源泉扣缴。④

就国际间的经济性双重征税而言,确实也存在的一些消极影响:妨碍国际投资的积极性;使得公司不分配股息或尽量少地分配股息,股东则不能按时收到投资收益;使得公司尽量利用借贷资本,较少吸收股份资本,这将影响公司资本结构,并增加成本。⑤

因此,消除经济性双重征税也有客观需要。由于经济性双重征税存

---

① 参见〔美〕R.马斯格雷夫、P.马斯格雷夫:《财政理论与实践》,邓子基、邓力平译校,中国财政经济出版社 2003 年版,第 389 页。
② 参见 OECD 范本关于第 10 条的注释第 41—42 段。
③ 参见葛惟熹主编:《国际税收教程》,中国财政经济出版社 1987 年版,第 57 页。转引自廖益新主编:《国际税法学》,北京大学出版社 2001 年版,第 131 页。
④ 参见〔美〕R.马斯格雷夫、P.马斯格雷夫:《财政理论与实践》,邓子基、邓力平译校,中国财政经济出版社 2003 年版,第 388 页。
⑤ 参见高尔森主编:《国际税法》,法律出版社 1988 年版,第 77 页。

在的法律原因是股息所得税和公司所得税的并存,因此,国内层面消除此类双重征税通常从公司层面或股东环节入手。比如,从公司层面的措施主要有股息扣除制和分劈税率制;股东层面的措施有归集抵免制或对股东收取的股息免征所得税或将股息的一部分从股东应税所得中扣除。①

不过,国内法消除经济性双重征税的措施通常不适用于非居民,也不适用于居民收取的来自境外的股息。比如,实行归集抵免制的国家允许股息负担的国内公司所得税可冲抵一部分个人所得税,但一般不将其扩大到适用于外国公司所得税。②

因此,对于国际间的经济性双重征税,国内法的措施通常采用专门的措施。比如,有的国家对本国居民取得的持股达到一定比例的公司之间分配的股息给予免税待遇。日本税法也规定,对适格外国公司分配给日本居民股东股息的95%免征日本公司税。所谓适格的外国公司是指,日本股东必须在该外国公司分配股息义务产生日前至少6个月持续持有该境外公司至少25%的股份。③

再比如,有的国家采用抵免法消除法律性双重征税时,也给予居民公司取得的持股达到一定比例的公司之间分配的股息给予间接抵免,即将股息所承担的公司税视为股东在公司所在国所缴纳的税收,从股东向其居民国的应纳税款中抵免。④

有的税收协定中也规定了消除经济性双重征税的措施。比如,根据我国与新加坡的税收协定第22条第2款,新加坡对新加坡居民从中国取得的所得在中国缴纳的税款予以抵免。当该项所得是中国居民公司支付给新加坡居民公司的股息,同时该新加坡公司直接或间接持有中国居民公司不少于10%的公司股本的,抵免应考虑支付该股息公司就据以支付股息部分的利润所缴纳的中国税收。再比如,根据我国和瑞士2013年的

---

① 参见刘剑文主编:《国际税法学》(第三版),北京大学出版社2013年版,第171—172页。
② Hugh Ault and Brain Arnold, *Comparative Income Taxation: A Structural Analysis*, 2nd edition, Aspen Publishers, 2004, pp.292—293.
③ 参见陈红彦:《跨国股息征税问题研究》,科学出版社2011年版,第129—130页。
④ 比如,我国《企业所得税法》第24条规定,居民企业从其直接或者间接控制的外国企业分得的来源于中国境外的股息、红利等权益性投资收益,外国企业在境外实际缴纳的所得税税额中属于该项所得负担的部分,可以作为该居民企业的可抵免境外所得税税额,在本法第23条规定的抵免限额内抵免。根据《企业所得税法实施条例》第80条的规定,直接控制是指居民企业直接持有外国企业20%以上股份。间接控制,是指居民企业以间接持股方式持有外国企业20%以上股份,具体认定办法由国务院财政、税务主管部门另行制定。

税收协定第24条第2款,除股息、利息和特许权使用费外,瑞士居民取得的所得或拥有的财产按照本协定规定可以在中国征税的,瑞士应对上述所得或财产予以免税。瑞士居民取得的股息、利息或特许权使用费在中国征税的,瑞士应根据该居民的请求对其税款进行减免,比如从该居民的所得税额中扣除由中国征收的税收数额。同时,瑞士居民公司从中国居民公司取得股息,在就该股息缴纳瑞士税收时,应如取得由瑞士居民公司支付的股息一样,享受相同的减免税待遇。

2. 转让定价调整导致的经济性双重征税的消除

各国税务当局对关联企业以转让定价方式避税进行应税所得调整时,也会出现经济性双重征税的问题。[①]

转让定价又称公司内部定价,指关联企业间对内部交易的作价。通过转让定价形成的价格称为转让价格。[②] 转让价格不是市场交易的正常价格,而是关联企业内部人为的定价。关联企业之间通过人为制定偏离市场正常交易价格的低价,可以获得税收利益。[③]

由于纳税人通过转让定价改变了本应承担的税负,税务机关就要对关联企业的定价要进行调整。不过,如果一国调增了本国企业的应税所得,而这个企业的境外关联企业所在国税务当局并不因此调减该关联企业的应税所得并退还多缴纳的税额,则转让定价的调整就会造成被调整利润的国际双重征税。在这两个关联企业分别为各自所在国的居民公司时,就是一种经济性双重征税的体现,即同一笔所得被两个国家主张征税权,税收负担由两个不同的纳税主体承担。

---

① 根据OECD范本第9条,关联企业的认定标准为:(1)缔约国一方企业直接或间接参与缔约国另一方的企业的管理控制或资本,或者(2)同一人直接或间接参与缔约国一方企业和缔约国另一方企业的管理、控制或资本,在上述任何一种情况下,这两个企业之间的财务或者商业关系就不同于独立企业之间的关系,这两个企业即为关联企业。

② Sylvain Plasschaert, *Transnational Corporations*: *Transfer Pricing and Taxation*, The United Nations Library on Transnational Corporations, Vol.14, Routledge, 1994, p.1.

③ 关联企业使用转让定价避税可以通过下面的例子说明:A公司为甲国居民公司,甲国所得税税率为40%,A公司在乙国有全资子公司B,乙国税率为30%。A公司卖给B公司一批成本80万美元的货物,正常作价100万美元,B公司再以120万美元卖给第三者。按照正常做法,A公司和B公司各获利20万美元,其分别缴纳的税款为8万美元和6万美元。A公司和B公司作为关联企业,其总体税负为14万美元。但是,假如A公司将这批货物以80万美元的价格卖给B公司,B公司仍以120万美元价格卖给第三者,则A公司没有利润,不用纳税,B公司利润为40万美元,B公司缴纳税款12万美元。这样,A公司和B公司的总体税负反而减轻了,为12万美元。

对于转让定价调整而导致的经济性国际双重征税,需要相关国家税务当局的配合。通常做法是在税收协定中约定,在一国税务当局进行了调整之后,另一国税务当局也应做必要的调整,或根据相互协商程序进行必要的协商。比如,根据 OECD 范本第 9 条第 1 款,当关联企业之间的商业或财务股息不同于独立企业之间的关系,利润本应由其中一个企业取得,由于这些情况而没有取得的,可以计入该企业的利润内,并据以征税。OECD 范本第 9 条第 2 款进一步规定:当缔约国一方将缔约国另一方已征税的企业利润,而这部分利润应由首先提及的国家的企业所取得的,包括在该国企业的利润内并且加以征税时,如果这种情况发生在两个独立企业之间,另一国应对这部分利润所征收的税额加以适当调整,应适当考虑本协定的其他规定,如有必要,缔约国双方主管部门应相互协商。

(三)税收协定消除区域贸易安排内双重征税的作用与局限

税收协定并非区域贸易安排的附属协定,其历史也早于区域贸易安排的基础——GATT/WTO 多边贸易体制。不过,税收协定对于双重征税的消除能够促进贸易自由化。但是,由于税收协定以双边为主要表现方式,对于区域贸易安排的特殊性的双重征税问题也不能有效消除。

1. 税收协定的作用

虽然贸易体制和税收协定是两个平行的机制,但税收协定对于促进贸易和投资自由化也具有重要作用。税收协定是随着国际经济交往的发展和各国普遍征收所得税的情况下出现的,其主要职能是为了消除各国所得税制所导致的双重征税和税收歧视。税收协定能够促进商品、劳务的交换和资本、人员的流动[1]。这与自由贸易的目标是相吻合的。事实上,当一国出现贸易赤字时,可以通过吸引外国投资的政策来平衡国际收支。此时,影响进出口的贸易政策和影响国际投资的税收政策具有类似的效果。[2] 因此,能够消除双重征税和投资歧视并为投资者提供更高回报的税收政策就非常关键。

以货物贸易为例。根据 OECD 范本第 7 条第 1 款的规定,缔约国一方的公司向缔约国另一方公司出口产品并取得利润,只要在缔约国另一

---

[1] 参见 OECD 2017 年范本关于第 1 条的注释第 54 段。
[2] Alvin C. Warren Jr., "Income Tax Discrimination against International Commerce", *Tax Law Review*, Vol. 54, No. 2, 2001, p. 148.

方没有常设机构,则缔约国另一方就不得征税。此外,OECD范本第5条第6款和第7款将独立地位的代理人和子公司也排除在常设机构之外①,而通过独立代理人和子公司开展经营也是国际贸易的常见做法。在缔约国一方企业通过在缔约国另一方的常设机构开展贸易时,归属到常设机构的利润要面临双重征税,不过,OECD范本第23条要求居民国采取抵免法或免税法以消除双重征税。

再以服务贸易为例。就服务贸易的几种模式来讲,一国服务提供者通过商业存在模式在另一国提供服务时,商业存在构成常设机构的,其面临的双重征税的消除与上述货物贸易下的情况是相同的。如果服务贸易是跨境提供的,并没有通过在另一成员的商业存在进行,那么一个成员的服务提供者取得的来源于另一成员的利息、股息、特许权使用费等所得需要在当地缴纳预提税,这也会面临双重征税问题。OECD范本也采取限制来源国的预提税税率和居民国采取抵免法的做法来消除双重征税。自然人在跨境提供服务中在境外取得的所得也会面临双重征税,税收协定也有相应地消除双重征税的措施。② 以跨国非独立劳务所得为例,OECD范本第15条将征税权划归来源地国和居民国共同行使,此时居民国应采用抵免法或免税法消除双重征税。但是,在下列情况下,征税权只由居民国单独行使:劳务所得收取人在有关会计年度开始或结束的任何12个月中在缔约国另一方停留累计不超过183天;同时,该项报酬是由并非缔约国另一方居民的雇主支付的;该项报酬不由雇主设在另一国的常设机构承担。

在投资方面,一国企业在另一国设立分支机构(比如分公司)从而构成常设机构的,双重征税的消除与前面的情况相同。一国企业有来源于另一国公司支付的股息时,股息的双重征税也能够根据前述机制消除。而且,股息所承担的经济性双重征税,也可通过税收协定的间接抵免来处理,如果持股达到一定比例。

因此,尽管贸易体制本身没有消除双重征税的机制,但成员之间缔结税收协定也至关重要。第二次世界大战后未能生效的《哈瓦那宪章》早已

---

① 独立地位的代理人是指在法律上和经济上独立于其所代理的企业的代理人,比如经纪人(broker)、一般佣金代理人(general commission agent)。
② 比如OECD范本第15—20条。

认识到这一问题。《哈瓦那宪章》第 11 条第 2 款规定,为了消除双重征税从而激励国际私人投资,国际贸易组织可与其他政府间国际组织合作,提出相关建议以促进双边或多边安排。

就区域贸易安排而言,如果没有税收协定,将增加企业跨境经济活动的负担,不利于区域内投资的自由流动和吸引区域外的投资。这同样也为区域贸易安排所重视。比如:

墨西哥为了参加 NAFTA 而与加拿大和美国谈判了税收协定。

欧盟在内部市场的建设中也同样重视税收协定的作用。原《欧洲共同体条约》第 293 条要求"成员国在必要时应相互谈判以消除欧共体内的双重征税"。在 Gilly 案[①]中,欧盟法院指出,在欧盟层面缺少消除双重征税规则的情况下,成员国有权在税收协定中确定划分管辖权的连接因素和消除双重征税的方式。

东盟共同体路线图(2009—2015)指出:为了促进东盟一体化投资区的形成,需要在成员国之间建立有效的避免双重征税的协定网络。[②]

作为 1973 年建立加勒比共同体的《查瓜拉马斯条约》(Treaty of Chagauramas Establishing the Caribbean Community)附件的《加勒比共同市场条约》第 41 条规定,成员国应与共同市场外的第三国谈判避免双重征税协定,并为促进共同市场内部资本的流动而彼此间缔结避免双重征税协定。2001 年修订后的条约(Revised Treaty of Chaguaramas establishing the Caribbean Community including the CARICOM Single Market and Economy)第 72 条同样强调:为了便利共同体内资本的流动,成员国间应缔结避免双重征税协定,应与第三国基于共同同意的原则缔结避免双重征税协定。

2. 税收协定的局限

尽管税收协定要求居民国采取免税法或抵免法来消除双重征税,但免税法或抵免法的具体适用仍需要根据缔约国的国内法[③],这仍有可能

---

① Case C-336/96, Mr. and Mrs. Robert Gilly v. Directeur des services fiscaux du Bas-Rhin, [1998] ECR I-2793.

② ASEAN, Roadmap for an ASEAN Community (2009-2015), p. 28.

③ 就税收协定和国内法的关系来讲,税收协定的主要目的在于分配征税权并尽量消除双重征税;而纳税人税负的认定和计税方式则由国内法规定。参见〔美〕罗伊·罗哈吉:《国际税收基础》,林海宁、范文祥译,北京大学出版社 2006 年版,第 40 页。

出现居民纳税人境外所得面临双重征税不能彻底消除的情况。比如，实行免税法的国家可能并不将本国居民的全部境外所得都视为能够享受免税待遇的境外所得。① 再比如，一国采取限额抵免法时，来源地国税率高于居民国税率时，居民纳税人在境外缴纳的全部税款并不能全部得到抵免。

此外，由于税收协定以双边为主要表现方式，对于区域贸易安排的特殊性的双重征税问题也不能有效消除。这体现在：

（1）双边税收协定难以处理两个以上居民管辖权重叠导致的双重征税。

对于两个居民管辖权重叠导致的双重征税，税收协定的做法是交由一国来行使居民管辖权。不过，适用税收协定并不一定就能够完全解决。比如，当缔约方双方税务当局对于公司的有效管理机构存在异议时。虽然有的税收协定也规定税务当局可通过相互协商程序（Mutual Agreement Procedure，MAP）解决②，尽管税收协定有专门的相互协商程序，但该程序并没有强制要求缔约国双方主管当局必须通过协商达成协议。③

对于两个以上居民管辖权重叠导致的双重征税，双边税收协定也是无法解决的。当某个纳税人根据三个国家的国内法同时被认定为这三国

---

① 所得税的计算征收以纳税人的全部净所得为基础，即总所得减去允许的扣除额。比如，某国居民纳税人在某一纳税年度的境内外所得和扣除额如下：

  （1）在居民国的国内所得（总额减去允许扣除的费用）   100
  （2）从另一国取得的所得（总额减去允许扣除的费用）   100
  （3）全部所得   200
  （4）居民国法律允许的其他扣除（比如保险费）   -20
  （5）净所得   180
  （6）个人和家庭扣除额   -30
  （7）应纳税所得   150

这样，适用免税法时，予以免税的数额就有多个选择：首先，可以选择第（2）项中的100。这样第（7）项的应纳税所得扣除100后的应税所得为50；其次，也可以选择90，即（5）项的一半，按（2）和（3）项的比率得出，应税所得为60(150-90)；再次，还可以选择75，即（7）项的一半，按（2）和（3）项的比率得出，剩余的应税所得为75。因此，如果选择了90或75，纳税人的境外所得就没有完全免除在居民国的税负。对此，OECD的资料显示，OECD成员国的做法存在很大不同。参见OECD范本关于第23条的注释第41—43段。

② 比如，我国和新加坡的税收协定第4条第3款规定：除个人以外，同时为缔约国双方居民的人，应认为是其实际管理机构所在缔约国的居民。如果其实际管理机构不能确定，应由缔约国双方主管当局通过相互协商解决。

③ 有关相互协商程序的问题，将在下文"双边税收协定处理转让定价调整时存在困难"部分专门论述。

的居民时，即使三国之间彼此都有类似 OECD 范本第 4 条的双边税收协定，仍存在根据这三国间的三个双边协定存在该纳税人同时为两个国家居民的可能。假如一个人在丹麦、瑞典和挪威都有永久性的住所，根据三国的国内法同时构成三国的居民。该纳税人在芬兰通过常设机构取得收入。根据芬兰和丹麦、挪威、瑞典的双边税收协定，芬兰作为来源地国，那么丹麦、瑞典和挪威哪国是居民国呢？丹麦和瑞典可能根据它们之间的税收协定将丹麦确定为居民国；挪威和瑞典可能将瑞典确定为居民国；丹麦和挪威可能将丹麦定为居民国。这样，就存在丹麦和瑞典都为居民国的情况。①

（2）双边税收协定难以处理两个来源地管辖权重叠导致的双重征税。

两个来源地管辖权重叠导致的双重征税实际上涉及三个国家，是一国居民纳税人的境外所得被两个来源地国主张管辖权的情况。② 由于双边税收协定适用于至少是缔约国一方居民的纳税人③，因而通常无法处理两个来源地管辖权重叠导致的双重征税。

比如，作为甲国居民的银行 A 给乙国居民公司 B 发放了一笔贷款，但该笔贷款实际上由 B 公司在丙国的常设机构 C 来使用，A 银行取得的利息所得也由常设机构 C 承担。如果甲乙两国和甲丙两国之间的税收协定都采纳了 OECD 范本，则根据范本第 11 条第 5 款，乙国和丙国都可能就 A 银行收取的利息主张来源地管辖权。第 11 条第 5 款规定："如果支付人是缔约国一方居民，应认为利息来源于该缔约国。但是，当支付利息的人，不论其是否为缔约国一方的居民，在缔约国一方有常设机构，支付利息所发生的债务与该常设机构存在联系并由其承担，则利息应认为来源于该常设机构所在国。"就甲丙两国的税收协定来讲，第 11 条第 5 款显然给予了丙国对 A 银行利息的来源地管辖权，因为该条款并未要求常设机构必须是甲国和/或丙国居民在两国的常设机构。第三国居民在甲或丙国的常设机构只要满足第 11 条第 5 款的条件，常设机构所在的缔约国

---

① Nils Mattsson："Multilateral Tax Treaties-A Model for the Future"，*INTERTAX*，Vol. 28，Issue 8/9，2000，p. 307.

② 这也称为三角情况。参见〔美〕罗伊·罗哈吉：《国际税收基础》，林海宁、范文祥译，北京大学出版社 2006 年版，第 591—596 页。

③ 参见 OECD 范本第 1 条第 1 款。

就可以主张来源地管辖权。① 就甲乙两国的税收协定来讲,乙国 B 公司虽然在丙国有常设机构,但常设机构并非位于协定的缔约国——甲国或乙国,不能满足第 11 条第 5 款关于常设机构应在缔约国的条件,此时乙国居民公司 B 作为贷款合同的债务人,仍属于法律意义上的利息支付人,乙国仍可主张来源地管辖权。对于乙丙两国的税收协定来讲,由于 A 银行是甲国居民,并非乙和丙的居民,也无法通过乙丙之间的税收协定要求任何一国放弃来源地管辖权。因此,即使甲乙两国之间的税收协定对于 A 银行收取的利息在乙国主张来源地管辖权时有消除双重征税的机制,第三国(丙国)对乙在当地的常设机构 C 支付给 A 银行的利息主张来源地管辖权并采取源泉扣缴时,仍无法处理由于丙国主张来源地管辖权而带来的双重征税。②

再比如,假设冰岛一家公司支付的股息与一家瑞典公司在挪威的常设机构存在有效联系。如果冰岛和瑞典之间签订有类似 OECD 范本的税收协定,根据范本第 10 条第 2 款,冰岛对瑞典公司取得的股息可以主张来源地管辖权,因为该条款规定股息可在支付股息的公司为其居民的缔约国予以征税,而且在瑞典公司直接持有冰岛公司至少 25% 资本的情况下,冰岛适用的预提税税率不得超过股息总额的 5%。不过,由于常设机构在挪威,在股息与常设机构存在有效联系时,挪威也可根据其国内法将股息归属到常设机构的所得予以征税。这样,瑞典公司收取的股息就面临冰岛和挪威两个来源地管辖权的主张。就冰岛和瑞典的税收协定来讲,第 10 条第 2 款并没有对此提供解决方案。③ 当挪威和瑞典也签订有 OECD 范本那样的税收协定时,第 10 条也不能适用,因为该条适用于缔约国双方居民之间的股息支付,而没有规定股息来自第三国的情况。不

---

① 这样规定的理由是:如果贷款给予了常设机构,常设机构所在国通常会将常设机构承担的利息在计算其应纳税额时予以扣除,从而有税收收入的减少。因此,常设机构所在国不能由于支付人不是其居民而被排除征税权。参见 Robert Danon, "Interest (Article 11 OECD Model Convention)", in *Source versus Residence*, edited by Michael Lang, Pasquale Pistone, Josef Schuch and Claus Staringer, Wolters Kluwer, 2008, p. 88.

② 参见 OECD 范本关于第 11 条的注释第 28 段。

③ 第 10 条第 4 款尽管提及了股息受益所有人的常设机构,但以常设机构在缔约国另一方为前提,即瑞典公司如果在冰岛有常设机构,且支付股息的股份与该常设机构存在有效联系时,冰岛仍可就瑞典公司取得的股息主张来源地管辖权,只是不再按照预提税方式征税,而是将其归属为瑞典公司在冰岛的常设机构的所得并根据税收协定第 7 条关于常设机构的征税规定征税。

过,根据 OECD 范本第 21 条第 1 款的规定,缔约国一方居民的各项所得,不论来源于何地,只要该税收协定未作规定的,只应由该居民国征税。因此,瑞典可根据该规定独享股息的征税权,挪威不能主张管辖权。但是,根据第 21 条第 2 款的规定,如果收取股息的人为缔约国一方居民,通过设在另一缔约国的常设机构营业,且具有以支付股息的权利与常设机构存在有效联系时,常设机构所在国仍可主张来源地管辖权并根据税收协定第 7 条来征税。因此,在冰岛公司支付的股息与在挪威的常设机构有有效联系时,挪威仍可根据其与瑞典的税收协定对该股息征税。①

(3) 双边税收协定处理转让定价调整时存在困难。

税收协定缔约国税务当局对关联企业的转让定价进行调整时也可导致特定类型的经济性双重征税。尽管 OECD 范本第 9 条要求缔约国一方进行调整时,另一国也应做相应的调整并在必要时相互协商,但第 9 条的规定在实际执行中也存在困难。在缔约国一方对企业的利润进行调整时,缔约国另一方并没有义务自动调整其境内的相关企业的所得,只有缔约国另一方认为对方是按独立企业原则进行了反映交易真实情况的调整后才会考虑。如果缔约国另一方对缔约国一方所作的调整并不认可,那么该国就不会作相应的调整。

需要指出的是,OECD 范本第 25 条规定了相互协商程序。缔约方可就转让定价调整中的问题进行协商。如果纳税人对于税务机关的调整存在异议,除了国内法的机制外,也可根据第 25 条请求税收当局进行相互协商。

OECD 范本第 25 条第 1—4 款规定如下:

"当一个人认为缔约国一方或双方的措施已经导致或将要导致对其不符合本税收协定的征税时,他可不考虑上述缔约国国内法的救济手段,将案件提交其本人为居民的缔约国主管当局,在案件属于本协定第 24 条第 1 款的情况时②,可提交到其本人为国民的缔约国主管当局。案件必须在不符合本税收协定的征税措施第一次通知该人时起 3 年内提出。

---

① Nils Mattsson:"Multilateral Tax Treaties-A Model for the Future", *INTERTAX*, Vol. 28, Issue 8/9, 2000, pp. 305—306.

② OECD 范本第 24 条是关于"无差别待遇"的规定,其第 1 款的要求为,缔约国一方国民在缔约国另一方的税收负担和条件,不应比相同情况下缔约国另一方国民的税负和条件为重。关于无差别待遇条款,将在下文"税收协定与税收差别待遇的消除"部分专门论述。

如果缔约国主管当局认为案件所提意见合理,又不能单方面满意地解决时,应努力与缔约国另一方主管当局相互协商解决本案,以避免不符合本税收协定的征税。主管当局达成的协议应予以执行,而不受缔约国国内法律规定的任何时间限制。

缔约国双方主管当局应努力通过相互协商解决本税收协定在解释或适用时产生的任何困难和疑义。缔约国主管当局也可就消除本协定未作规定的双重征税问题进行协商。

缔约国双方主管当局为达成上述各款中的协议,可以相互直接联系,包括通过双方主管当局或其指派的代表组成的联合委员会进行联系。"①

就相互协商程序而言,其适用的范围并不仅仅限于转让定价调整方面。第 25 条第 1 款适用的是与税收协定不符的征税,而不单单限于与税收协定不符的双重征税。比如,缔约国一方对某类所得征税,而根据税收协定此类所得的征税权是划归缔约国另一方独享的,尽管事实上该缔约国另一方并没有行使征税权。再比如,缔约国一方的国民是缔约国另一方的居民,但在缔约国另一方受到了歧视性税收待遇。② 另外,缔约国税务当局也可就税收协定的解释和适用进行协商。

不过,对于希望借助相互协商程序处理税收争议的纳税人来讲,相互协商程序具有外交保护(diplomatic protection)的特点。③ 纳税人居民国税务机关受理了纳税人的申请后,并不必然会启动相互协商程序。如果税务机关认为申诉合理,其问题主要由于纳税人居民国采取措施所致,就可单方面解决,不必启动相互协商程序。从税务机关没有义务启动相互协商程序这点来看,该程序与国际法中的外交保护具有类似之处,都是一国保护本国居民或国民利益的制度,而且一国对该程序占据主动,是否启动并不取决于纳税人。不过,相互协商程序又不同于一般意义的外交保护,因为相互协商程序的启动并不以用尽当地救济(exhaustion of local

---

① 2011 年 UN 范本第 25 条相互协商程序推荐了 A 和 B 两种选择。25A 有 4 款,25B 有 5 款,25A 和 25B 的前 4 款是相同的。UN 范本的 25A 和 25B 的前 3 款与 OECD 范本第 25 条的前 3 款也是一样的。不过,UN 范本 25A 和 25B 的第 4 款除了包含 OECD 范本第 25 条第 4 款的内容外,还多了这样一句话:"主管当局通过协商可协商确定进行相互协商的适当的双边程序、条件、方法和技术"。

② 参见 OECD 范本关于第 25 条注释的第 13 段。

③ M. Zuger,"Conflict Resolution in Tax Treaty Law", *INTERTAX*, Vol. 30, Issue 10, 2002, p. 343.

remedies）为前提。

但是，如果居民国税务机关认为纳税人申诉的税收问题全部或部分是由于另一国采取措施所致，就有义务启动相互协商程序。① 不过，如果居民国税务机关在该种情况下仍不启动相互协商程序时，纳税人是否有救济手段，要看国内法中是否允许纳税人就税务机关不启动相互协商程序的决定向法院提起司法审查。

由于相互协商的启动与纳税人诉诸国内法院救济是两类不同的程序，居民国税务机关不能仅以纳税人将案件提交法院为理由而拒绝启动相互协商程序。即使法院已经做出了终审裁决，纳税人也可能希望通过相互协商程序解决。因此，缔约国税务当局可在启动相互协商程序时要求纳税人接受相互协商的结果，且纳税人撤销其在相互协商决议中已经解决问题的法律诉讼。②

但是，相互协商程序并不一定就能够保证争议得到满意的解决，其不足之处有：

首先，缔约国税务机关只是被要求努力（endeavor）解决税务争议，但仅有义务尽力谈判，但没有义务一定达成结果。③ 就转让定价调整而言，尽管有学者认为，如果将 OECD 范本第 7 条第 1 款和第 9 条第 1、2 款结合起来理解，缔约国双方应有义务就此达成同意④，实践中有的国家并不愿意承担这方面的义务，因为这会减少该国的税收，而且有的国家认为本国纳税人的纳税义务是根据本国的国内法确定的，不能因其他国家的调整而改变。事实上，有的国家还担心承担这方面的义务会在客观上助长关联企业的转让定价。⑤

---

① 参见 OECD 范本关于第 25 条注释的第 33 段。
② 参见 OECD 范本关于第 25 条注释的第 45 段。
③ 参见 OECD 范本关于第 25 条注释的第 37 段。
④ 根据第 7 条第 1 款的规定，缔约国一方企业的利润应仅在该国纳税，但该国企业通过设在缔约国另一方的常设机构进行营业的除外。因此，第 9 条第 1 款就是为了进一步确定哪些利润属于缔约国一方企业，以便缔约国行使征税权。为了尊重他国的征税权和履行税收协定义务，缔约国双方就应达成同意。参见 Klaus Vogel, *Klaus Vogel on Double Taxation Conventions*, 3rd edition, Kluwer Law International, 1997, p. 1348。2014 年 OECD 范本的第 9 条与该注释文献当时的范本第 9 条没有区别。
⑤ 因此，有的国家并不愿意在税收协定中写进完全复制 OECD 范本第 9 条。比如，捷克、匈牙利、意大利、奥地利、斯洛文尼亚都对 OECD 范本第 9 条第 2 款做出了保留。参见 OECD 范本关于第 9 条的注释第 16—19 段。

其次,纳税人在相互协商程序中没有法律地位。税收协定为缔约国创设权利与义务,纳税人并不是该协定的主体,只可根据税收条约享受税收协定给予的利益。因此,缔约国通过相互协商程序解决税务争议时,纳税人也不是相互协商程序的当事人。即使程序启动后,纳税人也不一定有机会陈述其观点。税务机关的协商结果对政府之间来讲可能是公平的,但对纳税人不一定公平。税务机关的协商结论一般不公开因而缺乏透明度。[1]

再次,税务机关根据相互协商程序达成的协议受制于缔约国的国内法。尽管 OECD 范本规定缔约国主管当局通过相互协商程序达成的协议应予以执行,但相互协商协议在缔约国国内法中的地位仍需根据其宪法或国内法来确定。例如荷兰认为协商协议是主管当局之间的君子协定(gentleman's agreement),对荷兰没有法律约束力,不能成为荷兰国内法的部分,也不能为个人创设权利和义务。大多数学者认为对税收协定具有解释效果的协商协议属于条约,如被纳入国内法,则对法院有约束力。不过,在不将协商协议转化为国内法的情况下,该协议也不能为个人创设权利和义务。[2] 此外,相互协商协议能否偏离税收协定以及能否偏离法院判决,在不同国家也有不同的观点。[3]

由于相互协商程序存在上述不足,自 20 世纪 80 年代起,就有学者开始探讨解决国际税务争议的仲裁机制。[4]

2008 年之前,OECD 范本并没有仲裁条款。不过,现实中的税收协定已经出现了实例。税收协定中的仲裁条款可分为两大类[5]:一类以美国和墨西哥的双边税收协定中的仲裁条款(第 26 条第 5 款)为代表,其条文表述为:"任何本协定的解释或适用的困难和异议,缔约国主管当局如果不能通过本条前款的相互协商程序解决,如果缔约国双方主管当局和

---

[1] M. Zuger, "Conflict Resolution in Tax Treaty Law", *INTERTAX*, Vol. 30, Issue 10, 2002, p. 345.

[2] Gerrit Groen, "Arbitration in Bilateral Tax Treaties", *INTETAX*, Vol. 30, Issue1, 2002, p. 7.

[3] 参见 OECD 范本关于第 25 条注释的第 34、35 段。

[4] David R. Tillinghast, "The Choice of Issues to be Submitted to Arbitration under Income Tax Conventions", in *Essays on International Taxation*, edited by Herbert H. Alpert and Kees van Raad, Kluwer Law and Taxation Publishers, 1993, p. 349.

[5] Gerrit Groen, "Arbitration in Bilateral Tax Treaties", *INTETAX*, Vol. 30, Issue 1, 2002, p. 7.

纳税人同意,可提交仲裁解决,只要纳税人事先书面说明受仲裁庭决定的约束。仲裁决定对缔约国双方具有个案的约束力。缔约国应通过外交渠道的换文来建立仲裁程序。本款规定在缔约国通过外交换文达成同意后生效。"另一类以爱沙尼亚和荷兰税收协定中的仲裁条款(第27条第5款)为代表,其条文表述为:"任何本协定的解释或适用的困难和异议,缔约国主管当局如果不能通过本条前款的相互协商程序在争议产生之日起两年内解决,应任何缔约国请求,该争议可提交仲裁解决,但这应在用尽本条第1—4款的程序后以及获得另一缔约国主管当局同意,并且纳税人以书面承诺受仲裁庭决定约束。仲裁庭的决定对缔约国和纳税人有约束力。"

OECD范本在2008年进行了修订,第25条增加了第5款,也引入了仲裁机制,其条文表述如下:"当一个人认为一方或双方缔约国的行为导致了对其与税收协定不符的征税并根据本条第1款提请其居民国当局启动相互协商程序后,缔约国双方当局如果不能根据本条第2款在2年内达成协议,此人可就任何未能解决的事项提请通过仲裁解决。如果未能解决的事项已由一国法院或行政法庭做出裁决,则不能提交仲裁。除非受该案直接影响的人不接受缔约国双方为履行仲裁裁决所达成的协议,仲裁裁决对缔约方是有约束力的。缔约方应履行仲裁裁决且不受国内法中时限的限制。缔约国当局应通过相互协商来确定适用本款的具体模式。"①

UN范本在2011年的修订也同样引入了仲裁机制。修订后的第25条推荐了A、B两种选择。25A共4款,是关于相互协商程序的;25B共5款,前4款与25A相同,第5款是其独有的,是关于强制性税收仲裁的,其条文表述为:

"当一个人认为一方或双方缔约国的行为导致了对其与税收协定不符的征税并根据第1款提请其居民国当局启动相互协商程序后,缔约国双方当局如果不能根据本条第2款在2年内达成协议,应缔约国任何一方主管当局提请可就任何未能解决的事项通过仲裁解决,并应通知根据

---

① 2017年OECD范本对第5条做了稍许改动:将第1款中纳税人向其居民国申请相互协商可向缔约国任何一方提起;将第5款中2年的期限明确为自所有相关信息提供给缔约国双方税务主管当局之日起算,纳税人应书面提请仲裁。

本条第1款提请案件的人。如果未能解决的事项已由一国法院或行政法庭做出裁决,则不能提交仲裁。仲裁裁决对缔约方是有约束力的并应履行,且不受国内法中时效的限制,除非缔约国双方主管当局在收到仲裁裁决后6个月内达成与仲裁裁决不同的协议,或者受该案直接影响的人不接受缔约国双方为履行仲裁裁决达成的协议。缔约国当局应通过相互协商来确定适用本款的具体模式。"

相比较而言,UN范本的仲裁条款和OECD范本的仲裁条款大致相同,但也存在以下差异[①]:(1) UN范本下仲裁的启动是由缔约国任何一方的主管当局提起,这意味着如果缔约方主管当局双方认为该案不适宜通过仲裁解决和任何一方都不提出请求时就不能仲裁。而OECD范本中则是由提请相互协商程序的纳税人提起。(2) UN范本中缔约国主管当局在相互协商程序启动后3年内未能解决事项的可提起仲裁,而OECD范本为2年。(3) 与OECD范本不同的是,UN范本允许缔约方主管当局偏离仲裁裁决,如果它们在收到仲裁裁决后6个月内达成与仲裁裁决不同的协议来解决争议的事项。

虽然以上税收协定(包括范本)中的仲裁程序存在差异,但都具有下列特点:

首先,解决国际税务争议的仲裁不同于国际商事仲裁。国际商事仲裁解决的是私人主体之间的民商事争议,而税务仲裁解决的是政府之间的争议,而这种争议具有公法的性质。税务仲裁适用的法律应当是税收协定和缔约国相关的国内法。税收协定的解释应适用《维也纳条约法公约》。[②]

其次,税务仲裁是相互协商程序的延伸。税收协定的仲裁条款只有当相互协商程序不能解决税务争议时才能启动。缔约国双方根据相互协商程序达成协议了且并不存在未解决的问题,纳税人就不能要求进行仲裁,即使纳税人并不认可相互协商程序下达成的协议。因此,仲裁是相互协商程序的延伸,是就相互协商程序未能解决的问题进行仲裁,这也是为了促进相互协商程序的效率。[③] 因此,税务仲裁是最后的手段,而非纳税

[①] 参见UN范本关于第25B条第5款的注释第13段。

[②] 关于税收协定的解释的论述,可参见陈延忠:《国际税收协定解释问题研究》,科学出版社2010年。

[③] 参见OECD范本关于第25条的注释第64段。

人或缔约国税务当局可以选择的争议解决方式。这不同于国际商事仲裁。国际商事仲裁的当事人可以选择仲裁，也可选择调解、诉讼等方式，而且一旦选择了仲裁就排除了司法管辖。

再次，仲裁的主动权在缔约方之间，纳税人仍非仲裁程序的主体。在税收协定中允许哪些争议可以仲裁，是缔约国来决定的。有的国家只是在与特定国家的税收协定中引入仲裁条款，有的国家的国内法可能不允许仲裁员就税收问题进行裁决。[1] 美国的一些税收协定中明确将"税收政策和国内法"排除出仲裁范围。[2] 有些国家希望将仲裁事项限定在事实争议方面，比如转让定价争议或认定常设机构是否存在的争议。[3]

此外，即使税收协定规定经纳税人提请仲裁程序就能启动，纳税人也不是仲裁程序的主体。[4] 税收协定的仲裁条款一般不规定仲裁员的任命和仲裁庭的组成、做出仲裁的期限、仲裁适用的法律和仲裁程序等。[5] 因此，OECD范本和UN范本都规定由缔约国双方来具体协商。[6]

税收仲裁与相互协商程序最大的不同是，仲裁裁决是终局的，对缔约国双方是有约束力的。[7] 尽管纳税人并非仲裁程序的主体，但OECD范本和UN范本仍给予了纳税人不接受仲裁裁决的权利。有的税收协定则要求纳税人事先同意受仲裁裁决的约束。不过，税收仲裁的裁决并不具有先例的作用。这是由于：仲裁不公开进行，裁决一般也不公开[8]，公众无法获知；做出裁决所依据的法律个案也可能不同；每个案件的仲裁程序

---

[1] 参见OECD范本关于第25条的注释第65段。
[2] Gerrit Groen, "Arbitration in Bilateral Tax Treaties", *INTETAX*, Vol. 30, Issue 1, 2002, p.10.
[3] 参见OECD范本关于第25条的注释第66段。
[4] OECD范本关于第25条的注释中所附的仲裁机制范本指出，纳税人可提交书面材料，也可在仲裁中出庭进行口头陈述。
[5] 相比之下，国际商事仲裁条款一般都包含将争议提交仲裁的意思表示、仲裁的事项、仲裁庭的组成、仲裁程序等事项。
[6] OECD范本关于第25条的注释中所附的仲裁机制范本规定：仲裁员由缔约方各指定一名，被指定的仲裁员再指定第三名仲裁员。仲裁员可以是政府官员，但不应参与仲裁之前的程序。
[7] OECD范本关于第25条的注释中所附的仲裁机制范本指出，缔约国主管当局应在6个月内就实施仲裁裁决达成协议并通知纳税人。在仲裁裁决做出前，缔约双方可达成协议，仲裁程序相应终止。
[8] OECD范本关于第25条的注释中所附的仲裁机制范本规定，如果纳税人和缔约国双方同意，仲裁裁决也可公布，但不公布当事方的名称和身份。

也可能不同。①

尽管仲裁程序具有优于相互协商程序的特点,但现实中,关联企业的组织机构并不仅仅限于两国之间,关联企业在多国开展经营活动是非常普遍的。因此,双边税收协定处理转让定价调整中的问题如果放在多国背景之下,就更加复杂,也更难通过双边机制来达成协议。

二、税收协定与税收差别待遇的消除

(一) 税收协定的无差别待遇条款

贸易协定(WTO和区域贸易安排)以及投资协定中都有非歧视待遇条款,禁止东道国对外国产品和服务、外国投资者及其投资采取歧视性措施。税收协定中也同样有无差别待遇条款。

OECD范本第24条"无差别待遇"(non-discrimination)是税收协定中的标准条款,包括国籍无差别、常设机构无差别,扣除无差别和资本无差别等内容,而且其适用的税种并不限于该协定范本第2条所列的所得税。

1. 国籍无差别

根据第24条第1款的规定,国籍无差别是指缔约国一方国民在缔约国另一方的税负和纳税手续,不应比缔约国另一方国民在相同情况下(尤其是在居住情况下)的负担更重。

国籍无差别禁止基于国籍的歧视,即使纳税人并非税收协定缔约国任何一方的居民。所谓"相同情况"是指纳税人在法律和事实方面都处于实质上类似的地位。由于税收协定的条款特别提及了居住情况,这意味着在认定纳税人是否处于相同状况时,需要考虑纳税人的居住地。因此,同为缔约国一国居民的两个纳税人,不应因国籍不同而区别对待。一国也应将给予居住在缔约国另一方的本国国民的税收待遇同样给予在缔约国另一方居住的该缔约国另一方的国民。不过,如果一国对本国国民以在境内居住为给予家庭方面税收减免的条件时,就没有义务将此类减免给予不在境内居住的缔约国另一国国民。当同时为其居民的缔约国一方国民,在缔约国另一方的税收待遇低于居住在第三国的缔约国另一方国

---

① Gerrit Groen, "Arbitration in Bilateral Tax Treaties", *INTETAX*, Vol. 30, Issue 1, 2002, p. 23.

民时,第 1 款也不适用,因为这两个人在居住方面并不处于相同情况。①

需要指出的是,OECD 范本第 3 条关于国民(national)的定义除了自然人之外,也包括法人(legal person),因此第 1 条也可适用于以公司注册地作为其国籍的情况。不过,禁止基于国籍的歧视也需要纳税人之间处于相同情况。税法中对于居民和非居民税收待遇的区分并不构成基于国籍的歧视,因为二者并不处于相同情况。不过,当 A 国的税法以公司在当地注册或设有有效管理机构为居民认定标准,假如一个公司 X 在 B 国注册但其有效管理机构在 A 国时,如果 A、B 两国的税收协定有 OECD 范本第 4 条第 3 款那样的规定时,此时 X 应认定为只是 A 国的公司。假如 A 国规定本国居民公司从另一个本国居民公司收取的股息免税时,A 国拒绝 X 公司收取的 A 国居民公司支付的股息享受免税待遇,就违背了国籍无差别规定。②

此外,第 24 条第 2 款还规定,缔约国一方居民,即使是无国籍人,其在缔约国另一方的税收,不应比缔约国另一方国民在相同情况下(尤其是在居住情况下)的负担更重。1954 年 9 月 28 日,一些国家在纽约签署了《关于无国籍人地位的公约》,该公约第 29 条要求给予无国籍人国民待遇。因此,这一款的目的在于将国民待遇扩展适用于作为缔约国任何一方居民的无国籍人。不过,第 2 款与第 1 款的区别在于把非缔约国双方居民的无国籍人排除在外,这是为了防止他们在缔约国一方获得比缔约国另一方居民更优惠的地位。③

2. 常设机构无差别

常设机构无差别是指缔约国一方企业在缔约国另一方的常设机构的税负,不应高于进行同样经营活动的缔约国另一国企业。

常设机构无差别的适用与企业的国籍无关,而是以企业的营业地点为基础,关注的是在缔约国另一方有常设机构的缔约国一方企业的税收待遇。不过,只要在效果上常设机构的税负不比当地企业更重,即使对作为非居民的常设机构和进行同样经营活动的作为居民的当地企业采用不同的征税方式(比如专门制定确定可归属到常设机构的利润的规则),也

---

① 参见 OECD 范本关于第 24 条的注释第 4 段。
② 参见 OECD 范本关于第 24 条的注释第 20 段。
③ 参见 OECD 范本关于第 24 条的注释第 26—32 段。

不违反常设机构无差别待遇。①

所谓"同样经营活动"是指常设机构从事与当地居民企业属于相同行业并就营业利润纳税的经营活动。不过,常设机构与当地企业的组织机构也应类似。比如,缔约国一方的居民个人在缔约国另一方设立常设机构时,常设机构无差别并不要求缔约国另一方对常设机构适用与当地居民公司设立的居民公司同样的税率。常设机构和当地居民企业从事的经营活动是否都接受法律监管也是认定是否进行相同经营活动的因素。比如,常设机构在当地并非以银行的形式进行借贷活动,就不能要求与作为当地居民的银行一样的税收待遇。②

常设机构的税负不能高于当地从事同样经营活动的居民企业,意味着常设机构在计税基础(比如费用扣除、折旧、一个会计期间内的亏损在一定年限内的结转等)和税率等方面的待遇应当不低于居民企业。③

当缔约国另一方居民企业在缔约国一方的常设机构从第三国取得股息等消极投资所得并面临双重征税时,该缔约国一方也可根据国内法或常设机构无差别待遇适用抵免法。缔约国双方还可在税收协定中进一步约定:常设机构所在国给予抵免时可适用常设机构居民国和第三国税收协定中所适用的税率,但抵免数额不能超过常设机构所在国的居民根据该国与第三国之间的税收协定所能够主张的抵免限额。④

3. 扣除无差别

扣除无差别是指缔约国一方企业支付给缔约国另一方居民的利息、特许权使用费等款项,在确定该企业的纳税所得时,应与在同样情况下支付给本国居民一样扣除。扣除无差别旨在消除一国允许居民支付的利息、特许权使用费因收款人是居民或非居民而采取不同税收待遇的情况。

不过,第 24 条第 4 款第 1 句设定了扣除无差别的适用前提,即"除适用该协定第 9 条第 1 款、第 11 条第 6 款或第 12 条第 4 款之外"。第 9 条第 1 款是关于转让定价调整的。OECD 范本第 11 条第 6 款规定,由于利息支付人和利息受益所有人之间或二者与第三方之间的特殊关系,导致利息数额超出支付人和受益所有人没有特殊关系时的利息额时,超出部

---

① 参见 OECD 范本关于第 24 条的注释第 33—34 段。
② 参见 OECD 范本关于第 24 条的注释第 37—38 段。
③ 参见 OECD 范本关于第 24 条的注释第 40 段。
④ 参见 OECD 范本关于第 24 条的注释第 70 段。

分应按缔约国的国内法征税。① 这是为了防止企业借助资本弱化的方式避税。② 因此,扣除无差别是在不涉及反避税情况下适用的。一些国家也制定了应对资本弱化的反避税规则,对于债务人超出正常利息水平的支付额不允许作为费用扣除。OECD 范本注释认为,扣除无差别并不禁止债务人所在国适用与第 9 条第 1 款或第 11 条第 6 款相符的防范资本弱化的国内规则。不过,如果国内反避税规则与第 9 条第 1 款或第 11 条第 6 款不符且只适用于债务人对非居民债权人的支付,则为扣除无差别待遇所禁止。③

4. 资本无差别

资本无差别是指缔约国另一方居民所拥有或控制的缔约国一方企业的税负,不应比该缔约国一方同类企业更重。资本无差别待遇的目的在于禁止缔约国一方仅由于该企业的资本全部或部分由缔约国另一方的一个或几个居民持有而给予歧视待遇。不过,资本无差别关注的是企业之间的待遇,而非企业投资人的待遇。因此,缔约国一方对本国居民企业集团之间合并纳税等方面的待遇是可以不给予资本由缔约国另一方居民持有的居民公司及其非居民股东的。资本无差别也不管辖居民公司支付给居民股东股息的预提税与支付给非居民股东的预提税是否相同的情况,因为预提税的纳税人是居民公司的股东,而非居民公司本身。④

由于资本无差别禁止缔约国一方仅由于该国企业的资本由缔约国另一方的居民持有而给予歧视待遇,该国对于居民企业支付给居民和非居民的利息采取不同税收待遇不属于资本无差别的管辖范围。比如,一国的反资本弱化规则不允许居民企业支付给拥有或控制其资本的非居民关联企业的利息扣除并不违反资本无差别待遇,只要居民公司支付给非控股的关联企业的利息也同样对待。因此,如果反资本弱化规则只适用于被非居民直接或间接拥有、控制其全部或部分资本的企业,是与资本扣除无差别不符的。⑤

---

① 第 12 条第 4 款与第 11 条第 6 款类似,是针对超出正常水平的特许权使用费的规定。
② 有关资本弱化的问题,本书第五章将专门论述。
③ 参见 OECD 范本关于第 24 条的注释第 74 段。
④ 参见 OECD 范本关于第 24 条的注释第 76—78 段。
⑤ 参见 OECD 范本关于第 24 条的注释第 79 段。

(二) 税收协定无差别待遇条款的特点

税收协定中的无差别待遇条款与贸易协定和投资协定中的非歧视条款具有相辅相成的作用,为消除国际贸易和投资中的歧视性措施提供了法律基础。

在国际贸易和投资活动中,一国的所得税措施可以对外国产品(foreign product)、外国生产者(foreign producer)和外国生产过程(foreign production)造成歧视。①

就消除这些类型的歧视性措施而言,贸易协定、投资协定和税收协定分别有其适用范围,而且贸易协定和投资协定一般将所得税方面的问题交由税收协定来处理。与贸易协定和投资协定的非歧视待遇相比较,税收协定无差别待遇条款具有下列特点:

首先,税收协定无差别待遇条款的适用不以 WTO 成员在 GATS 下的具体承诺为限。如果 WTO 相关成员之间缔结了税收协定,即使是在没有承诺开放的部门,也需要根据税收协定给予其他成员的服务提供者或投资者以税收无差别待遇。不过,税收协定的无差别待遇条款类似于国民待遇,扣除无差别规定也适用于国内企业购买外国产品或服务的税收待遇,与贸易协定下的国民待遇条款具有类似的作用。即使税收协定没有这样的规定,贸易协定下的国民待遇也能够发挥作用。②

其次,税收协定的无差别待遇条款缺乏最惠国待遇的内容。③ 但是,WTO 协定和投资协定中除了国民待遇外,还有最惠国待遇的规定。税收无差别待遇包括国籍无差别、常设机构无差别、扣除无差别和资本无差别四种情况,而 GATS 和投资协定的国民待遇未做如此具体的划分。就常设机构无差别和扣除无差别来讲,与 GATS 第 17 条所适用的针对外国服务和服务提供者的税收措施类似。不过,资本无差别待遇的主体是外国服务提供者在东道国设立的居民企业,而非外国服务提供者本身。

此外,税收协定的无差别待遇并不仅仅适用于服务贸易,也适用于国际投资。虽然通过商业存在提供的服务贸易也属于投资,但投资的领域

---

① Alvin C. Warren Jr., "Income Tax Discrimination against International Commerce", *Tax Law Review*, Vol. 54, No. 2, 2001, p.149.
② David B. Oliver, "Tax Treaties and the Market-State", *Tax Law Review*, Vol. 56, No. 4, 2003, p.589.
③ 关于这一问题,本节下文和第二节将做进一步阐述。

既包括服务类也包括生产类的投资。区域贸易安排也承认税收协定的优先性。

(三) 税收协定中无差别待遇条款的局限性

首先,税收协定的无差别待遇条款主要针对外国生产者在境内的待遇方面,但以承认国内所得税法中居民和非居民的划分为前提。税收无差别待遇的适用要求非居民和居民处于基于相同情况(in the same circumstances, carrying on the same activities)。由于居民和非居民存在着纳税义务的本质区别,OECD范本第24条第3款也承认一国基于民事地位、家庭负担给予本国居民的任何扣除、优惠和减免可不给予非居民。[①] 无差别待遇条款也不要求一国给予本国居民的消除经济性双重征税的措施也给予非居民。事实上,税收协定的无差别待遇条款需要在防止没有正当理由的歧视措施和考虑各国税制的合法区分方面做出平衡。因此,税收无差别待遇也不适用于间接歧视(indirect discrimination)的情况。比如,尽管第24条第1款禁止基于国籍的歧视,但一国的非居民纳税人由于并非该国的国民,不能因此主张基于居民和非居民的不同而采取的差别待遇属于该款管辖的基于国籍的歧视。[②]

其次,税收协定的无差别待遇条款一般不涉及该国对本国居民境外所得的差别待遇。或者说,税收协定并没有条文明确排除缔约国对其居民境外生产过程及其所得的歧视性待遇。[③] 当一国对居民的境外所得采取限额抵免法时,如果来源地的税率高于境内税率,其税负比应税所得相同但所得只来自于境内所得的居民公司更重。但是,税收协定对这种情况是作为消除双重征税措施的正常结果对待,并不将其视为一种歧视。[④] 其原因在于税收协定是通过在缔约国之间协调、划分征税权来消除双重

---

① 该款适用于在缔约国另一方设立有常设机构的缔约国一方的自然人居民。这是为了防止缔约国一方的自然人居民在其居民国享受家庭扣除待遇的同时,在缔约国另一方也享受同样的待遇,从而缔约国另一方居民享受更多的优惠。

② 参见 OECD 范本关于第 24 条的注释第 1 段。

③ 比如,采用抵免法的国家还可能对居民境外所得适用比境内所得更高的税率,这并不违背其税收协定下的义务。再比如,一国还可以将企业加速折旧的优惠只限定于该企业在国内拥有的设备(比如美国)。即使是采用免税法消除双重征税的国家,也可能不允许居民企业将某些境外生产中的费用在其全部应税所得中扣除。参见 Alvin C. Warren Jr., "Income Tax Discrimination against International Commerce", *Tax Law Review*, Vol. 54, No. 2, 2001, p. 154.

④ Alvin C. Warren Jr., "Income Tax Discrimination against International Commerce", *Tax Law Review*, Vol. 54, No. 2, 2001, pp. 153—154.

征税,并不能统一缔约国的税负水平和税收差异。在经济性双重征税方面,如前所述,OECD 认为在国内法中不予以缓解,也没有必要在国际层面上予以解决。各国国内法中关于消除经济性双重征税的措施,一般也不会给予居民的境外股息。① 因此,OECD 范本没有消除经济性双重征税的机制,并不要求一国给予本国居民收取的来源于境内居民公司股息的消除经济性双重征税的措施也给予居民从境外非居民公司收取的股息。

再次,税收协定的无差别待遇条款缺乏最惠国待遇的内容。OECD 认为第 24 条的税收无差别待遇并不能解释为要求缔约国提供最惠国待遇。② 也就是说,一国可以在与不同国家的税收协定中给予来自不同国家的服务提供者或投资者以差别待遇。贸易协定和投资协定也承认税收协定的优先性,并将税收协定的措施排除在最惠国待遇的适用范围之外。

综上所述,税收协定的无差别待遇条款尽管能够消除一些所得税歧视措施,但并不能全面消除因国内税法关于居民和非居民的划分以及国内税制的差异所造成的差别待遇。其原因在于税收协定是以缔约方的税制为基础做出的安排,并非超国家的立法,既不能为各方创设税收管辖权,也不能改变缔约方的税制,其具体适用也需要依靠国内法。但是,即使因居民和非居民的区分和税制差异所导致的差别待遇不同于刻意的歧视措施,也会影响非居民和居民的贸易和投资决策。由于税收协定的无差别待遇条款缺乏最惠国待遇的内容,也对致力于形成统一的投资体制的区域贸易安排的运行产生影响。因此,即使缔约方之间已存在税收协定的区域贸易安排,也有进一步消除所得税差别待遇的需求。

第二节　多边或区域性的税收协定

鉴于双边税收协定的不足,为了进一步消除区域贸易安排内的双重征税和税收差别待遇,一方面可对双边税收协定的相关条款予以改进,另一方面可尝试缔结多边或区域性的税收协定。

---

① 参见 OECD 范本关于第 10 条的注释第 48 段。
② 参见 OECD 范本关于第 24 条的注释第 2 段。

一、双边税收协定的改进

(一) 消除双重征税的机制

双边税收协定处理多边背景下的双重征税存在内在的不足,这一问题在由两个以上成员的区域贸易安排中也是突出的。尽管在全球化背景下,即使不存在区域贸易安排,企业也会在多国开展经营活动,但致力于贸易和投资自由化的区域贸易安排无疑将为企业在本区域内的业务创造更优惠的条件。为了消除企业面临的多重征税,区域贸易安排需要考虑新的机制,即使税收协定的谈判和完善并不包含在区域贸易安排本身的协定之中。

以三角问题为例,双边税收协定可以通过相关条款将来源地管辖权划归一国行使。比如,在利息的来源地认定方面,OECD 提出可以对第 11 条第 5 款第 2 句做如下修改:"如果利息支付人,不论其是否为缔约国一方居民,只要其支付利息的债务与其设立在其居民国之外的国家的常设机构存在有效联系,且利息由该常设机构承担,则利息可视为来源于该常设机构所在国。"① 如果甲乙两国之间的税收协定有这样的条款,当作为甲国居民的银行 A 给乙国居民公司 B 发放了一笔贷款,但该笔贷款实际上由 B 公司在丙国的常设机构 C 使用且利息由该常设机构承担时,乙国就不能就 A 银行的利息主张来源地管辖权,从而消除了两个来源地管辖权重叠的情况。就甲国和丙国而言,丙国可以根据 OECD 范本第 7 条或第 21 条关于常设机构规定进行征税,甲国采取免税法或抵免法来消除双重征税。

当然,第 11 条第 5 款第 2 句的修改需要甲、乙和丙三国的税收协定都如此规定才能实现对等。也就是说,当作为甲国居民的银行 A 给丙国居民公司 C 发放了一笔贷款,但该笔贷款实际上由 C 公司在乙国的常设机构 B 使用且利息由该常设机构承担时,丙国同样不能就 A 银行的利息主张来源地管辖权,而应由乙国行使。否则,单纯通过两国间的税收协定要求支付人为其居民的缔约国一方放弃利息的来源地管辖权是不现实的。

---

① 参见 OECD 范本关于第 11 条的注释第 30 段。

(二) 引入最惠国待遇

双边税收协定的税收无差别待遇条款缺乏最惠国待遇是其显著的特征。理论上讲,在税收协定中引入最惠国待遇条款是解决不同税收协定之间差别待遇的一种途径。不过,OECD 并不赞成,其主要理由是[①]:

首先,不同税收协定对纳税人的不同待遇并不当然是一种差别待遇,纳税人的税负总体需要结合来源地和居民地税法来核定。以一国在不同的税收协定中给予不同国家的投资者来源于该国的所得适用不同的预提税率为例。S 国分别与 R1 和 R2 两国都签订了税收协定。当 S 国作为来源地国时,R1 作为居民国采用免税法消除双重征税,而 R2 作为居民国采用抵免法。根据 R1 与 S 的税收协定,S 对 R1 居民来源于 S 的对股息征收 5% 的预提税,S 与 R2 的税收协定中的预提税率为 15%。表面看来,在预提税方面,R2 居民的待遇不如 R1 居民。但是,如果将居民国的税制考虑进来,R2 居民实际比 R1 居民税负更轻,因为 R1 居民只是免除了股息所得 5% 的税负,而 R2 居民则抵免了股息所得 15% 的税负。如果把 R1 与 S 下的低预提税率也适用于 R2 居民的话,则 R2 的优势将更明显。

其次,双边税收协定如果有最惠国待遇将会引起税收协定适用的不平衡。比如,在特许权使用费上,A 国与 B 国的税收协定中的预提税率为 10%,A 国与 C 国的税收协定中的税率为零。B 国签订的所有其他税收协定中的预提税率均为 10%。如果有最惠国待遇的要求,A 国就被迫要把与 C 国税收协定中的零税率给予 B 国,但 B 国仍可能对 A 国居民来自于 B 国的特许权使用费适用 10% 的预提税税率。

不过,将最惠国待遇写入税收协定也并非没有意义。

首先,最惠国待遇是为了实现非居民之间的同等待遇。至于非居民的总体税负需要结合其本身居民国的税制来核定,这并非来源地国给予最惠国待遇时所考虑的。就 OECD 范本而言,其第 12 条将特许权使用费的征税权划归居民国单独享有,来源地国不再主张管辖权。这与在税收协定中规定来源地国仍享有管辖权但预提税税率为零的效果是一样的。就利息而言,OECD 也指出,缔约国可在税收协定中约定利息的征税

[①] UNCTAD, *Taxation*, UNCTAD Series on Issues in International Investment Agreement, UNCTAD/ITE/IIT/16, 2000, pp.32—33.

权只划归利息受益所有人的居民国独享。① 因此,对于希望通过引进技术和证券投资来促进当地经济发展的来源地国来讲,对于非居民的消极投资所得适用最惠国待遇,是其自主决定的事项。

其次,尽管非居民的总体税负需要结合其本身居民国的税制来核定,在消除消极投资所得的双重征税措施方面,各国的普遍做法是对居民的境外所得实施抵免法。OECD范本第23条A推荐缔约国采用免税法时,也规定消极投资所得可适用抵免法。就抵免法而言,居民的总体税负要受居民国税率的限制。由于常设机构是比照当地的居民公司纳税,即使没有最惠国待遇,不同非居民的常设机构在来源地国的税负也是相同的,尽管其总体税负会因居民国税率高低而有差别。相比之下,由于消极投资所得并不比照当地居民公司纳税,给予消极投资所得以最惠国待遇则有助于消除预提税之间的差异,也能够减少非居民借助税收协定滥用来避税的情况。

此外,现实中也有将最惠国待遇写入税收协定的实践。如本书第一章所述,包含最惠国待遇条款的税收协定有将近600个,荷兰和日本1970年的税收协定也有这样的规定。事实上,对于追求进一步自由化的区域贸易安排来讲,在缔约方之间的双边税收协定中如果对消极投资所得给予最惠国待遇,有助于区域一体化的实现,也能够避免修改税收协定的麻烦。比如,在NAFTA的三个缔约方(美国、加拿大和墨西哥)之间的双边税收协定中,在来源地国对特许权使用费的预提税税率方面,美国和加拿大的税收协定规定不超过10%,加拿大和墨西哥的税收协定规定不超过15%,美国和墨西哥的税收协定规定不超过10%。由于加拿大和墨西哥的税收协定中有关于此项所得预提税税率的最惠国待遇条款,加拿大和墨西哥之间的预提税税率就因此降低到了不超过10%。如果没有最惠国待遇条款,加拿大和墨西哥之间就需要通过重新谈判税收协定来改变预提税税率。② 因此,对于区域贸易协定的缔约方来讲,可根据区域内投资自由化的需要,将最惠国待遇适用于与投资活动相关的所得。

---

① 参见OECD范本关于第11条的注释第7.2段。
② Arthur J. Cockfield, *NAFTA Tax Law and Policy: Resolving the Clash between Economic and Sovereignty Interests*, University of Toronto Press, 2005, p.57.

二、多边或区域性的税收协定

除了对双边税收协定进行必要的改进外,区域贸易安排可以考虑缔结多边或区域的税收协定,或者订立适合区域的税收协定范本。现实中的实践主要有:

(一) 北欧税收协定

1983年丹麦、芬兰、冰岛、挪威和瑞典等国家缔结了北欧税收协定(The Treaty between the Nordic Countries for the Avoidance of Double Taxation with Respect to Taxes on Income and Capital),并在同年12月生效。之后,北欧税收协定在1987年、1989年和1996年进行了数次修订,法罗群岛随后也加入。[①] 以1996年的协定为例。该协定共32条,分别为:适用的人和税种(第1条和第2条);定义(第3条);居民(第4条);常设机构(第5条);不动产所得(第6条);营业利润(第7条);运输所得(第8条);关联企业(第9条);对股息、利息、特许权使用费、资本利得、独立劳务所得、受雇劳务所得、高管薪酬、艺术家和运动员的所得、退休金、为政府服务的所得、学生和学徒的所得、从事勘探或开采石油资源相关的活动中取得的所得、其他所得、财产、遗产等的征税(第10—24条);消除双重征税的方法(第25条);一般课税规则(第26条);税收无差别待遇(第27条);相互协商程序(第28条);外交和领事人员的税收特权(第29条);协定适用地域范围的扩展(第30条);协定的生效(第31条);协定的终止(第32条)。因此,北欧税收协定在体例上与OECD范本类似。在税收管辖权的划定方面,北欧税收协定也与OECD范本一致,侧重居民管辖权的维护。比如,在"其他所得"方面,北欧税收协定规定只要税收协定没有就管辖权划分进行规定,原则上缔约国一方居民的所得只能由其居民国征税,但缔约国一方居民在缔约国另一方通过常设机构或固定基地开展经营活动时,如果该项所得与常设机构或固定基地存在联系,常设机构或固定基地所在国仍有征税权。

北欧税收协定同时适用于北欧五国以及法罗群岛[②],在处理多个居民税收管辖权重叠和多个来源地税收管辖权重叠时具有优势。

---

① 参见OECD范本引言部分第38段。
② 该协定第1条规定其适用于至少为一个或多个缔约国的居民。

在前文所举的当一个人同时被丹麦、瑞典和挪威都认定为居民的例子中,北欧税收协定第4条第2款的处理方式与OECD范本第4条第2款是类似的。① 不过,当需要通过相互协商程序解决居民身份时,北欧税收协定第28条(相互协商程序)第4款规定,在缔约方主管当局进行双边协商并达成协议之前,磋商的结果应尽快通知其他缔约国主管当局。如果某个缔约国主管当局认为磋商应当在所有缔约国主管当局之间进行,磋商应当在该缔约国发出请求后立即进行。这样,缔约国之间的多边相互协商就可能避免双边之间达成不同居民身份认定结果的情况。不过,北欧税收协定第28条也同样没有要求缔约国之间必须达成协议。

再比如,前文所举的股息两个来源地管辖权重叠的问题,北欧税收协定第10条第2段规定,本条第1款和第3款的规定不适用于如下情况②:如果股息的受益所有人是缔约国一方居民,通过设在其居民国以外的缔约国的常设机构营业,且支付的股息与常设机构有有效联系,股息应由其常设机构所在国根据本协定第7条关于常设机构的规定征税。根据这一规定,冰岛不再主张来源地管辖权而由挪威主张来源地管辖权。

就利息而言,北欧税收协定第11条也规定:当利息的受益所有人为缔约国一方居民但在缔约国另一方通过常设机构或固定基地营业且取得的利息与常设机构或固定基地有联系时,适用常设机构或固定基地的征税方式。由于第11条适用于所有缔约方,实际上统一了利息来源地的认定标准。尽管第11条的表述没有采用OECD范本注释对第11条第5款第2句修改的文本,但其效果是类似的,即存在常设机构时,都由常设机构所在国行使来源地管辖权。

(二) 拉美国家的实践

目前,北欧税收协定的成员并不存在一个它们之间的区域贸易安排,

---

① 该款的内容为:首先,纳税人应只被认定为其永久性住所所在国的居民。如果纳税人在几个国家有永久性住所,则应只被认定为与其具有最强人身和经济联系国家(重要利益中心)的居民。其次,如果重要利益中心所在国无法确定,或该纳税人在任何缔约国都没有永久性住所,则应只被认定为其习惯性居所所在国的居民。再次,如果该纳税人在几个缔约国都有习惯性居所,或者在任何缔约国都没有习惯性居所,则应认定为国籍国的居民。最后,如果纳税人具有多重国籍,或不具备所有缔约国的国籍,则缔约国主管当局应通过相互协商程序解决。

② 第1款和第3款与OECD范本第10条第1款和第2款的内容类似,即:缔约国一方居民公司支付给缔约国另一方居民公司的股息,可在该缔约国另一方征税。但是,股息也可在支付股息为其居民的缔约国并按照其国内法征税。

但它们在历史上都是欧洲自由贸易联盟的成员①。除北欧税收协定外，拉美国家在经济一体化进程中也尝试过缔结区域性的税收协定。不过，拉美传统上在所得税方面实行地域管辖权税制（territorial tax system），即只对来源所得征税。不过，即使各国都实行地域管辖权，但各国对所得来源的认定可能存在差异或冲突，因此，拉美国家的税收协定主要是统一所得来源的认定标准。

1. 安第斯共同体的税收协定

安第斯共同体 1971 年曾经签署了一个多边税收协定。该协定是以当时《卡塔赫纳协定》下委员会的第 40 号决定（decision）做出，该决定批准了成员国之间的避免双重征税协定（作为附件 1）和成员国与非成员国间避免双重征税协定的标准协定（作为附件 2）。② 根据第 40 号决定第 3 条的规定，成员国将采取必要的措施使附件 1 的避免双重征税协定生效，第 5 条要求成员国在与第三国缔结税收协定时以附件 2 的标准协定为参照，而且每个成员国应在与第三国签订税收协定前与其他国家在财政政策理事会（fiscal policy council）内磋商。因此，附件 1 的税收协定适用于所有成员国并具有法律约束力③，而附件 2 的标准协定实际上是一个范本。

两个附件所列税收协定的突出特点是将征税权单独划归所得来源地国，在体例和内容上也基本相同。

（1）成员国间的税收协定。

该协定共 4 章 21 条：

第 1 章"适用范围和定义"（第 1—3 条）。该章规定税收协定适用于在任一个成员国居住的人（包括自然人、企业和其他组织）。一个自然人

---

① 丹麦于 1973 年加入当时的欧洲共同体，瑞典和芬兰 1995 年加入欧盟。冰岛和挪威仍是欧洲自由贸易联盟的成员。

② 关于批准成员国间避免双重征税的协定以及执行成员国与非成员国间避免双重征税协定的标准协定的决定（Approval of the Agreement among Member Countries to avoid double taxation and of the Standard Agreement for executing agreements on double taxation between Member Countries and other States outside the Subregion）检索自 http://www.comunidadandina.org/en/TreatiesLegislation.aspx?id=8&title=decision-40-approval-of-the-agreement-among-member-countries-to-avoid-double-taxation-and-of-the-standard-agreement-for-executing-agreements-on-double-taxation-between-member-countries-and-other-states-outside-the-subregion&accion=detalle&cat=2&tipo=TL，2015 年 1 月 29 日访问。

③ 当时的成员国为玻利维亚、哥伦比亚、智利、厄瓜多尔和秘鲁。

在一个成员国有习惯性居住地(the Member Country where his habitual residence is located)时即为该国居民。企业为其章程所列的居住地的居民。如果企业章程没有这样的规定，则为其实际管理地所在国(where actual management is located)的居民。

第 2 章"所得税"(第 4—16 条)。第 4 条(税收管辖权)为总括性的规定：不论纳税人的国籍或居民身份如何，其在成员国取得所得应只在该国纳税，除非本协定另有规定。该协定第 5—16 条分别就不动产所得、开采自然资源的所得、营业所得、运输所得、特许权使用费、利息、股息、资本利得、个人劳务所得、公司提供专业服务的所得、退休金、艺术和公共娱乐活动所得等类所得的来源地认定标准进行了规定。除运输所得外，这些所得的征税权原则上都由来源地国单独享有。① 尽管该税收协定将征税权只划归来源地国独享，但关于居民身份的认定也有法律意义：一是决定纳税人是否适用该税收协定，而具有某国的居民身份也是享有该国税法给予居民待遇的前提；二是居民身份也作为判定特定所得来源地的标准。② 由于该税收协定对所得来源的认定标准进行了统一，且将征税权划归来源地国独享，也就不存在类似于 OECD 范本第 23 条要求居民国采取免税法或抵免法来消除双重征税的规定。

第 3 章"财产税"(第 17—18 条)。第 17 条规定个人或企业位于成员国的资产应只由该国征税。第 18 条则对运输工具、贷款、股份和证券的所在地进行了规定。运输工具和动产的所在地为该财产的所有权登记

---

① 第 5 条规定，不动产生的任何所得，只由不动产所在国征税。第 6 条规定，自然资源开采权的授予、转让、转租的所得只由资源国征税。第 7 条规定，营业活动的所得只能由所得来源国征税。一个企业通过办公场所、工厂、建筑场所、自然资源开采场所、销售代理机构、仓库、代理人等从事经营活动将被认为在当地从事经营活动。一个企业在两个以上成员国从事经营活动时，每个成员国只对其境内来源所得征税。如果企业通过上述代表处或设施从事经营，应将代表处等视为独立企业并将利润进行归属。第 8 条规定，运输业所得仅由企业法定居所地(legal residence)所在国征收。第 9 条规定，使用商标、专利等无形财产的所得只应在使用地国征税。第 10 条规定，利息只在贷款使用地征税。除非另行证明，利息支付地即为贷款使用地。第 11 条规定，股息只在分配股息的企业的法定居民国征税。第 12 条规定，资本利得应由转让标的销售时的所在国征税，但船舶、飞机等运输工具转让的资本利得应仅由转让时运输工具登记国征税，债券、股票等证券的资本利得应仅由证券发行国征税。第 13 条规定，个人劳务所得只在劳务提供地点征税，但船员等的所得只在雇主居民国征税。第 14 条规定，公司提供专业服务的所得只在服务提供国征税。第 15 条规定，退休金只在所得来源地国征税。所得来源地为产生所得的合同的签订地，或者没有合同时为所得支付地。第 16 条规定，艺术和公共娱乐活动收入只由活动地国征税，不考虑活动持续的时间。

② 比如第 8 条运输所得和第 10 条股息所得。

国;贷款、股份和证券的所在地为债务人或证券发行企业为其居民的成员国。

第 4 章"一般条款"(第 19—21 条)。第 19 条为无差别待遇条款,规定任何成员国不得给予在其他成员国居住的人低于在其境内居住的人的税收待遇。第 20 条为相互协商和税收情报交换的规定。第 21 条为协定生效方面的规定。

(2) 成员国与非成员国之间的税收协定。

成员国与非成员国间避免双重征税协定的标准协定适用于一个成员国与一个第三国之间,也分 4 章(适用范围、所得税、财产税、一般条款),不过没有成员国间税收协定第 19 条的无差别待遇条款,但增加了关于协定批准的 1 条(第 21 条)。该协定在各类所得来源地的认定方面也与成员国间税收协定一样。①

2004 年 5 月,安第斯共同体又通过了第 578 号决定,对第 40 号决定下的成员国之间的税收协定进行了修订,该决定于 2005 年 1 月 1 日生效。② 新的成员国间的税收协定为 4 章 22 条:第 1 章"适用范围和定义"(第 1—2 条);第 2 章"所得税"(第 3—16 条);第 3 章"财产税"(第 17 条);第 4 章"一般条款"(第 18—22 条)。

从体例和内容看,第 578 号决定的税收协定与第 40 号下的成员国间的税收协定没有实质区别,只是删除了第 40 号决定中原成员国间税收协定的第 3 条和第 18 条(关于财产来源地的界定)③,但增加了新的第 7 条(关联企业)、新的第 20 条(解释和适用)和新的第 21 条(征税协助)。这些新增加的条款体现了新税收协定对反避税和逃税的重视。新的第 7 条与 OECD 范本第 9 条类似。新的第 20 条也强调,对税收协定的解释和适用应考虑其消除共同体内双重征税的主要目的,但不应解释或适用为允许对成员国应课税所得或财产的逃税,税收协定也不排除成员国反逃税法律的适用。新的第 21 条也要求成员国在征税方面提供协助。

---

① 这些所得的类别也包括:不动产所得、开采自然资源的所得、营业所得、运输所得、特许权使用费、利息、股息、资本利得、个人劳务所得、公司提供专业服务的所得、退休金、艺术和公共娱乐所得和财产所得。

② 检索自:http://intranet.comunidadandina.org/Documentos/Gacetas/Gace1063.pdf,2015 年 1 月 29 日访问。

③ 原协定第 3 条的内容为,该税收协定没有定义的术语应适用缔约国内法。

2. 加勒比共同体的税收协定

加勒比共同体曾于 1973 年订立了一个多边税收协定。[①] 该税收协定以巴巴多斯、圭亚那、牙买加、特立尼达和多巴哥 4 个比较发达的成员国为一方,以多米尼加等 8 个欠发达成员国为另一方[②],共 27 条。这 27 条的标题依次为:适用的人;适用的税种;定义;居民;常设机构;不动产所得;营业利润;海运和空运;关联方;股息;利息;特许权使用费;管理费;设备租赁;独立劳务所得;受雇劳务所得;退休金;政府服务;学生和学徒;抵免;免税;适用税率;非歧视;协商;情报交换;生效;终止。

加勒比共同体的税收协定并没有如安第斯共同体税收协定那样将管辖权划归来源地国独享。比如,在营业利润方面适用常设机构原则,股息、利息和特许权使用费的征税权划归居民国和来源地国共享并限定来源地国的预提税税率。[③] 在消除双重征税方面,该协定第 21 条要求巴巴多斯等 4 国对其居民来源于多米尼加等 8 国的所得给予抵免。[④] 如果巴巴多斯等 4 国居民公司根据其国内法从其享受免税的公司利润中分配股息给多米尼加等 8 国的居民公司[⑤],多米尼加等 8 国也应对其居民收取的股息免税。不过,1973 年的税收协定并没有正式批准生效。该协定的主要目的是为了促进共同体内较发达成员对欠发达成员的贸易和投资,对较发达成员之间的经贸关系没有考虑。[⑥]

1994 年,加勒比共同体成员国签订了新的税收协定来取代 1973 年

---

① Agreement for the Avoidance of Double Taxation and the Prevention of Fiscal Evasion with respect to Taxes on Income and for the Encouragement of International Trade and Investment. 检索自 http://www.caricom.org/jsp/secretariat/legal_instruments/agreement_doubletaxation_1973.pdf,2015 年 1 月 29 日访问。

② 安提瓜、伯利兹、多米尼加、格林纳达、蒙特塞拉特、圣基茨—尼维斯—安圭拉、圣卢西亚、圣文森特。

③ 比如,利息的预提税税率不超过 10%,特许权使用费的预提税税率不超过 5%。

④ 包括对股息的间接抵免,但要求为巴巴多斯等 4 国居民公司至少直接或间接持有 10% 多米尼加等 8 国居民公司具有投票权的股份。

⑤ 巴巴多斯等 4 国国内法对公司利润免税是根据加勒比共同体关于协调工业领域财税激励计划(Scheme for the Harmonisation of Fiscal Incentives to Industry)做出的。

⑥ 参见加勒比共同体网站:http://www.caricom.org/jsp/single_market/taxation.jsp?menu=csme,2015 年 1 月 29 日访问。

的协定①,并于 1994 年 11 月 30 日生效。② 新的税收协定共 30 条,各条的标题依次为:适用的人;适用的税种;定义;居民;税收管辖权;不动产所得;资本利得;营业利润;海运和空运所得;关联企业;股息;利息;特许权使用费;管理费;受雇劳务所得;独立劳务所得;董事费;运动员和艺术家所得;退休金;政府服务所得;学生和学徒收入;非歧视;协商;情报交换;外交和领事人员的税收特权;签署;批准;生效;加入;终止。

1994 年的税收协定与 1973 年税收协定的不同之处有:

首先,1994 年的税收协定不再区分较发达成员和欠发达成员。

其次,1994 年税收协定尽管提及了居民身份的确定③,但在税收管辖权划分方面却遵循了地域管辖权,原则上将征税权划归来源地国独享。该协定第 5 条规定:不论纳税人的国籍和居民身份如何,其来源于成员国的所得应只由来源国课税,除非本协定另有规定。

从该协定第 6—21 条就各类所得的税收管辖权分配来看④,除了第 7 条(资本利得)、第 9 条(海运和空运所得)、第 15 条(受雇劳务所得)、第 20 条(政府服务所得)在特定情况下给予了居民国独享征税权⑤,以及第 21

---

① Agreement among the government of the Member States of the Caribbean Community for the Avoidance of Double Taxation and the Prevention of Fiscal Evasion with Respect of Taxes on Income, Profits or Gains and Capital Gains and for the Encouragement of Regional Trade and Investment,简称 Intra-Regional Double Taxation Agreement. 检索自 http://www.caricom.org/jsp/secretariat/legal_instruments/agreement_doubletaxation_1994.jsp,2015 年 1 月 29 日访问。

② 该协定现适用于:安提瓜和巴布达、伯利兹、多米尼加、格林纳达、圭亚那、牙买加、圣基茨—尼维斯—安圭拉、圣卢西亚、圣文森特、格林纳达、特立尼达和多巴哥。检索自:http://www.caricochamlaw.org/Details.aspx? EntryId=140,2015 年 1 月 29 日访问。

③ 该协定第 1 条规定适用于缔约国的居民,第 4 条也对纳税人被两个以上缔约国都认定为居民的情况如何处理进行了规定,与 OECD 范本第 4 条类似。

④ 不包括第 10 条关于关联企业的规定。

⑤ 第 7 条规定:出售不动产、全部或主要资产为不动产的公司股份的所得应仅由不动产所在国征税;成员国企业出售飞机、船舶等从事国际运输工具的所得应仅由该成员国征税;出售上述财产之外的财产的所得应仅由所得来源国征税。第 9 条规定:成员国企业从事国际海运或空运的所得应仅由该成员国征税。根据该协定第 3 条的定义,成员国企业是指由成员国居民所经营的企业。第 15 条规定:一个成员国居民取得的除董事费、退休金和年金以及政府服务所得之外的工资等受雇劳务所得,应仅由其受雇所在国征税。不过,一个成员国居民的受雇劳务所得如果满足下列条件,应仅由该居民所在国征税:(1) 受雇人在另一成员国的受雇活动在一个纳税年度不超过 183 天;(2) 所得由并非另一成员国居民的雇主支付;(3) 所得并不在雇主在其成员国取得的利润中扣除。此外,国际海运或空运企业的雇员的所得应仅由其雇主为居民的成员国征税。第 20 条规定:一个成员国支付给任何自然人的退休金以外的从事政府服务的酬劳应仅由该国征税。不过,当酬劳是支付给在另一成员国提供服务的该另一成员国的居民时,如果该居民也是另一成员国的国民,或并不只是因为提供服务而成为另一成员国的居民时,该项酬劳应仅由另一成员国征税。此外,该条款的规定不适用于提供与商业相关的服务。

条给予学生和学徒在来源地国的特定条件下的免税待遇外①,其余所得的征税权都归来源地国独享②,因此,1994 年的税收协定没有 1973 年税收协定中消除双重征税措施(抵免和免税)的规定。

(三) 亚洲地区的实践

1. 南亚区域合作联盟的税收协定

南亚区域合作联盟(SAARC)在 2005 年 11 月 13 日缔结了《关于避免双重征税和税收事务互助的有限多边协定》(SAARC Limited Multilateral Agreement on Avoidance of Double Taxation and Mutual Administrative Assistance in Tax Matters)③。该协定共 17 条,其标题依次为:定义;适用的人;适用的税种;居民;情报交换;征税协助;税收文书送达;教授、教师和研究人员的所得;学生的所得;培训;税收政策信息的共享;实施;审议;修订;存放;生效;终止。

南亚区域合作联盟的税收协定适用于至少是一个成员国居民的人。

---

① 第 21 条规定,作为一个成员国居民的自然人在其直接前往另一成员国访问之前仍保留前一成员国居民身份,并为了在另一成员国大学学习或接受职业培训,或者接受了奖学金而学习或受训,如果其活动是暂时性的,该自然人为维持其教育、研究、生活而收到的资助不应征税。

② 第 6 条规定:不动产使用和出租等方面的所得应仅由不动产所在国征税。第 8 条规定:企业从事经营活动的利润应仅由经营活动所在国征税;企业在成员国通过办公场所和管理机构、工厂、建筑工程、自然资源开采场所、销售代理机构、仓库、代理人等从事经营活动将被认为在当地从事经营活动。一个企业在两个以上成员国从事经营活动时,每个成员国只对其境内来源所得征税。如果企业通过上述代表处或设施从事经营,应将代表处等视为独立企业并将利润进行归属。第 11 条规定:一个成员国居民公司支付给另一成员国居民的股息应仅由支付公司居民国征税,但股息预提税税率为零。第 12 条规定:来源于一份成员国并支付给另一成员国居民的利息应仅由来源国征税,且利息的预提税税率不应超过总额的 15%,但如果利息的受益所有人为另一成员国政府或政府机构,来源国应予以免税。利息的来源国为支付人为其居民的成员国。当支付人在某个成员国通过分支机构或代理人从事经营活动且利息由该分支机构或代理人承担,利息应认为来源于分支机构或代理人所在国。第 13 条规定:来源于一个成员国并支付给另一成员国居民的特许权使用费应仅由来源国征税,且预提税税率不应超过总额的 15%。第 14 条规定,来源于一个成员国并支付给另一成员国居民的管理费应仅由来源国征税且预提税税率不应超过总额的 15%。管理费是指对提供工商业咨询、管理或技术服务的付费。管理费的来源国为支付人为其居民的成员国。第 16 条规定:一个成员国居民提供独立的医疗、法律工程、会计等专业服务取得的所得应仅由服务提供国征税。第 17 条规定:一个成员国居民取得作为另一成员国居民公司董事会成员的董事费,应仅由支付人为其居民的成员国征税。第 18 条规定:运动员和艺术家的所得应仅由其从事相关活动的成员国征税,但其活动由其访问的成员国公共资金支持的除外。第 19 条规定,一个成员国居民支付给另一成员国居民的退休金或年金,应仅由支付地国征税。

③ 2005 年税收协定的缔约国为:孟加拉、不丹、印度、马尔代夫、尼泊尔、巴基斯坦和斯里兰卡。

协定第 4 条关于多重居民身份(包括自然人和非自然人)的解决方案与 OECD 范本第 4 条是类似的。当一个自然人被同时认定为一个以上的成员国居民时,应视为其永久性住所所在国居民;如果其在一个以上国家有永久性住所,应认为是与其个人和经济关系更密切所在国(重要利益中心)的居民;如果其重要利益中心无法确定,或在任何成员国都没有永久性住所,则认为是其习惯性居所所在国居民;如果其在一个以上成员国有习惯性居所或在任何成员国都没有习惯性居所,应认为是其国籍国的居民;如果其具有一个以上缔约国的国籍,或不具有任何缔约国的国籍,则由成员国主管当局通过相互协商解决。对于自然人之外的纳税人被一个以上的成员国认定为居民时,该协定第 4 条除了采用 OECD 范本第 4 条划归有效管理机构所在国单独行使居民管辖权外,还规定如果无法确定有效管理机构所在的成员国时,应由相关成员国主管当局通过相互协商程序解决。

需要指出的是,如其标题所示,该协定并非一个全面消除双重征税的税收协定,只就教师所得和学生收入的管辖权进行了划分。该协定第 8 条规定:作为一个成员国居民的教授、教师或研究人员直接前往另一成员国访问之前具有前一成员国居民身份,如其访问目的是在另一成员国的大学、学院任教或从事研究工作,则自其抵达该另一成员国两年之内在当地取得的薪酬,该另一成员国应予以免税。该协定第 9 条规定,作为一个成员国居民的学生,如果其前往另一成员国访问之前具有前一成员国的居民身份,并在该另一成员国以接受教育和培训为其唯一目的,其在该另一成员国取得的与其学业直接相关的受雇所得,该另一成员国应予以免税,免税所得的金额不超过每年 3000 美元。前述免税待遇自该学生抵达该另一成员国时起最长不超过 6 年。尽管该税收协定没有规定居民国消除双重征税的方法,但由于来源地国对教师和学生所得免税,实际上已经消除了双重征税。除此之外,该协定并没有就其他所得(比如营业利润、消极投资所得等)的管辖权划分进行规定。因此,该税收协定的内容不如一般的税收协定那样广泛,其主要目的在于税收合作机制。该协定分别就情报交换(第 5 条)、征税协助(第 6 条)、税收文书送达(第 7 条)做出了规定。另外,该协定第 10 条还规定成员国之间要促进税务培训。第 11 条则强调建立税收政策共享机制。每个成员国应尽量每年提供其国内税法变化的报告并在成员国之间散发。一个成员国应其他成员国请求,可为其他成员国起草立法、建立税收程序等事项提供专家智库协助。

在适用方面,该协定的议定书做出了两点特殊规定:首先,该协定只有在成员国存在完备的直接税税制结构时才适用。如果成员国没有这样的税制结构,该协定自该成员国引入适当的直接税结构并通知南亚区域合作联盟秘书处之日起在该国适用。其次,由于在该协定之前成员国之间也有一般性的避免双重征税协定,该多边协定与成员国之间双边税收协定不一致的,时间上签订在后或修订在后的协定条款优先[①]。

2. 东盟的税收协定范本

1987年,东盟关于税收税务的工作组(ASEAN Working Group on Tax Matters)通过了一个适用于东盟内部的避免双重征税的税收协定范本(1987 Intra-ASEAN Model Double Taxation Convention)。东盟成员国签署了该税收协定。不过,该范本并不具有法律约束力,而是作为东盟成员国之间以及它们与第三国之间谈判双边税收协定的指导(use of the intra-ASEAN Model of Double Taxation Convention as a guide)[②]。因此,东盟的税收协定范本并非多边性的,仍属于传统的双边税收协定。

东盟的税收协定范本共6章29条:第1章"适用范围"(适用的人和税种,第1—2条);第2章"定义"(一般定义、居民、常设机构,第3—5条);第3章"对所得的征税"(不动产所得、营业利润、海运与空运利润、关联企业、股息、利息、特许权使用费、资本利得、独立劳务所得、受雇劳务所得、董事费、艺术家和运动员的所得、退休金、为政府服务的薪酬、学生和学徒的所得、教师和研究人员的所得、其他所得,第6—22条);第4章"消除双重征税"(消除双重征税的方法,第23条);第5章"特别条款"(无差别待遇、相互协商程序、情报交换、外交和领事人员的税收特权,第24—28条);第6章"最后条款"(生效,第29条)。

总起来讲,东盟的税收协定范本与1977年的OECD范本近似,但也增加了体现东盟地区特点的条款。比如:

在常设机构的定义方面,东盟税收协定范本采用了OECD范本的标准,但列举的常设机构的具体表现形式增加了"农场和种植园"(farm and

---

① 原文为:In the event of a conflict between the provisions of this Limited Multilateral Agreement and that of any bilateral Double Taxation Avoidance Agreement between the Member States, the provisions of the Agreement signed or amended at a later date shall prevail.

② Asean, Manila Declaration, 15 December 1987.

plantation),因为农业和种植业在一些东盟成员国是重要的产业,这在成员国之间以及成员国与第三国的税收协定中也有体现。比如,泰国和马来西亚的税收协定第5条第2款g项,泰国和印度尼西亚的税收协定第5条第2款h项,以及泰国和日本的税收协定第5条第2款g项。①

在消除双重征税方面,东盟税收协定范本第23条采用了限额抵免法,并同时给予间接抵免,但持股比例为收取股息的缔约国一方居民公司持有超过支付股息的缔约国另一方居民公司具有投票权的股份的25%。另外,由于东盟基本为发展中国家,第23条第3款还特别规定了税收饶让抵免。泰国和越南的税收协定第23条关于泰国和越南作为居民国消除双重征税的措施中,两国都采取抵免法,但也都给予本国居民以饶让抵免。泰国和丹麦的税收协定第24条中,丹麦作为居民国采取抵免法消除双重征税时,也给予饶让抵免。同时,对于丹麦居民公司收取的泰国居民支付的股息,如果丹麦公司持有泰国公司的股份不低于25%时,丹麦予以免税。②

(四)非洲的实践

2010年11月,东非共同体部长理事会通过了东非共同体税收协定(Agreement between the Governments of the Republics of Kenya, Uganda, Burundi, Rwanda and the United Republic of Tanzania for the Avoidance of Double Taxation and the prevention of Fiscal Evasion with respect to Taxes on Income)。该税收协定共31条,各条的标题依次为:适用的人;适用的税种;定义;居民;常设机构;不动产所得;营业利润;海运、铁路运输和空运;关联企业;股息;利息;特许权使用费;管理费;资本利得;独立劳务所得;受雇劳务所得;董事费;艺术家和运动员;退休金;为政府服务的薪酬;教授和教师;学生和学徒;其他所得;消除双重征税;非歧视;相互协商;情报交换;征税协助;外交和领事人员;生效;终止。

东非共同体税收协定与OECD范本和UN范本近似。比如,在特许

---

① 泰国和马来西亚的税收协定于1982年3月29日签署,1983年2月2日生效;泰国和印度尼西亚的税收协定于2001年6月15日签署,2003年12月21日生效(取代了两国间1981年5月25日签署的税收协定);泰国和日本的税收协定于1990年4月7日签署,1990年8月30日生效。

② 泰国和越南的税收协定签署于1992年12月23日,1992年12月31日生效;泰国和丹麦的税收协定签署于1998年2月23日,1999年2月12日生效,取代了两国间1965年4月14日签署的税收协定。

权使用费方面,该协定第12条采取了UN范本第12条由居民国和来源地国共享的方案,并将来源地国的预提税税率限定在10%;在"其他所得"方面,该协定第23条采用了OECD范本第21条的模式。在其他一些条款方面,该协定也有不同于OECD范本和UN范本的规定。比如,第10条(股息)将税收管辖权划归居民国和来源地国共享,这是与OECD范本和UN范本第10条一致之处。不过,当股息的受益所有人是缔约国另一方居民时,来源地国对其课税的预提税税率不得超过5%,并没有持股比例的要求,这是与OECD范本和UN范本不一样之处。此外,在纳税人同时被两个或两个以上的缔约国认定为居民时,其具体的判定标准也与OECD范本类似,但当自然人具有两个以上缔约国国籍或不具有任何缔约国国籍时,由这些缔约国进行协商。

东非共同体税收协定需要所有成员国都批准后才能生效。① 但除卢旺达批准之外,其余四国(布隆迪、肯尼亚、乌干达和坦桑尼亚)尚未批准。② 这成为了阻碍东非共同体成员国促进跨境贸易和投资的最大的非关税壁垒,降低了该地区对投资者的吸引力。在成员国之间,肯尼亚是坦桑尼亚最大的投资者,而乌干达是肯尼亚和卢旺达最大的贸易伙伴、东非共同体成员国担心税收流失可能是不愿意批准的原因。③

此外,2012年,东部和南部非洲共同市场就其税收协定范本(COMESA Model Double Taxation Agreement)进行了审议。该范本以OECD范本和UN范本和成员国为基础,将作为成员国之间和成员国与第三国之间谈判税收协定的指南④,并加强成员国在税收减免、情报交换

---

① 在2010年的税收协定之前,肯尼亚、赞比亚和卢旺达于1997年4月也签署过一个三国之间的税收协定,但未生效。参见东非共同体网站:http://www.eac.int/about/EAC-history See History of the EAC-Milestones in the EAC Integration Process, http://www.eac.int/index.php? option = com_content&view = article&id = 44%3Ahistory&catid = 34%3Abody-text-area&Itemid = 54&limitstart = 1, 2015年1月29日访问。

② East Africa dithers over the Double Taxation Agreement, loses investment, 检索自 http://www.theeastafrican.co.ke/news/-/2558/2415362/-/5m0tn6z/-/index.html, 2015年1月29日访问。

③ 以预提税税率为例,股息、利息和特许权使用费的上限分别为5%、10%、10%,而成员国的税率为15%。See EA Community Tax Treaty in the Offing, http://www.observer.ug/index.php? option = com_content&view = article&id = 14448:-ea-community-tax-treaty-in-the-offing, 2015年1月29日访问。

④ COMESA Investment Report 2013, p.29.

和征税协助等方面的合作。①

（五）欧盟成员国间的仲裁公约

1990年7月23日,欧盟当时的12个成员国代表通过了《消除关联企业利润调整中的双重征税的公约》(Convention on the Elimination of Double Taxation in Connection with the Adjustment of Profits of Associated Enterprises,以下简称"仲裁公约")。②

需要明确的是,仲裁公约与前述的多边或区域性的税收协定不同,只适用于转让定价调整方面。另外,仲裁公约并非欧盟超国家税收协调机制的体现,而是属于成员国间合作的范畴。③ 该公约于1995年1月1日生效。1995年奥地利、芬兰和瑞典等3国加入欧盟,仲裁公约也对这三国适用。由于仲裁公约第20条规定其有效期为5年,因此上述15国于1999年5月25日通过了修改仲裁公约的议定书,将公约第20条修改为:公约在5年期限届满后将自动每次延长5年,除非成员国在任何一个5年期限届满前6个月以书面方式通知欧盟部长理事会反对延长。④ 2004年,捷克等10国加入欧盟。⑤ 2007年,罗马尼亚和保加利亚加入欧盟。2013年,克罗地亚加入欧盟。仲裁公约也随之扩展适用于这些国家。⑥

仲裁公约的目的在于避免成员国的主管机构对欧盟境内的关联企业(包括一个成员国企业在另一国的常设机构)的利润或损失进行调整时所可能导致的双重征税。

成员国主管机构进行转让定价调整时应遵循独立交易原则(arm's length pricing Principle)。如果一个企业认为主管机构在转让定价调整中未能遵循独立交易原则,可提交其所在的或其常设机构所在的成员国

---

① E-COMESA Newsletter 398，November 23,2013.
② 比利时、丹麦、德国、希腊、西班牙、法国、爱尔兰、意大利、卢森堡、荷兰、葡萄牙、英国。
③ 关于欧盟超国家的税收协调机制,本章第三节将详细论述。
④ 不过,该议定书2004年才生效,这意味着仲裁公约在1999年12月31日届满后直到2004年才重新生效。为此,缔约国专门规定仲裁公约具有追溯力,即从2000年1月1日就有效力。参见欧盟网站:http://ec.europa.eu/taxation_customs/taxation/company_tax/transfer_pricing/arbitration_convention/index_en.htm,2015年1月29日访问。
⑤ 捷克、塞浦路斯、爱沙尼亚、匈牙利、拉脱维亚、立陶宛、马耳他、波兰、斯洛伐克、斯洛文尼亚。
⑥ 根据欧盟部长理事会2014年12月9日的决定(Council Decision of 9 December 2014 concerning the accession of Croatia to the Convention of 23 July 1990 on the elimination of double taxation in connection with the adjustment of profits of associated enterprises),仲裁公约自2015年1月1日适用于包括克罗地亚在内的全部28个成员国。

的主管机构处理。该成员国主管机构应努力与相关成员国的主管机构通过相互协商程序来解决双重征税问题。

如果在案件第一次提交给有关主管机构后 2 年内,主管机构未能通过相互协商程序达成协议以消除双重征税,它们就必须设立一个咨询委员会。该委员会负责就案件的消除双重征税问题提交意见。委员会应当在案件提交后 6 个月以内根据独立交易原则给出意见。在委员会给出意见后 6 个月内,相关主管机构有义务分别根据委员会的意见行事。在下列情况下,双重征税应认为是消除了:(1)利润只在一个缔约国被计入应税所得;(2)利润在一个缔约国的应税额在另一国被从应税额中等额扣除。

仲裁公约的突出特点是引入了强制性的仲裁机制。此外,欧盟还于 2005 年制订了关于有效实施仲裁公约的行为守则(Code of Conduct for the Effective Implementation of the Arbitration Convention),并于 2009 年对守则进行了修订。守则对仲裁公约的具体适用范围、仲裁公约中相关期限的计算、仲裁员的名单和仲裁程序、咨询委员会的组成和职责、咨询委员会意见应包含哪些内容等方面做了进一步的说明。[1]

(六)评述

上述多边或区域税收协定的实例主要是发展中国家的实践,而且仍是以双边为主体的国际税收协定体系中的例外。之所以如此,有以下几方面的原因。

首先,缔结多边税收协定需要缔约国税制趋同。北欧税收协定被认为是成功的,一个主要的原因就在于北欧五国的税制近似。如果缔约国在公司和股东所得是否都征税和消除双重征税方法的国内税制存在很大差异,就难以达成协议。[2] 加勒比共同体能够达成多边税收协定也与税

---

[1] Ben J. M. Terra and Peter J. Wattel,*European Tax Law*,6th edition,Kluwer Law International,2012,pp.716—718.

[2] Nils Mattsson:"Multilateral Tax Treaties-A Model for the Future",*INTERTAX*,Vol. 28,Issue 8/9,2000,p.307.

收协定参加国都曾是英国殖民地从而税制接近相关。①

其次,即使税制趋同,区域贸易安排成员国间的多边税收协定也需要考虑与区域外国家的协调。尽管区域贸易安排以追求区域内的经济一体化为主要目标,但也不可能在经济往来上与区域外的国家完全隔离。事实上,特别是对于发展中国家组成的区域贸易安排来讲,为了产业的升级换代和经济的发展,更需要发达国家的资金和技术。从历史发展来看,发展中国家的经济一体化在大多数情况下还不能说是成功的。② 安第斯共同体成员国之间的税收协定对共同体内部的跨国交易有意义,但与非成员国避免双重征税协定的标准税收协定坚持来源地国独享税收管辖权的做法难以为区域外国家(特别是发达国家)所接受。在20世纪70年代,只有阿根廷与玻利维亚和智利以来源国独享征税权为基础订立了两个税收协定。③ 但是,之后超过25年的时间里并没有以该标准协定为模式的税收协定的订立。④ 因此,拉美国家税制近年来的发展趋势是尝试放弃来源国独享征税权的做法,其与区域外国家签订的税收协定也开始增多。⑤

再次,税收协定为消除双重征税而对税收管辖权的分配实际上是缔约国之间经济往来的反映。支持双边税收协定的理由主要是双边协定能够反映缔约双方的经济关系。缔约双方同意进行对等减让,从而交易是

---

① 不过,巴哈马与海地因不参加加勒比共同体单一市场而没有缔结该税收协定。苏里南曾经是荷兰的殖民地,其税制与其他加勒比共同体国家有很大差异,比如苏里南没有对利息的预提税,如果要参加税收协定还要新开征这一税收。因此,苏里南也没有参加税收协定。See Sunita Jogarajan, "A Multilateral Tax Treaty for ASEAN-Lessons from the Andean, Caribbean, Nordic and South Asian Nation", *Asian Journal of Comparative Law*, Vol. 6, 2011. At: http://ssrn.com/abstract=2166620.

② 参见〔美〕多米尼克·萨尔瓦多:《国际经济学》(第8版),朱宝宪、吴洪、方俞露译,清华大学出版社2004年版,第286—287页。

③ Sunita Jogarajan, "A Multilateral Tax Treaty for ASEAN-Lessons from the Andean, Caribbean, Nordic and South Asian Nation", *Asian Journal of Comparative Law*, Vol. 6, 2011. At http://ssrn.com/abstract=2166620.

④ Peter D. Byrne, "Tax Treaties in Latin America: Issues and Models", in *Taxation and Latin American Integration*, edited by Vito Tanzi, Alberto Barreix, and Luiz Villela, Inter-America Development Bank, 2008, p.239.

⑤ Sunita Jogarajan, "A Multilateral Tax Treaty for ASEAN-Lessons from the Andean, Caribbean, Nordic and South Asian Nation", *Asian Journal of Comparative Law*, Vol. 6, 2011. At http://ssrn.com/abstract=2166620.

平衡的,这难以适用于经济关系和资本流动状况不同的第三方。① 对于某类所得在居民国和来源地国之间的分配,在缔约国双方都是发达国家和一方为发达国家而另一方为发展中国家时,具体方案也会有所不同。② OECD 也认为,在消除双重征税方面,双边税收协定仍是更适合的方式。③ 事实上,北欧税收协定的成功也与其成员为发达国家且该协定基本遵循 OECD 范本有关。

此外,从技术上讲,如果缔约国较多,缔结多边税收协定的难度也会增大。在这方面,WTO 的实践也能够提供佐证。WTO 在消减关税方面成就显著,但在消除非关税壁垒和促进服务开放方面仍面临困难,因为这涉及 WTO 成员国内法律体制,而关税减让谈判相对简单。这也是 WTO 成员转向通过区域贸易安排来实现进一步的自由化。以各国的国内税制为基础税收协定的谈判也是如此。

不过,多边税收协定的优势也不能完全忽略。比如多边税收协定能更有效地消除三角情况的重复征税。尽管多边税收条约的谈判艰难,但一旦协议达成,多个缔约国就适用同一条约和条款,就会收到良好效果。在缺乏多边税收协定的情况下,即使缔约国之间都以 OECD 范本或 UN 范本为基础签订税收协定,几个税收协定中用语完全相同的条款能够在实践中被相同解释是很难做到的。事实上,国际税收的一个问题就在于相同的条款可被不同国家的主管当局或法院进行不同的解释,而多边税收协定则有利于统一解释的形成。此外,多边税收协定有助于消除竞争扭曲,消除税收因素对决策投资地点的影响。由于跨国资本通常流向能够给其更多优惠和保护的地区,多边税收协定能够将不同双边协定引起的扭曲作用中性化,避免东道国之间的竞争。④

因此,能否缔结区域或多边的税收协定,要根据区域安排的具体情况而定。上述关于多边税收协定的实践表明在特定情况下达成多边税收协

---

① UNCTAD, Taxation, UNCTAD Series on Issues in International Investment Agreements, UNCTAD/ITE/IIT/16, 2000, pp.28—29.

② 以特许权使用费为例,OECD 范本第 12 条将缔约国一方居民来源于缔约国另一方的特许权使用费的征税权划归该居民国单独享有,来源地国不再行使征税权。但是,UN 范本第 12 条则是主张由来源地国和居民国共享征税权。

③ 参见 OECD 范本注释引言部分第 37—40 段。

④ UNCTAD, Taxation, UNCTAD Series on Issues in International Investment Agreements, UNCTAD/ITE/IIT/16, 2000, pp.29—30.

定仍是可能的。南亚区域合作联盟的实践也说明,区域安排之间缔结范围有限的税收协定是可行的,这可以作为进一步协调税收协定的起点和基础。欧盟成员国之间的仲裁公约也表明,在转让定价等主要涉及税收事实认定争议方面,通过有约束力的仲裁方式并订立多边协定也是可行的,因为其裁决也不会影响缔约国财政主权。① OECD 于 2010 年 7 月颁布的新的《转让定价指南》也对此予以了确认。②

即便缔结区域税收协定存在困难,结合区域特点制定一个税收协定范本也是一个替代选择。东盟的税收协定范本虽然不具有约束力,但相关条款会考虑区域成员经济的特点,对于协调区域成员国与第三国谈判税收协定的立场和增强谈判力量是有帮助的,这对于以发展中国家为主体的区域安排也是有意义的。

还需要指出的是,在经济全球化和区域一体化的背景下,双边税收协定的差异也可能为纳税人实施跨国避税提供条件,从而导致税基侵蚀和利润转移问题(BEPS)。OECD 的 BEPS 行动计划第 15 项议题提出要开发应对 BEPS 问题和修订双边税收协定的多边工具(multilateral instruments)。OECD 在 2014 年 9 月发布的关于 BPES 行动计划第 15 项议题的报告也对开发多边工具的必要性和可行性进行了论证。2015 年 10 月,OECD 发布了关于 BEPS 行动计划第 15 项议题的最终报告。2016 年 11 月 24 日,《实施税收协定相关措施以防止税基侵蚀和利润转移的多边公约》谈判完成,并于 2017 年 6 月在巴黎举行了签约仪式。③ 这也会为区域贸易安排制定多边税收协定提供支持。

第三节 欧盟的超国家机制

如上所述,通过税收协定来消除双重征税和税收差别待遇是区域贸易安排的主要做法。不过,欧盟在其一体化的进程中,还通过其超国家的

---

① Gerrit Groen, "Arbitration in Bilateral Tax Treaties", *INTERTAX*, Vol. 30, Issue 1, 2002, p. 10.

② OECD, Transfer Pricing Guidelines for Multilateral Enterprises and Tax Administrations, paras. 4.167—4.168. 在 BEPS 行动计划的最终报告推出后,OECD 在 2017 年 7 月也颁布了新的转让定价指南。

③ 第五章将对此进行论述。

机制来进一步消除阻碍内部市场自由流动的税收壁垒。

一、欧盟超国家机制的特点

(一) 欧盟简史

欧盟是在欧洲经济共同体的基础上发展起来的。1957 年 3 月 25 日,法国、联邦德国、意大利、比利时、荷兰和卢森堡 6 个国家签署了《欧洲经济共同体条约》。① 《欧洲经济共同体条约》明确提出了逐步在成员国之间建立一个共同市场(common market)和经济一体化的目标。为此,共同体应当:逐步取消成员国间货物进出口的关税和数量限制并对外实施统一的关税税率;建立共同的农业政策、运输政策和竞争政策,并逐步消除阻碍成员国间人员、服务和资本自由流动的障碍,等等。② 随着一体化的进展,欧洲经济共同体的成员国进一步扩大。英国、丹麦和爱尔兰于 1973 年加入;希腊于 1981 年加入;葡萄牙和西班牙于 1986 年加入,此时其成员国已有 12 个。

1986 年,欧洲经济共同体的成员国签署了《单一欧洲法案》(The Single European Act, SEA),并于 1987 年 7 月 1 日生效。《单一欧洲法案》为《欧洲经济共同体条约》增加了第 8a 条,明确提出了在 1992 年 12 月 31 日前建立内部市场(internal market)的目标,即一个没有内部边境的市场,市场内货物、人员、服务和资本的自由流动(the free movement of goods, persons, services and capital)应得到保证。③

1992 年 2 月 7 日,《欧洲联盟条约》(Treaty on European Union)签署并自 1993 年 11 月 1 日生效,欧洲联盟(以下"欧盟")成立。根据《欧洲联

---

① 这 6 个国家在签署《欧洲经济共同体条约》时还签署了《欧洲原子能共同体条约》。由于这两个条约在罗马签署,故又称《罗马条约》。在英文中,复数的罗马条约(Treaties of Rome)是指《欧洲经济共同体条约》和《欧洲原子能共同体条约》;单数的罗马条约(Treaty of Rome)则专指《欧洲经济共同体条约》。

② 参见 1957 年的《欧洲经济共同体条约》第 2 条和第 3 条。

③ 在关于欧盟的文件和著述中,经常出现"共同市场""内部市场""单一市场"等名词。一般来讲,这些名词是相互通用的。不过,它们也有细微的区别。从时间上看,先有共同市场,后有内部市场的概念。作为内部市场重要内容的货物、服务、人员和资本的自由流动也是共同市场的重要内容。一般而言,共同市场的概念要比内场大一些,内部市场是共同市场的组成部分。不过,内部市场的最后建成,也标志着共同市场的长足发展,这一发展的重要而显著的内容,就是内部边界的取消。参见邵景春:《欧洲联盟的法律与制度》,人民法院出版社 1999 年版,第 226—229 页。

盟条约》,欧洲经济共同体更名为欧洲共同体(European Community),《欧洲经济共同体条约》也更名为《欧洲共同体条约》。

欧盟成立后,奥地利、芬兰和瑞典于1995年加入了欧盟。此时,欧盟(欧共体)的成员国为15个。

1997年10月2日,欧盟成员国签署了《阿姆斯特丹条约》(Treaty of Amsterdam),并于1999年5月1日生效。经《阿姆斯特丹条约》修改后的欧盟目标是:通过建立一个没有内部边界的区域,通过加强经济和社会的聚合,通过经济和货币联盟的建立,包括最终引入单一货币,来促进经济和社会的进步、高水平的就业和持续平衡的发展;通过实施包括共同防务政策在内的共同外交和安全政策,确保联盟在国际舞台的身份;通过欧盟公民身份制度的实施,加强对成员国国民权利和利益的保护;保持和发展联盟的自由、安全和正义,通过实施有关联盟外部边界控制、难民、移民、防范和打击犯罪等方面的措施,确保联盟内人员的自由流动;完整地维护共同体成果,并为了确保共同体机构和机制的有效性而考虑相关政策和合作方式的修改。① 经《阿姆斯特丹条约》修改后的欧洲共同体的目标是:建立共同市场和经济货币联盟,促进共同体内经济活动的协调、平衡和持续发展,促进高水平就业和社会保障,促进男女平等,促进持续和非通货膨胀的增长,促进经济的高度竞争和趋同,促进环境的高水平保护,促进生活水平和质量的提高,以及促进成员国间的团结和经济与社会发展的协调一致②。

1995年后,欧盟成员国虽然扩充到了15国,但还都是西欧和北欧国家,不包括中东欧地区,这与联盟的"欧洲"地理前缀并不匹配。2001年2月26日,欧盟成员国在法国尼斯签署了《尼斯条约》(Treaty of Nice)。《尼斯条约》是为了欧盟吸收新的成员国入盟制定的。2003年2月1日,《尼斯条约》生效。2004年5月1日,捷克、塞浦路斯、爱沙尼亚、匈牙利、拉脱维亚、立陶宛、马耳他、波兰、斯洛伐克、斯洛文尼亚等10个国家正式加入欧盟。2007年,罗马尼亚和保加利亚加入欧盟。

2007年12月13日,欧盟成员国签署了《里斯本条约》(Treaty of Lisbon),并于2009年12月1日生效。《里斯本条约》赋予了欧盟独立的

---

① 参见《欧洲联盟条约》第2条(《阿姆斯特丹条约》之前为B条)。
② 参见《欧洲共同体条约》第2条。

法人资格(legal personality),并以欧盟的名义取代了欧洲共同体①,《欧洲共同体条约》也因此更名为《欧洲联盟运行条约》(Treaty on the Functioning of the European Union)。

2013年,克罗地亚加入欧盟,欧盟成员国达到28国。

(二)欧盟的超国家性

与一般的区域贸易安排属于政府间合作的模式不同,欧盟的一体化呈现了超国家的特征,也就是说成员的一些权限上交到欧盟层面行使,而成员国不再享有这方面的主权。比如,《欧洲联盟运行条约》第3条规定,欧盟在下列领域具有专有权限(exclusive competence):关税同盟;建立内部市场运转所必要的竞争规则;欧元区国家的货币政策;在共同渔业政策下保护海洋生物资源;共同商业政策。根据《欧洲联盟运行条约》第4条的规定,在内部市场、环境、消费者保护、能源等领域,欧盟和成员国具有共享权限(shared competence)。

为了统一的内部市场的运行,《欧洲联盟运行条约》在立法机制和司法保障方面建立了超国家的机制。

在立法方面,《欧洲联盟运行条约》第2条规定,在欧盟享有专有权限的领域,只有欧盟能够制定立法和通过具有约束力的法律文件,成员国只能在欧盟授权时或为实施欧盟立法才能采取立法行动。在成员国和欧盟共享权限的领域,欧盟和成员国都可制定立法,但成员国应在欧盟没有行使其权限或欧盟决定停止行使其权限时立法。

在立法的种类上,《欧洲联盟运行条约》第288条(原《欧洲共同体条

---

① 在欧洲经济共同体成立之前,法国、联邦德国、意大利、比利时、荷兰和卢森堡6个国家在1951年4月18日签署了《欧洲煤钢共同体条约》(也称《巴黎条约》)并于1952年7月25日生效,欧洲煤钢共同体成立。加上《罗马条约》建立的欧洲经济共同体和欧洲原子能共同体,总共有三个共同体,统称为欧洲共同体(European Communities)。这三个共同体在法律上是独立的,有各自的机构。后来,三个共同体的机构进行了合并,即拥有共同的机构,但三个共同体依然独立(共同体机构在三个共同体下的地位、组成、职权的规定并不完全相同)。在英文中,European Community 和 European Communities 在中文中均可翻译作"欧洲共同体",但前者是三个共同体的统称,而后者则指欧洲经济共同体。同时,European (Economic) Community 一般又简称为 Community。根据《欧洲煤钢共同体条约》,欧洲煤钢共同体的存续期限为50年。2002年7月,《欧洲煤钢共同体条约》到期,欧洲煤钢共同体也随之清算和解散。不过,《尼斯条约》缔结时的一个议定书(Protocol on the Financial Consequences of the Expiry of the ECSC Treaty and on the Research Fund for Coal and Steel)对欧洲煤钢共同体清算后的资产和负债作了安排。根据该议定书,欧洲煤钢共同体的资产和负债自2002年7月24日由欧洲共同体承担并用于建立一个煤钢研究基金(Research Fund for Coal and Steel)。在《里斯本条约》后,欧洲原子能共同体依然存在。

约》第 249 条)规定,欧盟机构有权制定规则(regulation)、指令(directive)、决定(decision)、建议(recommendation)或意见(opinion)等二级立法(secondary legislation)。①

规则具有普遍适用性,它的各部分都具有约束力,并在成员国直接适用。也就是说,规则不需要也不允许再由成员国转换为国内法适用。

指令在其要达到的目标上对该指令指向的成员国有约束力,但成员国有权自行决定为实现指令的目标所采用的方式或方法。因此,指令所设定目标的实施是通过成员国国内法来实现的。

决定的各部分对决定的接受者有约束力。决定的接受者可以是成员国,也可是自然人或法人。因此,决定不同于规则,它只对特定的对象适用;决定也不同于指令,决定的各部分都具有约束力,而且可以直接适用。

建议和意见没有法律约束力。尽管建议和意见没有约束力,但也属于一种法律文件(legal act),它们仍然产生政治和道义上的影响,至少希望其指向的对象能够自愿履行。同时,建议和意见也能够产生间接的法律效力(indirect legal effect),特别是它们作为具有法律约束力的立法文件的前身时。

在立法机构方面,最重要的是欧盟委员会(European Commission)、部长理事会(Council of the EU)和欧洲议会(European Parliament)。②就普通立法程序而言(ordinary legislative procedure),欧盟委员会享有立法的动议权(right of legislative initiative),议会和理事会享有通过立法的权限。③ 委员会是欧盟立法的推动者,委员会应将其立法提案送交理事会和议会。欧洲议会应通过其对立法提案的立场并通知理事会。理

---

① 《欧洲联盟条约》《欧洲联盟运行条约》称为基础条约(fundamental treaties)。

② 欧盟委员会是为欧盟利益服务的机构,现有 28 名委员(每个成员国 1 名)。部长理事会由欧盟各成员国的部长级代表组成。成员国代表被授权代表成员国行事。成员国的外交部长每月开会一次来处理共同体的一般政策事务,又成为"一般事务理事会"(General Affairs Council)。在实践中,理事会也由于涉及事项的不同而由负责相关事项的部长代表组成。比如,成员国的经济和财政部长组成的理事会称为财经部长理事会(ECOFIN Council, Council of Economic and Finance Ministers)。需要指出的是,部长理事会与欧盟理事会(European Council)不同。欧盟理事会是欧盟成员国的政府首脑商讨欧盟政策的定期会议,为欧盟的发展提供政治推动力。欧洲议会由从欧盟成员国国民中直接选举的代表组成。

③ 该程序之前也称为共同决策立法程序(Co-decision procedure)。共同决策立法程序是 1992 年的《欧洲联盟条约》引入的,《阿姆斯特丹条约》扩展了共同决策立法程序的范围。《里斯本条约》生效后,共同决策立法程序更名为普通立法程序,是欧盟制定立法的主要程序。

事会如果同意议会的立场,则立法提案通过并成为欧盟立法。如果理事会不同意议会的立场,应形成自己的立场并通知议会。在收到理事会立场3个月内,如果议会同意理事会的立场则立法提案通过,议会不同意时立法提案不通过。假如议会对理事会的立场提出修改建议,理事会在收到议会的修改意见3个月内同意所有修改时立法提案通过。理事会不同意所有修改时,理事会和议会应在6周内成立一个联合委员会(Conciliation Committee)就立法提案形成一个联合文本(joint text)进行协商。如果联合委员会在6周内没有达成联合文本,立法提案不通过。如果联合委员会达成了联合文本,理事会和议会应在6周内通过以联合文本为基础的立法提案,否则立法不通过。① 在立法程序中,理事会和议会的决策机制也有其特点。以理事会为例,除非另有规定,采用加权多数(qualified majority)的做法。加权多数中并非每个成员国1票,而是各成员国各自享有多于1票的票数,大国更多。② 自2014年11月1日起,加权多数要求至少代表55%的理事会成员,并至少有15个成员,并代表欧盟人口的至少65%③。

在立法通过后,欧盟委员会负责监督实施。当成员国违反义务时,委员会可根据《欧洲联盟运行条约》第258条(原《欧洲共同体条约》第226条)的程序提起针对该成员国的诉讼。此外,在某些领域,委员会还有权对成员国或企业违反欧盟法的行为进行调查和初裁,比如竞争领域的调查和罚款的权限。委员会也有制定规则、通过决定和指令的特定权限。④

此外,欧盟法院可就成员国、欧盟机构、自然人和法人根据《欧洲联盟运行条约》提起的相关诉讼做出裁决。⑤ 根据《欧洲联盟运行条约》第267条的先行裁决程序(preliminary ruling),欧盟法院可就《欧洲联盟条约》和《欧洲联盟运行条约》的解释以及欧盟机构法律文件的效力和解释做出裁决。先行裁决程序是成员国法院在审理案件时就涉及欧盟法解释的问

---

① 参见《欧洲联盟条约》第14、16和17条,《欧洲联盟运行条约》第293条和第294条。
② 比如,直至2014年10月31日,德国、意大利、英国和法国的投票权数最多,为29票,马耳他最少,为4票。参见 Protocol (No. 36) on Transitional Provisions, Article 3.
③ 参见《欧洲联盟条约》第16条第4款。
④ 参见《欧洲联盟运行条约》第105、106条。
⑤ 比如,欧盟委员会对成员国未履行欧盟法律义务之诉(第258条),成员国对其他成员国未履行欧盟法律义务之诉(第259条),成员国、欧洲议会、理事会、委员会、自然人或法人挑战欧盟机构立法(建议和意见除外)合法性(legality)的诉讼(第263条)。

题请求欧盟法院予以裁决的程序。① 先行裁决程序对欧盟法院来讲是一个独立的司法程序,而相对于成员国法院而言,则是其具体案件审理中的一部分。成员国法院在案件审理中涉及欧盟法的解释时,可自主决定是否提起先行裁决程序,如果该法院认为案件涉及的欧盟法的问题是其做出判决所必需的。如果根据国内法,法院的裁决对于当事人来讲没有其他的司法救济途径时,成员国法院必须就将案件提交欧盟法院,请求欧盟法院做出解释。

欧盟法院在先行裁决程序下就欧盟法做出的解释对提起该程序的成员国法院有约束力。同时,欧盟法院还发展了其判决的先例效力(precedent),使其关于欧盟法的解释对其他成员国法院也有约束力。在 Da Costa 案②中,该案案情和请求欧盟法院解释的法律问题与 Van Gend en Loos 案③几乎相同,欧盟法院重复了 Van Gend en Loos 案的判决,并指出成员国法院应当遵循前案的判决。这就使欧盟法院的判决具有了事实上的先例的效力。在 CILFIT 案④中,欧盟法院指出,即使一个案件与先前案件程序、问题并不完全相同,也可被当作先例。只要案例涉及的法律问题业已为欧盟法院解释清楚,成员国法院就可在随后的案例中援引,成员国也就不需要提起先行裁决程序。这就是法律解释清楚原则(Acte Clair Doctrine)。这实际上是促使成员国法院遵循欧盟法院先前做出的解释和判决。

此外,在欧盟一体化的进程中,欧盟法院充分发挥了其司法能动性(judicial activism),创立了直接效力原则、最高效力原则等新的法律概念,使欧盟法具有了超国家性,成为了自成一体(sui generis)的法律体系。

直接效力(direct effect)是指欧盟法能够为个人创设可在成员国法院

---

① 可提起先行裁决程序的成员国"法院"是一个广义的概念。欧盟法院根据一个机构是否根据法律设立、是否是常设的、是否有强制管辖权、是否独立等因素来认定该机构是否为先行裁决程序下的成员国"法院"。参见欧盟法院在 Case C-54/96(Dorsch Consult Ingeniergesellschaft mbH v. Bundesbaugesellschaft Berlin mbH,[1997] ECR I-4961)的裁决。

② Joined Cases 28-30/62, Da Costa en Schaake N. V., Jacob Meijer N. V. and Hoechst-Holland N. V. v Nederlandse Belastingadministrati,[1963] ECR 61.

③ Case 26/62, NV Algemene Transport-en Expeditie Onderneming van Gend & Loos v. Netherlands Inland Revenue Administration,[1963] ECR 3.

④ Case 283/81, Srl CILFIT and Lanificio di Gavardo SpA v. Minister of Health,[1982] ECR 3415.

执行的权利。①

在 Van Gend en Loose 案中,欧盟法院第一次阐述了直接效力的含义。② 欧盟法院认为:《欧洲经济共同体条约》的目的在于建立一个共同市场,这与共同体内的当事方的利益是直接相关的,这意味着该条约并不仅仅是一个在缔约国之间创设共同义务的条约。这一点也为条约的序言所证实。该序言不仅指向政府而且指向人民。这一点也为下列事项所确认:共同体建立了具备主权特征的机构,共同体机构权利的行使影响成员国和成员国国民。而且,必须注意到成员国的国民被要求同共同体在其行使职能时进行合作。由此可得出的结论是:共同体创立了新的国际法律秩序,成员国的主权因此受到限制。该法律秩序的主体不仅包括成员国,还有成员国国民。独立于成员国立法的共同体法不仅为个人施加义务,还为个人创设权利。这些权利不仅产生于共同体条约的字面上,还存在于条约所明确施加于个人、成员国、共同体机构的义务中。

在该案中,欧盟法院还确立了《欧洲经济共同体条约》的条文具备直接效力的标准:该条文的内容应当是清楚、无条件地禁止成员国为某些行为,成员国对此没有保留权利,其履行并不依赖于成员国的实施措施。此外,欧盟法院也赋予了欧盟机构制定的规则、决定和指令以直接效力,如果它们满足了相应条件。③

最高效力(supremacy)是指欧盟法的效力优于成员国的国内法。

---

① 需要指出的是,直接效力和直接适用(direct application)的含义是不同的。直接适用是指欧盟法可在其成员国直接成为法律并适用,无须成员国采取任何实施措施。直接适用是欧共体法产生直接效力的前提,但并非所有可直接适用的共同体法律规范都一定具有直接效力。可直接适用的共同体法律规范还需具备一定条件才能产生直接效力。有关这方面的论述,可参见 Pavlos Eleftheriadis, "The Direct Effect of Community Law: Conceptual Issues", *Yearbook of European Law*, Vol. 16, No. 1, 1996, pp. 205—221。不过,在实践中,欧盟法院对直接效力和直接适用是替代使用的。

② 该案中,原告从德国进口化学品到荷兰而被荷兰关税当局征收进口税。原告声称该种关税税率自《欧洲经济共同体条约》生效以来提高了,是违反了当时的《欧洲经济共同体条约》第12条。一审原告胜诉。作为被告的荷兰关税当局向荷兰关税委员会上诉,《欧洲经济共同体条约》第12条是争议的主要内容。荷兰关税委员会根据先行裁决程序向欧盟法院询问:"第12条是否可在成员国境内直接适用,或者说,是否成员国的国民可根据该条主张权利并要求成员国法院予以保护?"

③ 比如,规则由于可在成员国直接适用,一般就被认为具有直接效力。指令由于其目标之实现需要成员国的实施措施,一般不具有直接效力。如果成员国未能在指令限定的期限内履行其义务,且指令条文内容明确、无条件,此时指令将会产生直接效力。参见 Paul Craig and Gráinne De Burca, *EU LAW*, 2nd edition, Oxford University Press, 1998, pp. 168—178。

在 Costa 案①中,欧盟法院指出:《欧洲经济共同体条约》创立了新的法律秩序,也是成员国法律制度的不可分割的组成部分。成员国法院在诉讼中有义务适用共同体法。当成员国国内法和共同体法不符时,共同体法优先,不论国内法是在《欧洲经济共同体条约》生效之前或之后颁布的。因此,欧盟法院在该案中判定共同体法优先意大利在《欧洲经济共同体条约》生效后制定的法律。事实上,欧盟法院基于三个理由来建立最高效力原则:(1) 如果成员国可以通过随后的单方面立法而使共同体法无效,或者使国内法措施优于共同体法,那么直接效力原则也没有任何意义了。(2) 成员国把一些权限交给共同体机构就意味着其限制了自己的主权。(3) 共同体法的统一适用也要求共同体法优先于与之相冲突的国内法。②

在 Simmenthal 案③中,欧盟法院再次指出:就《欧洲经济共同体条约》以及欧共体机构制定的可直接适用的措施和成员国国内法的关系来讲,前者不仅仅在其生效之日起就使得成员国国内法中与之相抵触的条文自动不适用,而且还优先于每个成员国境内所适用的法律,并且排除了成员国采用与共同体法所不一致的新的立法措施的可能。每个成员国法院应当全面适用共同体法并保护共同体法所赋予个人的权利,并且抛开任何与共同体法相冲突的国内法,不论国内法是先于或后于共同体法制定。因此,国内法院没有必要请求或等待立法或宪法机构宣告其无效。

总起来讲,欧盟法的最高效力是无条件的和绝对的。基础条约、二级立法以及欧盟与第三方的国际条约,都优于成员国所有国内法。④

---

① Case 6/64, Flaminio Costa v. ENEL, [1964] ECR 585.
② Alisa Kaczoroska edited, *European Law: 150 Leading Cases*, Old Bailey Press, 2000, p129.
③ Case 106/77, Amministrazione delle Finanze dello Stato v. Simmenthal SpA, [1978] ECR 629. 该案案情为:一家名为 Simmenthal 的公司从法国进口牛肉到意大利,被要求缴纳边境卫生检疫费。Simmenthal 起诉到意大利法院,要求归还缴纳的费用并主张意大利做法违反《欧洲经济共同体条约》。该案依先行裁决程序提交欧盟法院。欧盟法院认为意大利做法违反《欧洲经济共同体条约》。意大利法院要求意大利当局归还收取的费用。意大利当局对此拒绝,声称:意大利法院不能简单地拒绝适用与《欧洲经济共同体条约》不符的国内法,而必须首先将此提交意大利宪法法院,由宪法法院决定其是否违反意大利宪法。意大利法院再次启动先行裁决程序,询问在这种情况下,是否应不适用国内法从而不必等待国内的宪法机构宣告其无效。
④ Alisa Kaczoroska edited, *European Law: 150 Leading Cases*, Old Bailey Press, 2000, p. 130.

二、欧盟消除所得税壁垒的二级立法

欧洲的经济一体化是从建立关税同盟起步的。《欧洲联盟运行条约》第 28 条第 1 款(原《欧洲共同体条约》第 23 条第 1 款)指出:欧盟应以关税同盟为基础。关税同盟适用于全部货物贸易,禁止在成员国之间征收进出口关税以及与关税具有相同作用的任何捐税,对欧盟外的第三国,统一实施共同关税税则。《欧洲联盟运行条约》第 30 条(原《欧洲共同体条约》第 25 条)进一步强调"禁止在成员国之间征收进出口关税和与关税具有相同作用的捐税。"为了建立和完善内部市场,《欧洲联盟运行条约》第 110 条(原《欧洲共同体条约》第 90 条)也规定:成员国不得直接或间接对其他成员国的产品征收任何超过对类似国产品直接或间接征收的国内税。成员国也不得对其他成员国的产品征收任何具有间接保护其他产品作用的国内税。同时,《欧洲联盟运行条约》第 113 条(原《欧洲共同体条约》第 93 条)也赋予了理事会制定二级立法的权限:理事会应当根据特殊立法程序(special legislative procedure)并在一致同意的基础上[①],在会商欧洲议会以及欧洲经济和社会委员会后,为保障内部市场的建立与完善和避免竞争的扭曲,采取协调间接税的必要措施。比如,部长理事会以第 113 条为立法依据制定了关于欧盟增值税共同税制的相关指令。[②]

在所得税领域,对于双重征税对内部市场自由流动的阻碍,欧盟在其创立之初也予以了关注。1960 年,欧盟委员会成立了一个以 Neumark 教授为主席的专家委员会(a committee of taxation and financial experts)。该委员会 1962 年发布的 Neumark 报告指出了税收协定的重要性,并建议制定一个多边税收协定以取代成员国之间的双边税收协定网络。[③] 1968 年,欧盟委员会参考 1963 年的 OECD 范本草案制定了一个多边税收协定的方案。不过,由于成员国税制的差异,该项目后来被放弃了。[④]

---

① 在特殊立法程序下,部长理事会通常是唯一的立法决策者,欧洲议会的作用限于磋商。

② 比如,Council Directive 2006/112/EC of 28 November 2006 on the Common System of Value Added Tax。该指令随后也被数次修订。有关欧盟间接税协调的论述,可参见崔晓静:《欧盟税收协调法律制度研究》,人民出版社 2011 年版,第四章。

③ Christiana Hji Panayi, *European Union Corporate Tax Law*, Cambridge University Press, 2013, pp. 9—11.

④ European Commission, EC Law and Tax Treaties, TAXUD E1/FR DOC (05) 2306.

尽管缔结多边税收协定困难重重，但欧盟并没有放弃消除内部市场双重征税的努力。但是，欧盟在所得税领域没有专有权限，《欧洲联盟运行条约》并没有关于所得税协调的规定，甚至条约全文也没有出现直接税或所得税的词语。《欧洲联盟运行条约》第113条适用于间接税，不能作为欧盟制定所得税领域二级立法的依据。尽管《欧洲联盟运行条约》第114条(原《欧洲共同体条约》第95条)也规定欧洲议会和理事会可基于普通立法程序并在会商经济和社会委员会后，为内部市场的建立和运行而采取协调成员国法律、法规或行政措施的行动，但这一程序也明确不适用于财税领域。此外，《欧洲联盟运行条约》第352条(原《欧洲共同体条约》第308条)规定：当为实现基础条约的政策和目标而必须采取欧盟层面的行动时，如果基础条约没有赋予欧盟权限，理事会应基于委员会的提案并在一致同意的基础上，并征得欧洲议会同意后，采取必要的措施。第352条曾作为欧洲公司规约规则的立法依据[1]，但这一立法也没有提及税收问题。[2] 但是，该条适用起来难度很大，而且理事会也不得通过协调成员国立法的二级立法，如果基础条约明确排除的话。

因此，欧盟能够用于制定所得税领域二级立法的依据主要是《欧洲联盟运行条约》第115条(原《欧洲共同体条约》第94条)。[3] 该条规定："理事会应当根据特殊立法程序并在一致同意的基础上，在会商欧洲议会以及欧洲经济和社会委员会后，颁布协调成员国直接影响内部市场建立和运行的法律、法规或行政措施的指令。"因此，第115条下理事会通过立法需要全体成员的一致(acting unanimously)，而且制定的二级立法仅限于指令。

在所得税领域，欧盟以第115条为依据颁布了下列指令来消除内部市场中特定领域的所得税壁垒：

---

[1] Council Regulation (EC) No 2157/2001 of 8 October 2001 on the Statute for a European company (SE)。根据该指令，欧洲公司是有限责任公司(public limited-liability company, Societas Europaea or SE)，具有法人资格，最低认缴资本为12万欧元并划分为股份，股东承担有限责任。

[2] Ben J. M. Terra & Peter J. Wattel, *European Tax Law*, 6th edition, Kluwe Law International, 2012, p. 22.

[3] 由于第113条和第115条的存在，第352条看起来与间接税或直接税的协调也没有多大关系。参见同上。

1. 公司合并、分立、资产转让和换股的共同税制指令("合并指令")

1990年,欧盟理事会颁布了关于不同成员国之间的公司合并、分立、资产转让和换股共同税制的指令。① 该指令随后进行了几次修订。② 2009年,欧盟理事会颁布了新的合并指令,1990年的指令被废止。③

合并指令的目的在于消除位于不同成员国的公司之间跨境重组所面临的因成员国税制差异所导致的双重征税以及其他影响内部市场运行的障碍,建立避免对这些交易课税的共同税制。

根据指令第3条,适用的公司应符合下列条件:采取指令附件列出的成员国法律下的公司形式、根据欧洲公司规约规则成立的欧洲公司(SE)、根据欧洲合作社团规则成立的欧洲合作社团(SCE)④;属于成员国税法上的居民以及根据成员国与第三国的税收协定并不属于欧盟以外的居民;在成员国缴纳附件所列的公司税。⑤

根据指令第4、7和8条的规定,符合上述条件的位于不同成员国之间的公司进行合并、分立、部分分立、资产转让和换股交易公司及其股东的资本利得在成员国免税。⑥ 当欧洲公司和欧洲合作社团将其注册地从一个成员国转移到另一成员国时,成员国不得对这些实体课征资本利得税,也不得对这些实体的股东课征所得税或资本利得税。

---

① Council Directive 90/434/EEC of 23 July 1990 on the common system of taxation applicable to mergers, divisions, transfer of assets and exchange of shares concerning companies of different Member States.

② 比如,修订该指令的2005/19/EC号指令和2006/98/EC号指令。

③ Council Directive 2009/133/EC of 19 October 2009 on the common system of taxation applicable to mergers, divisions, partial divisions, transfers of assets and exchanges of shares concerning companies of different Member States and to the transfer of the registered office of an SE or SCE between Member States. 欧盟的第2013/13号指令针对克罗地亚入盟对2009/133号指令进行了修订。

④ Council Regulation (EC) No 1435/2003 of 22 July 2003 on the Statute for a European Cooperative Society (SCE). 根据该规则,合作社团具有法人资格,最低认缴资本为3万欧元并划分为股份,出资人和资本是可变的,出资人承担有限责任。

⑤ 在克罗地亚入盟后,该指令也补充了适用于克罗地亚的公司和税种的情况。

⑥ 该指令第2条对适用的合并、分立、资产转让和换股等交易方式进行了界定。比如,合并包括三种情况:(1) A成员国X公司解散并将其全部资产和负债转让给B成员国Y公司,X公司的股东得到Y公司的股份。(2) A成员国X公司和B成员国Y公司解散并将它们的全部资产和负债转让给一个新成立的公司。X公司和Y公司的股东取得新成立公司的股份。(3)一个公司解散并将其全部资产和负债转让给一个持有代表其全部资本的证券的公司。

2. 母子公司共同税制指令("母子公司指令")

1990年,欧盟理事会颁布了位于不同成员国之间的母子公司共同税制的指令。[1] 该指令随后也经过几次修订。[2] 2011年11月,欧盟理事会对1990年的指令和后续的修订进行了重新编撰,发布了新的指令,1990年的指令被废止。[3]

母子公司指令的目的在于位于不同成员国的子公司分配给母公司的股息等所得免除子公司所在国的预提税,并在母公司所在国消除双重征税。

指令第1条第1款规定的适用范围是:一个成员国的公司从位于其他成员国的子公司收取的利润;一个成员国的公司向其他成员国的公司分配的利润,二者都是某公司的子公司;一个成员国的公司在另一成员国有常设机构,常设机构收到的该公司非位于常设机构所在国的子公司分配的利润;一个成员国的公司向另一成员国公司的常设机构分配利润,这两个公司都是某一公司的子公司。

根据指令第2条,适用的公司应符合如下条件:采取指令附件列出的成员国法律下的公司形式;属于成员国税法上的居民以及根据成员国与第三国的税收协定并不属于欧盟以外的居民;在成员国缴纳附件所列的公司税。指令第3条规定,认定母子公司的标准为一个成员国公司最低持有另一成员国公司10%的资本。如果一个成员国的公司持有至少本国另一公司至少10%的资本,且该股份由前一公司在另一成员国的常设机构持有时,前一公司也具有母公司的地位。此外,成员国可通过双边协定以投票权比例来替代10%持股要求,或者不适用于不间断持股未达到

---

[1] Council Directive 90/435/EEC of 23 July 1990 on the common system of taxation applicable in the case of parent companies and subsidiaries of different Member States.

[2] 比如2003/123/EC号指令和2006/98/EC号指令所做的修订。

[3] Council Directive 2011/96/EU of 30 November 2011 on the common system of taxation applicable in the case of parent companies and subsidiaries of different Member States (recast). 该指令随后在2013年、2014年和2015年进行了三次修订。2013年的修订是针对克罗地亚入盟做出的。2014年的修订一方面修改了指令附件列出的适用于波兰和罗马尼亚的公司的种类,另一方面修改了指令第4条第1款(a)项。2015年的修订则是修改了第1条第2款,增加了关于反避税的相关规定,即:成员国不应将本指令下的税收优惠给予主要目的或主要目的之一为取得不符合本指令目的的税收优惠的不真实的相关交易安排。如果相关交易安排没有有效的商业目的,就不是真实的。该指令也不排除成员国适用其关于逃税、税收欺诈或税收滥用的国内法和协定中的相关条款。

至少 2 年的公司。

对于指令第 1 条所适用的利润分配,指令第 5 条要求子公司所在国免除对母公司收取的利润的预提税。指令第 4 条第 1 款要求母公司或常设机构所在国对母公司或常设机构收取的位于另一成员国的子公司分配的利润采用免税法或抵免法。采用免税法的前提是母公司或常设机构取得的利润不属于子公司可扣除的利润。① 当母公司或常设机构所在国采用抵免法时,应给予间接和多层抵免,即扣除该项分配利润在子公司所在国所承担的公司所得税,并包括该子公司从其位于其他成员国的子公司收取的利润所承担的公司所得税。② 因此,该种抵免还具有消除经济性双重征税的作用。显然,该指令对双重征税的消除比一般的税收协定更为彻底。

3. 关联公司间利息和特许权使用费共同税制指令("利息和特许权使用费指令")

2003 年,欧盟理事会颁布了关联公司间支付利息和特许权使用费的共同税制指令。③ 该指令的目的在于使得位于不同成员国之间的关联公司之间的利息和特许权使用费只应在一个成员国征税。

根据指令第 3 条,适用的公司为:采取指令附件所列的成员国法律中公司的形式;属于成员国税法上的居民以及根据成员国与第三国的税收协定并不属于欧盟以外的居民;在成员国缴纳附件所列的公司税。关联公司是指:一个公司持有至少另一个公司 25% 的资本,以及两个公司都被第三个公司持有至少它们各自 25% 的股份。成员国也可以投票权标准代替资本标准。

根据指令第 1 条,符合上述条件的关联公司间支付的利息和特许权

---

① 如果该利润是可在子公司的所得中扣除的,母公司或常设机构所在国是应当征税的。这样规定的目的是防止该部分利润在子公司所在国和母公司以及常设机构所在国都不征税(双重免税)。

② 此时各级公司及其子公司都应当符合指令第 2 条和第 3 条的条件,且抵免的税款不能超过抵免限额。

③ Council Directive 2003/49/EC of 3 June 2003 on a common system of taxation applicable to interest and royalty payments made between associated companies of different Member States. 该指令随后在 2004 年、2006 年和 2013 年进行了修订。指令在 2004 年的修订有两次。2004 年年的第一次修订是针对当时捷克等十国入盟做出的,2004 年的第二次修订是就捷克、希腊、西班牙、拉脱维亚、立陶宛、波兰、葡萄牙和斯洛伐克等国适用该指令的过渡期做出的修订。2006 年的修订是基于保加利亚和罗马尼亚入盟做出的。2013 年的修订是针对克罗地亚入盟做出的。

使用费,在来源国应免除征税,只要利息或特许权使用费的受益所有人是位于另一成员国的公司或一个成员国公司位于该另一成员国的常设机构。当利息和特许权使用费由一个成员国的公司支付时,该成员国为来源地国。当利息由一个成员国的公司位于另一成员国的常设机构支付时,也应认为该成员国(非常设机构所在国)为来源地国。

当利息或特许权使用费是由成员国公司在第三国的常设机构支付或收取且该公司的全部或部分业务是通过该常设机构进行时,该指令的免税待遇就不适用。

4. 储蓄利息所得指令

2003年,欧盟理事会颁布了个人储蓄利息所得税收的指令。① 严格地讲,该指令并非以消除个人储蓄利息的双重征税为立法目的,而是为了完善欧盟内部的税收情报交换机制。② 不过,该指令的相关内容在客观上也具有消除个人储蓄利息双重征税的作用。

指令第1条明确了其最终目的为:从一个成员国支付给另一个成员国的个人居民的存款利息所得,如果该个人居民是利息的受益所有人(beneficial owner)时③,该居民的存款利息所得应根据其居民国的法律承担税收。这样,利息就不存在双重征税。不过,指令的核心内容在于要求成员国采取措施使得其境内的支付代理人(paying agent)能够实施指令的情况交换与合作机制,而不问产生利息之债的债务人所在地。

根据指令第4条,支付代理人是将利息支付给受益所有人的一个经济体(economic operator)④,它可能是产生利息之债的债务人,也可能是

---

① Council Directive 2003/48/EC of 3 June 2003 on the taxation of savings income in the form of interest payments. 该指令随后在2004年、2006年和2014年进行了修订。2004年有两次修订,第一次修订是针对当时捷克等十国入盟做出的。2004年第二次修订是技术性的,把该指令第17条第2款提及的成员国适用指令的期限从2005年1月1日改为2015年7月1日。2006年的修订是基于保加利亚和罗马尼亚入盟做出的。2014年的修订比较大,对第1—4条、第6条、第8—11条、第13—15条和第18条都进行了修订。

② 本书第五章将就该指令下的税收情报交换机制做了进一步的阐述。需要指出的是,由于欧盟税收情报机制的变化,第2015/2060号指令废止了第2003/48号指令。第2003/48号指令适用期截止到2015年12月31日。

③ 根据该指令第2条第1款的定义,受益所有人是指为自身的利益(for his own benefit)收取利息的个人,但不包括:作为支付代理人的个人;代表某个实体的个人;作为某个法律安排(legal arrangement)代表的个人;代表另一个受益所有人的个人。

④ 根据该指令第1a条的定义,经济体是指一个信贷或金融机构、其他法人和自然人,他们经常或偶然从事利息支付的专业活动。

受债务人或受益所有人委托进行利息支付的经济体。在成员国境内存在有效管理机构的一个实体或法律安排(legal arrangement),即使不在成员国缴纳直接税,在其收取利息时也属于支付代理人。所谓利息支付(interest payment),根据指令第 6 条的定义,包括:债务利息、证券收益、人寿保险合同收益等。

当受益所有人是支付代理人之外的成员国的居民时,指令第 8 条要求支付代理人应当向其所在地的主管当局通报的最低标准的信息(the minimum amount of information)包括受益所有人的身份和居住地、支付代理人的姓名和地址、受益所有人的账号、所支付利息或所得的数额等。指令第 9 条要求支付代理人所在国主管当局将上述信息通过自动情报交换机制通报给受益所有人的居民国,至少每年通报一次。指令第 10 条也为卢森堡和奥地利设立了实施自动情报交换的过渡期。根据指令第 11 条,卢森堡和奥地利在过渡期内应对利息支付征收预提税。预提税税率在过渡期头三年为 15%,随后三年为 20%,之后为 35%。预提税由支付代理人代扣代缴。指令第 12 条要求征收预提税的成员国应当将税收收入的 75%转移给受益所有人居住的成员国。指令第 14 条同时要求居民国采取相应措施来消除因此产生的双重征税。

就上述指令来讲,尽管并没有在欧盟境内建立统一的所得税制,但起到了消除特定类型所得的双重征税的情况,并在相关领域建立了欧盟的共同税制。作为欧盟二级立法的一种,指令的法律效力也高于成员国的国内法和成员国之间的税收协定。在 Zythopoiia 案[①]中,希腊援引其与荷兰的税收协定作为对外国公司分配股息征税的法律依据。希腊和荷兰的税收协定第 10 条第 2 款允许股息来源地国征收预提税,且预提税税率不超过 35%。但是,母子公司指令第 5 条要求来源地国免除预提税。希腊主张:母子公司指令第 7 条第 2 款规定该指令不影响国内法或税收协定中消除或减轻股息双重征税条文的作用。但是,欧盟法院指出,成员国之间的税收协定不能降低指令对股息免除预提税规定的效力。指令赋予纳税人的权利是无条件的,成员国不能使指令服从该国与另一成员国税收协定的规定。

---

① Case C-294/99, Athinaïki Zythopoiia AE v. Elliniko Dimosio, [2001] ECR I-6797.

三、欧盟法院扩展税收无差别待遇的判例

虽然《欧洲联盟运行条约》第115条为在欧盟层面上协调成员国税法提供了立法基础,但欧盟并没有制定消除所得税差别待遇的二级立法。不过,欧盟法院具有解释欧盟基础条约的职能。虽然《欧洲联盟运行条约》缺乏直接协调成员国所得税的条文可供解释,欧盟法院仍发挥了其司法能动性,借助《欧洲联盟运行条约》中关于自由流动的规则来消除成员国所得税法中的差别措施。

《欧洲联盟运行条约》中关于自由流动的规则包括开业自由(freedom of establishment)、服务提供自由(freedom to provide services)、人员自由流动(free movement of persons)和资本自由流动(free movement of capital)等方面的内容。不过,如本书第二章所述,货物流动自由只涉及有限的所得税措施。欧盟成员国的所得税措施对于开业自由、服务提供自由和资本流动自由的影响更为突出。

根据《欧洲联盟运行条约》第49条(原《欧洲共同体条约》第43条),开业自由为例的核心内容是:禁止对成员国国民在另一成员国境内的开业自由实施限制。禁止实施限制适用于任何成员国国民在任何成员国境内设立代表处、分支机构、或子公司的情形。开业自由适用于自我雇佣人员和企业,也适用于《欧洲联盟运行条约》第54条(原《欧洲共同体条约》第48条)意义中的公司。[①]

根据《欧洲联盟运行条约》第56条(原《欧洲共同体条约》第43条),服务提供自由禁止对已在一个成员国开业的成员国国民为另一成员国国民提供服务的自由实施限制。服务提供自由和开业自由的区别在于:开业的实质特征是稳定和持续的经济活动的开展,且应当在东道国有开业基地;服务是暂时性的,而且为服务提供所需而设立的机构并不依然被认为是开业设施和开业权的行使。[②]

[①] 根据第54条,按照一个成员国法律设立的公司,如果其注册机构(registered office)、管理中心(central administration)或主要营业地(principle place of business)在欧盟内,就应被当作成员国的自然人国民那样对待。第54条中的公司是包括根据民法或商法成立的公司、合作社团(cooperative societies),以及其他受公法或私法管辖的法人,但排除不以盈利为目的者。

[②] 如果公司提供服务是无限期的,有案例表明就不适用共同体条约关于服务的条款。参见 Paul Craig and Gráinne De Burca, *EU LAW*, 2nd edition, Oxford University Press, 1998, p. 729.

人员流动包括受雇人员(比如工人)和自我雇佣人员(比如律师、会计师)的流动。在《欧洲联盟运行条约》中，自我雇佣人员的自由流动体现在开业自由和服务提供自由方面，而工人流动自由的核心内容则规定在第45条(原《欧洲共同体条约》第39条)。第45条要求保障工人在欧盟内的自由流动，并消除成员国对工人基于国籍而在雇佣、薪酬和其他工作与就业条件方面的歧视。

根据《欧洲联盟运行条约》第63条(原《欧洲共同体条约》第56条)，资本流动自由禁止在成员国之间、成员国和第三国之间实施对资本和支付流动的任何限制。

服务提供自由与资本流动自由密切相关，《欧洲联盟运行条约》第58条(原《欧洲共同体条约》第51条)规定，与资本流动相关的银行和保险服务的自由化应当与资本流动的自由化的步骤一致。不过，服务提供自由和资本流动自由规定在《欧洲共同体条约》的不同条文中，是彼此独立的。

开业自由与资本流动自由也是相互独立的但又有联系的。开业自由事实上也涉及资本流动。《欧洲联盟运行条约》第55条(原《欧洲共同体条约》第294条)规定，在不影响其他条文的情况下，成员国应给予其他成员国的国民与其本国国民在参股第54条中所指公司资本的同等待遇。该条可视为开业自由扩展到了资本流动方面，因为如果资本不能自由转出，成员国国民将不能到其他成员国公司投资。有关开业自由的第49条和第55条的区别在于：如果不存在第55条，歧视另一成员国国民，或者歧视在另一成员国注册而对东道国公司具有控制权的公司，将侵犯控股股东的开业自由。但是，歧视外国股东购买股份的投资则不属于限制开业自由，而是违反第55条。[1]

就上述自由流动而言，欧盟法院在其判例中都赋予了直接效力，而且为保障自由流动的实现，欧盟法院不仅仅关注成员国的歧视措施，也同样要求成员国消除限制自由流动的措施。

以开业自由为例。根据欧盟法院的判例，开业自由不仅要求成员国给予在本国开业的其他成员国国民和本国国民相同的待遇(equal

---

[1] J. A. Usher, *The Law of Money and Financial Services in the European Community*, Oxford University Press, 2000, p.114.

treatment），即禁止采取针对其他成员国国民和公司的歧视性限制①；也要求成员国消除影响开业自由的限制措施，即使该限制措施在本国国民和其他成员国国民之间是同样适用的②。一方面，尽管有些同时适用于本国国民和非本国国民的限制措施表面上不构成歧视，但事实上会给非国民造成更多的负担，是一种间接歧视（indirectly discriminatory）。③ 另一方面，即使不构成歧视的限制也不利于内部市场的自由流动。④

---

① 比如，在 Segers 案（Case 79/85，D. H. M. Segers v. Bestuur van de Bedrijfsvereniging voor Bank-en Verzekeringswezen，Groothandel en Vrije Beroepen，[1986] ECR 2375）中，欧盟法院指出：当一个公司行使其开业权时，成员国仅仅基于公司根据其他成员国法律成立的理由而将公司经理排除在该国的疾病保险计划之外的做法不符合欧盟法。尽管该案中的歧视措施是针对经理而非直接针对公司的，但公司雇员在社会保障方面的歧视将间接限制其他成员国公司在该国通过分支机构、代办处或子公司开业。在 Centros 案（Case C-212/97，Centros Ltd v. Erhvervs-og Selskabsstyrelsen，[1999] ECR I-1459）中，由于英国法不存在对有限责任公司的最低实缴股本的要求，丹麦国民 Bryde 女士在英国注册了名为 Centros 的公司，转而在丹麦要求注册该公司的分支机构。丹麦当局拒绝了其申请，理由是 Centros 从未在其注册地开展业务，Bryde 女士实际上是以分支机构的形式来充当公司的主要开业地，这样就可以绕过丹麦法律关于注册公司要最少缴纳 20 万丹麦克朗的法律规定。欧盟法院裁决丹麦的做法违反了开业自由规则。

② 比如，在 Klopp 案（Case 107/83，Ordre des avocats au Barreau de Paris v. Onno Klopp，[1984] ECR 2971）中，一位德国律师被拒绝参加巴黎律协，理由是他已经在另一成员国设立了办公场所。巴黎律协章程规定，该规定适用于法国国民和非法国国民，要求律师只能有一个办公场所，即在他被允许从事律师业务的法院区域。欧盟法院裁决，尽管成员国可对其境内某种专业服务开业权的行使进行管理，但不能要求希望在当地开业的律师只在欧盟内有一个办公室，因为开业自由保障了在欧盟建立多个工作地点的权利。

③ 在 Commission v. Italy 案（Case 3/88，[1989] ECR 4035）中，欧盟委员会在欧盟法院起诉意大利，主张意大利法律规定只有意大利政府持有大多数股权的公司才能获得有关公共机构数据处理系统业务的合同违反了开业自由规则。意大利政府抗辩到这一规定没有区分公司的国籍，意大利政府不仅在意大利公司，而且在其他成员国的公司中都有股份。欧盟法院裁决，尽管意大利法律适用于所有公司，但具有对意大利公司有利的效果，因为当时其他成员国从事数据处理的公司中不存在全部或大多数股份由意大利政府持有的情况。即使是出于控制公司的行为和保密的需要，意大利政府也有足够的法律权限来采取其他的对服务和开业自由限制程度更轻的措施，比如对公司员工施加保密义务。

④ 在 Gullung 案（Case 292/86，Claude Gullung v. Conseil de l'ordre des avocats du barreau de Colmar et de Saverne，[1988] ECR 111）中，欧盟法院裁定，一项不区分国民和非国民而适用的措施也可能违法开业自由，除非具有客观的理由免责（objectively justified）。在 Commisssion v. Italy 案（Case C-101/94，[1996] ECR I-02691）中，欧盟法院裁决意大利要求银行之外的证券经纪公司在意大利开业必须在意大利注册的立法是间接歧视，意大利基于保护投资者和经营者的抗辩没有得到欧盟法院的支持。在 Gebhard 案（Case C-55/94，Reinhard Gebhard v. Consiglio dell'Ordine degli Avvocati e Procuratori di Milano，[1995] ECR I-4165）中，欧盟法院阐述了成员国以公共利益为理由采取限制措施要满足的四个条件：限制措施要非歧视地实施；必须基于公共利益的客观需要；限制措施必须与采取措施要达到的目标相适应；限制措施不能超出必要的程度。

欧盟法院对自由流动的这些解释,也同样用于涉及成员国所得税措施的案件之中。欧盟法院在 Wielockx 案①中指出:尽管所得税属于成员国权限,但成员国必须遵从欧盟法,其税收法律规范不能与自由流动规则相冲突,不能实施基于国籍的歧视措施。

在欧盟内部市场的建设中,欧盟法院通过一系列案例消除了成员国国内法中妨碍四大自由流动的措施,扩展了税收无差别待遇的范围。这体现在:

(1) 突破了居民和非居民的界限,提高了来源地国给予非居民的税收待遇。

其一,非居民自然人在特定情况下可享受给予居民的家庭税收待遇。

在 Schumacker 案②中,德国税法将纳税人分为居民纳税人和非居民纳税人两类。不过,已婚的非居民纳税人不能享受给予已婚居民纳税人的税收优惠,而按未婚纳税人纳税。Schumaker 先生是比利时国民,与其妻子和孩子居住在比利时,但在德国受雇工作。根据德国税法,Schumaker 先生按非居民纳税。这意味着他的婚姻、家庭状况不被考虑而作为单身征税,从而不能享受已婚居民纳税人的优惠。由于 Schumaker 先生在比利时没有可税收入,因此他不能享受给予比利时居民纳税人的税收减免优惠。Schumaker 先生认为他应当享有给予德国已婚纳税人的优惠。德国税务当局拒绝了其要求。Schumaker 先生诉至法院,德国法院依先行裁决程序向欧盟法院寻求《欧洲联盟运行条约》第 45 条关于工人自由流动的解释。③

第 45 条要求确保工人在欧盟的自由流动并禁止任何基于国籍的歧视。欧盟法院认为该条并不允许一个成员国在征收所得税方面歧视在其境内工作的另一成员国国民。本案中,德国法的规定并不是以纳税人国籍为标准实施的。但是,这种做法通过区分居民和非居民而拒绝给予非居民以税收优惠,就会对其他成员国国民的利益造成损害,因为非居民大多为外国人。因此,只给予一个成员国的居民以税收优惠的做法就构成基于国籍的间接歧视。

---

① Case C-80/94, Wielockx v. Inspecteur der Directe Belastingen, [1995] ECR I-2493.
② Case C-279/93, Finanzamt Koln-Altstadt v. Schumacker, [1995] ECR I-225.
③ 原《欧洲共同体条约》第 39 条。该案审理时为《欧洲经济共同体条约》第 48 条。

欧盟法院也承认,一般来讲,成员国不给予非居民某些给予居民的税收优惠并非歧视,因为居民和非居民的情况不同。不过,本案中,作为德国非居民的 Schumaker 先生在受雇工作的成员国获得其大部分收入,在其居民国没有什么收入,故其居民国不给予税收优惠。但是,Schumaker 先生在德国与从事相同或类似工作的德国居民没有实质区别,德国没有理由给予不同税收待遇。

其二,常设机构能够享受给予居民的消除经济性双重征税的措施。

在 Commission v. France 案①中,欧盟法院裁决法国不给予另一成员国的保险公司在法国的分支机构以归集抵免(avoir fiscal)的优惠违反了开业自由。

归集抵免是法国曾经采取的消除居民股东从另一居民公司收取的股息的经济性双重征税的做法。② 法国税法将享受归集抵免的纳税人限定为具有法国居民身份的保险公司,而不给予其他成员国的保险公司在法国设立的分支机构。欧盟委员会认为法国的做法对其他成员国注册成立的保险公司在法国的分支机构造成了歧视,具有诱使外国公司在法国设立子公司的作用,而其他成员国公司本可自由选择设立子公司或是分支机构,这就间接限制了外国保险公司在法国开业的自由。

法国政府抗辩到:在法国注册的保险公司不同于外国保险公司在法国的分支机构。这种区分体现为税法上的"居民"和"非居民"。这是任何国家税法上都有的,也是为国际社会接受的。这是税法上一个本质的区分。另外,外国公司的分支机构相对于法国公司,也享有某些税收优惠,这将抵消归集抵免制对其造成的不利。

欧盟法院强调开业自由要求成员国无条件取消对其他成员国国民在境内设立子公司、分支机构的限制。对公司来讲,其注册地如同判定自然人国籍的连接因素。如果允许成员国仅仅根据公司在其他成员国注册而与本国公司区别对待,就剥夺了上述自由的意义。欧盟法院接着分析到:即便税法中根据公司的注册地或自然人的居所地进行区分是有理由的,但在本案中,法国税法在确定公司的应税所得时,并没有区分注册地在法

---

① Case 270/83,[1986] ECR 273。该案是欧盟法院处理的第一个所得税案例。
② 法国税法给予获得法国公司分配股息的股东以归集抵免,归集抵免额为公司所派股息的一半。抵免额可从股东应纳税款中扣除。

国的公司和外国公司在法国的分支机构。这样,确定给予归集抵免优惠时,也不应在法国的公司和外国公司在法国的分支机构之间采取歧视措施。另外,即使外国公司的分支机构根据法国税法也享受某些优惠,这也不能作为在归集抵免方面歧视外国公司分支机构的理由。

因此,欧盟法院裁定法国的做法对其他成员国保险公司在法国的分支机构构成了歧视,违背了开业自由。

其三,非居民能够享受其所在成员国与第三国税收协定中的优惠。

一般来讲,税收协定只适用于至少为缔约国一方的纳税人,而不适用于第三国居民。不过,在 Saint-Gobain 案[①]中,欧盟法院将一个成员国与非成员国间的税收协定中的优惠扩展适用于非协定缔约国的欧盟成员国居民在该成员国的常设机构。

Saint-Gobain ZN 是法国公司 Compagnie de Saint-Gobain SA 在德国的常设机构。Saint-Gobain SA 通过 Saint-Gobain ZN 持有其境外子公司的股份,而这些子公司又持有某些非欧盟公司的股份,并基于持股关系获得欧盟境外的股息。

德国税法对于本国居民公司获得的境外股息有税收优惠,德国和美国的税收协定中也有给予德国居民境外获得的股息免除所得税的待遇。Saint-Gobain SA 认为其在德国的常设机构 Saint-Gobain ZN 也应享受这些优惠待遇,但被德国税收当局拒绝。

欧盟法院认为,拒绝给予非德国居民公司在德国的常设机构税收优惠,会使得通过常设机构持股的做法缺少吸引力,限制了一个成员国的公司在另一个成员国选择最合适的开业组织形式的权利,即可能出于税收优惠的考虑而被迫选择设立子公司。因此,税收的差别待遇就违反了开业自由。

欧盟法院还指出,这种税收差别待遇如果基于子公司和常设机构的不同情况而产生的,是能够获得豁免的。但是,欧盟法院认为,本案中,在从境外子公司获得股息方面,在德国有常设机构的非居民公司与德国居民公司是具有可比性的:首先,收取的股息在德国的纳税义务并不取决于收取人是否为居民公司;其次,因持股境外子公司产生的纳税义务并不考虑股份是否为居民公司持有。

---

① Case C-307/97, Saint-Gobain v. Finanzamt Aachen-Innenstadt, [1999] ECR I-6161.

德国还主张不给予非居民在德国的常设机构税收优惠，是因为给予居民公司收取股息的税收优惠可以通过对其母公司的征税予以补偿。如果给予了非居民在德国的常设机构以优惠，则由于不能对非居民的全部所得征税，就不能获得补偿。但欧盟法院认为这不是《欧洲联盟运行条约》中法定的例外理由。

（2）拓展了居民境外投资所得或亏损在其居民国的税收待遇。

其一，禁止成员国歧视本国居民的境外所得。

在 Manninen 案[1]中，欧盟法院裁定成员国不得歧视居民从外国公司获得的股息。Manninen 是芬兰居民纳税人，他持有瑞典一家公司的股份并取得瑞典公司分配的股息。芬兰针对居民股东从本国居民公司获得股息时面临的经济性双重征税有消除的措施，但不适用于居民股东从境外公司获得的股息。

欧盟法院认为芬兰的做法具有阻碍本国人在其他成员国公司投资的作用。由于芬兰人投资于非芬兰公司的收益在税收方面不如芬兰居民公司分配股息的待遇，这使得其他成员国公司的股份就不如芬兰公司股份有吸引力。因此，欧盟法院裁决芬兰的做法违反了资本自由流动规则。

其二，成员国在特定情况下不得拒绝居民公司以境外子公司的亏损冲抵母公司的利润。

在 Marks & Spencer 案[2]中，欧盟法院裁定：在特定情况下，成员国不得拒绝居民公司以境外子公司的亏损冲抵母公司的利润。

Marks & Spencer 公司是英国的居民公司，向英国税务当局请求以其在比利时、德国和法国的子公司的亏损冲抵其利润。英国法律存在企业集团间相互冲抵利润或亏损的制度，但限于集团的居民公司之间、非居民公司在英国的分支机构和集团内的另一居民公司间，不适用于在其他成员国设立的且在英国不开展经营活动的子公司。由于 Marks & Spencer 境外子公司的亏损并没有发生在英国境内，因此英国税务当局拒绝了 Marks & Spencer 的请求。

欧盟法院认为，英国的做法对英国居民公司设立的作为英国居民的

---

[1] Case C-319/02, Petri Manninen, [2004] ECR I-7477.
[2] Case C-446/03, Marks & Spencer plc v. David Halsey (Her Majesty's Inspector of Taxes), [2005] ECR I-10837.

子公司和境外的非英国居民公司的子公司适用不同的税收待遇,具有阻碍英国居民公司在其他成员国设立子公司的作用,构成了对居民公司开业自由的限制。

不过,欧盟法院也指出,为了避免境外子公司的亏损在其居民国和母公司所在国得到重复冲抵的情况,成员国可以采取不予以在母公司所在国冲抵的措施,但不能超过必要的程度。在欧盟法院看来,本案中英国公司的非居民子公司已经在其居民国穷尽了亏损冲抵利润的可能,但该子公司没有机会在其居民国或第三国被考虑。此时,如果英国不给予境外子公司亏损冲抵,就超过了必要的限制程度。

四、欧盟机制的局限性

如上所述,欧盟是通过二级立法和欧盟法院的判例来消除成员国所得税法(包括成员国之间的税收协定)对内部市场自由流动的限制的,而且在消除双重征税和税收差别待遇方面取得了比传统的税收协定更大的进展。不过,欧盟的现行做法也存在一定的局限性:

1. 双重征税仍然缺乏欧盟层面的协调机制

欧盟前述指令虽然有关于消除双重征税的措施,但其适用范围有限。[①] 迄今为止,欧盟尚未建立消除双重征税的普遍机制。需要指出的是,《欧洲共同体条约》第 293 条(原《欧洲经济共同体条约》第 220 条)曾规定,成员国在必要时应相互谈判以消除欧共体内的双重征税[②]。不过,在 Mutsch 案[③]中,欧盟法院指出,该条并非要设立直接适用的法律规则,而只是就成员国认为有必要进行谈判的以下事项进行了说明。尽管该条指出了在共同体内消除双重征税是此种谈判的目标之一,但从该条的字义清楚表明它不能为个人创设可在成员国法院援引的权利。因此,第 220 条有关成员国应通过谈判消除双重征税的规定并不具有直接效力。因此,成员国国民和公司无法直接依据《欧洲共同体条约》要求成员国消

---

① 比如,母子公司税收指令只是适用于附件所列的公司法律形态,并不适用于自然人股东收取的股息。

② 前述欧盟成员国之间的仲裁公约也以第 293 条(当时为《欧洲经济共同体条约》第 220 条)为立法依据。

③ Case 137/84, Criminal Proceedings against Robert Heinrich Maria Mutsch, [1985] ECR 2681.

除双重征税。

在现行《欧洲联盟运行条约》中,原《欧洲共同体条约》第 293 条则被删除了。这意味着欧盟成员国国民和公司只能依靠成员国的国内法和税收协定来消除面临的双重征税,即使国内法和税收协定的措施是不彻底的。对于为什么删除第 293 条,欧盟官方文件并没有进行说明。国外学者们猜测可能有如下原因:欧盟法不应促进不属于欧盟超国家法律体系的国际公法的发展,而成员国之间的税收协定则属于这样的国际公法;删除第 293 条并不影响欧盟二级立法和欧盟法院判例的作用;第 293 条没有直接效力,因此并不重要;第 293 条的目标并不明确,其条文并没有明确指出成员国之间关于消除双重征税的谈判是否应以健全双边税收协定网络或建立一个多边税收协定为目标。不过,这些理由似乎也并不令人信服。比如,考虑到欧盟内部市场的发展,即使删除了第 293 条,也不能简单地认为消除双重征税不属于欧盟的目标,而且内部市场中双重征税的消除也不应当只通过双边税收协定来完成。不过,哪个成员国负有义务消除双重征税,《欧洲联盟运行条约》确实又没有规定。因此,删除第 293 条还有一个可能的原因就是笔误。[①]

在 Gilly 案[②]中,欧盟法院也指出,在欧盟层面缺少消除双重征税规则的情况下,成员国有权在税收协定中确定划分管辖权的连接因素和消除双重征税的方式。税收协定的作用只是防止同一所得在两个缔约国都被征税,但不保证纳税人在一国的税负不高于其在另一国的税负。

在 Kerckhaert & Morres 案[③]中,欧盟法院指出自由流动并不为纳税

[①] Ben J. M. Terra and Peter J. Wattel, European Tax Law, 6th edition, Kluwer Law International, 2012, pp. 20—22.

[②] Case C-336/96, Mr. and Mrs. Robert Gilly v. Directeur des services fiscaux du Bas-Rhin, [1998] ECR I-2793. 该案中,Gilly 先生和夫人居住在法国,毗邻德国边境。Gilly 先生是法国国民,在法国国立学校教书。Gilly 夫人为德国国民,在德法边境的德国国立中学任教,她因婚姻取得法国国籍。Gilly 夫人具有德国国籍,根据德国和法国的税收协定,其在德国公立学校的报酬将由德国行使来源地管辖权征收。由于 Gilly 夫人还具有法国国籍并在法国居住,法国行使居民税收管辖权。也就是说,她面临双重征税的情况。德法税收协定规定,法国居民在德国缴纳的税收可享受税收抵免优惠。不过,根据税收协定的计算公式,法国居民的税收抵免额要小于其在德国实际缴纳的税额。这样,Gilly 夫人的税负要重于只在法国获得相同收入的居民。

[③] Case C-513/04, Mark Kerckhaert and Bernadette Morres v. Belgische Staat, [2006] ECR I-10967. 该案涉及股息收入人所在国是否有义务抵免股息在来源地的预提税。比利时与法国的税收协定原先允许比利时自然人居民抵免其从法国收取的股息在法国缴纳的预提税,但随后修改了税收协定,比利时自然人居民不再享有抵免优惠。这样比利时自然人从法国取得的股息就必然面临双重征税而没有相应地消除机制,与从比利时公司取得的股息相比,显然税负更重。

人提供消除双重征税方面的保护,即双重征税本身并不违反自由流动规则。或者说,除非存在欧盟二级立法的强制要求,成员国没有义务消除双重征税。

2. 所得税差别待遇依然存在

尽管欧盟法院拓展了税收非歧视待遇的含义,但居民和非居民的区分并没有消失。欧盟法院的判例表明,非居民享受居民的税收待遇、境外所得与境内所得同等对待也需要建立在居民和非居民、境外交易与境内交易具有可比性或基本相同的前提下。

《欧洲联盟运行条约》中并没有关于税收最惠国待遇的条文,这意味着成员国可以通过税收协定给予不同其他成员国的国民或公司以差别待遇。虽然《欧洲联盟运行条约》第 18 条(原《欧洲共同体条约》第 12 条)禁止成员国实施基于国籍的歧视,尽管理论上能够解释为该条禁止在不同成员国国民之间进行歧视,但欧盟法院并没有适用第 12 条来裁决所得税案件。一方面,该条是关于禁止歧视的原则性规定,适用的前提是"在不影响条约其他条款的情况下",而《欧洲联盟运行条约》在自由流动方面已经设立了专门的规则;另一方面,欧盟法院也通过其判例对自由流动规则进行了解释。[①]

在 D 案[②]中,欧盟法院拒绝将荷兰与比利时税收协定中比利时居民在荷兰享有的税收优惠待遇扩展适用到德国居民。欧盟法院认为本案问题的实质是 D 先生与比利时居民是否具有可比性。表面看来,D 先生与比利时居民在荷兰都是非居民,是具有可比性的。但是,为了避免双重征

[①] Georg W. Kofler, "Most-Favoured-Nation Treatment in Direct Taxation: Does EC Law Provide For Community MFN in Bilateral Tax Treaties?" *Houston Business & Tax Law Journal*, Vol. 5, 2005, pp. 63—64.

[②] Case C-376/03, D v. Inspecteur van de Belastingdienst/Particulieren/Ondernemingen buitenland te Heerlen, [2005] ECR I-5821. 该案中,荷兰对自然人的净资产(net asset)征税。居民纳税人就其全部财产纳税,非居民就其在荷兰境内拥有的财产纳税。不过,居民纳税人可以享受优惠,而非居民不能,除非其全部财产的至少 90% 位于荷兰。此外,荷兰和比利时的税收协定规定,缔约国任何一方的自然人居民在缔约国另一方享有该另一国给予其居民纳税人的优惠。也就是说,即使比利时居民在荷兰的财产达不到其全部财产的 90%,也能够享受荷兰居民的税收优惠。D 先生是德国人,其财产的 10% 是位于荷兰的不动产,其余均在德国。D 先生在荷兰是非居民纳税人,根据荷兰国内法要就其在荷兰的财产纳税。D 先生主张享受荷兰和比利时税收协定给予比利时居民的优惠,但被荷兰税务当局拒绝了。D 先生认为他的情况与一个在荷兰拥有占其 10% 不动产的比利时居民情况类似。但是,比利时居民可根据税收协定享受给予荷兰居民的优惠,D 先生却在荷兰不能享受优惠,这构成了歧视。

税，荷兰与比利时的税收协定对征税权进行了分配，并相互给予对方居民以优惠。这些对等给予的待遇只适用于缔约国居民是税收协定的内在结果（inherent consequence），是比利时和荷兰通过税收协定达成税收平衡的组成部分。这意味着D先生与比利时居民是不具有可比性的。因此，《欧洲共同体条约》并不禁止将荷兰拒绝将双边税收协定的优惠适用于非协定居民。

之所以目前欧盟无法彻底消除内部市场的双重征税和税收差别待遇，与现行立法程序和欧盟法院的职能有关。

《欧洲联盟运行条约》第115条的立法程序要求理事会在一致同意的基础上颁布指令。由于税收涉及成员国的财政利益，取得成员国的一致同意是很困难的，特别是欧盟现有28个成员国，而且成员国之间的经济发展水平也存在差异。此外，根据第115条颁布的二级立法只限于指令一种方式。指令在其要达到的目标上对收到指令的成员国有约束力，但成员国有权自行决定为实现指令的目标所采用的方式或方法。也就是说，指令的实施依赖于成员国的国内法措施。虽然指令也能够具有直接效力，但一般是在成员国没有及时和适当实施时才会产生，而且还要看指令的条文内容是否明确和无条件。[①]

欧盟根据第115条制定指令是积极消除所得税壁垒的方式，而欧盟法院的判例则属于消极消除的做法。尽管欧盟法院在消除成员国税收歧视方面发挥了重要作用，但欧盟现行立法状况却制约着欧盟法院的解释空间。由于《欧洲联盟条约》缺少协调成员国所得税措施的条款，欧盟法院只能借助解释自由流动规则来消除成员国的歧视措施。尽管二级立法也是欧盟法院可以解释的欧盟法的范畴，但业已通过的几个指令作用也是有限的。

此外，先行裁决程序也制约着欧盟法院职能的行使。先行裁决程序的启动取决于成员国法院。如果成员国法院不诉诸欧盟法院解释欧盟法，欧盟法院也就没有机会就成员国所得税措施是否与欧盟法相符做出

---

① Paul Craig and Gráinne De Burca, *EU LAW*, 2nd edition, Oxford University Press, 1998, p.190.

裁判。① 因此,欧盟法院的判例法如同法官创设的宪法性法律一样,是以多少有些偶然的方式在发展。② 尽管欧盟法院在一百多起案件中裁决成员国所得税法违反了欧盟法,但只是否定成员国的做法,而没有建立正面的统一规则。③

造成上述问题的根本原因还在于欧盟缺乏协调成员国所得税的专有权限。

《欧洲联盟条约》第 5 条(原《欧洲共同体条约》第 5 条)规定④:欧盟的权限来自于条约的授予(conferral),而且欧盟权限的行使也应遵从辅从原则和适当原则(principles of subsidiarity and proportionality)。欧盟只能在条约中规定的成员国所授予的权限范围内行事,条约没有授予的权限仍属于成员国。根据辅从原则,在欧盟没有专有权限的领域,欧盟只有在成员国的措施无法充分实现条约目标以及欧盟层面的措施能够更好实现条约目标时才能采取行动。适当原则要求欧盟行动的内容和方式不应超过实现条约目标的必要程度。

在所得税领域,成员国并没有将主权移交到欧盟层面,这意味着欧盟无权制订替代成员国法律的统一的所得税法典。尽管成员国有遵从自由流动和禁止歧视的义务,但仍有权以公共秩序和公共安全等理由实施限制。⑤ 比如,母子公司指令并不排除成员国反避税法律的适用。⑥ 再比如,欧盟法院在 Bachmann 案中裁定,成员国可以采取基于税制聚合

---

① 比如,爱尔兰、意大利和西班牙法院就从未提交税收案件到欧盟法院。Michael J. Graetz & Alvin C. Warren, Jr, "Income Tax Discrimination and the Political and Economic Integration of Europe", *Yale Law Journal*, Vol. 115, No. 6, 2006, note 15.
② 〔美〕维克多·瑟仁伊:《比较税法》,丁一译,北京大学出版社 2006 年版,第 105 页。
③ Michael J. Graetz & Alvin C. Warren, Jr, "Income Tax Discrimination and the Political and Economic Integration of Europe", *Yale Law Journal*, Vol. 115, No. 6, 2006, p.1192.
④ 原《欧洲共同体条约》第 5 条写入《欧洲联盟条约》第 5 条后,《欧洲联盟运行条约》就不再规定了。
⑤ 参见〔法〕德尼·西蒙:《欧盟法律体系》,王玉芳等译,北京大学出版社 2007 年版,第 104 页。
⑥ 当然,成员国适用其反避税法也应当符合欧盟法院判例确定的标准。

(cohesion of tax system)的理由来采取限制自由流动的措施。①

由于成员国所得税法内容迥异,欧盟层面又缺乏普遍的规则,这也就不难理解欧盟法院对于双重征税的看法。双重征税是适用两个成员国税法的结果。即使欧盟所有成员国所得税法的内容完全一致,只要各国同时主张居民管辖权和来源地管辖权,双重征税就依然存在。如果欧盟法院裁决双重征税违反自由流动,它必须裁定出哪国采取措施来消除。但是,欧盟法院并非立法机构,它不会将其陷入这样一种尴尬的境地。②

由于成员国有权缔结税收协定来消除双重征税和税收歧视,税收协定的双边性欧盟法院当然也会予以考虑,这同样能够解释欧盟法院为什么不给予欧盟国民和公司以最惠国待遇。税收协定中的优惠是以缔约国税制为基础的对等减让。在成员国税制没有统一的情况下,是不可能要求一个成员国对不同成员国的国民和公司在税收协定中给予完全相同的待遇的。

不过,欧盟现行机制的积极作用仍是值得肯定的。

―――――――――

① Case C-204/90, Hanns-Martin Bachmann v. Belgian State, [1992] ECR I-249。该案案情为:比利时所得税法规定,只有纳税人在比利时支付的养老金和人寿保险金缴款(contribution)才能从其应税所得中扣除。Bachmann 先生是德国国民,在比利时工作。比利时税务当局拒绝将他在德国的缴款从其所得中扣除。欧盟法院首先指出比利时的做法构成了对工人自由流动的限制,因为在一个成员国工作的工人随后到另一成员国受雇,正常情况下会在第一个成员国签订疾病保险合同、养老保险合同和人寿保险合同。但是,欧盟法院认为比利时政府的做法是确保成员国养老和人寿保险税制相聚合(Cohesion)的需要。在比利时税制下,政府因允许纳税人从其所得中扣减保险缴款从而减少纳税人的应税所得而导致的财税损失,可以通过政府对保险公司支付给纳税人的养老金课税得到补偿。因此,如果某个成员国有义务将纳税人在另一成员国支付的保险缴款从其所得税中扣除,则该成员国应当能够对另一成员国保险公司支付给纳税人的养老金课税。但是,如果保险公司不对养老金代扣代缴税款,就需要在保险公司所在的成员国强制执行,而保险公司所在国可能以公共秩序为由拒绝为他国征税。保险公司所在国可能以公共秩序为由拒绝为他国征税。因此,欧盟法院认为,就当时情况看,不可能就税制的聚合采取比该案中的做法限制性更小的措施。因此,比利时法的做法可为税制聚合所必需的,不构成对自由流动义务的违背。当然,欧盟法院对于该例外的使用也是严格的。在 Commission v. Italy (Case C-388/01, [2003] ECR I-721)中,意大利地方政府的法律只给予意大利国民和当地居民中的老人免费进入公共历史景点的优惠,其他成员国国民和当地非居民则不能享受这一优惠。欧盟法院裁决意大利的做法违反欧盟法。意大利提出税制聚合作为抗辩:意大利国民和当地居民是纳税人,其缴纳的税收是维护景点的财政来源,因此他们应享受免费的优惠。欧盟法院指出,Bachmann 案中,保险缴款的扣除和对保险公司根据退休、人寿保险合同支付的金额课税是存在直接联系的,这是适用税制聚合的条件。但是,本案中意大利国民纳税和免费进入历史景点之间没有直接联系,他们享受优惠实际是基于其居住状况。

② Georg W. Kofler & Ruth Mason, "Double Taxation: A European Switch in Time", Columbia Journal of European Law, Vol. 14, No. 1, 2007, p. 81.

虽然理事会根据《欧洲联盟运行条约》第115条通过指令仍要一致同意,但毕竟提供了一种立法程序。只要相关指令符合欧盟成员国的共同利益,一致同意并非绝对不可逾越的障碍。事实上,一个充分实现自由流动的内部市场对于成员国经济的发展也是不可或缺的。

欧盟法院的作用同样重要。由于业已通过的协调成员国所得税制的指令有限,为了纠正成员国扭曲内部市场功能的所得税措施,欧盟法院借助自由流动规则来裁决成员国税法违背欧盟法仍将是一个不可缺少的方式。即使通过了协调成员国所得税制的指令,成员国法律是否与指令相符,只有欧盟法院才有裁判职能。欧盟法院的相关判例也是从维护内部市场的利益出发的。比如,在 Manninen 案中,芬兰曾提出如下抗辩:如果将消除经济性双重征税的措施也给予境外股息,就会造成芬兰税收流失,因为豁免的股息所承担的公司税是由另一成员国的公司在另一成员国缴纳而非向芬兰缴纳。在给予从本国公司取得股息时就不会出现这一问题,因为分配股息的公司要在芬兰纳税。但是,欧盟法院没有接受这一抗辩。再比如,尽管成员国有权制定反避税的国内法,而且相关指令承认成员国反避税国内法的效力或允许成员国拒绝将税收待遇给予逃税和避税安排[①],但是在 Cadbury 案[②]中,欧盟法院的态度是:除非当事人的交易属于完全规避税收的人为安排,只要有客观因素证明纳税人的安排是真实的经济活动,即使有税收方面的动机,成员国反避税法也不得影响自由流动的实现。因此,内部市场的自由流动是高于成员国自身税收利益的。欧盟法院不会接受成员国的如下抗辩:受歧视的纳税人可根据其他利益来抵消歧视,因为自由流动禁止所有歧视,即使是有限的;成员国税法未被欧盟法协调也不是抗辩理由,因为自由流动的适用并不依赖于协调成员国税法,这同样适用于成员国之间的税收协定;某个成员国财税损

---

① 比如,合并指令第15条规定:成员国可拒绝给予该指令下的税收待遇,如果交易的主要目标或主要目标之一是避税或逃税;利息和特许权使用费指令第5条规定:该指令并不排除成员国国内法或协定中防止税收欺诈或滥用的规则的适用。

② Case C-196/04, Cadbury Schweppes plc, Cadbury Schweppes Overseas Ltd v. Commissioners of Inland Revenu, [2006] ECR I-7995。该案是关于欧盟成员国普遍采用的一种反避税措施——受控外国公司(controlled foreign company,CFC)法。受控外国公司法的目的在于防止本国居民公司将其利润留存在低税国的子公司从而逃避居民国税收的做法。受控外国公司法一般规定,母公司来自境外受控外国公司的某些消极投资所得,即使受控公司不分配给母公司或汇回境内,也要并入母公司的所得予以征税。本书将在第五章进一步阐述受控外国公司法的问题。

失的理由；结合非居民在另一成员国的税收待遇来进行比较，否则成员国都可以借助税收协定来彼此主张豁免自由流动义务了。①

此外，欧盟委员会也一直致力于消除阻碍内部市场的所得税壁垒。欧盟法院对欧盟法的解释并不仅仅依靠先行裁决程序才能提起。欧盟委员会认为成员国的措施违反欧盟法时，也能够根据《欧洲联盟运行条约》第258条的程序到欧盟法院起诉成员国。在立法程序方面欧盟委员会享有动议权，上述几个指令的通过都离不开委员会的推动，在委员会看来成员国间的税收协定在消除税收歧视和双重征税方面依然发挥着重要作用。不过，委员会认为税收协定也可能与欧盟法不符。鉴于成员国间的税收协定基本是根据OECD税收协定范本制定的，委员会在2005年发布了由其组织的税收专家的研究报告，详细分析了OECD范本诸个条款是否与欧盟法相一致。在委员会看来，双重不征税和避税不利于内部市场的整体利益，也削弱了成员国的税基和财政来源。委员会表示将与成员国共同合作来解决这一问题。②

当然，消除内部市场的税收壁垒也需要在欧盟领域和成员国利益之间达成平衡。欧盟法院在2005年后对所得税案件的态度开始转向支持成员国。③ 事实上，随着欧元成为19个成员国国的单一货币，欧元区成员国就不能再借助于利率和汇率政策实现本国的经济目标，而只能利用财税政策。但是，《欧洲联盟运行条约》第126条和作为《欧洲联盟运行条约》附件的《关于过度赤字》的第12号议定书又为欧盟成员国设定了避免过度赤字的义务。④ 如果欧盟对欧盟法的解释导致对成员国税制和政策过于严格的限制，显然不利于成员国财政收入的增长和经济发展。如果过分强调自由流动而忽视成员国的利益，欧盟的一体化也就失去了实际意义。

---

① Josef Schuch, "Will EC Law transform Tax Treaties into Most-Favoured-Nation Clauses?", in *Tax Treaties and EC Law*, edited by Wolfgang Gassner etc, Kluwer Law International, 1997, pp.115—118.

② European Commission, EC Law and Tax Treaties: Annex A: The Articles of the OECD Model Convention, TAXUD E1/FR DOC (05)2306/A.

③ Georg W. Kofler & Ruth Mason, "Double Taxation: A European Switch in Time", *Columbia Journal of European Law*, Vol. 14, No. 1, 2007, p. 96.

④ 政府赤字不得超过GDP的3%，政府债务不得超过GDP的60%。成员国未能遵守义务时，理事会在必要时可请求欧洲投资银行考虑对该成员国的贷款政策、要求成员国上交无息的存款直到过度赤字消除，或对该成员国处以罚款。

小　结

由于 WTO 和区域贸易安排并不涉及其成员的所得税制,各成员所得税制所导致的双重征税和税收差别待遇就需要借助税收协定来消除。

双边税收协定具有消除双重征税的作用。不过,对于由数个成员组成的区域贸易安排来讲,双边协定不能有效处理多个税收管辖权重叠所导致的多重征税。为此,除了在双边税收协定中做出特殊规定外,一个可能的选择是缔结多边税收协定。尽管缔结多边税收协定难度高于双边协定,但现实中仍有成功的例证。

双边税收协定中的无差别待遇条款能够消除来源地国税法针对非居民的税收歧视措施。不过,无差别待遇条款类似于国民待遇,缺乏最惠国待遇的内容,也以税法中居民和非居民的划分为适用前提。此外,无差别待遇条款也不处理缔约国对居民境外所得的差别待遇。因此,在税收协定中引入最惠国待遇是区域贸易安排的一个选择。

欧盟在一体化进程中还借助其特有的超国家立法机制来进一步消除内部市场中某些所得的双重征税,并通过欧盟法院的判例来拓展了税收协定中无差别待遇的范畴。不过,欧盟成员国也没有将所得税主权上交欧盟层面,这意味着成员之间的税收协定依然不可或缺。

但是,就区域贸易安排来讲,除了消除双重征税和税收差别待遇之外,还必须面对经济全球化和区域一体化所带来的跨国逃税、避税和税收竞争的挑战,或者用 OECD 提出的新的术语来表达,就是税基侵蚀和利润转移(BEPS)问题。本书在下一章将继续讨论。

第五章 税基侵蚀与利润转移问题

在多边体制基础上追求进一步自由化的区域贸易安排需要税收协定的机制来消除阻碍贸易和投资自由化的双重征税和税收差别待遇。不过,经济全球化和区域一体化也为各国应对跨国逃税和避税方面带来了新的挑战。为了吸引外资,各国如果竞相采用包括税收激励措施在内的投资优惠也可能导致有害的税收竞争问题。与此同时,数字经济时代也使得传统的国际税法规则无法有效处理新的经济形势的税收问题。在 OECD 看来,这些方面在当今的时代背景下都属于"税基侵蚀和利润转移"(Base Erosion and Profit Shifting,BEPS)问题。OECD 于 2013 年 2 月发表了《应对税基侵蚀和利润转移》的报告(Addressing Base Erosion and Profit Shifting,以下简称"BEPS 报告"),并于 2013 年 7 月出台了《应对税基侵蚀和利润转移的行动计划》(Action Plan on Base Erosion and Profit Shifting,以下简称"BEPS 行动计划")。BEPS 行动计划提出了 15 项应对 BEPS 的方案,是一项雄心勃勃的计划,是近年来国际社会在强化国际税收合作方面的一个重大举措。2015 年 10 月,OECD 发布了实施 BEPS 行动计划的一系列最终报告。2016 年 11 月 24 日,一百多个国家和地区完成了《关于实施防范 BEPS 的与税收协定相关的措施的多边公约》(Multilateral Convention to Implement Tax Treaty Related Measures to Prevent BEPS)的谈判。因此,BEPS 行动计划不仅仅将完善现行反避税的国内法和税收协定中的措施,也将改变传统上以双边合作为主的国际税收机制。可以说,经济全球化和区域贸易安排也为现行国际税法的变革提供了动因。

第一节 BEPS 问题的提出

如本书第一章所述,BEPS 是指纳税人利用税收规则的漏洞而采取的将其利润人为转移到其没有开展经济实质活动的税负很低或不征税的地区的安排。OECD 之所以提出 BEPS 行动计划,与当今经济全球化和区域一体化的时代背景和现行税制的问题有着密切的关系。

一、时代背景

进入 20 世纪 90 年代以来,经济全球化和区域一体化已经成为当今世界经济的特征。

1995 年开始运行的 WTO 不仅延续了关贸总协定消除货物贸易壁垒的实践,还把服务贸易纳入了其统辖范围并致力于推动服务贸易自由化。与此同时,迅猛发展的区域贸易安排则进一步对其成员开放了市场,并把推动投资自由化作为目标之一。贸易和投资自由化既需要各国消除市场准入的壁垒,也需要放开相应的外汇管制。

外汇管制可分别经常项目的外汇管制和资本项目的外汇管制。以我国为例,根据《外汇管理条例》第 52 条的定义,经常项目是指国际收支中涉及货物、服务、收益及经常转移的交易项目等。资本项目是指国际收支中引起对外资产和负债水平发生变化的交易项目,包括资本转移、直接投资、证券投资、衍生产品及贷款等。因此,即使各国对货物和服务的进口没有限制,但如果进口商不能自由取得经常项目下的外汇用于对外支付,贸易也无法实现真正的自由化。投资自由化也同样要求消除资本流动的管制。

在消除经常项目的外汇管制方面,《国际货币基金协定》(以下简称《基金协定》)提供了多边法律基础。① 根据《基金协定》第 1 条,国际货币基金组织的宗旨之一是协助成员国建立经常性交易的多边支付制度,并消除妨碍世界贸易的外汇管制。《基金协定》第 8 条第 2 节(a)规定:未经国际货币基金组织批准,其成员国不得限制经常性国际交易的转移

---

① 《基金协定》于 1944 年 7 月 22 日订立于美国新罕布什尔州的布雷顿森林,1945 年 12 月 27 日生效。迄今为止,《基金协定》已作了七次修订:第一次修订于 1969 年 7 月 28 日生效,第二次修订于 1978 年 4 月 1 日生效;第三次修订于 1992 年 11 月 11 日生效;第四次修订于 2009 年 8 月 10 日生效;第五次修订于 1011 年 2 月 18 日生效;第六次修订于 2011 年 3 月 3 日生效;第七次修订于 2016 年 1 月 26 日生效。参见国际货币基金组织网站:http://www.imf.org/external/pubs/ft/aa/index.htm,2018 年 1 月 25 日最后访问。

与支付。① 因此,《基金协定》和 GATT/WTO 体制都具有促进国际贸易的功能,只是职责分工不同。②

在资本管制方面,《基金协定》并没有为其成员国设定解除资本管制的义务。《基金协定》第 6 条第 3 节允许成员国对国际资本转移采取必要的限制,但成员国不能因此导致对经常交易支付的限制。不过,现实中越来越多的国家开始放开资本管制。对于发达国家来讲,经合组织(OECD)的"资本流动自由化守则"(Code of Liberalization of Capital Movements)是推动其成员国实现资本项目自由化的动力。③ 该守则第 1 条要求 OECD 成员国逐步消除彼此之间对资本流动的限制,并尽量将相关自由化措施适用于国际货币基金组织的成员国。如今,OECD 所有成员国已经实质上取消了资本管制。④ 再比如,欧盟也要求其成员国取消外汇管制。《欧洲联盟运行条约》第 63 条(原《欧共体条约》第 56 条)禁止在成员国之间、成员国和第三国之间实施对资本和支付流动的任何限制。这一法律义务并不仅仅针对经常项目管制,也包括了资本项目的管制。

需要指出的是,某些金融服务下的支付和资本流动属于该服务本身

---

① 除了第 8 条第 2 节(a)之外,《基金协定》第 8 条第 3 节和第 4 节还分别规定:未经国际货币基金组织批准,不得采取多重(种)汇率制或歧视性货币安排;兑付其他成员国在经常性国际交易中所积存的本国货币。这三项义务统称为第 8 条义务。如果国际货币基金组织成员国接受了第 8 条义务,则该国称为第 8 条成员国(Article VIII Member),该国货币也就实现了经常项目可兑换。国际货币基金组织成员国是否接受第 8 条义务由其自己决定。一国在加入国际货币基金组织时与该组织协商采用第 14 条第 2 款的过渡性安排。所谓过渡性安排是指一国可维持在其成为国际货币基金组织成员国时已在施行的对经常项目转移和支付的外汇管制。采用第 14 条过渡安排的成员国称为第 14 条成员国。虽然成员国可自行决定何时接受第 8 条义务,但国际货币基金组织一直致力于推动其成员国接受第 8 条义务。第 14 条成员国有义务每年与国际货币基金组织磋商一次,以确定其对经常支付的限制是否必要。

② 国际货币基金组织 1952 年 8 月 14 日的第 144-(52/51)号决定指出:"第 8 条第 2 节适用于对经常支付与转移施加的限制,而不论实施限制的动机或背景如何。"1960 年 1 月 1 日通过的第 1035-(6012)号决定指出:"判定一项措施是否构成第 8 条第 2 节下对经常项目交易的支付与转移限制的指导原则是:该项措施是否涉及政府对外汇的获取或使用实行直接的限制。"因此,国际货币基金组织是根据该措施的形式(form)而非目的(purpose)来判定。如果一国采取限制进口的措施,而不限制进口所需资金的支付与转移,则这种措施并非外汇管制。关贸总协定的一份文件也指出:区分外汇管制和贸易限制的标准应根据政府措施的技术性质,而非依据该措施对国际贸易和金融的影响或效果(GATT, Basic Instruments and Selected Documents, 3rd Suppl., p.196)。

③ Kenji Aramaki, "Sequencing of Capital Account Liberalization-Japan's Experiences and Their Implications to China", *Public Policy Review*, Vol.2, No.1, 2006, p.181.

④ OECD, Forty Years's Experience with the OECD Code of Liberalisation of Capital Movements: Summary and Conclusions, October 2002.

的内容。因此,GATS 第 11 第 1 款也规定:除第 12 条所规定外,任何成员不得对与其具体承诺有关的经常交易的国际支付与转移实施限制。① GATS 关于第 16 条第 1 款的注释也指出,如果一个成员在跨境交付服务提供方式方面做了市场准入承诺,而且资本的跨境流动是该服务本身的必要部分,则该成员就因此承诺允许这种资本的流动;如果一个成员在商业存在服务提供方式方面做出了市场准入的承诺,则它在此承诺允许有关的资本转移到其境内。

GATS 的模式也为区域贸易安排所采纳,其差别在于涉及资本流动的服务行业的开放程度不同。② 比如,中国—东盟自由贸易区服务贸易协议第 10 条就是 GATS 第 11 条的重述。③ 日本和新加坡的新时期经济伙伴协定第 59 条(市场准入)第 1 款的注释与 GATS 关于第 16 条第 1 款的注释相同。④

与此同时,随着信息和通讯技术(information and communication technology)的发展,人类进入了数字经济(digital economy)时代。

OECD 的 BEPS 行动计划把应对数字经济的挑战列入了 15 项议题的首位,并总结了数字经济的如下特点:对无形资产(intangible assets)的严重依赖;数据(特别是个人数据)的大量使用;广泛采用多层级的商业模

---

① 第 12 条的规定是:"WTO 的成员出现严重的收支平衡和对外财政困难或征兆时,可以对其已作具体承诺的服务贸易,包括与该承诺有关交易的支付和转移,采取或维持限制。"国际收支(balance of payments)是指一个国家或经济体与世界其他国家或经济体之间的进出口贸易、投融资往来等各项国际经济金融交易及对外资产负债(或对外债权债务)情况。当一国或经济体的进口大于出口时,就属于国际收支失衡的一种情况。理论上讲,该国或经济体可以通过限制进口或外汇管制的方式来平衡国际收支。关于国际收支平衡的概念和平衡手段的论述,可参见陈彪如:《国际金融概论》(第三版),华东师范大学出版社 1996 年版,第 36—53 页。

② 比如,有的采用正面清单,有的采用负面清单。

③ 第 10 条第 1 款规定:除在第 11 条(保障国际收支的限制)中的情况下,一个缔约方不得对与其具体承诺有关的经常项目交易的国际转移和支付实施限制。第 2 款规定:本协议的任何规定不得影响国际货币基金组织成员在《基金协定》项下的权利和义务,包括采取符合《基金协定》的汇兑行动,但是一个缔约方不得对任何资本交易设置与其有关此类交易的具体承诺不一致的限制,根据第 11 条或在国际货币基金组织请求下除外。第 11 条规定:如发生严重国际收支和对外财政困难或其威胁,一个缔约方可按照 GATS 第 12 条的规定对服务贸易采取或维持限制。

④ 该注释为:如果缔约方在跨境交付方面做出了市场准入承诺,而资本流动是该服务本身的必要部分,则该成员就因此承诺允许这种资本的流动;如果一个成员在商业存在服务提供方式方面做出了市场准入的承诺,则它在此承诺允许有关的资本转移到其境内。

式并从网络效应的外部性中获取价值;确定价值产生的地点非常困难。①OECD 于 2014 年 3 月发布了关于应对数字经济挑战的行动方案的公开讨论稿(BEPS Action 1: Addressing the Tax Challenges of the Digital Economy, Public Discussion Draft,以下简称"数字经济公开讨论稿"),其第二部分论述了数字经济下电子商务、云计算、在线支付服务等商业模式的运作,并对 BEPS 行动方案所总结的数字经济的上述特点进行了阐述。②

首先,数字经济对软件等无形资产的使用增强了交易的流动性(mobility)。软件的研发在数字产业占有重要地位,而软件技术也能够为实体经济的运营提供服务。比如,零售商可利用软件管理物流平台。软件技术也便利了用户在跨境流动中从事商业活动。比如,一国居民可以在另一国购买应用软件并在第三国使用。对企业来讲,软件技术也能够使其集中管理全球业务,并为相距甚远的市场客户提供产品或服务,而不必在市场所在地设立传统的物理性的商业存在(physical presence)。同时,软件技术也使得消费者、产品或服务的提供者等市场主体能够以匿名的方式从事交易。③

其次,数字经济对数据的使用具有很强的依赖性,而数据具有重要的商业价值。在数字经济下,企业收集客户和商业运营的信息更加便利。这些数据是企业改进产品或提供服务的重要依据,具有重要的事业价值。④ 麦肯锡全球研究所(McKinsey Global Institute)在一份关于"大数据"的研究报告中指出:数据分析有助于企业为客户定制满足其需求的产品、服务,也能够帮助企业提高经营决策和管理水平。该报告估计,美国的健康行业通过大数据分析和使用所创造的价值可达 3000 亿美元。⑤

再次,数字经济具有网络效应(networks effects)。所谓网络效应是指用户的决定可对其他用户的利益产生影响。网络效应是数字经济下商业活动的显著特征。当越来越多的用户加入某个操作系统或社交网络时,现有用户的福利将改善,即使这些用户之间没有明确的补偿协议,这

---

① 参见 BEPS 行动计划的"背景部分"。
② 参见数字经济公开讨论稿第 60—90 段。
③ 参见数字经济公开讨论稿第 92—102 段。
④ 参见数字经济公开讨论稿第 103—105 段。
⑤ 转引自数字经济公开讨论稿第 106 段和第 107 段。

是网络效应的正外部性(positive externalities)。当越来越多的用户同时使用通讯网络时,网络拥堵可能降低网络用户使用系统的价值,此时也没有对受影响用户的补偿安排,这是网络效应的负外部性(negative externalities)。就正外部性而言,数字经济环境下,用户越多,产生的价值也可能越高。比如媒体共享网站(media sharing site)的信息和内容是用户生成的。当企业鼓励用户的互动时,网络效应也得以提高。比如零售商通过促进客户对于产品的评论互动就有助于客户对产品的选择,这也有利于企业获得竞争优势。① 网络效应还可通过多层级的商业模式(multi-sided business model)进一步放大。多层级商业模式的特点是为市场中不同用户团体提供互动的中介或平台,从而借助网络效应使一个团体的决定对其他团体产生影响。以支付卡系统为例。当更多消费者选择支付卡时,如果更多的商家接受支付卡,这对消费者是有利的,这也将促使更多的软件开发商进一步开发软件,这对软件开发商的业务也是有利的。②

此外,数字经济下,技术和产业更新更快。技术进步降低了计算机网络的成本,减少了以互联网为基础产业的准入壁垒,网络效应使得企业在短时间内取得市场支配地位成为可能。同时,在市场竞争和技术更新的压力下,企业为了保持自身的优势地位也将进一步寻求更先进的技术和商业模式。③

上述情势的发展也对现行国际税法规则提出了挑战。

二、现行反避税规则面临的挑战

在经济全球化和区域一体化的背景下,各国在享受全球化和区域一体化所带来的红利的同时,在应对跨境避税方面也面临着新的挑战。

(一)反避税面临的新问题

1. 全球化和区域一体化使得纳税人在多国范围内避税成为可能

从宏观的角度看,区域贸易安排在全球贸易的份额中占据了重要地位。根据WTO的统计,2012年的全球商品出口额中,NAFTA为13%,

---

① 参见数字经济公开讨论稿第108—111段。
② 参见数字经济公开讨论稿第112—116段。
③ 参见数字经济公开讨论稿第118段。

欧盟为12％，东盟为7％。① 区域贸易安排所带来的投资效应和区域投资体制的建设也导致了区域内投资比例的提高。以东盟为例，2011年东盟区域内的投资(intra-regional investment)提升到了历史上最高的263亿美元，占东盟外商直接投资(FDI)总量的23％，而1995—1997年的区域内年平均投资仅为47亿美元。②

因此，全球化和区域一体化使得企业的多国经营成为可能，国际贸易和投资越来越多是在关联企业之间进行的。这意味着纳税人的避税活动也会在多国开展，比如通过关联企业之间的转让定价来把利润转移到低税负地区。

2. 外汇管制的解除加大了征税的难度

资本管制的解除固然促进了服务和投资的发展，但也加大了各国的征税难度。比如，在允许本国企业从境外借款时，该企业的境外股东可以通过资本弱化实现股权投资，并以利息的方式抽逃股息。纳税人也可以通过境外的避税地(tax haven)融资并把利润留存在境外。尽管纳税人使用避税地可能也有非税因素的考虑③，但在避税地设立基地公司或控股公司也能够取得税收利益。比如，如果母公司所在国在收到子公司汇入的股息时才把这部分股息作为应税所得缴纳公司税，母公司在避税地设立的控股公司就可先不向母公司分派股息，母公司就可递延缴纳所得税。④ 再比如，基地公司也可以充当资金的中转迂回站，将汇集在境外的资金用于再投资。⑤

3. 各国税法和税收协定之间的差异为纳税人避税进一步提供了空间

尽管国际市场已经全球化，但目前并不存在超国家的政府或国际组织，各国依然保留税收主权。由于并不存在全球统一的国内税法和税收协定，各国税法的差异、漏洞以及税收协定之间的优惠差异依旧为纳税人跨国避税提供了条件。比如，纳税人可通过混合金融工具或混合实体，利用不同国家税法的差异实现所得居民国和来源地国双重免税(double

---

① WTO, International Trade Statistics 2013, pp. 12—13.
② ASEAN Investment Report 2012, p. 8, 54.
③ 比如避税地没有外汇管制，公司注册和监管条件宽松。
④ 参见唐腾翔、唐向：《税收筹划》，中国财政经济出版社1994年版，第166页。
⑤ 参见杨晓光、王金诚、邹明华主编：《国际税收纠纷与预防案例分析》，山西经济出版社1996年版，第91页。

non-taxation)。①

再比如,非税收协定缔约国的居民还可在税收协定缔约国设立导管公司的做法获取其本不应享有的税收协定中的优惠,这称为税收协定的滥用(treaty shopping)。税收协定滥用的典型方式为纳税人通过设立导管公司(conduit company)来获取税收协定的优惠。② 此外,非缔约国居民还可通过设立一个以上的导管公司(也称进阶导管公司,stepping-stone conduit companies)来利用税收协定的优惠。③

(二) 现行反避税规则面临的挑战

1. 现行反避税规则概览

客观地讲,在经济全球化和区域一体化的浪潮到来之前,为了应对跨国避税问题,相关国家的国内法和双边税收协定中已有了一些反避税

---

① 这种情况也称为混合错配。OECD 在 2014 年 9 月发布的消除混合错配安排的影响的报告中列举了这样几种例子:(1) 产生扣除和免税结果(deduction / no inclusion, or D/NI outcomes)的混合错配安排。在这种情况下,纳税人通过混合错配安排,支付人所在国允许支付人就此类安排下的支付进行扣除,而收款人所在国将收款人的收入作为免税所得。(2) 产生双重扣除结果的混合错配安排(double deduction or DD outcomes)。在这种情况下,纳税人通过混合错配安排,支付人所在国允许支付人就此类安排下的支付进行扣除,而收款人所在国并不把支付人作为独立于收款人的法律实体存在,从而将支付人的扣除视为收款人的支付费用,也允许收款人予以扣除。这就产生了同一笔费用在两国都被扣除的情况。(3) 产生间接扣除和免税结果(indirect deduction / no inclusion, or indirect D/NI outcomes)的混合错配安排。在这种情况下,混合错配安排在两国之间的避税效果可以借助被视为普通贷款的混合金融工具传输到第三国。关于混合错配安排的问题,本章第二节将详细论述。

② 比如,甲国 X 公司准备在丙国投资设立有一个子公司 Z。由于甲国和丙国之间没有税收协定,如果 Z 直接对 X 支付股息的话,X 就要在丙国缴纳 20%的预提税。不过,乙国与甲国和丙国都签订有税收协定,而且税收协定规定对子公司支付给母公司的股息都只征收 5%的预提税。这样,X 公司可先在乙国设立一个子公司 Y,Y 在丙国设立一个子公司 Z。这样,Z 支付给 X 的股息就先支付给 Y,然后再通过 Y 支付给 X,该笔股息在丙国和乙国缴纳的预提税均为 5%。尽管该笔股息要缴纳两笔预提税,但预提税的总体负担减轻了。当然,作为乙国的居民公司,Y 公司从 Z 公司收取的股息应当在乙国缴纳所得税。但是,假如选择地点合适,丙国对 Y 公司境外所得股息免税的话,就可避免这一问题。

③ 比如,甲国准备在丙国投资设立一个公司。不过,甲国和丙国之间没有税收协定。但是,甲国与丁国之间缔结有税收协定,丁国对甲国居民来源于丁国的所得以税收优惠。丁国国内法中对某一类型的居民公司也有税收优惠(比如境外所得免税)。在乙国,向外国公司支付的费用可以作为成本扣除,而来自于丙国的所得可以享受乙国与丙国之间税收协定的优惠。在这种情况下,A 国居民就可以在丁国设立子公司 D,D 公司向其在乙国的子公司 B 提供服务,B 公司支付给 D 公司的服务费可作为费用从 B 公司的应税所得中扣除,D 公司来源于乙国的所得可享受丁国与乙国税收协定之间的优惠。乙国的 B 公司来源于丙国 C 公司的所得可享受乙国与丙国之间税收协定的优惠。这样,来自丙国的利润就可以很低的成本返回到甲国。参见 Helmut Becker and Felix J. Wurm, *Treaty Shopping*, Kluwer Law and Taxation Publishers, 1988, p. 5.

规则。

国内法中通常有一般反避税规则(general anti-avoidance rule, GAAR)和特殊反避税规则(special anti-avoidance rule, SAAR)。一般反避税规则既体现在制定法中①,也包括司法判例所确立的原则②。特殊反避税规则是针对特定避税方式的立法,比如:(1)受控外国公司法。其目的在于防范居民纳税人通过在避税地的子公司留存收益而逃避税收。以美国为例,美国税法典(Internal Revenue Code)中防止利用避税地避税的条款主要为F分部(Subpart F)。F分部是针对美国股东从其控制的外国公司获得的股息等消极投资所得。如果一个外国公司50%以上有表决权的股票在一个纳税年度的任何时候为美国股东所持有,该公司即为受控外国公司(controlled foreign corporation)。美国股东是指持有该外国公司至少10%表决权股票的美国人。美国股东在受控外国公司的属于"F分部所得"的部分,即使当年不分配或不汇回美国,也要计入各美国股东名下,视同当年分配的股息,计入所得征税。③(2)反资本弱化规则。资本弱化(thin capitalization)是关联企业借助利息形式抽取股息

---

① 比如,加拿大所得税法(Income Tax Act)第245节规定:纳税人根据避税交易取得的税收利益不予以承认,并应根据合理的商业背景核定(检索自,http://laws-lois.justice.gc.ca/eng/acts/i-3.3/page-270.html#h-157,2018年1月28日最后访问)。再比如,德国税法典(Fiscal Code,Abgabenordnung)第42节规定:纳税人滥用税收安排规避税法是不被允许的。如果纳税人存在滥用的情况,将比照适当的经济交易进行课税。所谓滥用,是指纳税人的交易与适当的经济交易相比,将取得税法所本不予以的税收优惠。不过,纳税人能够提供非税因素证据的交易除外(检索自:http://www.gesetze-im-internet.de/englisch_ao/index.html,2018年1月28日最后访问。)。

② 在普通法国家,一般反避税规则最早是通过司法判例来确立的,具体包括:(1)弄虚作假和无效的交易(sham and ineffective transactions)。弄虚作假是纳税人的欺诈行为,实际上是逃税问题,还涉及刑事责任。(2)实质优于形式(substance over form)。一项交易的纳税结果要看交易的实质而非形式。(3)分步交易原则(step transaction doctrine)。在一系列的交易中,如果单独看每项交易的纳税结果,都是法律可接受的,但是如果把这一系列交易综合起来看则其纳税结果却是不可接受的。也就是说,即使交易的每一步都是合法的,但判断这一系列交易的纳税结果时要根据交易的经济上或商业上的实质,或者是没有经营目的的交易不予以考虑。(4)经营目的原则(business purpose test)。如果一项交易缺乏交易目的,如果其唯一或主要目的是避税,则在决定交易的纳税时就不予考虑。(5)目的和精神原则(object and spirit)。法院根据立法的目的和精神来审理案件,判断一项交易或做法是否为不可接受的避税。参见Adrian Shipwright and Elizabeth Keeling, *Textbook on Revenue Law*, Blackstone Press Limited, 1997, pp.72—73.

③ 参见葛惟熹主编:《国际税收学》,中国财政经济出版社1999年版,第325—326页。

的一种避税方式。① 有的国家规定公司股权投资和债务的比例,如果持有公司一定比例股份的债权人对公司的贷款超过了税法规定的公司负债和股权的比例(比如 2∶1),则超出比例贷款的利息,公司不能作为费用扣除,而贷款人收取的相应利益也可能被当作股息对待。② (3) 转让定价规则。对关联企业转让定价进行调整的主要原则是独立交易原则(the arm's length principle),即关联企业间交易的价格或发生的费用应当按照独立竞争企业交易的价格进行调整。各国对关联企业转让定价调整的方法有:可比非受控价格法、再销售价格法、成本加利润法、交易利润法。交易利润法包括利润分割法和交易净利润率法等。③ 上述几种方法均为事后调整方法。此外,关联企业还可与税务机关事先就其定价方法达成预约定价协议(Advanced Pricing Agreement,APA)。根据这种做法,关联企业在交易之前就其定价机制先行报税务当局,税务当局认可后关联

---

① 以母子公司为例,母公司对子公司的融资主要以提供贷款而非股权投资的方式,还包括子公司在母公司的安排下从外部借贷资金并由母公司担保的融资做法。在这两种情况下,子公司的负债与股本的比例要远远高于正常情况下的公司的负债与股本的比例。采用资本弱化的做法,关联企业可以得到以下税收上的好处:首先,母公司向子公司贷款形成的债权和进行股权投资形成的股权具有不同的法律特征,在税收上的处理也不同。子公司要按贷款约定的期限和条件归还母公司的贷款并支付利息,不论子公司是否盈利。子公司支付的贷款利息在计算其纳税所得时可以作为费用扣除;而子公司向母公司分配股息则要在子公司盈利的情况下从税后利润中支付。其次,母公司在子公司的股息收入来自于子公司税后利润,该股息收入在母公司所在国也要纳税,这就产生经济上的双重征税;而母公司的利息则来自于子公司的税前所得,虽然该利息收入在子公司所在国(收入来源国)要缴纳预提税,但在利息要在母公司纳税的情况下,只是产生法律上的双重征税,母公司一般可获得其所在国的抵免或免税。此外,母公司还可通过一个设在避税港的导管公司将其境外收入汇总的做法,延迟纳税或避税,或者母公司设立在一个对所有境外收入免税的国家。再次,税收协定中利息的预提税一般低于股息,有的税收协定下来源地国还可能对利息免除预提税。

② 关于相关国家资本弱化规则的详细论述,可参见 Grant Richardson, Dean Hanlon, Les Nethercott,"Thin Capitalization Rules: An Anglo-American Comparison", *The International Tax Journal*, Vol. 24, No. 2, 1998.

③ 可比非受控价格法是根据相同条件下非关联企业进行相同交易所使用的价格,来调整关联企业之间的定价。再销售价格法是以关联企业的买方将货物再销售给非关联第三方的销售价格扣除其合理利润后的价格,来调整关联企业之间的定价。成本加利润法是以关联企业生产产品所花费的成本加上合理的利润作为调整关联企业定价的基础。利润分割法是根据关联企业在交易中所作的贡献来划分应属关联企业的利润。交易净利润率法是以关联企业在可比非关联交易的净利润率或独立企业在可比交易中的净利润率来调整关联企业的净利润。有关这些方法的详细论述,参见 OECD, Transfer Pricing Guidelines for Multinational Enterprises and Tax Administrations (2010), pp. 63—105; OECD, Transfer Pricing Guidelines for Multinational Enterprises and Tax Administrations (2017), pp. 97—146。OECD 的这一文件也称为《转让定价指南》。

企业将按此定价执行。①

国内法的反避税规则能够用于应对纳税人跨境交易的避税安排,也能用于防范纳税人滥用税收协定的避税安排。② 不过,通过国内法规制税收协定滥用可能导致国内法与税收协定的冲突。国际税收协定适用于"缔约国一方或缔约国双方居民",如果税收协定没有将特定类型的居民排除在"居民"之外,适用国内反避税规则就产生了国内法限制税收协定的情况。从国际法的角度讲,《维也纳条约法公约》第 27 条规定,"当事国不得援引国内法规定为理由而不履行条约"。因此,税收协定中对于税收协定滥用做出规定能够消除国内法和税收协定的潜在冲突,也更有针对性。

税收协定中反避税规则的一种模式是明确国内反避税规则的地位。比如,我国和新加坡的税收协定第 26 条就规定:"本协定并不妨碍缔约国一方行使其关于防止规避税收(不论是否称为规避税收)的国内法律及措施的权利,但以其不导致税收与本协定冲突为限"。

税收协定中还可写入专门针对税收协定滥用的条款。这方面最为典型的是受益所有人(beneficial owner)的规定。1977 年的 OECD 范本在其第 10、11 和 12 条中引入了"受益所有人"的概念,并在随后的范本中延续使用。③ 引入受益所有人是专门针对股息、利息和特许权使用费预提

---

① OECD 2010 年《转让定价指南》第 168—169 页也对 APA 进行了详细论述。

② 比如,在美国的 Aiken 案(56 T. C. 925, 1971)中,一家美国公司从其在巴哈马的关联公司借款。美国公司支付给巴哈马公司的利息要在美国征收 30% 的预提税。不过,根据美国和洪都拉斯之间的税收协定,美国公司支付给洪都拉斯公司的利息可以免征预提税。于是,这家巴哈马公司就把美国公司出具的票据转让给了其在洪都拉斯的子公司艾肯实业公司,洪都拉斯公司没有在这笔交易中获利,因为其要支付给巴哈马公司的贷款本金和利息与其从美国公司收取的本金和利息相同。美国法院认为,美国公司支付给洪都拉斯公司的利息不能免除预提税,因为洪都拉斯公司购买美国公司出具的票据没有商业目的(business purpose),其理由在于洪都拉斯公司没有从其关联公司获利。因此,法院认为洪都拉斯公司只是一个利息从美国公司向巴哈马公司支付的导管,不能认为洪都拉斯公司收取了自己的利息(receive the interest payments as its own)。法院指出,收取自己的利息不仅仅是暂时占有从一个缔约国公司支付的利息,还必须能够支配和控制这笔资金。

③ 受益所有人概念在税收协定中的出现要早于 1977 年的 OECD 范本。比如,1967 年英国和荷兰的税收协定第 11、12 和 13 条就引入了受益所有人。参见 U. N. Economic and Social Council Committee of Experts on International Cooperation in Tax Matters, Progress Report of Subcommittee on Improper Use of Treaties: Beneficial Ownership, E/C. 18/2008/CRP. 2/Add1, Annex para. 5. 由于 OECD 2017 年范本是 BEPS 最终报告出台后修订的,因此本章在阐述最终报告出台之前的 BEPS 问题时,除非另有说明,将根据 OECD 2014 年范本阐述。

税的滥用安排。①

2. 现行反避税规则的问题

上述反避税规则对于应对跨国避税无疑具有重要作用,但也存在不足之处。

(1) 反避税规则的适用存在差异。

以资本弱化为例,采用公司负债和股权投资比例法的国家,其具体的比例也不尽相同。② 这意味着纳税人同样的交易安排在不同国家会面临不同的处理结果。即使各国规则(包括税收协定的反避税条款)形式上一致,在适用时也可能有不同的理解。以受益所有人为例。

在印度尼西亚食品公司案③中,印度尼西亚食品公司(Indofood)在2002年准备通过发行国际债券融资。根据印度尼西亚的国内税法,如果印度尼西亚食品公司直接发债,债权人(债券持有人)收到的利息要在印度尼西亚缴纳20%的预提税。为此,印度尼西亚食品公司通过其设立在毛里求斯的子公司发债,然后子公司再把发债募集的资金转借给印度尼西亚食品公司。根据印度尼西亚和毛里求斯的税收协定,印度尼西亚食品公司支付给子公司的利息只需要在印度尼西亚缴纳10%的预提税,同时毛里求斯对印度尼西亚食品公司的子公司债券持有人的利息免税。按照债券发行安排,JP Morgan Chase Bank作为债券持有人的受托人。在印度尼西亚食品公司的毛里求斯子公司发债之后,印度尼西亚于2005年1月终止了与毛里求斯的税收协定。这样,印度尼西亚食品公司支付给毛里求斯子公司的利息就要缴纳20%的预提税。在债券发行协议中有这样一个条款:如果印度尼西亚法律或税收协定发生变化并导致预提税超过10%,债券发行人在采取一切合理手段后仍无法改变这一状况,债券发行人有权提前赎回债券。于是,印度尼西亚食品公司向债券受托人

---

① 比如,OECD范本第11条第2款规定,当来源地国对利息征收预提税时,如果收取利息的受益所有人是缔约国另一方的居民,则所征税款不得超过利息总额的10%。这样,缔约国一方的居民要主张缔约国另一方适用优惠预提税税率,而必须证明其为该所得的受益受益人。或者说,如果受益所有人并非税收协定缔约国的居民,即使利息的收取人是缔约国的居民,也不能享受优惠税率。

② 比如,2004年的一篇文献显示,丹麦的比例为4∶1,葡萄牙的比例为2∶1,西班牙的比例为3∶1。参见Otmar Thoemmes, Robert Stricof and Katja Nakhai, "Thin Capitalization Rules and Non-Discrimination Principles", *INTERTAX*, Vol. 32, Issue 3, 2004, p. 128.

③ Indofood International Finance Limited v. JP Morgan Chase Bank N. A., London Branch, [2006] EWCA Civ. 158, [2006] STC 1195.

提出提前赎回债券。但是,债券受托人认为,如果印度尼西亚食品公司在荷兰设立一个子公司并受让原毛里求斯子公司的债务,根据荷兰与印度尼西亚的税收协定,在印度尼西亚的预提税税率仍能够低于10%。因此,债券持有人不同意提前赎回债券。双方为此产生了争议,争议的焦点在于这种安排下设立在荷兰的子公司是否构成印度尼西亚与荷兰税收协定中的受益所有人。双方随之诉至英国高等法院。在一审中,英国高等法院认为债券持有人提出的方案是可行的,设在荷兰的子公司是受益所有人。但是,在二审中,英国上诉法院推翻了一审判决。上诉法院认为受益所有人是指享有所得的完整利益的人。该案中即使采用债券发行人的安排建议,设在荷兰的子公司从印度尼西亚食品公司收取的利息需要支付给债券持有人,无法从中盈利,对利息没有支配权,不能构成荷兰与印度尼西亚税收协定中的受益所有人。

在 Prévost 汽车案[①]中,瑞典 Volve 公司和英国 Henlys 公司在荷兰成立了一家控股公司,该控股公司又持有加拿大 Prévost 公司的股份。根据加拿大和瑞典的税收协定以及加拿大和英国的税收协定,瑞典和英国居民从加拿大取得的股息要在加拿大缴纳的预提税的上限分别为15%和10%。但是,根据荷兰与加拿大的税收协定,荷兰居民从加拿大收取的股息的预提税的上限为5%。当然,预提税的优惠以收取人为受益所有人为前提。在这一安排下,荷兰控股公司再向瑞典 Volve 公司和英国 Henlys 公司分配股息时,根据欧盟的母子公司指令,荷兰将不对瑞典 Volve 公司和英国 Henlys 公司征收预提税。加拿大税务当局认为荷兰控股公司并非税收协定中的受益所有人。加拿大税务法院则认为荷兰控股公司是受益所有人。加拿大税务法院指出股息的受益所有人是取得股息并供自己支配以及承担相应风险的人。荷兰控股公司是 Prévost 公司的股东,荷兰控股公司拥有自己的资产并承担相应的责任。荷兰控股公司的章程也没有为该公司附加必须分配股息的义务,即使分配股息也要遵守荷兰法律。因此,没有证据表明荷兰控股公司是瑞典 Volve 公司和英国 Henlys 公司收取股息的导管公司。该案上诉到加拿大联邦上诉法院后,联邦上诉法院维持了税务法院的判决。

---

① Her Majesty the Queen and Prévost Car Inc,2009 FCA 57.

(2) 为了促进经济发展,各国可能会容忍某些避税安排。

一国(特别是发展中国家)可能基于吸引外资和担心资本外流的考虑而对特定的避税安排进行容忍,因为资本可以流向反避税制度并不完善或并不严厉的国家。印度的 Andolan 案就是一个典型的例子。许多 OECD 国家的投资者通过毛里求斯到印度投资(而非直接从其居民国投资),因为印度和毛里求斯的税收协定给予了优惠。这是典型的滥用税收协定避税的做法。但是,印度最高法院的裁决承认了这种做法的效力,尽管其主要目的就是避税。印度最高法院认为印度通过毛里求斯管道获得了大量资金。如果没有毛里求斯的管道功能,外资数量将大大减少。允许这种做法所造成的税收收入的损失与吸引外资所带来的非税收益相比是不重要的。印度最高法院也严格限制了国内一般反避税规则(比如经营目的测试)的适用。①

(3) 区域性反避税规则的问题。

前述反避税规则以单边的国内法和双边的税收协定为主体。不过,区域安排也面临如何平衡经济自由化和反避税之间的矛盾。

以欧盟为例。为了建立货物、服务、人员和资本自由流动的统一的内部市场,欧盟法院曾经裁决成员国的特殊反避税规则违反了自由流动原则。在 Lankhorst-Hohorst 案②中,欧盟法院裁决德国的反资本弱化规则因只适用于德国公司支付给非居民股东的利息而与开业自由不符。受此案影响,有的成员国决定将其反资本弱化规则也适用于从事国内交易的居民。③

不过,由于成员国享有税收主权,欧盟也承认成员国反避税规则的作用。比如,合并指令第 15 条规定:成员国可拒绝给予该指令下的税收优惠,如果交易的主要目的或其主要目的之一是为了避税或逃税,或者交易没有有效的商业理由(valid commercial reasons)。欧盟法院在 Leur-

---

① 关于这方面的讨论,参见 Eduardo Baistrocchi,"The Use and Interpretation of Tax Treaties in the Emerging World: Theory and Implications",*British Tax Review*, Issue 4, 2008.

② Case C-324/00, Lankhorst-Hohorst GmbH v. Finanzamt Steinfurt, [2002] ECR I-11779.

③ Otmar Thoemmes, Robert Stricof and Katja Nakhai, "Thin Capitalization Rules and Non-discrimination Clause", *IINTERTAX*, Vol. 32, Issue 3, 2004, pp. 126—128.

Bloem 案①中指出,有效商业理由应解释为包含除了纯粹取得税收利益的因素。当事人以换股方式进行合并交易只是为了获取税收利益不能被认为具有合理商业理由。但是,当事人通过换股进行的合并导致了一个新控股公司的成立,即使新公司不从事相关业务,即使新公司的存续期间是有限的,也可认为具有有效商业理由。成员国在国内法中预先将某些合并交易排除在享受指令税收优惠的范围之外,超出了合并指令所允许的防范逃税和避税的必要程度。②

再比如,母子公司指令第 1 条第 2 款要求成员国不应将本指令下的税收优惠给予主要目的或主要目的之一为取得不符合本指令目的的税收优惠的不真实的相关交易安排。如果相关交易安排没有有效的商业目的,就不是真实的。该指令也不排除成员国适用其关于逃税、税收欺诈或税收滥用的国内法和协定中的相关条款。

不过,如第四章所述,成员国的反避税措施应当针对的是纳税人的全部行为都是旨在规避成员国法律的人为安排(wholly artificial arrangements),而且成员国的法律对自由流动的限制不应当是过度的。③事实上,欧盟法院把成员国的反避税规则与其他可能限制自由流动的措施是同等对待的。在 Centros 案④中,欧盟法院指出,限制自由流动的措施必须满足以下四个条件才能被允许:以非歧视方式实施;出于公共利益的需要;与追求的目标相匹配;不超过必要的限度。

三、有害税收竞争问题

为了吸引外资和促进本国资本输出的需要,一国还会采取给予外资税收优惠或降低本国居民公司所得税税率等做法。比如,美国、加拿大在 20 世纪 80 年代中期开展了大规模的减税运动。1984 年,美国废除了向外国人证券投资利息所得征收 30% 预提税的规定。1986 年,美国将公司

---

① Case C-28/95, A. Leur-Bloem v. Inspecteur der Belastingdienst/Ondernemingen Amsterdam 2, [1997] ECR I-4161.

② 参见 Violeta Ruiz Almendral, "Tax Avoidance and the European Court of Justice" INTERTAX, Vol. 33, Issue 12, 2005.

③ Communication from the Commission to the Council, the European Parliament and the European Economic and Social Committee, "The application of anti-abuse measures in the area of direct taxation-within the EU and in relation to third countries", COM(2007)785 final.

④ Case C-212/97, Centros Ltd v. Erhvervs- og Selskabsstyrelsen, [1999] ECR I-1459.

所得税的最高名义税率由46%降低为34%。其他发达国家也纷纷效仿美国实行减税。① 即使在适用反避税规则时,一国出于担心外资流出的担忧,也会对某些避税安排采取容忍的态度。

但是,如果各国竞相采用这样的做法,就会产生有害的税收竞争(harmful tax competition)问题。同时,一些传统的避税地(tax haven)由于几乎不课征所得税也会为纳税人提供避税和逃税的机遇,比如设立基地公司和控股公司避税。虽然各国可通过受控外国公司法予以应对,但受控外国公司法无法适用于境外公司控股境内公司的情况,而且各国也无法强制要求避税地改变不征所得税的税制。

1998年,OECD出台了一个题为"有害的税收竞争:一个凸现的全球性问题"(Harmful Tax Competition: An Emerging Global Issue)的报告(以下简称"1998年报告")。该报告将优惠税制划分为可接受的和有害的税制竞争,OECD成员国和其他非成员国的可能构成潜在的有害优惠税制以及避税地的存在都包含在有害税收竞争的范畴之内。该报告认为,有害税收竞争侵蚀了相关国家的税基,扭曲了国际贸易和投资,削弱了税收的公平和中性,进而影响了全球福利和纳税人对税制的信心。② 该报告提出了有害优惠税制(harmful preferential tax regimes)和界定避税地的要素。③

认定有害优惠税制的关键因素(key factors)有以下四个:(1)没有或只有很低的有效税率(no or low effective tax rates);(2)优惠税制与国内市场是隔绝的("ring fencing" of regimes),比如获得优惠的企业不得在国内市场经营;(3)缺乏透明度(lack of transparency),缺乏透明度包括法律、法规适用的歧视性以及税收待遇和征管可以谈判等方面,缺乏透明度有制度设计和实施方面的原因;(4)缺乏有效的税收情报交换(lack of effective exchange of information),不将享受优惠税制的外国投资者

---

① 美国实行对非居民的利息免税,一个因素是美国陷入财政赤字,需要向外国借贷,另一个因素是荷兰等国也对贷款利息不征税。美国降低公司所得税税率的考虑是,美国是海外投资大国,但高税率使得美国跨国公司采取避税方式将境外利润留存在海外或采取转让定价的方式将利润转移到低税国。参见蔡庆辉:《有害国际税收竞争的规制问题研究》,科学出版社2010年版,第7—9页。
② 参见1998年报告第4段。
③ 需要指出的是,1998年报告关注的是针对流动性强的金融服务和无形资产等方面的所得税制度,并不包括一国吸引直接投资的税收优惠制度。参见1998年报告第6段。

的情况通报给其母国。①

此外,1998年报告还提出了八个认定有害优惠税制的其他因素:(1)对税基的人为缩小(artificial definition of the tax base),比如对没有实际发生的费用予以扣除;(2)不遵从转让定价调整的国际准则(failure to adhere to international transfer pricing principles);(3)对本国居民的所有境外所得都免税(foreign source income exempt from residence country tax),这会诱使企业基于税收目的选择在该国设立导管公司或筹划税收协定滥用;(4)纳税人可与税收当局谈判适用的税率或税基(negotiable tax rate or tax base);(5)存在严格的保密规定(existence of secrecy provisions),税务机关无法获得纳税人的相关信息;(6)存在广泛的税收协定网络(access to a wide network of tax treaties),缔约国可能借此提供优惠税制;(7)宣称其税制具有税负最小化的效果(regimes which are promoted as tax minimization vehicles);(8)鼓励纳税人纯粹出于税收驱动但没有实质经济活动的安排(the regime encourages purely tax-driven operations or arrangements)。②

在认定某项税制是否为有害时,1998年报告实际上是分三步走的:(1)确定某项税制为优惠税制(preferential tax treatment)。此时是将该项税制与该国普遍适用的课税原则和制度进行比较,而非与其他国家的税制进行比较。比如,一国适用于所有所得的公司所得税税率为10%,对流动性强的经济活动的所得的税率也是10%时,就不是优惠税制,即使该税率低于其他国家。(2)结合上述四个关键要素和其他八个要素确定该优惠税制存在潜在的危害(potential harmful)。此时没有或只有很低的有效税率是首先要考虑的。如果某项税制具备了这一条件,要结合其他要素进行综合评估。(3)确定该税制存在现实的危害(actually harmful)。对被认定为具有潜在危害的优惠税制,还需要进一步结合上述要素分析是否具有现实的危害性。评估时应考虑下列因素:(a)该项税制是否导致经济活动从一国流动到提供优惠税制的国家但没有产生实质性的经济活动;(b)提供优惠税制国家经济活动的总量和水平是否与其投资额或所得额匹配;(c)优惠税制是否为企业选择在该国进行经济

---

① 参见1998年报告第61—67段。
② 参见1998年报告第69—79段。

活动的主要动机。在认定某项优惠税制存在现实的危害后,该国将被要求消除,其他国家也可采取防御措施。①

1998年报告提出的界定避税地(tax haven)的要素有:(1)没有或只有名义税率(no or only nominal taxes);(2)缺乏有效的税收情报交换(lack of effective exchange of information);(3)缺乏透明度(lack of transparency);(4)不要求投资者从事实质经济活动(no substantial activities)。②

在1998年报告之后,OECD还相继发布了四个报告:

2000年的第一份报告(Towards Global Tax Co-operation: Progress in Identifying and Eliminating Harmful Tax Practices)认定了OECD成员国的47项税收措施属于潜在的有害税制,并列出了35个符合避税地标准的地区以及6个也符合避税地标准但在报告发布之前承诺要消除有害税制的地区。③ 对于列入避税地名单的地区,如果不承诺消除有害税制,将被OECD列入不合作的避税地名单。OECD国家将对不合作的避税地采取防御措施。④ 在2000年的报告中,OECD也强调:有害税收竞争是全球性的,需要非OECD成员国的参与来共同应对,因为非成员国或者受有害税制的影响,或者存在潜在的有害税制。⑤

2001年的第二份报告(The OECD's Project on Harmful Tax Practices: The 2001 Progress Report)关于避税地的工作做了几项重要修订。尽管认定避税地的要素没有改变,但该报告特别指出,在确定哪些地区属于不合作的避税地时,应关注其是否承诺遵循情报交换和透明度

---

① 参见 OECD/G20 Base Erosion and Profit Shifting Project Countering Harmful Tax Practices More Effectively, Taking into Account Transparency and Substance, Action 5: 2014 Deliverable, pp.22—24.
② 参见1998年报告第52—55段。理论上讲,如何界定避税地也有不同的分类标准和看法。关于这方面的论述,可参见 Mykola Orlov, "The Concept of Tax Haven: A Legal Analysis", INTERTAX, Volume 32, Issue 2, 2004.
③ 这些税制以及避税地的名单详见2000年报告第11段的表格和第18段。
④ 比如:对纳税人与不合作避税地有关的交易或利用其有害税制的交易不给予扣除、抵扣,也不对上述来源所得适用抵免法或参与免税来消除双重征税;对支付给不合作避税地居民的特定所得征收预提税;要求从事与不合作避税地有关的交易或利用其有害税制的交易的当事人全面汇报交易的信息,并对汇报不准确或不汇报的予以严厉处罚;不与不合作的避税地签订避免双重征税的协定,或终止现有的税收协定,等等。参见2000年报告第32—35段。
⑤ 参见2000年报告第28—31段。

的原则。①

在 2000—2004 年期间，OECD 发布了一系列帮助其成员国审议优惠税制的指南，涉及透明度、情报交换、转让定价等方面，并在 2004 年将它们合并为一个统一的文件（a single Consolidated Application Note, CAN）。②

在 2004 年的第三份报告（The OECD's Project on Harmful Tax Practices: The 2004 Progress Report）中，2000 年报告认定的 47 项成员国有害税制中，18 项已经废除或在废除之中，14 项已经消除了潜在的有害特征，13 项未发现是有害的，只有 3 项税制需要进一步审议。③ 同时，承诺遵守税收情报交换和透明度的非 OECD 国家和地区也从 2001 年的 11 个增加到 33 个。④

2006 年，OECD 发布了第四个报告（The OECD's Project on Harmful Tax Practices: 2006 Update on Progress in Member Countries）。该报告显示，2000 年报告中认定的成员国的 47 项有害税制已有 46 项被取消、修改或被认定为不具有潜在的危害，只有卢森堡的一项税制属于现实有害的税制。⑤ 2006 年 12 月 29 日，卢森堡制定了废除该项税制的立法。⑥

OECD 关于应对有害税收竞争的工作所取得的成就是值得肯定的。不过，OECD 的做法也存在争议。首先，OECD 的文件并不具有法律约束力。其次，由于 OECD 被认为是发达国家的俱乐部，被列入避税地名单的非 OECD 成员国认为 OECD 的标准是武断的，侵犯了它们的主权。⑦ 再次，即使在 OECD 成员内部，也存在意见分歧。比如，瑞士在 1998 年

---

① 参见 2001 年报告第 36—38 段。
② 该文件的全称为：The OECD's Project on Harmful Tax Practices: Consolidated Application Note, Guidance in Applying the 1998 Report to Preferential Tax Regimes.
③ 参见 2004 年报告第 12 段。
④ 参见 2004 年报告第 19 段。
⑤ 这一项措施是卢森堡 1929 年的控股公司制度。参见 2006 年报告第 8—14 段。
⑥ 当事人根据卢森堡税制所做的既有安排可延续到 2010 年 12 月 31 日。参见 OECD, Committee on Fiscal Affairs releases outcome of review of preferential tax regimes in OECD countries, at http://www.oecd.org/ctp/harmful/committeeonfiscalaffairsreleasesoutcomeofreviewofpreferentialtaxregimesinoecdcountries.htm, 2018 年 1 月 28 日最后访问。
⑦ 有关这方面的论述，可参见蔡庆辉：《有害国际税收竞争的规制问题研究》，科学出版社 2010 年版，第 79—83 页。

报告的附件 2 中提出,该报告虽然承认每个国家基于主权可以决定其税制和税率,但又以一国税率低于他国作为认定潜在的有害税制的要素,这是对高税率国家的保护。

因此,OECD 后来将应对有害税制的重点放在了透明度和情报交换方面。OECD 在 2000 年建立了全球税收论坛(Global Forum on Taxation)来与非 OECD 成员国进行税收问题的对话。承诺遵守透明度和有效情报交换原则的国家和地区被邀请参加论坛并一起制定和完善相关标准。2009 年,该论坛更名为"税收透明度和情报交换的全球论坛"(Global Forum on Transparency and Exchange of Information for Tax Purposes)。[1]

四、税收情报交换问题

在经济全球化和区域一体化的背景下,由于纳税人存在着跨国经营活动和所得,不论是为了正确适用税收协定和国内税法,或是应对纳税人的跨境逃税与避税,一国税务当局都需要获得纳税人境外经营活动和所得的相关情报。由于国际法不允许一个国家在未经其他国家允许的情况下在当地进行税务调查[2],建立国际间的税收情报交换(exchange of information)机制就至关重要。传统上的税收情报交换机制是规定在双边税收协定之中的。但是,在早期的税收协定中,被请求方往往以国内法中的银行保密规定或缺乏国内税收利益(domestic tax interest)为理由予以拒绝。以 2000 年 OECD 范本第 26 条为例。

第 26 条第 1 款明确要求缔约国双方主管当局应交换为实施税收协定和国内税法所必需(necessary)的情报。交换情报的范围不受税收协定第 1 条和第 2 条的限制。[3] 缔约国一方得到的任何情报,应与按其国内法

---

[1] OECD/G20 Base Erosion and Profit Shifting Project, Countering Harmful Tax Practices More Effectively, Taking into Account Transparency and Substance, Action 5: 2014 Deliverable, p. 18.

[2] 〔美〕罗伊·罗哈吉:《国际税收基础》,林海宁、范文祥译,北京大学出版社 2006 年版,第 135 页。

[3] 在 2000 年版本中,OECD 范本第 1 条规定税收协定适用于至少是缔约国一方居民的人。第 2 条则是适用的税种,主要是对所得和财产征税的税种。情报交换不受第 1 条和第 2 条的限制意味着交换情报可就同时为缔约国双方非居民的情报进行交换,涉及税种也可超出所得税的范畴。

取得的情报一样予以保密,仅应向与税收的核定、征收、执行或起诉相关的人员或当局(包括法院和行政管理部门)披露。上述人员或当局只能为上述目的使用该情报,但可在公开的法庭或司法决定中予以披露。情报交换可以基于一国请求而进行,也可以自动进行,或者一个缔约国认为某些信息对另一缔约国有利而自发提供。此外,缔约国还可以使用其他技术进行情报交换,比如海外税收检查和特定行业情报交换等。[1]

第 26 条第 2 款规定了缔约方可以拒绝情报交换的情形,即第 1 款规定不能理解为给缔约国施加以下义务:采取与缔约国双方法律或行政惯例不符的行政措施;提供根据缔约国双方法律或通常行政渠道不能取得的情报;提供泄露任何贸易、经营、工业、商业或专业秘密的情报,以及披露会违反公共政策(公共秩序)的情报。[2]

不可否认,第 26 条为情报交换确立了国际机制。但是,缔约国一方在请求缔约国另一方提供情报时,缔约国另一方常常以银行保密或缺乏国内税收利益(domestic tax interest)为理由予以拒绝。[3] 2000 年 OECD 的一份文件指出,过度的银行保密会产生以下问题[4]:影响税务当局对纳税人的正确征税;在借助科技手段不遵从法律的纳税人和守法的纳税人之间制造不公;加剧了流动性强的资本和流动性差的劳务和不动产征税之间的不平衡;助长了对税法的不遵从之风;增加了税收管理成本;扭曲了国际资本流动;造成了不公平的税收竞争;损害了国际税收合作。

此外,对于一些传统的避税地(tax havens)来讲,由于自身并不征收所得税或对非居民和居民的境外所得免税,从技术层面讲,也没有与其他国家签订避免双重征税协定的动因,自然也不存在类似于 OECD 范本第

---

[1] 〔美〕罗伊·罗哈吉:《国际税收基础》,林海宁、范文祥译,北京大学出版社 2006 年版,第 135 页。

[2] 如果不对情报交换进行相应的限制,可能产生一系列的负面影响。例如,对税收情报的滥用可能导致相关当事人商业秘密的泄露,影响其市场上的优势地位,从而破坏原有的市场竞争秩序。如果被要求交换的情报可能构成国家秘密或与国家重大利益相关时,强行要求披露或交换将构成对国家主权的侵犯,引起国际纷争。参见廖益新、付慧姝:《银行秘密与国际税收情报交换法律问题研究》,载《甘肃社会科学》2007 年第 3 期,第 153—156 页。

[3] 比如,日本和英国认为,当有关问题不涉及其自己的税收时,第 26 条的规定未使其负有代表缔约国一方承担调查的义务,这是因为实施这种调查与其国内法和行政惯例相悖。参见《OECD 税收协定范本注释》,国家税务总局国际税务司译,中国税务出版社 2000 年版,第 210 页。

[4] OECD, Improving Access to Bank Information for Tax Purposes, March 2000, paragraph 11.

26 条的规则。由于严格的银行保密措施也是避税地吸引外来投资的一个条件,这些地区也不愿建立税收情报交换机制。

因此,借助全球税收论坛,OECD 在 2002 年推出了体现新标准的税收情报交换协议范本(Model Agreement on Exchange of Information on Tax Matters),并随后对 OECD 范本的第 26 条进行了修订。这些税收情报交换的新标准包括[①]:提供与请求方国内税法的管理和实施可预见相关(foreseeable relevance)的情报;不以银行保密和缺乏国内税收利益为理由拒绝提供情报;确保主管当局有权获取情报以及情报的有效性;尊重纳税人权利;交换情报的严格保密。

OECD 范本修订的新第 26 条共 5 款[②]:

现行第 26 条第 1 款较原第 1 款的一个变化是将原来"缔约国双方主管当局应交换为实施税收协定和国内税收法律所必需的情报"中的"必需"(necessary)改为"可预见相关"(foreseeable relevance)。OECD 认为"可预见相关"标准是为了使缔约方提供尽量广泛的情报(to the widest possible extent),同时不允许缔约方进行"钓鱼式的无关联调查"(fishing expeditions)或要求提供与纳税人税收无关的情报。[③]

新的第 4 款强调,被请求提供情报的缔约方应当使用情报采集措施(information gathering measures)取得情报,即使被请求方为自身税收目的而并不需要这些情报。被请求方不能仅以缺乏国内税收利益为理由而拒绝提供情报。[④]

新的第 5 款也同样强调,被请求提供情报的缔约方不能仅仅以相关情报由银行、其他金融机构、代理人或受托人持有以及情报与当事人所有

---

① OECD, Promoting Transparency and Exchange of Information for Tax Purposes: A Background Information Brief, April 2010, paragraph 12.
② 前文所述的原第 26 条第 1 款拆分为第 1 款和第 2 款,原第 2 款在序列上改为第 3 款,并增加了新的第 4 款和第 5 款。2017 年范本在第 26 条及其注释方面没有变化。
③ 参见 OECD 范本关于第 26 条的注释第 5 段。
④ 这些情报采集措施包括行政或司法程序。由于采集措施的实施依赖于国内法,OECD 主张相关缔约国也可以在税收协定中明确要求缔约国国内法应当确保有关当局有权获取情报,不论被请求国是否为了自身税收利益而需要该情报。参见 OECD 范本关于第 26 条的注释第 19.7 段和第 19.9 段。

权利益相关而拒绝提供。① 比如,A 国纳税人在 B 国 B 银行有一个账户。A 国正审查该纳税人的纳税申报表,A 国请求 B 国提供 B 银行关于该纳税人所有账户中的收入和财产的情报以确定其是否存在没有申报的所得。此时 B 国应向 A 国提供上述情报。再比如,X 公司持有其子公司 Y 公司的多数股票,X 和 Y 都在 A 国注册。B 国正调查 Y 在 B 国的经营活动。此时,与 Y 公司直接或间接相关的所有权关系对 B 国来讲是与调查相关的。B 国请求 A 国提供 Y 公司所有权链条的任何人的情报,A 应当提供 X 和 Y 的所有权情报。②

OECD 范本新的第 26 条随后也在 2008 年 10 月为联合国 UN 税收协定范本所接纳。③

OECD 的税收情报交换协议(Agreement on Exchange of Information on Tax Matters)也是以情报交换标准为基础制定的。从这一点来讲,税收情报交换协议与 OECD 范本新第 26 条没有实质区别。不过,与 OECD 范本新第 26 条相比,税收协定交换协议具有以下特点:

首先,税收情报交换协议不同于以避免双重征税为目标的税收协定,是专门针对情报交换而订立的,特别是对于建立和完善与避税地的情报

---

① 比如,缔约国国内法仅基于情报由受托人持有而将其视为"职业秘密"(professional secret),或者将当事人之间的所有权利益关系视为商业秘密,此时该缔约国不能只以此为理由向缔约国另一方提供情报。参见 OECD 范本关于第 26 条的注释第 19.12 段和第 19.13 段。

② 参见 OECD 范本关于第 26 条的注释第 19.15 段。

③ UN 范本原第 26 条有 2 款。新的第 26 条共 6 款,原第 1 款的有关内容成为了现在的第 1 款和第 2 款,原第 2 款改为第 3 款。新的第 26 条第 1 款也将原先的第 1 款中交换情报的必需(necessary)条件替换为 OECD 范本的可预见相关(foreseeable relevant)条件。新增加的第 4 款明确了缔约方不能以缺乏国内税收利益为由拒绝提供情报。新增加的第 5 款也强调缔约方不能仅仅以情报由银行、其他金融机构、代理人或受托人持有以及情报与当事人所有权利益相关而拒绝提供。因此,UN 范本第 26 条与 OECD 范本第 26 条基本一致。细微的差别在于 UN 范本第 26 条第 1 款增加了一句话"特别是情报交换应有助于缔约国防范逃税和避税"。不过,OECD 范本关于第 26 条的注释第 5 段也说明情报交换也有助于应对逃税和避税。当然,UN 范本强调这一点对发展中国家也有积极意义,因为情报交换对于修补法律漏洞很重要,而且某些行为只有在取得了情报后才能准确定性是避税还是逃税。对于发展中国家来讲,情报交换对于规制伴随避税和逃税的资本逃逸(capital flight)也有帮助。此外,UN 范本第 26 条第 6 款规定"缔约国当局应当经磋商来确立情报交换的方法和技术",即授权主管当局建立情报交换的有效程序。这是从原第 1 款中专门分拆出来的。OECD 范本第 26 条没有类似的条文,但 OECD 范本注释认为第 26 条默示授予了主管当局权限。参见 UN Committee of Experts on International Cooperation in Tax Matters,Revised Article 26 (Exchange of Information) and Revised (2008) Commentary on Article 26-for Inclusion in the Next Version of the United Nations Model Double Taxation Convention between Developed and Developing Countries.

交换机制具有重要意义。① 由于税收情报交换协议的缔约方之间可能没有税收协定,或者有的缔约方没有所得税制度,因此税收情报交换协议第1条(目的和范围)将情报交换的作用界定为协助该协定所涵盖税种的缔约方国内法的管理和执行。

其次,OECD 的税收情报交换协议提供了多边和双边两个模式,而税收协定一般是双边的。不过,OECD 税收情报交换协议下的多边模式并非传统国际公法上的多边协议,而是为一系列双边协议的整合提供基础。在多边模式下,税收情报交换协议只对缔约方和其特别选定的其他缔约方之间有约束力,而并非当然约束所有缔约方。在实体内容方面,多边模式和双边是基本相同的。

OECD 税收情报交换协议第 5 条是情报交换机制的核心条款,其第 5 条就缔约国一方应另一方请求而进行情报交换的程序(exchange of information upon request)做了细致的规定。②

按照第 5 条第 1 款的规定,税收刑事犯罪相关情报也在交换之列,不论情报涉及对象的行为在被请求提供情报的缔约方是否构成犯罪。之所以这样要求,是因为在税收刑事调查协助方面,有些国家采用双重控罪(dual incrimination, or double incrimination)原则,即在向请求国提供协助前,必须确定假如事实发生在被请求国时,被调查对象根据被请求国的法律也构成犯罪。因此,在请求国和被请求国对税收犯罪的界定不同时,请求国就难以从被请求国获得情报和协助。比如,请求国有所得税制而被请求国没有所得税制时,它们对于税收犯罪的界定就可能存在较大差异。③

根据第 5 条第 2 款的规定,情报交换也不以被请求提供情报的缔约方存在国内税收利益为前提。税收利益要求可能阻碍有效的情报交换。比如,当被请求方不征收所得税或被调查的当事人在被请求方没有纳税义务时,如果被请求方坚持情报必须与国内税收利益相关,则实际上就无

---

① 起草该协议的成员包括 OECD 成员国的代表以及来自百慕大、开曼群岛、塞浦路斯、马耳他等避税地的代表。参见 OECD 税收情报交换协议注释第 2 段。

② 缔约方还可在协议中补充其他交换方式,比如自动交换和自发交换等方式。2015 年 6 月,OECD 还通过了一个议定书范本(Model Protocol),就缔约方通过税收情报交换协议进行自动交换和自发交换做出了规定。本章第三节将对自动交换方式作进一步的论述。

③ OECD, Improving Access to Bank Information for Tax Purposes, March 2000, p. 15, note 7.

法提供情报。①

第 5 条第 3 款规定,应申请方的特殊请求,被请求提供情报的一方应在其国内法所允许的限度内提供证人证言和相关原始文件。

第 5 条第 4 款强调缔约方应确保其主管当局有权获取和提供如下情报:(1)银行、金融机构、代理人或受托人所持有的情报;(2)公司、合伙、信托等组织的所有权链条的情报。这就避免了缔约方以银行保密法等理由拒绝提供情报。

第 5 条第 5 款要求一个缔约方请求另一缔约方提供情报时应提供如下信息:当事人身份;所需情报的性质和形式;所需情报的税收目的;确认情报由被请求缔约方掌控或由被请求缔约方境内人所持有的依据②;已知的持有情报的当事人的名称和地址;关于请求交换情报符合请求方法律和行政惯例的声明,即假如情报在请求方境内时,请求方主管当局能够根据其本国法律或正常行政渠道取得;请求方业已在其境内使用一切可用手段来获取情报的声明。

第 6 款要求被请求缔约方应尽快向请求方提供情报并明确了相关时限。③

此外,税收情报交换协议第 6 条还规定,在相关当事人书面同意时,缔约方可允许另一缔约方主管当局的代表入境会见当事人和检查账簿。入境调查方应通知对方调查的时间和地点。一个缔约方可应另一个缔约方请求,允许请求方当局代表出席被请求方的税务检查。

税收情报交换协议第 7 条是被请求缔约方拒绝提供情报的法定事由,其与 OECD 范本第 26 条第 3 款的内容类似,但强调了以下几点:(1) 被请求方不能被要求提供请求方根据本国法无法取得的情报。(2) 情报交换协议并不为缔约方施加义务要求律师提供为提供法律意见而与其委托人的机密通信。(3) 请求方歧视与本国国民处于相同情况下的被请求方国民时,被请求方可拒绝提供情报。

---

① 参见 OECD 税收情报交换协议注释第 43 段。
② 比如,A 国纳税人从其银行账户中取走所有资金并获得大额现金,随后访问了 B 国和 C 国的银行,返回 A 国时没有现金。A 国税务当局请求 B 国和 C 国提供该纳税人在当地的银行账户情报。A 国当局有理由相信相关情报在 B 国和/或 C 国。B 国和 C 国不能以 A 国未明确指出情报在 B 国或 C 国为理由而拒绝提供。参见税收情报交换协议注释第 59 段。
③ 比如,当被请求方主管当局在收到请求方情报交换请求 90 天内无法取得和提供情报,包括其在获取情报中遇到阻碍或拒绝提供,应立即通知请求方并说明理由。

由于税收情报交换协议属于国际法的范畴,其具体实施仍需要缔约方国内法的支持。因此,税收情报交换协议第 10 条特别强调:缔约方应颁布必要的立法来遵守本协议。

不过,不论是税收协定中的情报交换条款还是专门的税收情报交换协议,都是以双边模式为基础的,并没有在情报交换方面建立多边机制。OECD 税收情报交换协议的多边模式并不当然约束所有缔约方。由于纳税人(特别是对于跨国公司来讲)的业务范围往往涉及多个国家,建立情报交换的多边机制仍是很有必要的。在这方面,OECD 和欧洲理事会(Council of Europe)的《多边税收征管互助公约》(Convention on Mutual Administrative Assistance in Tax Matters)是国际税收征管合作中最重要的多边法律基础。①

《多边税收征管互助公约》(以下简称"《公约》")于 1988 年 1 月 25 日做成,1995 年 4 月 1 日生效。《公约》对欧洲理事会和 OECD 成员国开放。《公约》的目的是为缔约国之间在情报交换、税款征收等事务的相互协助方面建立共同的基础。但是,当时的《公约》并没有消除情报交换的国内利益要求。在 OECD 标准出台后,2010 年 5 月 27 日,欧洲理事会和 OECD 通过了《关于修正公约的议定书》(Protocol Amending the Convention on Mutual Administrative Assistance in Tax Matters,以下简称"《议定书》")。经《议定书》修正后的《公约》不仅供欧洲理事会和 OECD 的成员国签署,也对欧洲理事会和 OECD 成员国以外的国家开放。《议定书》已于 2011 年 1 月 6 日生效。②

修正后的《公约》体现了 OECD 倡导的标准和 OECD 范本第 26 条及

---

① 需要指出的是,欧洲理事会和欧盟是两个不同的国际组织。欧洲理事会成立于 1949 年,是政府间的政治性国际组织,其宗旨为:保护人权和多元民主;促进欧洲文化的发展;寻求欧洲社会问题的解决(比如歧视、环境、毒品等);支持政治、司法和宪政改革以促进欧洲民主的稳定。欧洲理事会总部在法国斯特拉斯堡。欧洲理事会主持下通过的公约中包括著名的《欧洲人权公约》和其框架下的欧洲人权法院。欧盟成员国都是欧洲理事会的成员国,但欧洲理事会的成员国还包括欧盟成员国之外的其他国家,现有 47 个成员国。另外,欧洲理事会也不同于欧盟理事会(European Council),后者是欧盟的机构。参见欧洲理事会网站:http://www.coe.int/en/web/about-us/do-not-get-confused,2018 年 1 月 28 日最后访问。

② 对于《议定书》生效后批准加入的缔约方来讲,《议定书》将在其批准之日后 3 个月对其生效。《议定书》生效后,并非原《公约》缔约方的欧洲理事会和 OECD 的成员国成为公约的缔约方时,将成为修正后《公约》的缔约方,除非其书面明确只遵从修正之前的《公约》。虽然经《议定书》修正后的《公约》也对非欧洲理事会和 OECD 成员国的国家开放,但它们只能接受经《议定书》修正后的《公约》。

相关注释的内容。《公约》涉及的税收事务涉及情报交换、税款征收协助等多个方面。在情报交换的具体方式方面，修正后的《公约》规定了五种方式：应请求交换（第5条）[①]；自动交换（第6条）[②]；自发交换（第7条）[③]；同期税务检查（第8条）[④]；境外税务检查（第9条）[⑤]。

《公约》第21条强调了对当事人的保护以及缔约方可以拒绝提供协助的法定理由。该条第1款首先明确税务互助不能影响被请求方国内法给予相关当事人的权利和保障。国内法的这些权利和保障也包括当事人基于国际人权协定所应有的权利。不过，缔约方不能以阻碍本公约目的的方式滥用。[⑥] 该条第2款进一步明确了被请求方拒绝提供情报的理由，具体事项与OECD范本第26条和税收情报交换协议的内容类似。不过，第2款第5项的不同之处在于，除了被请求方可以拒绝与避免双重征税协定不符的征税的协助请求外，还可以拒绝与公认的税收原则（general accepted taxation principles）不符的征税的协助请求，也可以拒绝与请求方和被请求方之间的其他协定不符的征税的协助请求。该条第

[①] 根据《公约》第5条的规定，应请求交换（exchange of information on request）是指被请求方向请求方提供其要求的针对特定案件的情报。

[②] 自动交换（automatic exchange of information）是就同一类型的多个案件的情报进行交换，通常是情报提供方在其日常业务中定期取得并自动定期交换。这种方式需要相关缔约方之间事前就交换程序和内容达成协议。参见公约注释报告第62段和第64段。

[③] 自发交换（spontaneous exchange of information）是缔约方将其获得的涉及其他缔约方利益的纳税人的情报主动提供给其他缔约方而无须其他缔约方提出请求。这种方式比自动交换更为有效，因为情报往往是提供方当局在调查和审计过程中发现的。参见公约注释报告第67段。

[④] 同期税务检查（simultaneous tax examination）方式获取的情报来自于相关缔约方同时在其境内对具有共同利益的纳税人进行检查的过程。这种方式对于应对关联企业间的避税和逃税（比如确定独立交易价格）特别有效。这种方式也有助于消除经济性双重征税和发现纳税人不当的税收筹划方案。共同税务检查也能够减轻纳税人遵从税法的负担。参见公约注释报告第51、72和73段。

[⑤] 境外税务检查（tax examination abroad）是指请求方税务当局的代表在被请求方境内进行税务检查。不过，是否允许请求方税务当局代表入境检查，完全由被请求方当局决定。有的国家的国内法不允许这种方式，认为是对主权的侵犯或与公共政策相悖。有的国家则以纳税人不反对为前提。有的国家则要求请求方当局代表应严格按照被请求方的国内法和程序进行检查。因此，这种方式只有在请求方确信只有通过境外检查才能对案件的解决有实质帮助时才适合提出。参见公约注释报告第84、85、86、89段。

[⑥] 比如，有些国家国内法有通知相关纳税人的程序。通知程序是国内法中保护纳税人权利的重要方面，这有助于防止搞错调查对象等错误的发生。但是，通知程序不能以阻碍公约目的或者有效互助的方式实施。通知程序在特定情况下应有例外，比如情报请求非常紧急，或通知当事人可能影响情报的成功获取。参见公约注释报告第179、180段。

4款也明确被请求方不能以被请求事项与本国没有税收利益为由而拒绝协助。

由于《公约》是以多边条约的方式做成,而相关缔约方国内法可能存在差异,或者国内法不允许将某些税种包括在内,或不允许采取某种税务互助方式,因此《公约》第30条允许缔约方做出保留。

上述税收情报机制的发展对于各国取得税收情报以应对跨国逃税和避税具有重要意义。OECD的税收情报交换协议已产生了很大影响,国际间已签署了几百个基于该协议的税收情报交换协议。[①] 不过,在全球化和区域化的背景下,多边机制和区域机制比双边机制更为重要。《多边税收征管互助公约》提供了多边基础,但要发挥作用,仍需要多方的参与。除了避税地之外,瑞士、卢森堡等严格保密的国家也需要遵从。不过,在OECD 1998年报告出台时,卢森堡在该报告的附件中表示,银行保密并非造成有害税收竞争的必要因素,也不接受把受国内法和国际法限制的情报交换作为认定有害税制和避税地的标准。瑞士也坚持对个人信息保密是有合法性的,也是必要的,OECD报告的某些方面与瑞士法律体系相冲突。

五、数字经济对现行税法规则的挑战

在数字经济时代,科技的发展改进了传统的交易方式,也创造了新的商业模式。数字经济公开讨论稿指出,所有的经济部门都采用信息和通讯技术来提高生产率、扩大市场份额和降低经营成本,几乎所有OECD国家中的大企业和90%以上的小企业都采用了宽带接入。[②] 与此同时,在经济全球化和区域一体化的背景下,随着货物、服务、资本和人员自由流动的增强,跨国公司借助技术手段也从国别运行模式(country-specific operating models)转向了以矩阵组织管理(matrix management organizations)和一体化供应链(integrated supply chains)且在全球或区域范围内集中功能管理为特征的全球经营模式。在全球经营模式下,跨国公司集团的各成员公司都是在总部的全球经营战略下进行。企业的管

[①] 有关协议的具体签署国家和地区以及相关内容,可参见 OECD 网站:http://www.oecd.org/ctp/exchange-of-information/taxinformationexchangeagreementstieas.htm。

[②] 参见数字经济公开讨论稿第53段。

理人员也能够全球分散而不必集中在某个地区。① 但是,现行国际税法规则并没有跟上数字经济的步伐。② 现行国际税法规则起源于 20 世纪 20 年代,当时的国际经济活动远不如今天频繁,国际贸易也以货物贸易为主。在数字经济环境下,现行税法规则面临着如下挑战:

1. 数字经济对于各国主张来源地管辖权的连接点造成了冲击。

在传统商业模式下,企业的跨境经营活动可能需要在境外设立商业存在。但是,数字经济使得企业与境外客户通过网络进行远程交易成为可能,从而降低了设立商业存在的必要性,特别是企业通过网络对境外客户销售通过下载即可交付的产品或服务时。在这种情况下,税收协定关于常设机构的规则就无法适用。

以 OECD 范本第 5 条和第 7 条为例,一国要对另一国企业的营业利润征税需要另一国企业在该国有常设机构(permanent establishment, PE)为前提,其征税范围也以可归属到该常设机构的所得为限。常设机构包括企业从事全部或部分营业活动的固定场所(fixed place)和非独立地位的代理人(agency PE)。但是,在数字经济环境下,一国企业可以通过互联网或其他数字手段与另一国的客户进行交易,而无需设立常设机构。此时,客户所在国就无法对另一国企业由此取得的营业利润课税。尽管在传统经济模式下,一国企业也可通过不在客户所在国设立常设机构来避免就其营业利润向当地缴税,但数字经济环境下,企业不在境外设立常设机构的可能性将大大增加。客户所在国对企业的营业利润主张来源地管辖权就失去了连接点。即便是国内法中不使用常设机构概念,而采用机构、场所的标准,且构成机构、场所的门槛要低于常设机构,数字经济下的远程销售也同样不构成国内法中的机构、场所。③

---

① 参见 BEPS 报告第 25 页。
② G20,Tax Annex to the Saint Petersburg G20 Leaders Declaration,September 2013.
③ 比如,我国《企业所得税法》第 3 条第 2 款规定:"非居民企业在中国境内设立机构、场所的,应当就其所设机构、场所取得的来源于中国境内的所得,以及发生在中国境外但与其所设机构、场所有实际联系的所得,缴纳企业所得税。"根据《企业所得税法实施条例》第 5 条的规定,机构、场所包括在中国境内从事生产经营活动的机构、场所以及非居民企业的营业代理人。我国国内法关于认定机构、场所的门槛要低于税收协定下的常设机构认定标准。有关我国国内法与税收协定在这方面的差异,可参见廖益新主编:《国际税法学》,北京大学出版社 2001 年版,第 197—199 页。该书虽然以当时的《外商投资企业和外国企业所得税法》为基础,但《企业所得税法》在机构、场所方面的规定与《外商投资企业和外国企业所得税法》相比并没有根本变化。

2. 数字经济下产品或服务所产生的利润如何定性(characterization)更加复杂。

在数字经济下,企业通过数字化产品或服务取得的所得如何定性,也是一个复杂的问题。这也决定着产品或服务的买方所在国能否对境外企业的所得主张来源地管辖权。比如,提供云计算服务的企业所收取的客户的付费是属于特许权使用费还是营业利润?① 如果是特许权使用费,云计算服务提供者即使在境外客户所在国没有常设机构,客户所在国也能够主张来源地管辖权②;如果属于营业利润,则云计算服务提供者在客户所在国没有常设机构时,客户所在国就不能课税。

3. 数字经济下的企业借助技术手段的避税安排将加剧 BEPS 问题。

上述两个问题是数字经济本身的特点所引起的。不过,如果纳税人有意识地加以利用进行避税筹划,也会加剧 BEPS 问题。这体现在:

(1) 规避来源地国对其营业利润的课税。

尽管数字经济下企业在境外设立常设机构的可能性降低,但出于经营的需要,企业仍会在另一国设立有固定营业场所。不过,企业仍有避免降低来源地国对其营业利润课税的途径。比如,企业可借助 OECD 范本第 5 条第 4 款关于"准备性或辅助性营业活动"的例外,使得固定营业场所不构成常设机构。或者,跨国公司可通过转让定价的做法将其常设机构的利润转移到低税国或避税地。

(2) 规避来源地国的预提税。

根据现行税收协定,一国居民即使在另一国没有常设机构,其从另一国取得的股息、利息和特许权使用费等消极投资所得,来源地国也可征税,但在预提税税率方面有所限制。③ 不过,不同税收协定下的预提税税率是有差异的。由于双边税收协定一般缺乏最惠国待遇条款且适用于至少为缔约国一方居民的人,非税收协定缔约国的居民就通过在税收协定缔约国设立导管公司的做法获取其本不应享有的税收协定中的优惠。这种税收协定滥用(treaty shopping)的做法并不是数字经济下才产生的,但数字经济下的企业仍会加以利用。

---

① 参见数字经济公开讨论稿第 187 段。
② 参见 UN 范本第 12 条。
③ 参见 UN 范本第 10、11 和 12 条。

(3) 规避居民国的所得税。

跨国公司还可通过一系列安排,在降低来源地国预提税的基础上,规避居民国(包括作为最终收款人的母公司居民国)的所得税。BESP 报告给出了这样一个例子①:

甲国 A 公司研发了某项技术,A 公司通过与其子公司 C 的成本分摊协议将该技术的所有权转让给 C。C 公司在乙国注册,但其有效管理机构在丙国,根据税收协定被认定为丙国的居民。根据 A 公司和 C 公司的成本分摊协议,C 公司支付买进技术的对价并分担该技术后续升级的费用。C 公司将该技术许可给 D 公司取得特许权使用费。D 公司再将该技术许可给 B 公司使用。B 公司和 D 公司分别为乙国和丁国的居民。B 公司的利润要在乙国纳税,但税负很轻,因为 B 公司可将支付给 D 公司的特许权使用费作为费用扣除,同时 D 公司取得的 B 公司支付的特许权使用费在乙国也免除预提税。D 公司的所得虽然要向丁国纳税,但由于其向 C 公司支付的特许权使用费也可从应税所得中扣除,税负也得以减轻。同时,丁国也不对 C 公司取得的 D 公司所支付的特许权使用费征收预提税。C 公司所在国不征公司所得税。尽管 C 公司在乙国注册,但由于被认定为丙国的居民且在乙国没有商业存在,乙国对于 C 公司来源于乙国之外的所得就不能主张居民管辖权和来源地管辖权。

在上述安排中,A 公司应就 C 公司支付的对价在 A 国纳税。不过,A 公司仍有降低税负的空间。一方面,A 公司研发技术的费用可从应税所得中扣除;另一方面,如果甲国将 A 公司收取的 C 公司支付的对价认定为境外所得且对境外免税或递延纳税时,A 公司的税负也会减少。即使甲国有受控外国公司(CFC)规则之类的反避税规则,留存在 C 公司的所得也可能并不属于适用受控外国公司法的所得。②

因此,鉴于数字经济对于现行国际税法规则的挑战,现行规则也必须基于时代的发展做出改变。

---

① 参见 BEPS 报告第 74—76 页。
② 比如,美国的 CFC 规则适用于将受控外国公司的消极所得(比如股息、利息、特许权使用费和资本利得)推定为美国母公司的所得并对母公司课税,但不适用于来自积极营业的租金或特许权使用费(比如来自计算机软件许可积极营业的特许权使用费)。参见〔美〕鲁文·S. 阿维—约纳著:《国际法视角下的跨国征税——国际税收体系分析》,熊伟译,法律出版社 2008 年版,第 128—129 页。

六、BEPS 行动计划的出台

如上所述,各国税制和现行国际税法规则的问题为纳税人提供了税基转移的机会,而这一问题是无法通过一国的单边措施解决的。① 因此,国际社会的普遍参与是必要的。《多边税收征管互助公约》就是 OECD 和欧洲理事会合作的典范。应对 BEPS 问题也得到了 20 国集团(G20)的支持。G20 是由 19 个国家和欧盟组成的讨论国际经济合作的论坛。② G20 并非一个法律上的国际组织,但其成员汇集了全球的主要发达经济体和新型经济体,代表了全球 80% 的生产总量,超过 3/4 的全球贸易,以及全球 2/3 的人口。③ G20 成立的初衷是"在布雷顿森里体系框架下共同合作建立重要国家之间的非正式对话机制"④,但应对全球下的避税和逃税问题后来也成为了 G20 关注的焦点。

2013 年 7 月,OECD 发布了 BEPS 行动计划,并得到了 2013 年的 G20 财政部长和中央银行行长会议以及 G20 峰会的支持。2013 年 9 月,OECD 牵头设立 G20/OECD BEPS 项目,下设项目指导组以及数字经济、税收协定、数据统计分析、转让定价、有害税收实践、恶意税收筹划等 6 个工作组。⑤ 2013 年圣彼得堡的 G20 领导人宣言中指出:我们完全支持 OECD 发起的 BESP 行动计划,欢迎 G20/OECD BEPS 项目工作组的建立并鼓励所有有兴趣的国家参与。为了将 BEPS 的危害最小化,我们呼吁各国检查导致 BESP 的国内法制度并确保国际和国内规则不允许或不鼓励跨国公司人为将利润转移到低税区。⑥

---

① 参见 BEPS 报告第 45 页。

② 这 19 个国家是:阿根廷、澳大利亚、巴西、加拿大、中国、法国、德国、印度、印度尼西亚、意大利、日本、韩国、墨西哥、俄罗斯、沙特阿拉伯、南非、土耳其、英国、美国。G20 是西方 G7 财政部长和中央银行行长在 1999 年 7 月的华盛顿会上倡议成立的,其背景是应对当时的亚洲金融危机。G20 由 G8 和 11 个重要的新兴工业国家以及欧盟组成。1999 年 12 月,G20 的财政部长和中央银行行长在德国柏林举行了年会。最初,G20 只是各国财政部长和中央银行行长的会议。在 2008 年全球金融危机发生后,各国首脑于 2008 年 12 月在华盛顿举行了首次峰会。

③ Questions and Answers on the G20,检索自 https://www.g20.org/Webs/G20/EN/G20/FAQs/faq_node.html,2017 年 1 月 3 日访问。

④ 〔美〕希尔顿·麦卡恩:《离岸金融》,李小牧、孙俊新译,中国金融出版社 2013 年版,第 206 页。

⑤ 参见廖体忠:《BEPS 行动计划的影响及我国的应对》,载《国际税收》2014 年第 7 期,第 15 页。

⑥ G20 Leaders' Declaration, Saint-Petersburg, September 2013, para. 50.

第二节 BEPS 行动计划报告

一、BEPS 行动计划的框架

BEPS 行动计划共 15 项,分别为:应对数字经济的税收挑战(行动计划 1);消除混合错配安排的影响(行动计划 2);强化 CFC 规则(行动计划 3);避免利息扣除和其他金融工具支付侵蚀税基(行动计划 4);更有效应对有害税收实践(行动计划 5);防范税收协定滥用(行动计划 6);防范纳税人规避常设机构地位来逃避来源国管辖权(行动计划 7);强化转让定价调整机制,特别是防范关联企业通过在无形资产、风险和资本以及其他高风险交易方面的人为安排进行逃避税收的利润转移(行动计划 8—10);建立收集和分析 BEPS 数据并指导相应行动的方法和系统(行动计划 11);强制要求纳税人披露恶意避税安排(行动计划 12);完善转让定价调整中纳税人应提交资料(文档)的规则,提高透明度和减轻纳税人负担(行动计划 13);建立更有效的税收争端解决机制(行动计划 14);构建国际税收的多边工具(行动计划 15)。

上述 15 项行动计划可以划分为这样几类:(1) 应对数字经济的挑战(行动计划 1);(2) 协调各国企业所得税税制(行动计划 2、3、4、5);(3) 重塑现行税收协定和转让定价国际规则(行动计划 6、7、8—10);(4) 提高税收透明度和确定性(行动计划 11、12、13、14);(5) 发展多边税收工具(行动计划 15)。[①] 从内容来看,BEPS 行动计划是建立在三大支柱上的:公司所得税在国际层面的一致性(coherence);税收与经济实质的匹配;税法的透明度、确定性和可预见性。[②] 在具体路径方面,BEPS 行动计划要求国内法和双边税收协定都要进行相应的完善,并建立多边的税收机制。

BEPS 行动计划的附件 A 还列出了上述 15 项行动计划的行动时间表,共分三个阶段并在 2015 年底前全部完成:(1) 第一阶段:2014 年 9 月

[①] 参见廖体忠:《BEPS 行动计划的影响及我国的应对》,载《国际税收》2014 年第 7 期,第 13 页。

[②] OECD, 4th Plenary Meeting OECD Task Force on Tax and Development: Section II BEPS and Developing Countries,检索自 http://www.oecd.org/ctp/tax-global/tf-on-td-sess-two-beps-oecd.pdf,2017 年 1 月 3 日访问。

底前完成行动计划 1、2、6、13 以及行动计划 5、8 和 15 的第一期工作；(2) 第二阶段:2015 年 9 月前完成行动计划 3、4、7、9、10、11、12、14 的第一期工作,以及行动计划 5、8 的第二期工作;(3) 第三阶段,在 2015 年底前完成行动计划 4、5 和 15 的最后工作。

  2014 年 9 月,OECD 发布了关于行动计划第 1、2、5、6、8、13 和 15 项的报告。2014 年 11 月的 G20 领导人峰会对 BEPS 项目取得的进展表示欢迎。① 2015 年 10 月,OECD 发布了实施 BEPS 行动计划的一系列最终报告和成果(BEPS package),为应对 BEPS 问题提供了相关建议。② 这些建议可以分为三类：最低标准(minimum standards)、共同方法(common approaches)和最佳实践(best practices)。最低标准是出于建立公平税收环境(level the playing field)的考虑(即如果一些国家不采取行动将对其他国家产生负面的倡导效应)而对现行规则的修改,包括防范税收协定滥用、转让定价国别报告、应对有害税收竞争和提高税收争端的效率等四个行动计划的内容。所有 OECD 成员国和 G20 的成员国都承诺要实施最低标准。共同方法则是通过各国达成的税收政策导向(比如

---

  ① G20 Leaders' Communiqué Brisbane Summit, November 15—16, 2014.
  ② OECD/G20 Base Erosion and Profit Shifting Project, Addressing the Tax Challenges of the Digital Economy, Action 1:2015 Final Report;OECD/G20 Base Erosion and Profit Shifting Project, Neutralising the Effects of Hybrid Mismatch Arrangements, Action 2: 2015 Final Report;OECD/G20 Base Erosion and Profit Shifting Project, Designing Effective Controlled Foreign Company Rules, Action 3: 2015 Final Report; OECD/G20 Base Erosion and Profit Shifting Project, Limiting Base Erosion Involving Interest Deductions and Other Financial Payments, Action 4: 2015 Final Report; OECD/G20 Base Erosion and Profit Shifting Project, Countering Harmful Tax Practices More Effectively, Taking into Account Transparency and Substance, Action 5: 2015 Final Report;OECD/G20 Base Erosion and Profit Shifting Project, Preventing the Granting of Treaty Benefits in Inappropriate Circumstances, Action 6, 2015 Final Report;OECD/G20 Base Erosion and Profit Shifting Project, Preventing the Artificial Avoidance of Permanent Establishment Status, Action 7: 2015 Final Report; OECD/G20 Base Erosion and Profit Shifting Project, Aligning Transfer Pricing Outcomes with Value Creation, Action 8—10, 2015 Final Report; OECD/G20 Base Erosion and Profit Shifting Project, Measuring and Monitoring BEPS, Action 11;2015 Final Report;OECD/G20 Base Erosion and Profit Shifting Project, Mandatory Disclosure Rules, Action 12, 2015 Final Report; OECD/G20 Base Erosion and Profit Shifting Project, Transfer Pricing Documentation and Country-by-Country Reporting, Action 13, 2015 Final Report; OECD/G20 Base Erosion and Profit Shifting Project, Making Dispute Resolution Mechanisms More Effective, Action 14: 2015 Final Report; OECD/G20 Base Erosion and Profit Shifting Project, Developing A Multilateral Instrument to Modify Bilateral Tax Treaties: Action 15: 2015 Final Report.

在混合错配方面)促进各国的税收实践在一段时间后实现趋同(facilitate the convergence of national practices)并在未来考虑是否能够成为最低标准。最佳实践则为各国强化国内税收规则提供了供参考的指南(比如 CFC 规则、要求强制纳税人披露恶意避税安排)。① 尽管 BEPS 报告本身并非法律文件,不具备法律约束力,但由于这些报告是由 OECD 成员和 G20 中的非 OECD 成员共同研究制定的,得到了 OECD 部长理事会批准以及 G20 各国领导人背书,对 OECD 和 G20 成员有政治和道义约束,对于 OECD 成员甚至具有软法性质。其中,最低标准约束性最强,将纳入监督执行机制,共同方法是未来可能发展为最低标准的规则,但目前统一监督执行时机尚不成熟,最佳实践则是推荐使用的,约束性相对低一些的规则。②

BEPS 系列报告可在 OECD 的网站上检索到。③ 我国国家税务总局的网站上还有中文译本。④ 本章并不准备全部介绍这些报告,在此选择关于行动计划 1、2、3、4、5、6、7、8—10、13、15 的报告进行阐述。⑤ 总起来讲,选择的这些报告体现了其对国际税法发展的如下影响:强化反避税规则和促进国内税制的趋同;进一步约束有害税收竞争;应对数字经济的挑战和修订常设机构规则;开发修订双边税收协定的多边工具。

二、强化反避税规则和促进国内税制的趋同

如前所述,各国税制的差异和现行反避税规则存在的不足是导致 BEPS 问题产生的主要原因之一。因此,有关 BEPS 行动计划 2、3、4、6、

---

① 参见 OECD, Explanatory Statement, OECD/G20 Base Erosion and Profit Shifting Project, 2015.
② 参见廖体忠:《国际税收合作迎来明媚阳光——在新的背景下解读 BEPS 行动计划成果》,载《国际税收》2015 年第 10 期,第 7—8 页。
③ 网址为:http://www.oecd.org/tax/beps/beps-actions.htm。
④ 网址为:http://www.chinatax.gov.cn/n810219/n810724/c1836574/content.html。
⑤ 关于行动计划 11 的报告是衡量和监控 BEPS 的(OECD/G20 Base Erosion and Profit Shifting Project, Measuring and Monitoring BEPS, Action 11:2015 Final Report)。关于行动计划 12 的报告是关于强制要求纳税人披露税收筹划安排的(OECD/G20 Base Erosion and Profit Shifting Project, Mandatory Disclosure Rules, Action 12, 2015 Final Report)。关于行动计划 14 的报告是关于提高税收争端解决机制效率的(OECD/G20 Base Erosion and Profit Shifting Project, Making Dispute Resolution Mechanisms More Effective, Action 14: 2015 Final Report),该报告提出了如何完善税收协定的相互协商程序的建议,并提出要在税收协定中增加税收仲裁条款。

8—10、13 的报告提出了相关解决方案(其中行动计划 6 和 13 的报告还属于最低标准),希望对在强化和完善相关反避税规则的同时,能够促使反避税规则的趋同。

(一)防范税收协定滥用的最低标准(第 6 项行动计划报告)

BEPS 行动计划认为,税收协定滥用是导致 BEPS 问题的最重要的因素之一。在 2015 年的最终报告出台之前,2014 年 OECD 关于 BEPS 行动计划第 6 项议题的报告就指出:应进一步对税收协定进行修订;澄清避免双重免税并非税收协定的唯一目的;明确一国与他国签订税收协定之前应采取的税收政策。[①] 2015 年关于 BEPS 第 6 项行动计划的最终报告(以下"税收协定滥用报告")也从这三个方面对规制税收协定滥用提出了如下建议[②]:

由于税收协定的存在是产生税收协定滥用的前提,因此税收协定滥用报告提出在 OECD 范本的引言部分第 15 段之后增加标题为"与是否缔结税收协定和修订现行税收协定相关的税收政策考量"的内容,建议一国在与他国签订税收协定和修订现行税收协定时考虑其税收政策的如下问题[③]:(1)是否签订税收协定涉及税和非税的因素,但税收政策具有重要作用。(2)税收协定的一个主要目的是消除双重征税,因此,两国税收制度所带来的双重征税的风险应当是税收政策首先考虑的。一方通过限制其征税权而对所得消除双重征税的措施应以该项所得在另一方征税为前提。同时,在缔结税收协定时,一方也应考虑对方税制是否存在导致不征税发现的因素存在(包括税收优惠)。(3)两国在缔结税收协定时应评估两国居民之间跨境交易所面临的现实的双重征税问题。大多数情况下,居民管辖权和来源地管辖权重叠所导致的双重征税可通过国内法的措施(比如免税法和抵免法)来解决,并不需要借助税收协定。但是,国内法的措施并不能解决所有的双重征税问题,特别是两国对所得来源的认定标准不同以及一国不允许采取单边措施消除经济性双重征税(比如转让定价调整)。(4)另一个与签订税收协定相关的税收政策是来源地国的预提税。在来源地国的预提税税率很高且超过了居民国对该笔所得的

---

① OECD/G20 Base Erosion and Profit Shifting Project, Preventing the Granting of Treaty Benefits in Inappropriate Circumstances: Action 6, 2014 Deliverable, p. 18.
② Ibid., 2015 Final Report.
③ 参见税收协定滥用报告第 75—81 段。

征税额时,居民国采取的消除双重征税的方法可能并不难完全消除双重征税,这会对跨境交易和投资带来不利影响。(5) 其他税收政策还包括:保护外国投资者不遭受歧视性的税收待遇;纳税人能够享受税收协定优惠的确定性;税收协定能够提供的解决跨境税收争端的机制。(6) 税收协定还应以防止逃税和避税为目标。因此,也应当考虑税收协定中情报交换和征税协助条款的作用,以及缔约方能否有效实施这些条款。或者,缔约方也可通过缔结专门的税收情报交换协定或参加《多边税收征管互助公约》,如果两国税制并不导致双重征税的风险。

虽然避免双重征税是签订税收协定的一个重要因素,但自 1977 年 OECD 范本关于第 1 条的注释起,防止偷税和避税也被明确为税收协定的目的之一。[①] 为了进一步落实 BEPS 行动计划的要求,税收协定滥用报告也提出了如下建议[②]:(1) 将 OECD 范本的标题修改为"甲国和乙国关于对所得和财产避免双重征税和防止逃税与避税的协定"[Convention between (State A) and (State B) for the Elimination of Double Taxation with respect to Taxes on Income and on Capital and the Prevention of Tax Evasion and Avoidance]。(2) 将范本的前言(Preamble)修改为:"缔约国双方为了进一步发展经济关系和加强税务合作,愿意缔结一个协定,以消除对所得和财产的双重征税,并防止逃税、避税(包括通过协定滥用安排为第三国居民获得协定下的税收减免)所造成的税收流失,兹达成协议如下。"在前言中明确防止逃税和避税是税收协定的宗旨之一,就能够以此为依据来解释税收协定并拒绝给予逃税或避税安排的当事方以协定下的税收减免或优惠,《维也纳条约法公约》第 31 条也为此提供了法律基础。[③] 同时,OECD 范本的引言(Introduction)部分的第 2 段、第 3 段和第 16 段也应做相应的修改。[④]

[①] 参见 OECD 范本关于第 1 条的注释第 7 段。
[②] 参见税收协定滥用报告第 68—74 段。
[③] 《维也纳条约法公约》第 31 条第 1 款规定:条约应依其用语按上下文并参照条约之目的和宗旨所具有之通常意义善意解释。第 31 条第 2 款也明确指出,上下文包括条约的前言和附件。
[④] 比如,第 2 段增加"许多国家早已认识到加强税务合作的必要性,特别是通过税收情报交换和征税协助来为防止逃税和避税"。第 3 段也表明防止逃税和避税是税收协定的主要目的之一。第 16 段也增加了这样的内容:税收协定的目的不仅仅在于消除双重征税,缔约国同样不希望协定为逃税和避税创造机会并导致不征税和税收的减少。税收协定的标题和前言属于协定上下文的部分和构成协定宗旨与目的的总体声明,它们在协定条款的解释中具有重要作用。《维也纳条约法公约》第 31 条也要求条约应依其用语按上下文并参照条约之目的和宗旨所具有之通常意义善意解释。

不过,应对税收协定滥用最重要的是在税收协定中完善相应反避税条款,这也是税收协定滥用报告的核心内容。该报告建议采用三管齐下的方法来应对税收协定滥用[①]:

首先,缔约方明确税收协定的目的在于防止避税,特别是避免提供税收协定滥用的机会。

其次,在税收协定中写入利益限制条款(limitation-on-benefits,LOB)之类的特别反避税条款。此类条款能够应对大量的当事人利用居民法律身份和所有权结构来不当取得税收协定利益的做法。该报告还提供了 LOB 条款(报告中以 entitlement to benefits 为该条款的标题)的范本和注释。LOB 条款通常有 6 款。第 1 款明确缔约国一方的居民如果不符合第 2 款"合格的人"(qualified person)的身份,就不能取得本协定下的优惠或利益。第 2 款则对于"合格的人"的条件进行规定。第 3 款规定,缔约国一方居民,即使其并非符合第 2 款资格的人,也可就其来源于缔约国另一方的所得享受税收协定的优惠,前提是该居民在其居民国从事积极的营业活动,且其来源于缔约国另一方的所得与前述的积极营业活动相关。第 4 款允许被第三国居民控制的公司或实体在特定条件下也能够享受本税收协定的优惠。第 5 款规定缔约国一方的主管当局可给予不能根据第 1—4 款享受税收协定优惠的人特定的优惠。第 6 款为相关术语的定义。[②]

再次,纳税人除了利用税收协定获取股息、利息等消极投资所得的预提税优惠之外,也存在利用税收协定的其他条款来不当获取税收优惠的情况。税收协定滥用报告也提出了相关建议。比如,作为一国居民的公司可以设立双重居民身份并根据税收协定对于双重居民的处理条款而成为税收协定下缔约国另一方的居民,从而规避其原为居民的缔约国的国内法中居民的纳税义务。对此,税收协定滥用报告建议将 OECD 范本第 4 条第 3 款修订为:当自然人之外的人由于本条第 1 款的原因同时为缔约国双方的居民时,缔约国的主管当局应结合该人的有效管理机构、注册地或其他相关因素通过相互协商来确定该人在税收协定之下应视为某一缔约国的居民。如果缔约国主管当局不能就此达成协议,该人就不能享

---

① 参见税收协定滥用报告第 19 段。
② 参见税收协定滥用报告第 25 段。

受税收协定给予的税收减免,除非缔约国双方主管当局同意给予这样的税收减免。不过,这些建议(包括 LOB 条款)都属于税收协定中的特殊的反避税规则。税收协定滥用报告指出,为了应对其他形式的税收协定滥用,税收协定中应写入针对交易或安排的目的一般反避税条款(the principle purposes test or "PPT"rule)。事实上,一般反避税条款实际上已在 OECD 范本关于第 1 条的注释第 9.5、22、22.1 和 22.2 等段落中有所体现,即如果交易或安排的主要目的之一是为了取得税收协定的利益,而这又与税收协定相关条款的宗旨和目的相悖时,就不能给予这方面的利益。BEPS 报告也提供了一般反避税条款的范本和注释,即可作为 LOB 条款的第 7 款,其条文表述为:不论本协定其他条款如何规定,如果在考查了所有相关事实和情况后,能够合理地得出结论,即交易或安排的主要目的之一是为了直接或间接取得本协定下的优惠,则不应将优惠给予相关的所得或财产,除非能够证明此种情况下给予优惠符合本协定相关条款的宗旨和目的。①

除了借助税收协定滥用的方法不当取得税收协定的优惠外,当事人还可利用税收协定来规避国内法的课税。② 为此,也需要明确国内法中的反避税规则能够阻止当事人的避税安排同时不产生国内法与税收协定相冲突的问题。OECD 范本关于第 1 条的注释第 22 和 22.1 段指出,为适用国内反避税规则来应对税收协定滥用并不导致与缔约国在税收协定义务的冲突。税收协定滥用报告也建议对范本第 1 条的注释中税收协定的非正常使用(Improper use of the Convention)部分作相应的修订。③ 修订的注释内容反映了如下观点:

首先,明确国内反避税规则和司法判例原则也能够用于防范税收协定滥用,包括应对那些旨在同时不当获取国内法和税收协定优惠的交易或安排。不过,适用国内反避税规则和判例原则可能引发与税收协定冲突的问题。

---

① 参见税收协定滥用报告第 26 段。
② 比如,作为一国居民的公司可以设立双重居民身份并根据税收协定对于双重居民的处理条款而成为税收协定下缔约国另一方的居民,从而规避其原为居民的缔约国的国内法中居民的纳税义务。再比如,当事人可把利润转移到根据税收协定不征预提税的来源国同时利用居民国对境外所得免税的优惠。
③ 参见税收协定滥用报告第 59 段。

其次,税务当局在处理税收协定滥用时可以首先考虑适用国内法中的特殊反避税规则,特别是这些规则适用于跨境交易并与税收协定的适用相关。① 尽管适用国内法的反避税规则可能因不给予当事人税收协定下的优惠而产生与税收协定的冲突,但这样的冲突是可以避免的。这体现在:(a) 税收协定本身允许国内特殊反避税规则的适用。② (b) 税收协定一些条款的适用依赖国内法。③ (c) 税收协定的一般反避税条款(如 LOB 条款的第 7 款)和税收协定的宗旨也排除给予滥用税收协定的当事人以税收协定下的优惠。此时,根据国内反避税规则拒绝给予当事人税收协定下的优惠也不会与税收协定产生冲突。④ (d) 根据反避税的国内司法判例原则或税收协定的解释原则拒绝给予当事人税收协定的优惠也不与税收协定存在冲突。⑤

再次,由于国内法的一般反避税规则与税收协定的一般反避税规则和税收协定的宗旨具有一致性,因此,在大多数情况下,与特殊反避税规则一样,适用国内法的一般反避税规则也不与税收协定相冲突。司法判例建立的实质重于形式、经济实质或商业目的测试等原则,与立法中的一般反避税规则也具有同样的作用和地位。

此外,在国内法和税收协定的关系方面,税收协定滥用报告还专门讨

---

① 比如,资本弱化规则和转让定价调整规则。
② 比如,允许资本弱化规则的适用而不认为与税收协定的非歧视待遇条款相冲突。
③ 比如,当事人居民身份的确定首先根据国内法。OECD 范本第 3 条第 2 款也明确规定:缔约国一方在适用本协定时,对于本协定未予定义的用语,除上下文另有要求外,应适用该国适用于本协定税种的法律所规定的含义。
④ 不过,税收协定下的一般反避税规则可能在特定情况下不允许国内反避税规则的适用。比如,税收协定缔约国 A 为了防止本国居民为了税收目的而临时改变居民身份,对 B 国自然人居民出售位于第三国的财产所得课税,而该自然人在取得该财产时为 A 国居民并在出售该财产前的 10 年作为 A 国居民至少 7 年。此时,OECD 范本第 13 条第 5 款将不允许 A 国对该自然人的财产所得课税,也不允许该国反避税规则的适用,除非该自然人在第 13 条第 5 款下的税收待遇(即只能由 B 国征税)根据税收协定的一般反避税条款或税收协定的反避税的宗旨而被拒绝。
⑤ 比如,缔约国 A 的国内法对出售本国公司股份的所得课税,如果出售人持有超过被出售公司 25% 的股份,且出售人在股份出售之前作为 A 国居民至少 10 年。在第 2 年,作为 A 国居民已达 10 年的 A 国自然人成为 B 国居民,并随后将其持有的 A 国公司的股份全部卖出,但买方在头一年已事实上控制了被出售股份的公司。尽管卖方的资本利得属 OECD 范本第 13 条第 5 款适用的范围,但根据 A 国关于反避税的司法判例原则,这种安排属于避税安排,从而不能适用第 13 条第 5 款中只能由 B 国就资本利得征税的规定。A 国判例原则的适用并不与税收协定冲突。

论了如下两个具体问题①：

一是税收协定对缔约国就其居民征税权的限制问题。尽管税收协定的一些条款会对缔约国就其居民的征税权进行限制，但这不能作为阻碍该国适用国内反避税规则的理由。税收协定滥用报告建议在 OECD 范本第 1 条增加第 3 款以进一步明确这一问题：本协定并不影响缔约国对其居民的征税权，但根据协定第 7 条第 3 款、第 9 条第 2 款、第 19、20、23、24、25 和 28 条应给予税收优惠的除外。同时，该报告也提出了在 OECD 范本中增加对第 1 条第 3 款注释的建议，指出增加第 3 款的目的在于明确税收协定不限制缔约国对其居民征税权的一般原则，除非该国在协定中明确列出对征税权进行限制或给予居民税收利益的情况。②

二是离境税（departure taxes or exit taxes）问题。离境税是指，当一国居民纳税人不再是该国居民时，该国仍就其作为居民时取得的特定所得（比如退休金和资本利得）主张征税权。只要该纳税人的纳税义务产生于其作为该国居民期间，且纳税义务并不扩展到该纳税人终止该国居民身份后的所得，税收协定并不阻止该国征收离境税。不过，当纳税人的原居民国和现居民国对其同笔所得在不同期间课税仍存在导致双重征税的风险。比如，当纳税人成为另一国居民之后，该另一国可能对其实际收到的退休金或将资产实际出售后取得的所得征税。对于这种情况，应由两国税务当局通过相互协商解决。

（二）消除混合错配的共同方法（第 2 项行动计划报告）

在 BEPS 项目启动之前，OECD 在 2012 年已发布了一个关于混合错配安排的报告。③ 2012 年的报告分析了混合错判安排的做法和相关国家

---

① 参见税收协定滥用报告第 60—67 段。
② 第 7 条第 3 款和第 9 条第 2 款都要求缔约国一方在缔约国另一方就该缔约国一方企业在当地的常设机构的利润课税进行调整后，该缔约国一方为避免双重征税也应进行相应的调整；第 19 条和第 20 条是对缔约国就本国人为外国政府取得的所得和学生所得征税的限制；第 23 条要求缔约国对本国居民的境外所得应采取消除双重征税的措施；第 24 条的税收无差别待遇则限制缔约国对本国居民适用特殊的歧视性的征税措施（比如对具有不同国籍的居民采用不同的征税措施）；第 25 条的相互协商程序要求缔约国主管当局处理税收协定没有规定的双重征税问题；第 28 条是关于外交和领事人员税收特权的规定，当缔约国居民同时为缔约国另一方的外交或领事官员时，该缔约国的征税权也受到限制。
③ OECD, Hybrid Mismatch Arrangements: Tax Policy and Compliance Issues，2012.

应对此类情况的法律实践。① 以 2012 年的报告为基础,OECD 在 2014 年 9 月发布了关于 BEPS 行动计划第 2 项议题——消除混合错配安排的影响的报告。② 2015 年 10 月,OECD 发布了关于混合错配的最终报告(以下简称"混合错配报告")。③ 混合错配报告在国内法和税收协定两个方面提出了消除混合错配的建议。

1. 国内法

由于跨境的混合错配安排旨在利用支付人和收款人所在国税法的差异进行避税,因此支付人和收款人所在国的税法都需要建立相应的应对机制。比如,混合错配报告针对导致扣除/免税、双重扣除等结果的混合错配安排提出了应对措施。以导致产生扣除/免税结果的混合错配为例。对此,首要应对规则(primary rule)是支付人所在国不允许支付人就造成这种结果的支付进行扣除。如果支付人所在国没有前述措施时,收款人所在国应采取相应的防御措施(defensive rule),将收款人的此类收入列入其应税所得。比如,对于那些为消除居民境外股息所得的经济性双重征税而给居民境外股息以免税待遇的国家,如果支付人所在国给予了扣除,收取人所在国就不应再免税。④ 再比如,对于反向混合错配,支付人所在国也应不允许支付被扣除。⑤

此外,相关国家还应完善受控外国公司法等规制离岸投资税收的制度,以消除反向混合错配实体支付所导致的扣除/免税结果。如果反向混

---

① 该报告也列举了纳税人通过混合实体和混合金融工具等方式避税的做法,讨论了丹麦、德国、新西兰、英国和美国等国的应对措施,比如对已在另一国被扣除的费用不允许本国居民再次扣除。

② OECD/G20 Base Erosion and Profit Shifting Project, Neutralising the Effects of Hybrid Mismatch Arrangements, Action 2: 2014 Deliverable.

③ Ibid. ;2015 Final Report.

④ 比如,甲国居民公司 A 用于乙国居民公司 B 的全部股权。A 公司给 B 公司发放了一笔贷款,但 B 公司对 A 公司贷款本金和利息的支付位于 B 公司的所有债权人之后,且 B 公司破产清算时也暂停支付。乙国税法认为这样的贷款属于 B 公司的借贷,B 公司支付给 A 公司的利息可作为费用从 B 公司的应税所得中扣除。但是,甲国则视为 A 对 B 的股权投资,并对 A 收取的款项给予免税待遇。参见混合错配报告的示例 1.1 和建议 2.1、1.1(a)和 1.1(b)。

⑤ 比如,分别为甲乙两国居民的自然人 A 和 B 准备为 A 全资拥有的 A 公司贷款。A 和 B 先在乙国成立了 B 公司(各自出资 50%),由 B 公司对 A 公司贷款,A 公司可将贷款利息支付作为费用扣除。同时,乙国法律利息的一半归属为 A 的收入且给予免税待遇(因利息归属于非居民 A)。B 公司就是一个反向混合实体。由于 A 公司、B 公司及其投资人 A 都属于一个集团(因 A 持有 A 和 B 至少 50%的股份),B 公司的作用实际上视为了获取混合错配结果而设立的。此时,甲国应不允许利息支付扣除。参见混合错配报告的示例 4.2 和建议 4.1。

合错配实体在其成立地不被课税,且与该实体的非居民投资者与反向实体处于同一集团时,当归属到非居民投资者的收入在该投资者所在地的法律也不被课税时,则反向实体成立地应重新将其界定为居民纳税人。

混合错配安排相关实体所在国也应建立相关的纳税申报和税收情报报告制度,以协助纳税人和税务机关准确核定可归属于非居民投资者的支付。①

2. 税收协定

为防止当事人通过混合金融工具或混合实体来不当获取税收协定下的优惠,混合错配报告还专门就双重居民身份和透明实体问题与税收协定的修订进行了讨论。

关于双重居民身份,税收协定滥用报告对 OECD 范本第 4 条第 3 款提出了修订建议。不过,混合错配报告认为上述修订并不能解决所有与双重居民身份有关的 BEPS 问题。比如,当事人根据一国国内法成为该国居民,并根据该国与他国的税收协定成为另一国的居民,但仍享有国内法中居民的待遇而不承担对等的义务(例如根据国内法的集团减免制度将境外亏损转移到另一个居民国家并同时主张税收协定下对境外利润的保护)。产生这样问题的原因在于税收协定和国内法中居民概念的错配,此时仍需要国内法中补充相应的规则(即一国居民根据税收协定属于另一缔约国居民时,则不再给予其根据国内法下的居民身份)。② 再比如,对于具有双重居民身份的纳税人,两国都允许合并报税时也会产生 BEPS 问题。如果两国间没有税收协定,就需要通过国内法解决。两国之间如果有税收协定的话,当国内法中规定一国居民根据税收协定属于另一缔约国居民时则不再给予其根据国内法下的居民身份的话,当事人就只享受一国居民身份。③

---

① 参见混合错配报告的建议 5。
② 参见混合错配报告第 432 段。
③ 参见混合错配报告第 433 段。混合错配报告的示例第 7.1 则举了一个这方面的 BEPS 的例子。甲国的 A1 公司拥有 A2 公司的全部股份。A2 公司在甲国和乙国的税法下都被视为居民纳税人。A1 和 A2 在甲国可合并报税。同时,A2 公司也拥有乙国 B 公司的全部股份,且 B 公司为反向混合实体,即在甲国被视为独立的实体但在乙国被视为透明的。A2 公司从银行借款,利息支付在甲国和乙国都可扣除。A2 公司没有其他收入或支出。甲国的合并报税制度允许 A2 的利息支付冲抵 A1 的所得,乙国的法律将 B 的收入视为 A2 的所得并可冲抵 A2 的利息支出。

关于透明实体，混合错配报告提出应在 OECD 范本第 1 条中增加第 2 款：如果根据缔约国任何一方的国内税法，来自或通过某个实体或安排所取得的所得在税收上被认为是全部或部分透明的，该项所得应认为是其中一个缔约国居民的所得，但也只是为了该缔约国的税收目的而将其视为该缔约国居民的所得。该款在任何情况下都不得解释为限制任何缔约国对本国居民征税的权利。[①] 该段同时提出了对增加的第 2 款的注释，作为 OECD 关于第 1 条的注释第 26.3—26.16 段。根据注释，所谓税收透明(fiscal transparent)，是指根据缔约国的国内法，实体或安排的所得并不在该实体或安排的层面课税，而是对拥有该实体或安排权益的投资者课税。[②]

混合错配报告也讨论了完善国内法的建议是否与税收协定相冲突的问题。比如，报告建议支付人所在国不对导致扣除/免税结果的支付予以扣除，这就存在税收协定是否允许的问题。根据 OECD 范本，除第 7 条和第 24 条可能与之相关外，其他条款并不涉及这方面的问题。报告的总体观点是，适用应对混合错配的国内法建议与税收协定之间不存在冲突。[③]

---

① 参见混合错配报告第 435 段。
② 增加的注释第 26.10 段。增加的注释第 26.7 段还举了一个适用修订的 OECD 范本第 1 条第 2 款的例子：A 国认为在 B 国成立的一个实体属于公司，并对该公司取得的 A 国居民债务人支付的利息课税。但是，根据 B 国法律，该实体为合伙，其两个合伙人各出资一半，该笔利息也被认为两个合伙人各取得一半并分别课税。一个合伙人是 B 国居民而另一个则是 A 国和 B 国都没有税收协定的第三国的居民。此时，A 国应根据税收协定第 11 条(利息)将利息的一半作为 B 国居民的所得课税。
③ 根据 OECD 范本第 7 条及其注释第 30 段，一旦根据第 7 条第 2 款将利润归属到常设机构，将由缔约国的国内法决定如何征税。第 7 条第 2 款也不涉及计算企业应税所得时的费用扣除问题。扣除的条件也由国内法确定，只要不违背本协定的其他条款，特别是第 24 条第 3 款。尽管关于不允许扣除之类的建议可能对非居民的影响要大于对居民的影响，但只要差别待遇是与支付人和收款人对支付的不同处理方法所导致的，也与第 24 条的税收无差别待遇无关。OECD 范本关于第 24 条的注释第 41 段指出，常设机构无差别原则只适用于对常设机构的征税规则与对从事类似经营活动的独立居民企业的征税规则之间的比较。这并不包括企业和其他企业之间的征税规则(比如，为同一企业所控制的企业之间的合并报税和亏损转移)，因为这些规则关注的重点是居民企业作为企业集团成员时的征税。参见混合错配报告第 438 段、第 447—450 段。

(三)针对受控外国公司和利息扣除的最佳实践(第 3 项和第 4 项行动计划报告)

1. 受控外国公司法(第 3 项行动计划报告)

OECD 1998 年的"有害的税收竞争:一个凸现的全球性问题"报告就提出各国要建立和完善受控外国公司法。BEPS 行动计划报告也指出企业集团将利润转移到低税地的非居民关联实体会导致 BEPS 问题。BEPS 行动计划 3 的最终报告(以下简称"CFC 报告")就如何设计和完善受控外国公司规则(以下"CFC 规则")提出了具体的建议①,其目的在于帮助尚未制定 CFC 规则的国家和准备修订现行 CFC 规则的国家提供指南,使的相关国家的 CFC 立法能够趋同。CFC 报告有关 CFC 规则的建议包括:

(1) 如何界定 CFC。

CFC 报告建议将 CFC 规则适用的实体做广义的界定,除了公司外,还可包括透明实体和常设机构,如果这些实体取得的收入会导致 BEPS 问题而不能通过其他反避税规则来处理。② 此外,混合错配的反避税规则也有防止实体规避 CFC 规则的作用。

受控外国公司是一国居民纳税人所控制的境外实体。因此,如何界定"控制"也很关键。CFC 报告建议同时采用"法律控制"标准和"经济控制"标准,并引入事实控制标准以防纳税人规避法律控制和经济控制标准。法律控制(legal control)是指居民持有的 CFC 有表决权的股份的比例,比如单一股东的持有比例不低于 50%,或者少数持股股东通过抑制行动(acting-in-concert)来实现控制。经济控制 economic control)是看居民对 CFC 利润和资产享有的权利(比如 CFC 清算时)。事实控制(de facto control)则是根据相关事实和情况看谁对 CFC 的决策有决定权或有能力直接影响 CFC 的日常经营,或是通过合同关系审查纳税人对 CFC 是否具有支配性的影响。③

不过,CFC 规则也可设定豁免和适用的条件,将某些几乎不可能导

---

① OECD/G20 Base Erosion and Profit Shifting Project, Designing Effective Controlled Foreign Company Rules, Action 3:2015 Final Report.

② 或者把 CFC 控制的透明实体的收入归入为 CFC 的收入,这样 CFC 就无法把收入转移到透明实体从而规避 CFC 规则。

③ 参见 CFC 报告第 35—39 段。

致 BEPS 问题的实体排除在外,而重点关注导致高风险 BEPS 问题的实体,这将使得 CFC 规则能够更加有针对性并减少税收遵从的负担。比如,可归属适用 CFC 规则的 CFC 所得低于 CFC 总收入的一定比率(比如5%)或金额(100万),则豁免适用 CFC 规则。或者,CFC 所在地的有效税率如果低于基准税率(比如25%)就不适用 CFC 规则。[1]

(2) CFC 所得的界定。

一旦某个实体被决定为 CFC,接下来就需要确定 CFC 的哪些收入为导致 BEPS 问题且应归属到 CFC 的股东或控制方的所得,这些所得称为 CFC 所得(CFC income)。CFC 报告提供的认定 CFC 所得的方法有类别分析法(categorical analysis)、实质分析法(substance analysis)、超额利润法(excess profits analysis)、交易法和实体法(transactional and entity approaches)等。[2]

类别分析法是将 CFC 的收入划分为不同的类别并以此作为确定 CFC 所得的基础。这些收入的分类包括:股息、利息、保险收入、特许权使用费和知识产权收入、销售和服务收入。之所以特别关注这些类别的收入,是因为这些收入更容易在不同国家和地区之间流动从而导致 BEPS 问题。

实质分析法是通过分析 CFC 是否参与实质性经营活动来确定哪些收入归属为 CFC 所得。比如:CFC 是否拥有必要的经营场所来获取盈利;CFC 是否拥有足够的雇员来履行 CFC 的核心职能以及其雇员是否对 CFC 取得的收入做出了实质性贡献;CFC 是否为持有特定资产或承担特定风险的实体。举例来讲,如果 CFC 的雇员对 CFC 制造和销售动产的收入有实质性贡献,则 CFC 的此类收入就可不归属为 CFC 所得。

超额利润法是指将 CFC 在其所在地取得的超过正常回报(normal return)的收入归属为 CFC 所得。正常回报为普通投资者预期从权益投资中取得的回报,计算公式为:正常汇报 = 回报率 x 符合条件的权益。[3]

交易法和实体法。交易法需要评估每笔收入以确定是否归属为 CFC 所得。根据实体法,如果一个实体没有取得一定比例或数额的可归

---

[1] 参见 CFC 报告第 53—5 段、第 61—66 段。
[2] 参见 CFC 报告第 76—95 段。
[3] 符合条件的权益是指实际交易中为积极贸易或商业活动所使用的资产而投资的权益。

属收入,将整体性地被认定没有可归属的 CFC 所得。这两种方法的区别在于:在实体法下,基于大部分收入是否属于 CFC 所得而认定该实体的全部收入为 CFC 所得或全部收入都不是 CFC 所得。根据交易法,即使实体的大部分收入不属于 CFC 所得,仍有一些所得可能被认定为 CFC 所得;即使大部分收入为 CFC 所得,但也会有一些收入被排除在 CFC 所得之外。

(3) 如何计算 CFC 所得。

在确定某些收入属于 CFC 所得后,下一步就应计算出 CFC 所得的具体数额。CFC 报告建议的方法是根据 CFC 母公司所在国(即实施 CFC 规制)的法律进行计算,因为 CFC 规制关注的是 CFC 的母公司所在国所面临的税基侵蚀。另外,还需要考虑是否允许 CFC 的亏损冲抵其母公司的所得。CFC 报告建议实施 CFC 的国家出台限制 CFC 损失抵扣的特殊规则,比如 CFC 的亏损只能用于抵减 CFC 的利润。

(4) CFC 所得的归属规则。

在计算出 CFC 所得后,下一步则是如何将这些所得归属到 CFC 的相应股东。CFC 报告建议实施 CFC 规制的国家采取五个步骤进行:(a)确定哪些纳税人有 CFC 所得,比如纳税人达到了最低的控制门槛(如持股比例的要求)。(b)确定纳税人有多少 CFC 所得,比如按照持股比例分配 CFC 所得。(c)确定纳税人何时应在纳税申报中列出 CFC 所得,比如纳税人应将 CFC 所得计入 CFC 的会计年度期末所在的那个年度的纳税申报之中,或是列入 CFC 的会计年度结束后第×天所在的那个年度的纳税申报之中。(d)确定 CFC 所得的处理方法,比如将归属到股东的 CFC 所得按照股息对待,或在 CFC 未合伙或透明实体时视为纳税人的直接收入。(e)确定 CFC 所得适用的税率。这也应适用实施 CFC 规制的国家的税率。或者采取根据 CFC 所得在 CFC 所在国实际纳税的有效税率和 CFC 规则设定的税率门槛(比如 CFC 规则适用于有效税率低于 12% 的 CFC)之间的差额来计算。

(5) 防止或消除双重征税。

在实施 CFC 规制时,有可能造成对 CFC 所得双重征税的情况,比如:(a) CFC 所得同样在 CFC 所在国缴纳企业所得税;(b)多个国家的 CFC 规则适用于同一 CFC 所得;(c) CFC 从已被归属于 CFC 所得的收入中给股东分配股息,或居民股东处置 CFC 股份。对前两种情况,CFC

报告建议实施CFC规制的国家给予实际缴纳的境外税收以抵免。对于第三种情况,CFC报告建议是,如果CFC所得已经根据CFC规制被课税,则股息和股东出售CFC股份的资本利得可以免税。

2. 利息扣除(第4项行动计划)

利息支出在大多数国家都可税前扣除,而纳税人通过利息支付转移利润(比如企业集团通过内部贷款支付超过正常标准的利息)也是最简单和最常见的国际税收筹划方式。比如,关联企业之间可通过内部贷款的方式由借款人向贷款人支付超过正常市场标准的利息,从而借款人增加了利息费用的扣除,而贷款人也获得了更多的利润。本章第一节所述的资本弱化就是这方面典型的例子。当事人通过人为控制贷款利率水平转移利润也与转让定价有关。这一问题也因各国对债务和权益的不同的税收处理而变得复杂,比如导致混合错配。当然,超额利息支付和混合错配也并非完全等同。比如借款人和贷款人所在国都将支付视为利息,不会产生扣除/免税的结果。① 因此,利息扣除所引起的BEPS问题的全面应对需要综合利息扣除、转让定价、混合错配等方面的规则来综合处理。本书在此就BEPS行动计划4的最终报告(以下简称"利息扣除报告")所提出的建议进行阐述。②

需要指出的是,利息扣除报告所适用的利息是一个广义的概念,除了传统的利息外,该报告也适用于经济上相当于利息的支付(payments economically equivalent to interest)和因融资而产生的费用。经济上相当于利息的支付包括与实体融资相关的支出并以其在特定时间内与本金的固定或可变比例来计算。利息扣除报告认为,如果规则将利息限定在很窄的范围之内将导致下列问题:无法全面应对因利息和类似支出所导致的BEPS问题;对处于相同经济状况但采用不同融资方式的企业集团适用不同的税收处理有失公允;企业集团也轻易可通过贷款重组或其他融资安排来规避利息扣除规则。利息扣除报告列出的可适用的利息和经济上相当于利息的支付包括但不限于:利润参与贷款下的支付;可转换债券和零利息债券下的应计利息;融资租赁安排下的融资成本;与某个实体

---

① 不过,纳税人还可借助混合实体来实现利息的双重扣除,从而导致混合错配的结果。
② OECD/G20 Base Erosion and Profit Shifting Project, Limiting Base Erosion Involving Interest Deductions and Other Financial Payments, Action 4: 2015 Final Report.

的借款相关的衍生工具中的利息;借款的汇兑收益或损失;融资安排的担保费,等等。利息扣除报告同时也指出利息扣除规则不适用于非利息、经济上不等同于利息的支付和非因融资产生的费用,包括但不限于下列项目的税前扣除:与融资无关的汇兑收益或损失;与借贷无关的衍生工具下支付的款项;经营租赁支付(operating lease payments);特许权使用费,等等。①

利息扣除报告建议规则适用的主体至少为隶属于某一跨国集团的所有实体。各国也可以自主决定将规则适用于隶属于本国集团(即仅在本国运营的集团)的实体和/或不属于某一集团的独立实体。②

在防范利息扣除导致的 BEPS 方面,利息扣除报告的核心建议是采用"固定比率规则"(fixed ratio rule)来限制利息扣除。固定比率是指利息占支付人在计提利息、税额、折旧和摊销之前的收入(earnings before interest, taxes, depreciation and amortization, EBITDA)的百分比。也就是说,支付人可扣除的利息支出应不超过固定比率,超出部分则不能扣除,固定比率可在 10%—30% 之间。根据固定比率计算实体不可扣除的利息支付的最高额需要三个步骤:首先,计算出 EBITDA;其次,将法定的固定比率适用于 EBITDA 以确定该实体可税前扣除的利息支付的上限;将该实体实际支付的利息与上限进行比较。③

根据固定比率规则,一个实体或集团最高可税前扣除不高于 EBITDA 法定比率的利息支付。不过,对于不同行业的企业集团来讲,其负债比率或杠杆程度是存在差异的,因此利息扣除报告还建议在固定比率规则外采用集团比率规则(group ratio rule)。集团比率高于固定比率,能够允许隶属于高杠杆集团的实体基于集团全球范围内的财务比率(group ratio)扣除超过根据固定比率计算的利息支付。④ 集团比率规则可作为一项单独的规则,也可作为包括固定比率规则在内的整体规则的

---

① 参见利息扣除报告第 34—39 段。
② 有的独立实体有较大的规模和复杂的股权结构且众多实体处于同一投资者控制之下,其导致 BEPS 问题的风险与集团架构是近似的。当然,各国也可制定规则适用的最低标准门槛(比如以本地集团所有实体的净利息费用总额为基础),将低风险实体排除适用。不过,这也要防范集团规避最低标准,如通过建立多个实体并使每个实体都低于最低标准,这应有相应的反拆分规则。
③ 参见利息扣除报告第 23 段和第 88 段。利息扣除报告的附录 D 还提供了具体的范例。
④ 集团比率乘以适用于该实体的 EBITDA 为其可税前扣除的利息上限。

一部分。①

在利息扣除规则下,超过扣除上限的利息在当年是不能扣除的,但可允许向前或向后结转(carry forward and carry back)。② 扣除报告还提出利息扣除规则应考虑适用于银行和保险集团的特殊性。③

(四)转让定价规则的完善(第8—10项和第13项行动计划报告)

1. 第8—10项行动计划报告

OECD 2010年的转让定价指南(Transfer Pricing Guidelines)对转让定价的调整方法进行了阐述,调整方法依据的主要原则是独立交易原则。不过,鉴于关联企业内部交易的比重占全球贸易和经济往来的比重越来越高以及无形资产的大量使用,独立交易原则适用起来也存在困难。④ 因此,BEPS第8—10项行动计划要求进一步完善独立交易原则。2015年关于行动计划8—10的最终报告(以下简称"转让定价报告")就此提出了相关建议,并将纳入OECD新的转让定价指南中。⑤ 转让定价报告指出:关联企业的定价应反映其从事的实际交易,不能以不体现经济实际的合同安排作为定价的基础;关联企业通过合同分配风险应以实际商业决策为支持;仅投资资本但不从事任何经营功能的企业不能获得额外的回报;税务机关可以否定不具有合理商业性的交易。

在独立交易原则的适用方面,转让定价报告提出对2010年的转让定价指南第1章D部(guidance for applying the arm's length principle)进行修订。可比性分析(comparability)是适用独立交易原则的核心。可比性分析需要考查被关联企业之间的商业或财务关系、交易条件和相关经济特征,并与独立企业在可比交易中的交易条件和经济特征进行比较。

比如,跨国公司在不同市场的经营特点会对转让定价调整中如何进行可比性对比和确定独立交易价格产生影响。跨国公司可将生产经营转

---

① 参见利息扣除报告第115—117段。
② 参见利息扣除报告第159—167段。
③ 参见利息扣除报告第183—187段。
④ 比如:关联企业之间的无形资产交易与独立企业之间的无形资产交易没有可比性;难以确定某项无形资产对企业集团收入的单独贡献;关联企业之间通过与独立企业不同的合同安排,将无形资产的所有权、风险承担和投资与集团成员企业实际执行的功能分离开来,并导致BEPS问题的产生。
⑤ OECD/G20 Base Erosion and Profit Shifting Project, Aligning Transfer Pricing Outcomes with Value Creation, Action 8—10, 2015 Final Report.

移到低成本的国家或地区从而取得的经营净成本的节省,称为选址节约(location saving)。在确定跨国公司通过选址节约在关联企业之间分配的成本时,需要考虑成本在多大程度上留存在企业集团的一个或几个成员之间,或是转移到独立的客户或供应商。如果成本没有完全转移到独立的客户或供应商处,如果能够在本地市场找到可比企业和可比交易,就能够用于确定跨国公司在关联企业之间分配成本的参照。如果在本地市场不能找到可比企业和可比交易,就应根据所有相关事实和情况(包括企业承担的功能、风险和使用的资产)来审查跨国公司的限制节约成本的分配是否合理。[1]

再比如,劳动力在关联企业之间的分配以及跨国公司的集团效应(group synergies)等因素在转让定价调整时也应予以考虑。举例来讲,总部位于 A 国的跨国公司集团在 B 国和 C 国有两个从事生产的子公司 B 和 C。B 国的税率为 30%,而 C 国为 10%。该集团在 D 国还有一个为集团提供共享服务的中心 D。假设 B 国和 C 国的子公司各自需要从独立的供应商处购买 5000 个零部件用于生产,D 国的服务共享中心也从为集团成员的服务中取得符合独立交易原则的报酬(以成本加利润计算)。该独立供应商销售零部件的价格为 10 美元/个,并对超过 7500 个的大宗采购提供 5%的折扣。D 公司与独立供应商商定 B 公司和 C 公司同时各自购买 5000 个总计 1 万个零部件,并都享受 5%的折扣,即总成交价为 9.5 万美元。D 公司随即向供应商下了订单,并通知 B 公司就其所购得 5000 个零部件开具 5 万美元的发票,C 公司就其所购的 5000 个零部件开具 4.5 万美元的发票。在这种情况下,B 国税务机关有权调整 B 公司的交易价格,即减少 2500 美元,因为上述安排错误地分配了集团大宗采购所带来的利益。[2]

在无形资产的转让定价方面,转让定价报告提出全部删除 OECD 2010 年指南的第 6 章,并代之以新的内容。转让定价报告指出,关联企业仅拥有无形资产的法律所有权并不能使其享有使用无形资产的收益;关联企业承担与无形资产的研发、价值提升、维护等方面的职能和风险时

---

[1] 参见转让定价报告第 43—45 页。
[2] 参见转让定价报告第 47—50 页。

应获得相应的补偿并具备风险控制和承担风险的财务能力。①

在转让定价调整方面,两类交易涉及无形资产的确认和审查。一是涉及无形资产或无形资产转让的交易②;二是涉及无形资产使用的产品或服务的交易。有些关联交易虽然不涉及无形资产的转让,但也会涉及无形资产的使用。③ 为此,首先需要界定无形资产。为了避免无形资产界定的范围过窄或过宽而带来的困难,该报告将无形资产界定为并非实物资产或金融资产的东西(something which is not a physical asset or a financial asset),但可被拥有或控制并用于商业活动,且独立企业在可比情况下对其的使用或受让将支付对价。转让定价调整中无形资产的认定不以其是否根据会计准则被认定为无形资产为条件,也不以法律或合同是否提供保护以及其可否独立转让为标准。④ 转让定价报告还对专利、专有技术、商业秘密、商标、商号、政府特许权合同下的权利、商誉等无形资产的特点进行了分析。

转让定价报告建议通过下列步骤来分析无形资产交易:确定关联交易中使用或转让的无形资产,以及与无形资产的研发、价值提升、维护等方面相关的重大经济风险;全面确定合同安排,特别是根据登记、许可协议或其他相关合同等法律安排来确定无形资产的法律上的所有人;确定承担无形资产的研发、价值维护和保护等方面功能的企业以及使用资产并管理风险的企业;确定企业的实际行为与合同安排中的相关条款是否一致,并判定承担重大经济风险的企业是否对无形资产的研发、价值提升和维护等方面的风险具有风险承担能力;根据无形资产的法律所有权和其他合同安排以及企业的实际行为,确定与无形资产的研发、改进、维护、保护相关的关联交易;为关联交易各方根据其承担的职能确定独立交易价格。⑤

---

① 参见转让定价报告第 64 页。

② 无形资产及其权利的转让可能会通过关联交易进行。此类交易可能是转让无形资产的全部权利或是部分权利。某项无形资产既可以单独转让,也可与其他无形资产一起转让。此外,无形资产也与其他有形资产或服务一起转让。

③ 比如,汽车生产商在汽车生产中使用了专利,并将汽车卖给作为关联方的分销商进行销售。在对这一关联交易进行可比性分析和确定最适合的转让定价方法时就应考虑专利对汽车的贡献价值。

④ 参见转让定价报告第 67 页。

⑤ 参见转让定价报告第 74—75 页。

此外,转让定价报告还就利润分割法、成本分摊协议和大宗商品的转让定价等问题进行了讨论和提出了相关建议。比如,报告建议修订2010年转让定价指南的第8章关于成本分摊协议的内容[①];对于大宗商品的转让定价,报告认为可比非受控价格法仍是相对合理的调整方法,并建议在2010年的转让定价指南第2章中补充相应的说明。[②] 为了应对无形资产转让定价调整的困难,转让定价报告也提供了相关补充性指南,比如:涉及无形资产及其权利转让交易的补充指南[③];产品或服务销售并不涉及无形资产的转让但使用无形资产时的补充指南[④]。

2. 转让定价文档和国别报告(第13项行动计划报告)

为了准确进行转让定价调整,税务机关也需要掌握关联企业在全球范围的交易信息等情况。为此,BEPS行动计划13提出要求完善转让定价调整中纳税人提交文档(transfer pricing documentation)的规则,从而提高税收征管的透明度并考虑纳税人的合规成本。这样的规则应当要求跨国公司基于共同的模版(common template)向所有相关国家提供其收入、经济活动和纳税全球分配情况。关于BESP行动计划13的报告(以下简称"转让定价文档报告")提出了如下建议,而这些建议则属于BEPS最终成果中的最低标准。[⑤] 转让定价文档报告的核心内容是删除2010年转让定价指南的第5章,并替换为以下内容和附件:

在内容方面,主要包括:要求跨国公司提交转让定价文档所追求的目标、转让定价文档的三个组成部分、合规问题等几大方面。

(1) 要求跨国公司提交转让定价文档所追求的目标。

跨国公司提交转让定价文档所追求的目标有三个:确保纳税人在制

[①] 参见转让定价报告第161—181页。
[②] 参见转让定价报告第53—55页。
[③] 比如,涉及无形资产及其转让的交易,在对无形资产及其权利进行可比性分析时,应考虑无形资产的在排他性、法律保护的范围和期限、使用期限、发展阶段等方面的特征,以及适用可比非受控价格法和利润分割法等调整方法时应考虑的因素等。参见转让定价报告第98—102页。
[④] 比如,当税务当局选定再销售价格法、成本加成法或交易净利润法作为最适合的转让定价方法时,应选择关联交易中较简单的一方作为被测试方。在进行可比性分析时,也应考虑被测试方在其营业地区的营销性无形资产(比如客户名单和客户数据)对其盈利能力的影响。参见转让定价报告第112—115页。
[⑤] OECD/G20 Base Erosion and Profit Shifting Project, Transfer Pricing Documentation and Country-by-Country Reporting, Action 13, 2015 Final Report.

定关联企业交易价格和其他交易条件以及汇报关联交易的所得时能够充分考虑转让定价调整规则的要求;为税务当局评估转让定价风险提供必要的信息;在税务当局对其管辖范围内的实体进行全面的转让定价调查时,能够为其提供有用的信息。①

(2) 转让定价文档的三个组成部分。

纳税人提供的转让定价文档由三部分组成②:(a) 主文档(master file)。主文档中应包含适用于跨国公司集团全部实体的标准化信息,旨在提供跨国公司集团全球业务的总揽,主要包括五个方面的内容:集团的全球组织结构;集团业务;集团的无形资产;集团内部的融资情况;集团的财务和税务状况。(b) 本地文档(local file)。本地文档应包含当地纳税人的主要交易情况。本地文档可作为核心资料的补充,其重点是当地企业与其他国家的关联企业之间的重大关联交易的转让定价分析,用以协助税务当局确保影响纳税人税收的关联交易符合独立交易原则。本地文档应列出关联交易的财务信息、可比性分析以及使用的转让定价方法。(c) 国别报告(country-by-country report)。国别报告应包括集团收入和纳税在全球的分配状况以及集团成员在当地的经营活动。

(3) 合规问题(compliance issues)。

合规问题涉及同期文档的准备、准备文档的期限、文档应提供的重要信息、文档的留存和更新频率、文档的语言、处罚措施、文档的保密等方面。③

同期文档(contemporaneous documentation)的准备要求纳税人应基于交易时所获得的信息根据独立交易原则来制定符合税收要求的转让价格。不过,文档的准备不应给纳税人带来过高的成本和负担。

在准备文档的期限方面,各国的实践并不相同。有的国家要求纳税人提交纳税申报表时完成文档,有的则要求在转让定价调查开始时备妥。就本地文档来讲,最好的方法是本地文档的最终完成时间不晚于当年纳税申报的截止日期。

本地文档中并不要求纳税人提供所有的关联交易的信息,税务当局

---

① 参见转让定价文档报告第 12—14 页。
② 参见转让定价文档报告第 14—16 页。
③ 参见转让定价文档报告第 16—20 页。

关注的是重要信息。因此,各国在制定具体规则时应设定纳税人应提供的重要信息的标准(比如交易的金额),这些标准应结合当地经济的规模、跨国公司在当地经济中的地位等因素制定。

文档的留存和更新频率要求各国规定跨国公司留存转让定价文档的法定期限、存储方式,并对主文档、本地文档和国别报告每年进行检查和更新。

各国应明确提交文档所使用的语言。为节省翻译成本,各国可鼓励采用通用语言准备文档。

各国还应为确保转让定价文档规则的有效实施制定处罚措施,使纳税人需要为其不合规的行为承担比合规更多的成本。除了民事或行政处罚等措施外,各国还可设计合规激励机制。

税务当局应采取一些合理措施确保纳税人提供文档中所包含的机密信息和其他商业敏感信息不对公众披露,并对文档中的信息予以严格保密。如果法庭程序或司法判决要求披露,税务当局应尽一切努力确保信息的保密性以及披露只限于必要的程度。

转让定价文档报告还有三个附件,分别是关于主文档、本地文档和国别报告以及国别报告实施方案的。前三个附件就三个文档所应包含的具体信息进行了说明并提供了相应的模板。附件四则包括国别报告立法范本(Model Legislation related to Country-by-Country Reporting)、税务机关关于国别报告情报交换的协议范本,包括多边协议、以避免双重征税协定的情报交换条款为法律依据的双边协议和以税收情报交换协议为法律依据的双边协议。

三、进一步约束有害税收竞争

应对有害税收竞争是 BEPS 行动计划的第 5 项议题。如前所述,有害税收竞争并非一个新的问题。自 1998 年发布关于有害税收竞争的报告以来,OECD 一直在推动国际社会应对这方面的问题。不过,BEPS 报告认为有害税收竞争依然会导致 BEPS 问题的产生。[①] BEPS 行动计划提出:要改进现行关于有害税收实践的工作,并优先考虑透明度因素,包括各国建立关于优惠税制裁定的强制自发情报交换的机制,以及在给予

---

① 参见 BEPS 报告第 47—48 页。

优惠税制时应以实质性经营活动为条件。同时,应在 BEPS 的背景下对优惠税制进行整体性的评估,鼓励非 OECD 成员在现行框架的基础上参与进来,并考虑对现行框架的修订或补充。① 因此,关于行动计划 5 的报告(以下简称"有害税收竞争报告")在之前规制有害税收竞争的基础上,就进一步约束税收竞争提出了建议②,这也属于 BEPS 最终成果的最低标准。有害税收竞争报告着重强调了两个方面:

(一)优惠税制的给予应以实质经营活动为要件

要求提供优惠税制以实质经营活动(substantial activity requirement)为条件是为了避免当事人主要基于税收目的把利润从创造价值的国家转移到提供优惠税制的国家。有害税收竞争报告以知识产权为例阐述了相关制度的设计。

由于知识产权密集性的行业是经济增长和提供就业的主要动力,各国一方面有权为研发活动提供税收优惠,另一方面应注重优惠的给予与实质经营活动之间的关联性。在具体制度方面,OECD 考虑了三种方案:(1)价值创造法(value creation approach)。该方法要求当事人从事一定数量的重要活动(a set number of significant development activities),但与其他两种方法相比,并没有获得支持。(2)转让定价方法(transfer pricing approach)。该种方法允许对来源于知识产权的所有所得都给予税收优惠,如果纳税人在该国的活动满足如下条件:纳税人在该国的活动具备重要功能;纳税人是知识产权的法律上的所有人和使用人;纳税人承担与知识产权相关的经济风险。不过,该种方法也只得到了少数国家的支持。(3)连接点法(nexus approach)。这种方法以纳税人从事知识产权研发活动的程度作为享受税收优惠的条件,其核心在于建立研发税收抵免的基本原则和针对知识产权创造过程中支出费用的税制,即关注研发等支出与税收优惠的给予之间的直接联系。该种方法也同样适用于使用知识产权所创造的所得。

因此,支出(expenditures)可作为认定实质经济活动的指标。该报告还提出了一个计算公式:(符合条件的知识产权研发支出/研发知识产权

---

① 参见 BEPS 行动计划第 18 页。
② OECD/G20 Base Erosion and Profit Shifting Project, Countering Harmful Tax Practices More Effectively, Taking into Account Transparency and Substance, Action 5: 2015 Final Report.

的总支出)X 知识产权资产的总收入＝可获得税收优惠的所得。如果纳税人获得的一国提供税收优惠的所得总额不超过根据该公式计算的数额,则认为该制度满足了实质经营活动要求。①

(二)通过建立关于优惠税收裁定的强制性自发情报交换制度提高透明度

税收裁定是指税务机关向特定纳税人或纳税人群体做出的有关其税收待遇的任何通知、信息或承诺,且纳税人有权对此依赖。针对特定纳税人的裁定则只针对特定纳税人且纳税人对此依赖。有害税收竞争报告适用的针对特定纳税人的税收裁定包括六类:(1)关于优惠税制的裁定;(2)单边预约定价安排或其他涉及跨境转让定价的单边裁定;(3)下调应税利润的跨境裁定;(4)针对常设机构的裁定;(5)关于关联方导管公司的裁定;(6)其他缺乏自发情报交换可能导致 BEPS 问题的裁定。②

一国给予特定纳税人的税收裁定可能属于"有害税收实践"的范畴。③ 如果一国税制缺乏透明度,受其影响的国家也难以采取防御措施,也会导致 BEPS 问题。④ 因此,如前所述,OECD 自开始应对有害税收竞争伊始就关注透明度问题。OECD 发布的审议优惠税制的指南也就提高透明度提出了建议。OECD 下的有害税收实践论坛(Forum on Harmful Tax Practices,FHTP)在其 2014 年的报告中指出,如果针对特定纳税人的裁定涉及优惠税制的给予且涉及很低的有效税率时,一国就产生了应当将针对特定纳税人的裁定情报自发交换给相关国家的义务。⑤

根据有害税收竞争报告,强制性的自发情报交换要求将情报提供给受影响的国家,包括:所有关联方的居民国,如果纳税人与关联方的交易被给予了裁定或导致关联方从优惠税制中取得收入;关联方的终极母公司和直接的上级母公司的居民国。⑥ 对于自发情报交换的具体信息,有

---

① 参见有害税收竞争报告第 23—44 页。
② 参见有害税收竞争报告第 46—51 页。
③ 裁定机制包括任何就税法的适用做出裁定的立法或行政程序。
④ 缺乏透明度可以表现为:纳税人可以和税务当局就税法的实施进行协商,或在法律适用中对特定纳税人给予区别和优惠的对待,以及该国存在严格的银行保密等法律,使得税务当局无法获得纳税人的相关信息,无法进行有效的税收情报交换。
⑤ 参见有害税收竞争报告第 48—49 页。
⑥ OECD/G20 Base Erosion and Profit Shifting Project, Countering Harmful Tax Practices More Effectively, Taking into Account Transparency and Substance, Action 5:2014 Deliverable, p. 45.

害税收竞争报告在附件 C 还给出了一个模板。此外,有害税收竞争报告还就自发情报交换的对等要求和保密等问题阐述了看法。①

需要指出的是,自发情报交换不仅适用于未来的裁定(即 2016 年 4 月后做出的裁定),也适用于 2010 年 1 月 1 日后发布且在 2014 年 1 月 1 日起依旧有效的裁定。②

四、应对数字经济的挑战和修订常设机构规则

BEPS 报告指出了数字经济对税收规则的挑战。在之前的有关 BEPS 行动计划 1 的报告和 2014 年 9 月报告的基础上,有关 BEPS 行动计划 1 的最终报告(以下简称"数字经济报告")就如何应对数字经济的挑战提出了具体建议。③

(一)数字经济报告的框架

数字经济报告包括 10 章和 5 个附录。④

第 1 章讨论了 BEPS 行动计划出台的背景以及应对数字经济税收挑战的相关工作,总结了 OECD/G20 BEPS 项目下的数字经济工作组的工作,并对该报告的内容进行了概述。

第 2 章讨论了传统税制下税收政策的基本原则(比如税收公平、税收中性等),概述了国内法和税收协定下对公司跨境所得课税的原则(比如属人管辖权、属地管辖权以及税收协定对管辖权的分配),并简要阐述了增值税税制设计的特征(比如增值税的目的、分环节课征、跨境贸易增值税的目的地课税原则)。

第 3 章阐述了信息和通讯技术(比如个人电脑、通讯网络、软件、数据使用、云计算等)的发展和未来趋势(比如虚拟货币、物联网、联网智能机器人、3D 打印等),讨论了用户、用户界面、应用程序、软件和基础设备之间的互动关系。

第 4 章讨论了信息和通讯技术在经济领域的传播和使用,介绍了信

---

① 参见有害税收竞争报告第 55—56 页。
② 参见有害税收竞争报告第 53—54 页。
③ OECD/G20 Base Erosion and Profit Shifting Project, Addressing the Tax Challenges of the Digital Economy, Action 1:2015 Final Report.
④ 五个附录分别是:关于数字经济的前期工作;典型的税收筹划架构;对进口低价值的货物征收增值税的问题;OECD 的增值税指南第 3 章(确定跨境提供服务和无形资产的征税地);应对数字经济所带来的更广泛的税收挑战的相关方案的经济负担。

息和通讯技术所带来的新商业模式(比如电子商务、支付服务、应用软件商店、在线广告、云计算、高频交易、参与式网络平台等),并结合这些新商业模式阐述了数字经济的主要特征。

第5章讨论了导致 BEPS 问题的税收筹划的共同特征,并具体分析了导致 BEPS 问题的相关税收筹划规避直接税和间接税的核心要素。比如,该部分结合2013年的 BEPS 报告中阐述了规避直接税的税收筹划四个要素:(1)避免在市场国建立应税存在(taxable presence),或即使有应税存在,也通过贸易结构转移毛利润或通过支付方式降低净利润,从而使得在市场国的税负最小化。(2)收入来源地不课征预提税或预提税税率很低。(3)通过集团内公司间的安排,使得取得收入的一方获得大额的非常规利润(substantial non-routine profit),且获得非常规利润的一方所在国对这些利润不征税或税负很低(比如所在国为低税国或存在优惠税制)。(4)最终层面的母公司所在国对上述转移到低税国的利润不征税。再比如,跨国集团中的某个公司购买了数据处理服务后提供给本集团中的其他公司使用,其他公司使用该服务所做的支付属于企业内部的成本分摊而无需缴纳增值税。

第6章结合 BEPS 行动计划,探讨了在数字经济背景下如何应对BEPS 的问题。客观地讲,BEPS 行动计划的15项议题都与应对数字经济下的 BEPS 问题有关。不过,在直接税领域,以下行动计划对于应对数字经济下的 BEPS 问题尤为重要:(1)规避市场国税收的 BEPS 问题可以通过 BEPS 行动计划的第7项(防止人为规避常设机构的建立)等措施来应对,因为过去被认为不构成常设机构的准备性或辅助性的活动可能属于数字经济业务的重要组成部分。(2)由于数字产品和服务收入具有很强的流动性,最终母公司所在国可以通过第3项行动计划(强化 CFC 规则)来对该母公司留存于低税国子公司的利润课税。(3)由于从事数字经济的企业非常依赖无形资产来创造价值和收入,市场国(来源地)和母公司所在国(居民国)还可针对转让定价的第8—10项行动计划来确保关联企业间的定价应与价值创造相匹配。

第7章在前述内容的基础上,进一步讨论了数字经济对直接税制度的挑战(比如管辖权的连接点、数据的税收待遇、新商业模式下支付的定性以及税务机关适用税收规则所面临的挑战等)。该部分还就如何应对这些挑战的相关方案进行了阐述。

第 8 章进一步讨论了数字经济对间接税的挑战(比如企业向客户远程提供数字产品的增值税问题),并讨论了应对这些挑战的相关方案。

第 9 章对前述应对数字经济所带来的税收挑战的相关方案进行了整体的评估。

第 10 章对前述讨论的数字经济的特征及商业模式、数字经济下的 BEPS 问题、数字经济对税收带来的挑战等问题进行了总结,并提出了下一步的工作计划。

就数字经济报告的上述内容来讲,第 7 章无疑应是重点。由于本书以所得税问题为研究内容,因此接下来只就第 7 章讨论的解决数字经济下的所得税问题的方案做进一步阐述。①

(二) 应对数字经济下所得税问题的方案

第 7 章提出的主要方案是修订税收协定中常设机构的例外条款。此外,数字经济报告还提出了几个备选方案。

1. 修订税收协定中常设机构的例外条款

以 OECD 范本为例,企业在数字经济下可借助第 5 条第 4 款关于"准备性或辅助性营业活动"的例外来避免在境外的营业国被认定存在常设机构。② 由于在传统商业模式下属于准备性或辅助性的活动在数字经济下可能成为企业的核心业务,第 5 条第 4 款的关于常设机构的例外规定就需要修改。对于如何修订,BEPS 行动计划 7 的最终报告(以下简称"常设机构报告")对此进行了说明。③

常设机构报告提出修订 OECD 范本第 5 条第 4 款的相应条款内容和注释,以确保第 4 款的例外条款仅适用于准备性或辅助性的活动。修订后的第 5 条第 4 款为:"常设机构机构不应认为包括:(a) 专门为储存、陈列或交付本企业货物目的而使用的场所;(b) 专门为储存、陈列或交付目

---

① OECD/G20 Base Erosion and Profit Shifting Project, Addressing the Tax Challenges of the Digital Economy, Action 1:2015 Final Report, p.106—117.

② 第 5 条第 4 款规定:"常设机构"不应认为包括:(a) 专门为储存、陈列或交付本企业货物目的而使用的场所;(b) 专门为储存、陈列或交付目的而保存本企业货物的库存;(c) 专门为通过另一企业加工的目的而保存本企业货物的库存;(d) 专门为本企业采购货物或收集情报的目的而设立的固定营业场所;(e) 专门为本企业进行任何准备性或辅助性活动而设立的固定营业场所;(f) 专门为进行综合前述第 1—5 项的活动而设立的固定营业场所,如果这些活动使该固定营业场所的全部活动属于准备性或辅助性的。

③ OECD/G20 Base Erosion and Profit Shifting Project, Preventing the Artificial Avoidance of Permanent Establishment Status, Action 7: 2015 Final Report.

的而保存本企业货物的库存;(c)专门为通过另一企业加工的目的而保存本企业货物的库存;(d)专门为本企业采购货物或收集情报的目的而设立的固定营业场所;(e)专门为本企业进行其他活动而设立的固定营业场所;(f)专门为综合从事前述(a)—(e)项的活动而设立的固定营业场所,前提是这样的活动,或(f)项下固定营业场所的全部活动属于准备性或辅助性的。"与之前的条文相比,修改体现在(e)项和(f)项。(e)项删除了原文的其他活动中的"准备性和辅助性"用语。(f)项则阐述了之前最后一句的"如果这些活动使该固定营业场所的全部活动属于准备性或辅助性的",而代之以(a)—(f)项下的活动都应是准备性或辅助性的意思表达。

常设机构报告也对第5条第4款的注释第21—30段进行了相应的修订,并列举了一些范例进行说明。[①] 注释指出,之所以将一些固定营业场所从事的准备性或辅助性活动排除在常设机构之外,是因为这些固定营业场所虽然对企业的生产力有所贡献,但其提供的服务对企业利润的实际实现作用甚微,难以将任何利润归属于这样的营业场所。准备性是指企业作为一个整体开展关键、重要活动前所进行的活动,如对员工进行培训。辅助性通常是为了支持(但不构成)企业整体活动关键和重要的部分,需要企业投入显著比例资产或人员的活动一般不被认为是辅助性活动。判定准备性或辅助性应看固定营业场所的活动本身是否构成企业整体活动的关键和重要的部分。举例来讲:对于(a)项的活动,R国的R公司是一个在线销售实体产品的卖家,在S国持有一个非常大的仓库,并雇有众多员工在里面工作,以便储存及快速配送其在线销售给顾客的产品。在这种情况下,仓库是R公司的重要资产并通过大量雇员从事配送,R公司通过仓库从事的活动构成了企业销售活动的核心部分,并不是准备性或辅助性的活动,因而不能适用第4款的例外豁免。不过,(a)项的例外适用于这样的情况:R国水果出口企业在S国内使用具有特殊气体设施的保税仓库,且使用该仓库的唯一目的是保证在通关过程中在适宜环境下保存水果。此时仓库的活动属于准备性或辅助性的。再比如,一国企业使用位于另一国的固定营业场所为购买其设备的客户提供备件也属于(a)项所列的准备性或辅助性的活动。但是,该企业既使用固定营业场所提供备件也利用该场所提供设备保养和维修服务时,其整体活动就不是

---

① 参见常设机构报告第29—38页。

准备性或辅助性的,因为售后服务是企业对客户服务的重要组成部分。

此外,为了防止紧密关联企业(closely related enterprises)将整体业务分拆为若干个小的单元并主张每个单元的活动为准备性或辅助性的从而人为规避常设机构条款,常设机构报告还提出在 OECD 范本第 5 条第 4 款中增加新的第 4.1 款作为反拆分规则(anti-fragmentation rule):如果某企业使用或设有固定营业场所,且该企业或其紧密关联企业在该场所或位于同一缔约国的另一场所开展经营活动,同时:(a)该场所或另一场所构成该企业或其紧密关联企业的常设机构;或者(b)该企业或其紧密关联企业在同一场所或两个场所开展活动的结合,使得整体活动不属于准备性质或辅助性质,只要该企业或其紧密关联企业在同一场所或两个场所开展的营业活动构成整体营业活动中互为补充的部分,则不适用第 4 款的规定。① 所谓紧密关联企业,是指基于所有相关的事实和情况,一个企业与另一企业之间彼此相互控制或同为第三方所控制,比如一方持有另一方 50% 以上的权益。常设机构报告关于第 4.1 款的注释中也通过范例解释了如何适用反拆分规则。② 比如,R 公司是 R 国的一家居民银行,其在 S 国拥有若干构成常设机构的分支机构。R 公司同时在 S 国拥有一间单独的办事处,一些雇员在该办事处核查向上述分支机构提交贷款申请的客户所提供的信息。这些雇员的核查结果将被递交到 R 银行在 R 国的总部,由其他员工对贷款申请中的信息进行分析,并向 S 国的分支机构提供报告,以供其决定是否批准贷款。在这种情况下,第 5 条第 4 款的例外就不适用于该办事处,因为其他场所(即受理贷款申请的其他分支机构)构成了 R 公司在 S 国的常设机构,且 R 公司在该办事处开展的活动与相关分支机构的活动组成了整体业务(向 S 国客户提供贷款)的互补职能。

需要指出的是,常设机构报告并非专门针对数字经济的,而是从总体上防止纳税人人为规避常设机构规则而导致 BEPS 问题的情况,因此,除了第 4 款外,常设机构报告还对 OECD 范本第 5 条的其他条款也提出了修改建议。比如,OECD 范本第 5 条第 5 款是关于非独立地位代理人常设机构的规定。非独立地位的代理人构成委托人在非独立地位代理人所

---

① 参见常设机构报告第 39 页。
② 参见常设机构报告第 40—42 页。

在国的常设机构。不过,属于第5条第6款的独立地位的代理人(比如佣金代理人)则不构成委托人的常设机构。① 但是,企业可能会通过表面上符合第6款独立代理人的安排来规避实质上为第5款的非独立地位代理人的情况。② 为此,常设机构报告建议将第5条第5款修改为:如果一个人(除第6款另有规定外)在一缔约国代表另一缔约国的企业进行活动,有权并经常行使这种权利在首先提及的缔约国以该企业的名义签订合同或在合同订立过程中起到主要作用,且企业对合同不进行实质性修改,该合同:(a)以该企业的名义订立,或(b)涉及该企业拥有或有权使用的财产之所有权的转让或使用权的授予,或(c)涉及该企业提供的劳务,应认为该企业在该缔约国有常设机构。同时,将第6款修订为:(a)在缔约国一方代表缔约国另一方的企业营业的人,如果为独立地位代理人且代理行为属于其常规业务的,则不适用第5款的规定。但是,如果某人专门或几乎专门代表一个或数个与之紧密关联的企业,则不应认为其为独立地位代理人。(b)基于所有相关的事实和情况,如果一个人与另一企业之间彼此相互控制或同为第三方所控制,应认定该人和该企业紧密关联。在任何情况下,如果一方直接或间接拥有另一方至少50%的权益,或第三方直接或间接拥有该人和该企业至少50%的权益,应认定该人和该企业紧密关联。常设机构报告也就第5款和第6款的注释提出了修改意见。③

2. 备选方案

除了修订常设机构的例外条款,数字经济报告还提出了几个备选方案:

(1)以显著经济存在作为对非居民课税的新连接点④。

这一方案的核心是,如果非居民企业在某国有一个显著经济存在

---

① 比如,甲以自身的名义在S国代表一家R国企业乙销售该R国企业拥有的产品。由于甲不拥有所销售货物的所有权,S国不能就销售利润对甲征税,只能对其提供服务取得的报酬(一般为佣金)征税。同时,按照OECD范本第5条第6款,甲作为佣金代理人不构成乙在S国的常设机构,S国也不能就销售利润主张来源地管辖权。

② 比如,X国居民X公司从事药品销售。在2000年以前,X公司通过Y国居民公司Y将药品销售给Y国的医院。X和Y属于同一集团的关联企业。在2000年后,Y成为了X的佣金代理人。Y将其资产(包括客户关系)转让给X,并以其自身名义在Y国销售X的产品,但风险由X承担。参见常设机构报告第15页。

③ 参见常设机构报告第16—27页。

④ 参见数字经济报告第100—113页。

(significant economic presence),即根据相关要素证明该企业通过技术或自动化工具与该国存在持续的经济联系,就能够为该国建立一个征税存在(taxable presence)。采用这种方案应将课税范围限定于可归属于显著经济存在的非居民企业通过远程交易从该国取得的收入,并控制纳税人的税法遵从成本,以及为跨境交易提供确定性。具体来讲,该方案的设计应考虑以下几个方面:

首先,认定显著经济存在应结合收入的来源、数字化程度和用户等因素。(a) 收入的来源。非居民企业从一个国家持续取得收入是认定显著经济存在的最清晰的潜在指标(one of the clearest potential indicators)之一。特别是对于依赖互联网的多层级的商业模式而言,如果用户所在国与付费客户所在国是一致的,强大的用户群体将企业的销售量增长或推动企业核心产品/服务价格的提升。在这种情况下,企业从该国客户取得的收入就成为判定企业在该国是否有显著经济存在的潜在因素。(b) 数字化程度。在数字经济背景下,企业通过网络与客户建立持续的经济联系是其显著的特点。因此,非居民企业在用户所在国使用当地的域名、建立数字平台和用户当地无障碍付款机制都是认定显著经济存在所应考虑的因素。(c) 用户因素。在数字经济背景下,非居民企业的企业数字平台上的月度活跃用户数量(monthly active users, MAU)、在线合同订立的状况、通过数字平台收集的客户数据等因素也是判定该企业与另一国的经济是否存在持续联系的重要指标。(d) 其他因素。认定显著经济存在还可结合其他因素进行考察。比如,可设立一个收入额课税的起征点。如果非居民企业的收入超过起征点,则会是认定显著经济存在的一个指标。不过,在这种情况下,还应当结合其他因素考虑。举例来讲,如果非居民企业要求另一国的客户通过当地的数字平台交易和付款而产生超过起征点的收入,是可以判定企业与另一国存在显著的经济联系的。但是,如果非居民企业和其市场国的客户在市场国谈判和交易,且企业的平台仅仅提供信息而不提供交易功能,那么就不能认为该企业与客户所在国有显著的经济联系。

其次,确定可归属于显著经济存在的收入。显著经济存在方案的意义在于,当非居民企业在另一国没有传统的实体性商业存在或常设机构时,该国也能够对其营业所得主张来源地管辖权并予以课税。此时,确定哪些收入可归属于显著经济存在就非常重要。由于显著经济存在与实体商业存在的不同,报告指出需要根据数字经济的特点对现行适用于实体商业存在的税收规则进行实质修改才能适用于显著经济存在。同时,也应当保证通过实体商业存在进行经营的企业的税负与通过显著经济存在经营的企业之间的税收待遇是公平的。不过,报告并没有就如何修改提出进一步的建议。报告还指出,如果修改现行税收规则不可行的话,可以考虑替代方案。比如,将非居民企业的全部利润根据事先确定的公式计算出可归属为显著经济存在的数额。

(2) 对数字交易征收预提税[①]。

这种备选方案的思路是一国就其居民(包括当地的常设机构)向非居民在线购买产品或服务时所支付的款项征收预提税(a withholding tax on digital transactions)。这种方案实际上摆脱了传统的对常设机构课税的模式。如果要采用此种预提税方案,需要进一步考虑如下问题:

一是代扣代缴人的问题。在预提税方案下,理论上税款是由支付人代扣代缴的。在B2B模式下,作为支付人的居民企业作为代扣代缴人没有什么问题。但是,在B2C模式下,由众多的消费者作为代扣代缴人却是困难的。此时,可以考虑由消费者所采用的支付系统作为代扣代缴人。不过,这也需要支付系统能够掌握除付款金额以外的交易的相关信息并据此确定交易性质扣缴的税额。为此,可以考虑要求在线交易的非居民企业在客户所在国进行登记并指定专门的银行或支付人的账户来收取价款。

二是如何使预提税方案符合对企业净所得课税的原则。如果对非居民收取的每笔在线交易的款项课征预提税的话,实际上是按照毛收入课征。就企业所得税而言,原则上是核定企业在一个纳税年度的净所得课征的。虽然一国对于非居民收取的股息、利息和特许权使用费通常采用预提税的课征模式,但这些消极投资所得并非经常发生的,且支付人和收款人通常也是一对一模式的。但是,在数字经济下,在线交易是经常发生的,其收入属于非居民企业的营业利润(积极所得),而非消极所得。同时,也会存在多个消费者对同一个非居民企业支付的情况。因此,如果对

[①] 参见数字经济报告第113—115页。

从事数字交易的非居民企业采用预提税方案,但对通过传统的常设机构进行交易的非居民企业维持净所得课税的话,也会涉及税制是否符合中性原则的问题。此外,采用预提税方案还可能与贸易协定存在冲突。比如,在贸易协定有国民待遇义务的规定时,假如该贸易协定也适用于数字化产品,对销售有形产品的本国居民企业采用净所得的课税,而对销售数字产品的非居民企业适用预提税方案,就可能与国民待遇义务不符。再比如,在欧盟法律制度下,原则上处于可比状态的居民和非居民的税负应当是非歧视性的。如果对销售有形产品的本国居民企业和销售数字产品的非居民企业采用不同的课税模式,也可能被认为对非居民企业是歧视性的,即使预提税的税率很低。因此,采用预提税方案还应当考虑允许非居民企业在一个纳税年度进行抵扣,从而最终符合对其净所得课税的原则,即便在开证预提税时是基于毛收入课征的。

(3) 引入均衡税(equalisation levy)[①]。

比如,在保险行业,一些国家开征了消费税形式的均衡税,对本国居民支付给非居民保险公司的保费总额课征。不过,引入均衡税也需要进一步考虑几个问题:首先,课征均衡税以非居民企业在当地有限制经济存在为前提更为合适。其次,如同预提税那样,对非居民企业课征均衡税而国内企业适用所得税,是否符合贸易协定的非歧视要求。再次,均衡税方案是替代所得税的一种做法,也涉及与企业所得税的关系,要避免企业的同一笔收入同时缴纳所得税和均衡税的风险。假如非居民企业的保费收入在其居民国仍缴纳所得税的话,其在来源国缴纳的均衡税是无法在所得税中主张抵免的。因此,或者仅仅对不缴纳所得税的收入适用均衡税,或是纳税人将其从来源国缴纳的均衡税从其所得税中抵免。

五、开发修订双边税收协定的多边工具

BEPS 最终报告的内容,特别是关于修订双边税收协定的建议(比如防范税收协定滥用、修订常设机构条款等)需要纳入到税收协定之中才能真正发挥作用。不过,由于国际间的双边税收协定众多,逐个修订费时和

---

① 参见数字经济报告第 115—117 页。

繁琐，因此，BEPS 第 15 项行动计划提出开发修订双边税收协定的多边工具。2014 年，OECD 发布了关于第 15 项行动计划的报告，论证了开发修订双边税收协定的多边工具的必要性和可行性[①]。就 2015 年关于第 15 项行动计划最终报告（以下简称"多边工具报告"）来看，2014 年报告是其主体内容，只是开头增加了开发修订双边税收协定的多边工具的工作方案的说明（比如目的、参与方、资金支持等）。[②]

多边工具报告援引了 2014 年报告所列的多边工具的下列优势[③]：

（1）多边工具能够避免众多税收协定的缔约国双方彼此谈判的繁琐程序，从而更有效率。现行双边税收协定有三千多个，每个协定都是单独的法律工具，律师、税务人员和法院要花费大量精力来解释每一个协定，即使是不同协定之间只有很小的差别。即使将应对 BEPS 的措施以新的议定书的方式列在每个协定之后，如果其内容也存在差异的话，将加剧这方面的问题。因此，多边工具是唯一的能够快速应对税收协定所导致的 BEPS 问题的方式。

（2）多边工具也有利于发展中国家的利益。在全球化的背景下，发展中国家也同样面临 BEPS 的问题。但是，在谈判和完善税收协定方面，发展中国家相对于发达国家处于劣势。因此，多边谈判中，观点相近的发展中国家可以进行合作，并通过多边工具维护它们的利益。

（3）某些问题在多边工具中处理比通过双边税收协定更为容易。以税收合作为例。双边税收协定的相互协商程序难以处理全球化背景下的多边税收争议，而多边工具能为处理此类问题提供法律基础。

（4）多边工具能够提供一致性并有助于保证国际税收协定网络的持续可靠性，从而为跨国商业活动提供确定性。通过多边工具对目前的数千个双边税收协定进行整合，能够提高税收协定的一致性和统一性的解释，从而为跨国商业活动提供更具确定性的税收机制。

（5）多边工具也能够尊重各国的税收主权并提供灵活性的机制。多

---

① OECD/G20 Base Erosion and Profit Shifting Project, Developing a Multilateral Instrument to Modify Bilateral Tax Treaties: Action 15, 2014 Deliverable.

② Ibid.: 2015 Final Report.

③ 参见多边工具报告第 18—19 页。

边工具也以尊重各国主权为前提。在各方就多边工具的核心条款达成一致的情况下,也能够在特定国家的特殊情况设立专门的条款或机制。

(6) 营造全球性的公平竞争环境也需要各国的广泛参与。在全球化的背景下,只有各国普遍参与下的多边工具才能实现全球性的公平竞争环境。

现实中,《多边税收征管互助公约》就是一个典型的多边工具。该公约具有相当于签署一千八百多个双边协定的效果。[①] 通过该公约,G20在提高全球税收透明度方面已迈出了成功的一步。因此,多边工具的可行性也有例可循。在该报告看来,多边工具可行性的支持体现在[②]:

(1) 多边工具并非以完全取代现行双边税收协定为目的,而是可以和双边协定体系并存的。一方面,多边工具是一个有约束力的国际法律文件,可将应对 BEPS 的措施纳入进来。事实上,一些应对 BEPS 的措施本身就具有多边性。[③] 另一方面,多边工具可修订双边协定中的一些共同条款或为缺乏这些条款的双边协定提供补充。即使多边工具的缔约方之间没有双边协定也不会影响多边工具的适用。此外,多边工具的缔结和生效也将会遵从现行税收协定谈判和缔结的传统程序,并根据缔约方的国内法完成生效所需的国内法律程序。

(2) 多边工具和双边税收协定兼容方面的技术性法律问题也能够解决。比如,多边工具和双边税收协定中内容相近条款的各自的适用范围,可以通过多边工具中的兼容条款或首要条款(compatibility clauses or primacy clauses)进行说明。再比如,对于双边税收协定中相关用语和条款的差异,可以通过优先适用多边工具中的统一性解释来解决。

(3) 多边工具也可具有灵活性。比如:对多边工具的不同条款可设定不同的生效时间;多边工具的缔约方可针对其与其他相关缔约方的不同情况而给予不同的税收待遇。多边工具的语言和其要修订的税收协定的语言之间的差异也不是一个问题。

---

① 参见多边工具报告第 17 页。
② 参见多边工具报告第 2—23 页。
③ 比如,多边相互协商程序、应对混合错配安排中的透明实体、当事人在第三国设立常设机构的三角问题等。

此外,2014年报告根据其他多边条约或协定的实践[1],就构建应对BEPS的多边工具的一些具体问题提出了看法[2],并作为一个附件列出。[3]

在多边工具报告发布后,2016年11月24日,《实施税收协定相关措施以防止税基侵蚀和利润转移的多边公约》的谈判完成,并于2017年6月在巴黎举行了签约仪式。截止到2018年1月24日,共有78个国家和地区签署了公约。[4] 公约共7章39条。第一章(第1—2条)"适用范围和术语的解释";第二章(第3—5条)"混合错配";第三章(第6—11条)"税收协定滥用";第四章(12—15条)"规避常设机构构成";第五章(第16—17条)"改进争端解决";第六章(第18—26条)"仲裁";第七章(第27—39条)"最终条款"。

公约修订的双边税收协定称为适用协定(covered tax agreement,也可译为"被涵盖协定")。至于缔约方的哪些适用协定将根据公约修订,由

---

[1] 这些条约或协定包括:《欧洲引渡公约》(1957年)、《欧洲未成年人遣返公约》(1970年)、《欧洲反恐公约》(1977年)、《北美自由贸易协定》(1994年)、《禁止资助恐怖主义的国际公约》(1999年)、《欧洲刑事互助公约》(1959年)、《联合国海洋法公约》(1982年)、《消除一切歧视妇女的行为的公约》(1979年)、《保护所有移民劳工及其家庭成员权利的国际公约》(1990年)、《制止危害海上航行安排非法行为的公约》(1988年)、《欧盟与美国之间的引渡协定》(2003年)、《维也纳领事关系公约》(1963年)、《芝加哥国际民用航空协定》(1944年)、《欧洲理事会反恐公约》(2005年)、《联合国打击跨国有组织犯罪的公约及议定书》(2000年)、《多边税收征管互助公约》(1988年)、《加勒比共同体税收协定》(1994年)、《濒危野生动植物种国际贸易公约》(1973年)、《北欧税收协助协定》(1989年)、《联合国气候变换框架公约》(1992年)、《南亚区域合作联盟关于避免双重征税和税务互助的有限多边协定》(2005年)、《关于禁止使用、储存、生产和转让杀伤性地雷和销毁杀伤性地雷的公约》(1997年)、《关税与贸易总协定》(1947年)、《关于工资和工时统计的第63号国际劳工公约》(1938年)、《防止船舶污染公约》(1973年)、《国际刑事法院规约》(1998年)、《网络犯罪公约》(2001年)、《关于调停、司法解决和仲裁的总法案》(1928年)、《修订后的国际劳工组织关于收费就业中介机构的第96号公约》(1949年)、《关于最低社会保障的第102号公约》(1952年)、《欧洲社会宪章》(1961年)、《区域性或少数民族语言的欧洲宪章》(1992年)、《贸易便利化协定》(2013年)、《承认与执行扶养义务判决的海牙公约》(1973年)、《能源宪章条约》(1994年)、《公民权利和政治权利国际公约》(1996年)、《欧洲保护人权和基本自由公约》(1950年)、《公民权利和政治权利国际公约的第2可选议定书(旨在废除死刑)》(1989年)、《关于涉及儿童的武装冲突中的儿童权利的国际公约的可选议定书》(2000年)、《环境事项公民信息获取、公民参与决策和司法公正公约》(1998年)、《避免版权收入双重征税的多边公约》(1979年)。

[2] 这些具体问题包括:多边工具和双边税收协定的关系;多边工具缔约方与第三方的关系;多边工具的生效;确保多边工具解释和适用的一致性;多边工具的修改程序。

[3] 参见多边工具报告第29—53页。

[4] 其中包括我国和我国的香港特别行政区。参见OECD网站:http://www.oecd.org/tax/treaties/multilateral-instrument-for-beps-tax-treaty-measures-the-ad-hoc-group.htm,2018年1月26日最后访问。

缔约方进行选定并列出。公约对把关于 BEPS 行动计划 2、6、7、13 和 14 的最终报告的相关内容纳入，用以修订适用协定。在一些修订内容方面，公约也给出了几种选择方案供缔约方采用。① 如果缔约方的适用协定在满足最低标准方面有多种可供选择的方法，公约并不设定优先采用的方法。② 在修订的技术方法方面，公约有这样几种做法：一是公约条款替代适用协定的条款（如果适用协定没有与公约相对应的条款则公约不适用）；二是公约条款修改适用协定的条款；三是公约条款适用于没有相对应条款的适用协定；四是不论适用协定有无与公约相对应的条款，公约条款都适用。③

此外，OECD 在 2017 年 11 月底也更新了 2017 年税收协定范本，将 BEPS 项目的最终成果的相关内容也纳入其中。④

第三节　BEPS 行动计划对区域贸易安排的意义

BEPS 行动计划是近年来国际社会在完善国际税收规则和强化国际税收合作方面的重大举措。BEPS 行动计划如能最终得以落实，将对现行国际税收体系产生重大影响，对区域贸易安排如何应对区域内的 BEPS 问题也具有意义。

一、多边税收合作机制能够为区域贸易安排应对 BEPS 问题提供支持

现行国际税收体制是发达国家主导的。不过，在 G20 的政治推动

---

① 比如，在防范人为规避常设机构方面，公约第 13 条给出了两种方案。
② Explanatory Statement to the Multilateral Convention to Implement Tax Treaty Related Measures to Prevent BEPS, p. 3.
③ Ibid., p. 6.
④ 2017 年范本将名称修改为 "Convention between (State A) and (State B) for the Elimination of Double Taxation with respect to Taxes on Income and on Capital and the Prevention of Tax Evasion and Avoidance"，将 BEPS 关于第 2、6、7、14 项行动计划最终报告中的与税收协定有关的内容以及之前关于非 BEPS 项目内容的修改建议纳入，对第 1、3、4、5、6、8、10、13、15、22、23、25 条等及相关注释进行了修订，增加了新的第 29 条（标题为 Entitlement to Benefits，其内容为 LOB 条款）。有关说明参见 OECD 网站：OECD Council approves the 2017 update to the OECD Model Tax Convention, at http://www.oecd.org/tax/treaties/oecd-approves-2017-update-model-tax-convention.htm。

下,包括金砖国家和新兴市场经济体在内的发展中国家也参与了 BEPS 行动计划,可以说是全球性的多边税收合作。因此,在传统的以双边为主的国际税收机制的基础上,将出现多边的税收合作机制。《多边税收征管互助公约》在税收情报交换等方面已经提供了多边法律基础。通过多边工具修订现行双边税收协定也将更有利于应对 BEPS 问题。区域贸易安排无法与全球经济割裂开来。全球范围内的 BEPS 问题也可能存在于区域贸易安排之中。欧盟委员会的一份文件中指出:根据国际货币基金组织的统计,全球 90% 的需求产生在欧盟之外,这是欧盟通过谈判自由贸易协定来为欧盟的商业提供更多市场准入机遇的重要原因。如果欧盟完成了相关谈判,将为欧盟的 GDP 带来 2.2% 的增长,这相当于欧盟增加了一个奥地利或丹麦那样经济规模的成员国。[1] 如果缺乏全球性的公平和良好的税收环境,区域贸易安排自身也难以应对 BEPS 问题。因此,纳入 BEPS 最终报告并推动其在全球范围的实施对于区域贸易安排也同样重要。全球的多边税收机制所营造的共同标准和公平竞争环境也有助于减少区域贸易安排由于经济开放而带来的税基侵蚀。

以欧盟为例。在欧盟委员会看来,一个健康的单一市场需要公平和有效的所得税制,纳税人应当在其利润产生的地点纳税。纳税人的避税安排违背了这一原则,也对单一市场造成了扭曲。不从事避税安排的纳税人则处于不利的竞争地位,相关成员国也遭受了税收损失。[2] 因此,2016 年 7 月 12 日,欧盟部长理事会通过了反避税指令。[3] 反避税指令适用于在一个或几个成员国负有公司税纳税义务的所有纳税人,包括作为第三国税法居民的实体在一个或几个成员国设立的常设机构。反避税指令建立了欧盟层面的利息扣除反避税规则、离境税规则、受控外国公司规则和混合错配反避税规则以及一般反避税规则(GAAR)。利息扣除反避

---

[1] European Commission Memo, 3 December 2013, at http://trade.ec.europa.eu/doclib/docs/2012/november/tradoc_150129.pdf, 2018 年 1 月 28 日最后访问。

[2] European Commission, Communication from the Commission to the European Parliament and the Council: Anti-Tax Avoidance Package: Next Steps towards Delivering Effective Taxation and Greater Tax Transparency in the EU, SWD (2016) 6 final.

[3] Council Directive (EU) 2016/1164 of 12 July 2016 Laying Down Rules against Tax Avoidance Practices that Directly Affect the Functioning of the Internal Market. 欧盟于 2017 年 5 月对该指令进行了修订,将其适用于涉及第三国的混合错配。参见 Council Directive (EU) 2017/952 of 29 May 2017 amending Directive (EU) 2016/1164 as regards hybrid mismatches with third countries。

税规则,旨在控制纳税人在一个年度内可用于税前扣除的利息数额,超过部分将不予以扣除。离境税规则是为了防止纳税人准备迁出营业地时通过居民身份的转变或把资产转移到低税国等方式来规避迁出地的税收。反避税指令在欧盟层面建立受控外国公司规则的原理与国内法中的规则类似,但在受控外国公司的界定标准和利润归属方面有欧盟层面的统一要求。在混合错配方面,反避税指令规定,如果一个混合错配安排将导致双重扣除的话,则只能由支付所在的成员国进行扣除;如果一个混合错配将导致扣除/免税的话,支付人所在的成员国应拒绝给予扣除。就一般反避税规则而言,成员国在核定纳税人的公司所得税税负时,可以忽略纳税人的相关交易安排,如果这些安排的主要目的或主要目的之一是为了获取不符合相关税法目的的税收利益,或者说这样的交易缺乏真实的商业目的。就欧盟反避税指令的上述措施来讲,一方面是将成员国国内法中业已采用的一些反避税规则提升到欧盟层面并设立欧盟标准①,另一方面则是纳入了 BEPS 行动计划最终成果的相关建议。

二、区域贸易安排和多边机制在提高税收情报交换标准方面也能够相辅相成

税收情报交换机制最初规定在双边税收协定的一个条款之中,目前的趋势则是在税收协定之外构建专门的税收情报交换机制。就税收情报交换方式而言,有应请求交换(exchange of information on request)、自发交换(spontaneous exchange of information)和自动交换(automatic exchange of information)等多种方式。不过,在当今的时代背景下,自动情报交换更加重要。

(一) 自动情报交换的作用

应请求交换是最常见的税收情报交换方式,即指被请求方向请求方提供其要求的针对特定案件的情报。不过,应请求交换的情报仍应当与"缔约国双方主管当局为实施税收协定和国内税收法律可预见相关"。

---

① 欧盟的 26 个成员国都有一般反避税规则和特殊反避税规则。参见 European Commission, Commission Staff Working Document Accompanying the document Communication from the Commission to the European Parliament and the Council -Anti Tax Avoidance Package: Next Steps towards Delivering Effective Taxation and Greater Tax Transparency in the EU, COM (2016) 23 final.

自发交换是一国将其获得的涉及其他缔约方利益的纳税人的情报主动提供给其他缔约方。自发交换的情报往往是提供方当局在调查和审计过程中发现的,而且也无需其他缔约方提出请求。一般来说,一国在下列情况下可进行自发情报交换:该国有理由认为其他缔约方会遭受税收损失;纳税人在该国取得税收减免将导致在另一缔约方税负的增加;两国纳税人之间的交易可能导致他们在相关国家税负的减轻;该国有理由相信纳税人税负的减轻是基于关联企业之间的人为的利润转移;该国提供的信息有助于另一方核定纳税人的义务。[1] 不过,这种情报交换方式很大程度上依赖于情报提供方,而且不具有时间上的确定性。

自动情报交换是指一国税务机关(通常为来源国)将取得的相关税收情报(比如金融机构支付给境外非居民的股息、利息、特许权使用费等)定期提供给纳税人的居民国缔约国。自动情报交换也可用来传送纳税人居民身份的改变、不动产的购买或处分、增值税退税等情报。因此,纳税人的居民国能够根据相关情报核定纳税人关于境外所得的申报是否准确。[2] 在这种方式下,居民国能够定期获得来源国关于纳税人关于各类收入的海量信息,而无需专门提出请求。与自发交换相比,虽然自动情报交换方式下居民国取得的情报也依赖于来源地国收集情报的能力,但提供的时间是相对固定和有预期的。因此,自动情报交换也称为例行或常规情报交换(routine exchange of information)。

居民国通过自动交换方式取得的情报通常是以数字化方式表现的,居民国可以将其并入本国的数据库来自动对纳税人的所得进行匹配与核对,从而大大节省了信息处理的成本,有助于居民国的税收核定。比如,挪威 2009 年根据自动交换方式取得的情报对达到特定标准的纳税人的所得税申报进行了审计,发现了高达 38.7% 的审计案件中没有纳税人申报应在挪威纳税的境外所得。[3] 因此,自动情报交换对于应对纳税人通过离岸方式逃税或避税具有重要作用,也能够促进纳税人对税法的自愿遵守。

---

[1] 参见《多边税收征管互助公约》第 7 条第 1 款。
[2] OECD, Automatic Exchange of Information: What It Is, How It Works, Benefits, What Remains to Be Done, p. 7.
[3] Ibid., p. 20.

(二) 自动情报交换的法律实践

双边税收协定中的税收情报交换条款、专门的税收情报交换协议和多边公约(比如《多边税收征管互助公约》)都可作为税收情报交换机制的法律基础。不过,上述机制并没有就自动情报交换的具体机制作细致的规定。① 尽管 BEPS 行动计划并没有将构建多边的自动情报交换机制作为一个单独的议题,但 OECD 已根据国际社会的实践制定出了金融账户情报自动交换的标准。在自动情报交换的实践中,美国的《海外账户纳税法案》(FATCA)以及为实施 FATCA 的双边协定和欧盟的区域机制为 OECD 标准的出台提供了基础。

1. 美国的 FATCA 以及为实施 FATCA 的双边协定

2010 年 3 月 18 日,美国国会通过的《就业重整激励法案》(Hiring Incentives to Restore Employment)为美国《税法典》(Internal Revenue Code)增加了新的第 1471—1474 节②,也就是所说的 FATCA。FATCA 的核心是:外国金融机构必须每年向美国税务当局披露其美国客户的账户信息,否则该外国金融机构来源于美国的投资所得将被征收 30% 的预提税。美国出台 FATCA 的一个主要因素是 2008 年的金融危机。瑞银集团(Union Bank of Switzerland,UBS)案则打开了瑞士银行保密的盖子,为美国颁布 FATCA 提供了动力。③

不过,FATCA 引发了美国法是否侵犯了其他国家税收主权的讨论。在美国学者看来,瑞士有选择优惠税制和严格银行保密的主权。如果瑞士希望通过银行保密来吸引来自世界各地的逃税者,这也是其主权范围

---

① 比如,OECD 范本第 26 条并没有明确自动交换的具体做法,只是在范本注释中进行了简单的说明。OECD 的税收情报交换协议范本只规定了应请求交换,没有涉及自动情报交换,尽管其注释说明缔约方可以进行补充。《多边税收征管互助公约》第 6 条虽然规定了缔约方可通过相互协商来实施自动情报交换,但也没有具体的机制。

② TITLE V, Subtitle A-Foreign Account Tax Compliance.

③ 2008 年 6 月,美国司法部和税务局在美国法院起诉 UBS,要求获得在 UBS 开户的美国纳税人的信息。UBS 承认为美国纳税人隐藏离岸账户和所得。该案最终以瑞士政府和美国政府在 2009 年 8 月 19 日达成协议的方式解决(Agreement between the Swiss Confederation and the United States of America on the Request for Information from the Internal Revenue Service of the United States of America Regarding UBS AG, a Corporation Established Under the Laws of the Swiss Confederation)。瑞士政府和 UBS 同意披露 4450 个在 UBS 开户的美国纳税人的信息。该协议文本可在 http://www.irs.gov/pub/irs-drop/us-swiss_government_agreement.pdf 获取。

内的事情。美国也有主权通过 FATCA 来保护自己的税基并采取反制措施。① 从这点来讲,美国的立法宗旨无可厚非。不过,美国在国内法中为境外非居民设定义务仍值得商榷。美国以其国内法来要求其他国家,这与国际法的基本原则相悖。具有公法特征的一国税法没有域外效力,一国也没有义务适用其他国家的税法或为其他国家征税。② 因此,一国的税法尽管可以约束本国居民,但不能为其他国家的居民施加义务,除非其他国家居民在该国有商业活动和所得。如果美国要求其他国家也采用美国的立法标准,应当通过将国内法写入条约并成为条约内容的做法。即使是国际条约,也不能为非缔约国设立义务。另一方面,FATCA 实际上使境外非居民成为了美国的税收代理人(tax agents),而这是为了便于美国对其国民的海外所得征税。不过,境外非居民需要遵守本国法律,如果非居民所在国法律与美国法律不一致,该非居民实际上也无法遵守。如果每个国家都采取美国的做法要求其他国家的金融机构遵守自己的税法,在操作层面也无法执行,因为这将导致一国的金融机构同时遵守若干个国家法律的要求。事实上,由非居民所在国对本国居民提出要求并根据该国国内法来取得相关情报并通过国际协定的情报交换机制来实现更为可行。因此,在 FATCA 出台后,美国也开始与相关国家签订专门的协定来实施 FATCA。2012 年 7 月,美国开始颁布相关协定范本(Agreement Between the Government of the United States of America and the Government of [FATCA Partner] to Improve International Tax Compliance and to Implement FATCA)。③ 2012 年 9 月,美国和英国以范本为基础签订了实施 FATCA 的协定。该协定前言承认 FATCA 引发了一些问题,包括英国金融机构由于国内法的限制而不能遵从 FATCA 的相关规定。该协定第 2 条规定缔约国双方应取得相关情报并以自动交

---

① J. Richard (Dick) Harvey, Jr., FATCA-A Report from the Front Lines, Tax Notes, August, 2012, at http://ssrn.com/abstract=2122491.

② John H. Jackson, *Legal Problems of International Economic Relations*, 2nd edition, West Publishing Co., 1986, p. 869.

③ 美国的范本有两类:缔约方对等交换情报的范本和只有缔约另一方非对等地向美国提供情报的范本。这些范本又基于缔约方和美国是否存在税收协定、税收情报交换协定或是否为《多边税收征管互助公约》的缔约方而有不同的类别。在 2012 年 7 月开始公布范本后,美国也在继续完善。有关美国范本的情况,参见美国财政部网站:http://www.treasury.gov/resource-center/tax-policy/treaties/Pages/FATCA.aspx。

换的方式进行情报交换。该协定第 3 条也明确,美国和英国取得相关情报分别根据自己的国内税法进行。该协定第 4 条也规定了英国金融机构视为遵守了美国 FATCA 的条件,比如向英国税务当局按照协定要求提供情报。

2. 欧盟的指令

早在 1977 年,欧盟就制定了直接税相互协助指令[①],确立了成员国之间的税收情报交换机制,其中就包括自动交换方式。不过,1977 年的指令并没有确立适用于所有成员国的自动情报交换机制,准备实施自动情报交换的相关成员国需要进一步的磋商。[②] 2011 年 2 月,欧盟通过了税收领域合作指令,同时废止了 1977 年的直接税相互协助指令。[③] 税收领域合作指令确立了强制性的自动情报交换机制。自 2014 年 1 月 1 日起,每个成员国的税收当局应向其他成员国自动交换其取得的其他成员国居民如下所得的情报:雇佣劳务所得;董事费;欧盟其他关于情报交换的法律文件所不包含的人寿保险产品所得;退休金;不动产所有权和不动产所得。自动交换的情报至少每年提供一次。[④] 不过,股息、利息、特许权使用费的情报不在自动交换之列。

本书第四章曾提及了欧盟 2003 年 6 月的储蓄利息税收指令。[⑤] 该指令要求成员国的金融机构将其他成员国受益人的账号和储蓄利息等情报提交给该金融机构所在的成员国税务当局,该税务当局通过自动交换的方式将情报提供给受益人为居民的其他成员国税收当局,至少每年提供一次。[⑥] 但是,储蓄利息税收指令只适用于欧盟成员国,且限于储蓄利息。另外,该指令还对有国内银行保密法的成员国(比利时、卢森堡和奥地利)做出了例外规定,即它们可不采用自动情报交换方式,而是可采用

---

① Council Directive 77/799/EEC of 19 December 1977 concerning Mutual Assistance by the Competent Authorities of the Member States in the Field of Direct Taxation.

② 参见直接税相互协助指令第 3 条和第 9 条。

③ Council Directive 2011/16/EU of 15 February 2011 in Administrative Cooperation in the Field of Taxation and Repealing Directive 77/799/EC.

④ 参见税收领域合作指令第 8 条。根据该指令第 29 条的过渡期安排,成员国应使其为履行指令义务的国内法自 2013 年 1 月 1 日生效,但履行第 8 条自动交换义务的国内法可自 2015 年 1 月 1 日生效。

⑤ Council Directive 2003/48/EC of 3 June 2003 on Taxation of Savings Income in the Form of Interest Payments.

⑥ 参见储蓄利息税收指令第 8 条和第 9 条。

预提税方式。储蓄利息税收指令中的预提税方式是指:比利时、卢森堡和奥地利可对本国金融机构支付给其他成员国受益人的利息所得征收一定比例的预提税,并将取得的税款的75%转交受益人为居民的其他成员国。① 因此,储蓄利息税收指令下的预提税方案与FACTA为处罚外国金融机构而征收的预提税不同。储蓄利息税收指令下的预提税方案使得比利时等成员国得以维持银行保密法,而无需向其他成员国披露客户信息。

就自动情报交换和欧盟指令的预提税方案进行比较的话,理论上讲更应当采取自动情报交换机制。从课税的角度讲,预提税方案似乎优于自动情报交换机制,因为预提税方案能够使居民国直接获得纳税人境外所得的税款,而居民国通过自动交换方式取得情报后仍存在向其居民课税的程序。但是,预提税方案下居民国仍然无法获得本国居民在境外所得和财产的情报(比如产生利息所得的本金)。

以欧盟储蓄利息税收指令为例,一方面其适用范围狭窄;另一方面也容易为纳税人所规避。② 采用预提税还会造成税收执法标准不统一,可能对没有境外所得的纳税人不公。③ 从实践中看,在美国的瑞银集团案后,瑞士和英国、德国也达成了税务合作协议,采用了预提税方案而非自动情报交换方式。但是,德国联邦议会并没有批准该协议。④

3. OECD关于金融账户情报自动交换的标准

OECD 2012年关于自动情报交换的报告总结了有效的自动交换机制需要具备下列特征:(1)在情报汇集、相关当事人披露情报的尽职责任

---

① 参见储蓄利息税收指令第10—12条。
② 比如将利息改变为其他类型的所得从而不适用指令。
③ 有关这方面的详细论述,可参见 Luzius U. Cavelti, "Automatic Information Exchange versus the Withholding Tax Regime Globalization and Increasing Sovereignty Conflicts in International Taxation", *World Tax Journal*, June 2013. At http://ssrn.com/abstract=2362498.
④ 以英国和瑞士2011年10月6日的税务合作协议(Agreement between the Swiss Confederation and the United Kingdom of Great Britain and Northern Ireland on Cooperation in the Area of Taxation)为例,其主要内容为:英国居民在2013年1月1日前的未向英国缴纳的税收,将通过瑞士金融机构一次性扣缴预提税的方法解决;英国居民2013年1月1日后来源于瑞士的所得,由瑞士金融机构征收预提税;英国居民可选择允许其开户的瑞士金融机构向英国税务当局披露其账户信息的做法从而免除在瑞士被征收预提税。不过,该协议于2016年12月31日终止适用。参见 http://www.gov.uk/government/publications/uk-swiss-confederation-taxation-co-operation-agreement。

等方面采用共同申报准则(common reporting standard,CRS);(2)具备情报交换的法律基础和运行基础;(3)技术标准是共同或兼容的。① 2013年6月的八国集团领导人会议承诺要建立关于自动交换的新的全球标准。2013年9月,G20领导人峰会也批准了OECD提出的建立自动交换全球范本的建议并邀请OECD与G20合作以制定新的全球统一标准。2014年,OECD推出了金融账户涉税信息自动交换标准(Standard for Automatic Exchange of Financial Account Information in Tax Matters),并提供了金融账户涉税信息自动交换多边主管当局间协议文本(Multilateral Competent Authority Agreement on Automatic Exchange of Financial Account Information)和金融账户情报报告和审慎的共同申报准则(Common Standard on Reporting and Due Diligence for Financial Account Information)。共同申报准则提出了如下要求②:披露的金融账户情报包括多种类型的投资所得(如利息、股息)以及账户余额;有披露义务的金融机构包括银行、经纪人、特定集合投资工具和保险公司等。应披露的账户包括个人和实体(如信托和基金)持有的账户。共同申报准则还包括金融机构在确认应披露的账户时所遵循的尽职程序(due diligence procedure)。③

OECD标准的出台,有望在全球范围内建立税收情报交换的共同标准,这也能够避免不同标准的混乱和降低金融机构以及纳税人遵从税法的成本。共同申报准则在很大程度上受到了美国FATCA的影响。④ 美国为了实施已与多个国家和地区签署了实施FATCA的协议。⑤ 这已经在事实上形成了税收情报自动交换的多边网络。客观上讲,美国对于FATCA的推动是以美国的强大实力和威胁对外国金融机构关闭其进入美国金融市场为支持的。由OECD提出相关标准并全球化,也将促使国

---

① OECD, Standard for Automatic Exchange of Financial Account Information: Common Reporting Standard, 2nd edition, p. 11.

② Ibid., p. 12.

③ 比如:金融机构已知或有理由相信相关纳税人的文件或证明并不准确或可信时应不予以采用;金融机构在确定公司等实体的账户余额时要考虑该实体关联企业的账户情况等。

④ OECD, Standard for Automatic Exchange of Financial Account Information: Common Reporting Standard, 2nd edition, p. 9.

⑤ 具体信息参见美国财政部网站:http://www.treasury.gov/resource-center/tax-policy/treaties/Pages/FATCA-Archive.aspx。

际税收合作能够在多边的平台上进行。事实上,欧盟在 2014 年 12 月也根据金融账户涉税信息自动交换标准修订了 2011/16 号指令,纳入了金融涉税信息的自动情报交换机制。第 2011/16 号指令也鼓励成员国建立与第三国的税收情报交换和合作机制,其第 19 条还有类似于最惠国待遇条款的规定,当成员国与第三国建立了更为广泛的税收合作机制时,不应拒绝另一成员国提出的与其建立同样的合作机制的要求。欧盟已与欧洲的非欧盟成员国(如瑞士等)订立了关于金融账户交换的协议。2015 年 1 月,欧盟的第 2015/2060 号指令规定储蓄利息指令自 2016 年 1 月 1 日起失效。欧盟 2015 年 12 月的第 2015/2376 号指令通过修订第 2011/16 号指令将自动情报交换进一步扩展适用于成员国给予纳税人的预先税收裁定或预约定价。2016 年 5 月,欧盟的第 2016/881 号指令再次修订第 2011/16 号指令,将跨国公司集团的国别报告也纳入了自动情报交换的范围。截止到 2018 年 1 月 15 日,已有 98 个国家和地区签署了金融账户涉税信息自动交换多边主管当局间协议。[1]

三、区域贸易安排的税收协调也可为全球实践提供路径的试验

对于如何界定税收协调(tax harmonization),理论上并没有统一的观点。一篇文献总结了相关观点,比如[2]:荷兰国际财政文献局(International Bureau of Fiscal Documentation,IBFD)的国际税收词汇表(International Tax Glossary)中将税收协调定义为[3]:消除各国或地区税制的差异或使得这些差异能够彼此兼容;美国学者 Peggy Musgrave 将税收协调定义为"调整各国税制以符合一系列共同经济目标的过程";美国学者 Krugman 和 Baldwin 则认为最直接的税收协调方式为各国采用共同税率。

尽管这些观点并不相同,其基础理念都在于税收协调与经济一体化

---

[1] 参见 OECD 网站:http://www.oecd.org/tax/automatic-exchange/international-framework-for-the-crs/MCAA-Signatories.pdf,2018 年 1 月 28 日最后访问。

[2] Fernando Velayos, Alberto Barreix, and Luiz Villela, "Regional Integration and Tax Harmonization", in *Taxation and Latin American Integration*, edited by Vito Tanzi, Alberto Barreix, and Luiz Villela, Inter-America Development Bank, 2008, p. 81.

[3] 荷兰国际财政文献局成立于 1938 年,为世界一百五十多个国家的税务咨询公司、跨国企业、国际组织、财政部、税务局、高等院校和税务工作者提供信息支持。参见其中文网站为:http://www.ibfd.cn。

的目标和水平相关。从区域贸易安排和一体化的实践来看,税收协调的做法和程度也是存在差异的。比如,以建立关税同盟为目标的区域贸易安排,在间接税领域就需要建立具有法律约束力的共同对外关税税则(比如欧盟和南方共同市场);而在所得税领域,区域贸易安排也会通过制定共同的政策。如第四章所述,修改1998年建立加勒比共同体条约的议定书要求成员国应协调针对工业、农业和服务业的投资激励措施。

就所得税而言,其协调难度要远远大于间接税。建立关税同盟的区域贸易安排制定共同关税税则是有条约和机构支持的。在所得税领域,区域贸易安排的成员则不会把这方面的所得税主权交出。另外,所得税协调也与区域一体化的进程和实际效果有关。比如,安第斯共同体成员间的内部贸易和投资远远低于欧盟的水平,安第斯共同体关于税收协定的第40号决定缺乏实践意义。[①] 因此,在区域贸易安排的所得税协调方面,只有欧盟走在了前面。

不过,抛开区域贸易安排的特性,区域贸易安排的实践对于在全球范围内应的税收协调也有推动作用,或者提供一种路径的试验。早在1992年,鲁丁委员会向欧盟委员会所做的报告(the Ruding Committee Report)就指出:成员国税收差异导致了内部市场的扭曲,并建议:消除跨境所得双重征税;协调成员国的公司税;限制过度的税收竞争并使成员国税收激励措施更具透明度。[②] 因此,BEPS行动计划的相关问题与区域贸易安排的税收协调是存在共同之处的。

以应对有害税收竞争为例,欧盟委员会曾于1997年通过了一个商业税收行为守则(Code of Conduct on Business Taxation)。成员国表示不采取新的有害的税收措施,并审查现行立法并修改相关有害措施。欧盟部长理事会还成立了一个守则小组(Code of Conduct Group)来负责评估成员国的税收措施。为评估某项税收措施是否是"有害的",守则提出了下列标准:税收优惠只给予非居民或非居民从事的交易;税收优惠与国内市场隔离;给予税收优惠时不考虑是否具有真实经济实质;核定跨国公

[①] Fernando Velayos, Alberto Barreix, and Luiz Villela, "Regional Integration and Tax Harmonization", in *Taxation and Latin American Integration*, edited by Vito Tanzi, Alberto Barreix, and Luiz Villela, Inter-America Development Bank, 2008, pp. 97—98.

[②] Ben J. M. Terra & Peter J. Wattel, *European Tax Law*, 6th edition, Kluwe Law International, 2012, pp. 198—199.

司利润时背离国际普遍接受的原则;税收优惠措施缺乏透明度。这些标准与OECD 1998年应对有害税收竞争的报告中的标准是类似的。事实上,欧盟的多数成员国同时也是OECD的成员国。[①] OECD和欧盟应对有害税收竞争的实践也是相辅相成的。

再以征税互助为例。《多边税收征管互助公约》建立了国际税收合作的多边框架。从其内容来讲,除了税收情报交换,该公约还涉及征税协助和文书送达等方面的合作。[②] 就应对BEPS而言,各国通过税收情报交换取得纳税人的相关信息后,如果需要对位于境外的纳税人或纳税人位于境外的所得或财产征税,也需要相关国家的协助,因为根据国际法原则,一国没有义务承认其他国家的税法并为之征税。因此,征税协助需要建立在相关国际法律机制上,比如双边税收协定的征税协助条款和《多边税收征管互助公约》。[③] 不过,公约允许缔约方在征税协助和文书等方面提出保留。[④] 在这方面,欧盟制定了专门的征税互助指令。[⑤] 该指令将征税协助的税种范围扩大到所有成员国征收的税种(不限于所得税)。该指令除了规定提出被请求提供征税协助的成员国应当向请求国提出相关税收情报外[⑥],还就一个成员国如何要求另一成员国提供征税协助以及被请求方如何进行协助(包括成本、语言和通讯的标准格式等技术性问题)做

[①] 比如,在1997年欧盟提出守则时,当时的15个成员国(奥地利、比利时、丹麦、芬兰、法国、德国、希腊、爱尔兰、意大利、卢森堡、荷兰、葡萄牙、西班牙、瑞典和英国)都是OECD的成员国。目前,后来入盟的捷克、爱沙尼亚、匈牙利、波兰、斯洛伐克和斯洛文尼亚也是OECD的成员国。

[②] 参见公约第11—17条。

[③] OECD范本第27条是关于征税协助的。

[④] 参见公约第30条。

[⑤] Council Directive 2010/24/EU of 16 March 2010 Concerning Mutual Assistance for the Recovery of Claims Relating to Taxes, Duties and Other Measures。欧盟征税协助的机制起源于1976年的一个指令(Council Directive 76/308/EEC of 15 March 1976 on Mutual Assistance for the Recovery of Claims Resulting from Operations Forming Part of the System of Financing the European Agricultural Guidance and Guarantee Fund, and of Agricultural Levies and Customs Duties)。1976年的指令随后经过修改而被2008年的征税互助指令所取代(Council Directive 2008/55/EC of 26 May 2008 on Mutual Assistance for the Recovery of Claims Relating to Certain Levies, Duties, Taxes and Other Measures)。2010年的征税互助指令则取代了2008年的指令。

[⑥] 这包括应请求交换和自发交换。参见指令第5—6条。此外,指令第7条还规定,请求方和被请求方可在协商一致的前提下,请求方的税务官员可在被请求方开展工作,包括协助被请求方税务当局在被请求方法庭的诉讼工作。

出了具体规定。① 与《多边税收征管互助公约》允许缔约方提出保留不同,欧盟指令是强制性地适用于所有成员国的。

再比如,BEPS行动计划第14项议题指出,为了减少各国通过相互协商程序处理与双边税收协定有关的争议所面临的问题(包括大多数税收协定缺乏仲裁条款以及某些情况下纳税人无法通过相互协商程序或仲裁程序处理争端),要建立更有效的税收争端解决机制。欧盟成员国之间的仲裁公约在这方面提供了范例。如果区域安排之间能够达成类似欧盟的仲裁公约,也有助于税收仲裁在全球范围的推广。

欧盟还通过对发展中国家提供援助和签订双边协定来推动欧盟的税收治理理念。欧盟委员会2009年的一份文件提出要与第三国一起推动税收领域的良好治理,并把第三国遵循税收良好治理与欧盟给予财政资助和进入欧盟市场的便利结合起来。② 欧盟委员会2010年专门出台了一份与发展中国家合作来促进税收治理的文件。③ 该文件指出了发展中国家在税收治理方面所面临的一些困难④,欧盟委员会提出要帮助发展中国家提高税收征管能力、增强国际税收合作。在2009年,欧盟委员会已经给予了1.17亿欧元的资助,包括支持发展中国家的公共财政管理和税收政策管理。

2012年欧盟与越南的全面伙伴与合作框架协定则是通过双边协定促进税收治理的例子。该协定第46条的标题为税收合作,规定缔约方将遵从税收良好治理,通过双边税收协定来实施透明度和情报交换。缔约方还同意加强在反对跨境逃税和有害税收竞争等方面的对话与合作。

结合国际税收的发展,欧盟2016年还更新了其与第三国之间的协定

---

① 参见2010年的征税互助指令第10—23条。
② European Commission, Communication from the Commission to the Council, the European Parliament and the European Economic and Social Committee, Promoting Good Governance in Tax Matters, COM(2009) 201 final.
③ European Commission, Communication from the Commission to the European Parliament, the Council and the European Economic and Social Committee, Tax and Development Cooperating with Developing Countries on Promoting Good Governance in Tax Matters, COM(2010)163 final.
④ 比如,当发展中国家要增加税收收入时,会受到法治水平不高和缺乏税收监管能力等国内因素的影响,而经济全球化增加了发展中国家实施国内税法的困难。发展中国家的一些税收激励措施往往并没有吸引能够促进其经济真实和持续发展的投资,而发展中国家与发达国家缺乏应对税收竞争的合作机制也对发展中国家的税收利益产生了负面影响。

中的税收良好治理的标准,包括:最低的核心标准——透明度、情报交换和公平税收竞争;OECD/G20 关于金融账户情报自动交换的标准;OECD/G20 的 BEPS 项目所确立的其他标准。[①]

欧盟的上述政策是服务于自身的利益的。不过,一个全球性的公平、有效的税收治理环境对于发展中国家维护税基也是有益的

此外,区域贸易安排还可为全球化下的税收协调提供切入点。

理论上讲,在经济全球化的背景下,各国所得税制度的协调不仅对于应对 BEPS,也对于消除跨境服务和投资等交易的壁垒具有重要意义。但是,由于并不存在超国家的立法机构,要在全球范围内实现这一目标显然不具有现实的可行性。双边税收协定和 BEPS 行动方案提出的建议仍属于传统的政府间税收合作的方式。如果要对各国税制进行协调,可能的路径仍是在区域层面。

以欧盟为例,欧盟已经在消除双重征税和税收差别待遇、建立情报交换和征税互助机制、应对税收竞争等方面取得了成就。此外,为了降低纳税人的税法合规成本和减少各国税法对内部市场的扭曲,欧盟委员会还提出了共同公司税税基(Common Consolidated Corporate Tax Base, CCCTB)和中小型企业根据母国税制计算应税所得(home state taxation)的方案。[②] 2011 年,欧盟委员会正式提出了关于共同公司税基指令的立法提案。[③]

关于共同公司税税基指令的立法提案的立法基础是《欧洲联盟运行条约》第 115 条。共同公司税税基的基本思路是允许在内部市场流动的公司能够根据一套规则来计算企业集团的全部所得,同时成员国保留确定适用税率的自主权。这一方面减少了母公司及其子公司要根据不同国家税法纳税的成本,也能够减少纳税人利用成员国税法差异通过转让定

[①] European Commission, Annexes to the Communication from the Commission to the European Parliament and the Council on an External Strategy for Effective Taxation, COM (2016) 24 final, Annexes 1to 2.

[②] 这两个建议都是欧盟委员会在其 COM(2001)582 号文件中首次提出的。参见 Communication from the Commission to the Council, the European Parliament and the Economic and Social Committee, Towards an Internal Market without tax obstacles: A Strategy for Providing Companies with a Consolidated Corporate Tax Base for Their EU-wide Activities,COM (2001) 582 final.

[③] European Commission, Proposal for a Council Directive on a Common Consolidated Corporate Tax Base (CCCTB), 2011/0058 (CNS).

价避税的空间。① 母国税制则是针对中小企业的。② 欧盟委员会建议成员国允许中小企业根据其母公司所在国或总机构所在国的税法计算应税所得。在此基础上,各成员国仍根据本国税率对公司来源于本国的所得征税。因此,母国税制与共同公司税税基的主要区别在于小企业的税基是根据既有的一个成员国的税法来计算。对于成员国来讲,实际上在自愿的基础上相互承认对方的税法规则。③

不过,对各国税制的协调无疑是困难的。欧盟委员会提出的共同公司税税基和母国税制方案并没有取得积极进展。也有观点认为欧盟委员会应改变立法提案的思路,寻求在部分成员国先采用共同税基方案,也是一个选择。④

但是,在2016年10月底,欧盟委员会再次提出了雄心勃勃的公司税改革方案,包括:(1)重新启动CCCTB,并提出了新的指令提案⑤;(2)提出了制定欧盟内部税收争端解决机制的指令提案⑥;(3)将反避税指令关于混合错配的规则扩展适用于与第三国的交易。

因此,不论是区域贸易安排还是多边税收体制,在所得税制度的协调方面,除了通过有约束力的条约或协定之外,还需要运用其他方式。在经济全球化的背景下,一国对于通过有约束力的国际协定来限制税收主权也是非常谨慎的。经济全球化在使一国经济获益的同时,也带来了新的问题。一国经济政策可能无法保持自主,其发展要受制于其他国家的政策和全球经济情势,还可能受到外部危机的冲击。因此,保留税收主权来发展、稳定和复苏经济就越发重要。以欧盟为例,欧元区成员国失去了以

---

① European Commission, Proposal for a Council Directive on a Common Consolidated Corporate Tax Base (CCCTB), 2011/0058 (CNS), pp. 4—6.

② 中小企业的界定标准是:人员少于250人,营业额不高于5000万欧元。

③ 参见欧盟委员会的说明,检索自 http://ec.europa.eu/taxation_customs/taxation/company_tax/initiatives_small_business/home_state_taxation/index_en.htm,2017年5月10日访问。

④ Christiana Hji Panayi, *European Union Corporate Tax Law*, Cambridge University Press, 2013, pp. 82—84.

⑤ 欧盟委员会将CCCTB的重新启动设定了两步走的方案,并提出了两个指令提案:Proposal for a Council Directive on a Common Corporate Tax Base 以及 Proposal for a Council Directive on a Common Consolidated Corporate Tax Base (CCCTB). 欧盟委员会的设想是:成员国先就公共税基达成共识,通过共同指令,再谈判通过共同合并税基指令。

⑥ Proposal for a Council Directive on Double Taxation Dispute Resolution Mechanisms in the European Union, SWD (2016) 343 final.

汇率和利率政策调整经济的权限,税收政策就成为了这些国家吸引资金和改善竞争条件的主要手段。在这样的情况下,以"软法"等其他工具来促进各国的税收协调也是一个现实的选择。欧盟委员会也通过发布所得税领域的"建议"(Recommendations)或"通讯"(Communications)来表达其观点。尽管这些文件没有法律约束力,但也可能对欧盟法院的判决产生影响。[1] 就多边税收机制而言,发达国家和发展中国家在应对 BEPS 等问题方面发布关于达成共识的文件,也能够为各国税制的协调或兼容提供指引。

小　　结

本章阐述了 BEPS 问题的产生和 BEPS 行动计划迄今所取得的进展。在经济全球化和区域一体化的背景下,BEPS 问题的解决需要发达国家和发展中国家的共同努力。以有害税收竞争为例,根据"囚徒困境"理论,要求任何一个国家单独主动放弃提供税收优惠,几乎是不可能的,除非其他国家都这样做。因此,不能指望国家采取单边行动来消除有害的税收竞争,只有通过国际协调的方式才可能予以解决。[2]

在经济全球化和区域一体化以及科技迅猛发展的时代背景下,源于 20 世纪 20 年代的由发达国家主导的国际税收规则也需要改变,特别是要重视发展中国家的利益。以数字经济为例,数字经济的发展促进了经济的繁荣,也对传统税法规则带来了挑战。一方面,企业可借助技术手段进行避税筹划,从而加剧了 BEPS 问题;另一方面,数字经济也带来了一些新的问题,比如企业在线远程销售通过下载即可交付的数字产品或服务将使得客户所在国无法基于传统的常设机构原则课税。这都造成了相关国家,特别是作为数字经济进口国的发展中国家的税收流失。因此,现行税法规则必须因时而变。随着发展中国家经济的发展,它们就国际税收规则的变革也更具发言权。

---

[1]　比如,欧盟委员会在关于非居民个人税收待遇通讯中的观点也为欧盟法院的相关判例所支持。参见 Ben J. M. Terra & Peter J. Wattel, *European Tax Law*, 6th edition, Kluwer Law International, 2012, p. 25—26.

[2]　参见蔡庆辉:《优惠税制国际协调与规制的法律实践及其发展趋势》,载《财政经济评论》2009 年第 2 期,第 138 页。

由于应对 BEPS 等问题也需要各国税法的完善,而且国内法之间也应更具有联动性和兼容性。比如,税收情报交换机制的有效实施仍然离不开各国的国内法。一方面,关于税收情报交换的国际协定在缔约国的适用涉及条约在国内法的地位和适用问题[①];另一方面,如何取得相关情报是各国税务当局根据国内法进行的。OECD 也指出共同申报准则(CRS)需要纳入国内法。欧盟的税收领域合作指令也要求成员国要确立实施自动情报交换的国内法。同时,税法的改变也不应增加纳税人的合规负担并注重对纳税人权利的保护。

还需要指出的是,应对 BEPS 问题而做出的税法变革的基本出发点应是进一步促进经济的发展,而非使税法规则成为阻碍国际经济活动的壁垒。

在对区域贸易安排的相关所得税问题进行研究的基础上,本书接下来将就我国的问题进行探讨。自 2001 年成为 WTO 的成员之后,我国也开始与相关经济体谈判和签署自由贸易协定,并将建立形成面向全球的高标准自由贸易区网络上升到国家战略政策的高度。因此,如何应对我国自由贸易区建设中的相关所得税问题也值得研究。

---

① 这方面各国的做法不尽相同,比如存在直接适用和转化的不同做法。

第六章 自由贸易区建设与所得税的国际协调:中国的视角

第一节 我国自由贸易区建设的现状

一、我国的自由贸易区战略

在 2001 年加入 WTO 之前,我国并没有把重心放在区域贸易安排方面。尽管我国曾与美国和当时的欧洲经济共同体分别于 1979 年和 1985 年签订了贸易协定,但这两个协定并不属于 GATT 体制下的自由贸易协定。① 我国也于 1991 年加入了亚太经合组织(APEC)。不过,APEC 是一个政府间的论坛,以自愿、非约束性和协商一致为运作的基础。② 在实践中,APEC 力求以磋商代替谈判,以承诺代替协定,尽量避免高度的机制化和强制性对成员形成约束。APEC 的运行模式在一定程度上使得集体行动陷入困境,因为要保障集体行动的效率,就必须由一个能够提供足够激励效果的实施契约或协议,或者强有力的监督机制。③

在国内法方面,我国 1994 年颁布的《对外贸易法》第 5 条只是提及了

---

① 中华人民共和国和美利坚合众国贸易关系协定(1979 年 7 月 7 日签订,1980 年 2 月 1 日生效);中华人民共和国和欧洲经济共同体贸易和经济合作协定(1985 年 5 月 21 日签订,1985 年 10 月 1 日生效)。中美协定第 2 条和中欧协定第 3 条都规定了相互给予类似于 1947 年 GATT 第 1 条的最惠国待遇。但是,这两个协定并不涉及关税减让承诺和市场准入等方面的内容。中美协定第 2 条第 5 款只是规定:"缔约双方同意,一方在贸易和劳务方面,特别是关税和非关税壁垒方面的减让,对方应给予满意的报答"。中欧协定第 5 条也规定:"中国对来自欧洲经济共同体的进口将给予有利的考虑;欧洲经济共同体对来自中国的进口将给予程度愈来愈高的自由化"。

② ADB, Institutions for Regional Integration: Toward an Asian Economic Community, 2010, p148.

③ 参见刘晨阳:《APEC 二十年:成就、挑战与未来》,载《南开学报(哲学社会科学版)》2010 年第 4 期,第 106 页。

"我国根据平等互利的原则促进和发展同其他国家和地区的贸易关系"。之所以如此,一个主要的原因是我国于 1986 年提出了恢复关贸总协定席位申请,主要目标是融入多边贸易体制。在未能如愿复关后,我国又致力于加入 WTO 的谈判。在这一过程中,我国谈判自由贸易协定可能不利于多边谈判,其他国家可能以我国在自由贸易协定的承诺作为多边谈判的基准。另一方面,20 世纪 80 年代和 90 年代的区域贸易安排主要是在地理接近的经济体之间,而我国所处的东亚地区在 1997—1998 年东南亚金融危机之前也缺乏建立区域经济合作机制的动力。①

不过,尽管在入世之前没有谈判自由贸易协定,这并不意味着我国没有考虑区域经济合作的问题。1996 年的《九五计划纲要》提出要"积极参与和维护全球多边贸易体系,发展双边和多边贸易"②。2001 年的《十五计划纲要》同样明确了要"积极参与多边贸易体系和国际区域经济合作"③。在我国入世前后,谈判自由贸易协定的国际时机也开始成熟。1997—1998 年的东南亚金融危机为东亚的区域经济合作提供了机遇。我国承诺人民币不贬值,也赢得了东亚国家(特别是东盟国家)的信赖。2000 年 11 月,我国时任总理朱镕基提出建立中国—东盟自贸区的设想,得到了东盟各国领导人的积极响应。经过双方的共同努力,2002 年 11 月 4 日,我国与东盟签署了《中国—东盟全面经济合作框架协议》。该框架协议确立了中国—东盟自由贸易区的基本架构,是建立自贸区的法律基础。④ 根据该框架协议,2010 年中国与东盟老成员建成自贸区,2015 年与东盟新成员建成自贸区。⑤

以中国—东盟自由贸易区为起点,我国开始加快与相关经济体谈判和

---

① 关于这方面的讨论,可参见 Henry Gao, "The RTA Strategy of China: A Critical Visit", in *Challenges to Multilateral Trade: the Impact of Bilateral, Preferential and Regional Agreements*, edited by Vai Io Lo and Laurence Boulle, Kluwer Law International, 2008, pp. 55—66 (electronic copy at http://ssrn.com/abstract=970891)。

② 参见《中华人民共和国国民经济和社会发展"九五"计划和 2010 年远景目标纲要》之八(扩大对外开放程度,提高对外开放水平)。

③ 参见《中华人民共和国国民经济和社会发展第十个五年计划纲要》第十七章(扩大对外开放,发展开放型经济)。

④ 商务部国际司:《朱镕基总理和东盟十国领导人共同签署了〈中国—东盟全面经济合作框架协议〉》(2002 年 11 月 4 日),检索自 http://fta.mofcom.gov.cn/article/chinadongmeng/dongmengnews/201504/21075_1.html, 2018 年 1 月 28 日最后访问。

⑤ 东盟的老成员是指文莱、印度尼西亚、马来西亚、菲律宾、新加坡和泰国。东盟新成员为:柬埔寨、老挝、缅甸和越南。

建设自由贸易区。我国 2004 年修订的《对外贸易法》的第 5 条也修改为："中华人民共和国根据平等互利的原则,促进和发展同其他国家和地区的贸易关系,缔结或者参加关税同盟协定、自由贸易区协定等区域经济贸易协定,参加区域经济组织"。2006 年的《十一五规划纲要》也进一步明确要"积极参与国际区域经济合作机制,加强对话与协商,发展与各国的双边、多边经贸合作"①。在 2007 年党的第十七次全国代表大会上,时任总书记胡锦涛在大会报告中提出要"实施自由贸易区战略,加强双边多边经贸合作"。这是我国首次将自由贸易区建设作为一个国家级战略提出来。② 2011 年的《十二五规划纲要》进一步重申要"加快实施自由贸易区战略,进一步加强与主要贸易伙伴的经济联系,深化同新兴市场国家和发展中国家的务实合作"③。党的第十八届中央委员会第三次全体会议于 2013 年 11 月 12 日通过的《关于全面深化改革若干重大问题的决定》也进一步明确了要"加快自由贸易区建设,形成面向全球的高标准自由贸易区网络"④。

我国将自由贸易区提升到战略高度,既是为了我国的经济发展,也与国际间区域贸易安排的蓬勃发展有关。在我国看来,自由贸易协定是进一步对外开放和加速国内改革的新平台,也是我国融入全球经济和加强与其他经济体经济合作的有效方式,也是对多边贸易体制的重要补充。⑤ 党的十九大报告也指出要以"一带一路"建设为重点,形成面向全球的贸易、投融资、生产、服务网络,促进自由贸易区建设,推动建设开放型世界经济。

二、自由贸易区建设的现状

我国将自由贸易区(简称"自贸区")界定为:两个或多个经济体,在 WTO 承诺的基础上,相互逐步取消绝大多数产品的关税和非关税措施,开放服务业和投资市场,实现贸易、投资的全面自由化。⑥ 迄今为止,除了中国—东盟自由贸易区外,我国还与马尔代夫、澳大利亚、瑞士、哥斯达黎加、新加坡、智利、格鲁吉亚、韩国、冰岛、秘鲁和新西兰签署了自由贸易

---

① 参见《中华人民共和国国民经济和社会发展第十一个五年规划纲要》第三十七章(积极开展国际经济合作)。
② 参见陈文敬:《我国自由贸易区战略及未来发展探析》,检索自 http://theory.people.com.cn/GB/49154/49155/8249093.html,2018 年 1 月 28 日最后访问。
③ 参见《中华人民共和国国民经济和社会发展第十二个五年规划纲要》第五十三章(积极参与全球经济治理和区域合作)。
④ 参见中共中央《关于全面深化改革若干重大问题的决定》之七(构建开放型经济新体制)。
⑤ 检索自 http://fta.mofcom.gov.cn/english/index.shtml,2018 年 1 月 28 日最后访问。
⑥ 参见商务部国际司:《中国—东盟自由贸易区知识手册》,2007 年 9 月,第 2 页。

区协定。我国内地还与香港和澳门签订了关于建立更紧密经贸关系的安排(CEPA)。这些协定均已经实施。① 我国还分别与东盟、智利完成了自贸区升级版的谈判并签署了协议。此外,我国还正在进行下列自贸区的谈判②,分别是:中国—海湾合作委员会(GCC)自贸区、中日韩自贸区、中国—挪威自贸区、中国—斯里兰卡自贸区、中国—以色列自贸区、中国—毛里求斯自贸区、中国—摩尔多瓦自贸区、中国—巴基斯坦自贸协定第二阶段谈判、中国—新加坡自贸协定升级谈判、中国—新西兰自贸协定升级谈判、《区域全面经济合作伙伴关系协定》(RCEP)③谈判。

以下是我国现行生效的自由贸易协定的汇总表。④

缔约方	协定名称	签订时间	生效时间	备注
东盟(文莱、柬埔寨、印度尼西亚、老挝、马来西亚、缅甸、菲律宾、新加坡、泰国、越南)	中华人民共和国政府与东南亚国家联盟成员国政府全面经济合作框架协议货物贸易协议	2004年11月29日	2005年1月1日	《中国—东盟全面经济合作框架协议》是三个协议的法律基础。我国与东盟于2015年11月22日签署了自贸区升级谈判成果文件:《关于修订〈中国—东盟全面经济合作框架协议〉及项下部分协议的议定书》。
	中华人民共和国政府与东南亚国家联盟成员国政府全面经济合作框架协议服务贸易协议	2007年1月14日	2007年7月1日	同上
	中华人民共和国政府与东南亚国家联盟成员国政府全面经济合作框架协议投资协议	2009年8月15日	2010年1月1日	同上。

---

① 此外,我国还加入了《亚太贸易协定》。《亚太贸易协定》前身为《曼谷协定》。《曼谷协定》签订于1975年,是在联合国亚太经济社会委员会(简称亚太经社会)主持下,在发展中国家之间达成的一项优惠贸易安排,现有成员国为中国、孟加拉、印度、老挝、韩国和斯里兰卡。2005年11月2日,在北京举行的《曼谷协定》第一届部长级理事会上,各成员国代表通过新协定文本,决定将《曼谷协定》更名为《亚太贸易协定》。参见中国自由贸易区服务网(http://fta.mofcom.gov.cn)。
② 参见中国自由贸易区服务网(http://fta.mofcom.gov.cn),2018年1月28日最后访问。
③ RECP的谈判方包括中国、东盟10国、日本、韩国、澳大利亚、新西兰、印度。
④ 根据中国自由贸易区服务网、WTO网站的区域贸易协定(RTA)数据库和联合国贸易和发展会议(UNCTAD)的国际投资协定(IIA)数据库整理。

(续表)

缔约方	协定名称	签订时间	生效时间	备注
智利	中华人民共和国政府和智利共和国政府自由贸易协定	2005年11月18日	2006年10月1日	中国和智利自由贸易协定第120条规定：除非缔约双方另有议定，缔约双方将在完成本协定谈判后进行服务贸易和投资的谈判。2017年11月11日，我国和智利签署了中国—智利自贸区升级谈判成果文件：《中华人民共和国政府与智利共和国政府关于修订〈自由贸易协定〉及〈自由贸易协定关于服务贸易的补充协定〉的议定书》。
	中华人民共和国政府和智利共和国政府自由贸易协定关于服务贸易的补充协定	2008年4月13日	2010年8月1日	
	中华人民共和国政府和智利共和国政府自由贸易协定关于投资的补充协定	2012年9月9日	2014年2月8日	
巴基斯坦	中华人民共和国政府和巴基斯坦政府自由贸易协定	2006年11月24日	2007年7月1日	两国的自由贸易协定包含了货物贸易和投资，该协定第83条规定：除非缔约双方另有议定，缔约双方应在本协定谈判结束后进行服务贸易的谈判
	中华人民共和国政府和巴基斯坦政府自由贸易区服务贸易协定	2009年2月21日	2009年10月10日	
新西兰	中华人民共和国政府和新西兰政府自由贸易协定	2008年4月7日	2008年10月1日	协定包含了货物贸易、服务贸易和投资
新加坡	中华人民共和国政府和新加坡政府自由贸易协定	2008年10月23日	2009年1月1日	协定包含了货物贸易、服务贸易和投资
秘鲁	中华人民共和国政府和秘鲁共和国政府自由贸易协定	2009年4月28日	2010年3月1日	协定包含了货物贸易、服务贸易和投资
哥斯达黎加	中华人民共和国政府和哥斯达黎加政府自由贸易协定	2010年4月8日	2011年8月1日	协定包含了货物贸易、服务贸易和投资
冰岛	中华人民共和国政府和冰岛政府自由贸易协定	2013年4月15日	2014年7月1日	协定包含了货物贸易、服务贸易和投资
瑞士	中华人民共和国和瑞士联邦自由贸易协定	2013年7月6日	2014年7月1日	协定包含了货物贸易、服务贸易和投资促进

(续表)

缔约方	协定名称	签订时间	生效时间	备注
韩国	中华人民共和国政府和大韩民国政府自由贸易协定	2016年6月1日	2015年12月20日	协定包含了货物贸易、服务贸易和投资
澳大利亚	中华人民共和国政府和澳大利亚政府自由贸易协定	2015年6月17日	2015年12月20日	协定包含了货物贸易、服务贸易和投资
格鲁吉亚	中华人民共和国政府和格鲁吉亚政府自由贸易协定	2017年5月13日	2018年1月1日	协定包含了货物贸易和服务贸易,是我国与欧亚地区国家签署的第一个自贸协定,也是"一带一路"倡议提出以来,中国启动并签署的第一个自贸协定。
中国香港	内地与香港关于建立更紧密经贸关系的安排	2003年6月29日	2003年6月29日	CEPA包含了货物贸易、服务贸易和贸易投资便利化。CEPA签署后,内地和香港又签署了十个补充协议。
中国香港	内地与香港关于建立更紧密经贸关系的安排服务贸易协议	2015年11月27日	2016年6月1日	
中国香港	内地与香港关于建立更紧密经贸关系的安排投资协议	2017年6月18日	2018年1月1日	
中国澳门	内地与澳门关于建立更紧密经贸关系的安排	2003年10月17日	2003年10月17日	CEPA包含了货物贸易、服务贸易和贸易投资便利化。CEPA签署后,内地和澳门又签署了十个补充协议
中国澳门	内地与澳门关于建立更紧密经贸关系的安排服务贸易协议	2015年11月28日	2016年6月1日	
中国澳门	内地与澳门关于建立更紧密经贸关系的安排投资协议	2017年12月18日	2018年1月1日	

三、现行自由贸易区的特点

从上述自由贸易协定来看,我国现行的自由贸易区有以下几个特点:

(1) 从区域布局来看,我国的自由贸易区已从亚洲扩展到了美洲和欧洲,正在形成面向全球的自由贸易区网络。

我国的自由贸易区建设从亚洲(东亚)起步。中国—东盟自由贸易区是我国对外建立的第一个自贸区。我国在亚洲的自由贸易区伙伴,除了东盟之外,还有新加坡、巴基斯坦和韩国。此外,我国的自由贸易区伙伴已扩展到了美洲(智利、秘鲁、哥斯达黎加)[①]、大洋洲(澳大利亚和新西兰)及欧洲(冰岛和瑞士)[②]。我国和格鲁吉亚的协定是我国与欧亚地区国家签署的第一个自贸协定,也是"一带一路"倡议提出以来,我国启动并签署的第一个自贸协定。

需要指出的是,由于我国的香港和澳门属于WTO成员中的单独关税区(separate customs territory),因此内地与香港和澳门的CEPA也符合WTO有关自由贸易协定的规定。[③] 不过,我国一国四席的情况使得CEPA又具有特殊性。[④]

(2) 从内容来看,现行自由贸易协定是在WTO基础上的进一步自由化。

我国现行自由贸易区的伙伴均为WTO的成员。[⑤] 相关协定在内容方面具有两个共同特点:

一是缔约方做出了高于WTO下的减让和承诺。以中国—东盟自由贸易区为例,东盟的具体承诺是在其WTO《服务贸易协定》承诺基础上做出的更高水平的承诺。比如,新加坡在商务服务、分销、金融、医疗、娱乐和体育休闲服务、运输等部门做出了超越WTO的出价,并在银行、保险、工程、

---

① 我国和智利的自由贸易协定是我国与拉美国家签署的第一个自由贸易协定。我国和秘鲁的自由贸易协定是我国与拉美国家的第一个一揽子自由贸易协定。
② 我国和新西兰的自由贸易协定是我国与发达国家签署的第一个自由贸易协定。
③ 这三个协定都在WTO的区域贸易协定数据库中。我国也认为CEPA符合WTO关于自由贸易协定的规定(参见商务部网站:http://tga.mofcom.gov.cn/article/zt_cepanew/apwd/200612/20061204082297.shtml)。
④ 关于这方面的探讨,可参见王贵国主编:《区域安排法律问题研究》,北京大学出版社2004年版。
⑤ 我国尚未与某个自由贸易区作为单独的缔约方签订自由贸易协定。我国和东盟的自由贸易协定也是东盟10国在协定上签字,东盟并没有作为单独一方签字。中国—东盟自贸区在2010年启动时老挝还不是WTO的成员。不过,老挝于2013年2月2日成为WTO的成员。

广告、非武装保安服务、药品和医疗用品佣金代理和零售、航空和公路运输服务等部门做出了高于其在 WTO 多哈回合谈判出价的承诺。① 在中国—东盟自贸区升级谈判结束后,《议定书》在货物贸易、服务贸易等领域也有了进一步的升级和突破。比如,在货物贸易领域,升级谈判中主要通过升级原产地规则和贸易便利化措施,进一步促进双边货物贸易发展。在服务贸易领域,我国在建筑工程、证券、旅行社和旅游经营者等部门做出改进承诺。东盟各国在商业、通讯、建筑、教育、环境、金融、旅游、运输 8 个部门的约 70 个分部门向我做出更高水平的开放承诺(比如,文莱在电信、旅游、航空等部门做出更高开放承诺,并新增教育、银行、航天运输、铁路运输等部门承诺;柬埔寨在广告、电信、金融等部门承诺中取消过渡期限制)。②

二是有的自由贸易协定涉及了目前 WTO 尚不管辖的内容,比如投资保护和促进、竞争政策、劳工与环境合作等。③ 以投资为例,大多数自由贸易协定均有投资保护和促进的具体内容。中国—东盟自由贸易区、中国—智利自由贸易区采取了单独订立投资协定(或协议)的做法,我国与巴基斯坦、新西兰、新加坡、秘鲁、哥斯达黎加、冰岛、瑞士、韩国和澳大利亚的自由贸易协定中则设有专门的"投资"章节。④ 这些投资章节的主

---

① 参见商务部国际司:《中国—东盟自由贸易区知识手册》,2007 年 9 月,第 13 页。
② 参见新华网:《高虎城解读中国—东盟自贸区升级〈议定书〉》(2015 年 11 月 23 日),检索自 http://news.xinhuanet.com/fortune/2015-11/23/c_1117229965.htm,2018 年 1 月 28 日最后访问。
③ 比如,中国—瑞士自由贸易协定第 10 条规定:"经营者之间排除、限制竞争的协议,滥用市场支配地位,以及具有排除、限制竞争效果的经营者集中等反竞争行为可能会对双边贸易产生不利影响,并因此妨碍本协定有效实施。在此方面,缔约双方适用各自竞争法律。……缔约双方竞争执法机构间的合作对缔约双方贸易领域内竞争法的有效实施具有重要作用。缔约双方执法机构在反竞争行为方面应开展合作。"再比如,中国—新西兰自由贸易协定第 177 条规定:"双方应当通过《劳动合作谅解备忘录》和《环境合作协定》,加强双方在劳动和环境问题上的交流与合作"。
④ 中国—巴基斯坦自由贸易协定第 9 章;中国—新西兰自由贸易协定第 11 章;中国—新加坡自由贸易协定第 10 章;中国—秘鲁自由贸易协定第 10 章;中国—哥斯达黎加自由贸易协定第 9 章第一节;中国—冰岛自由贸易协定第 8 章;中国—瑞士自由贸易协定第 9 章;中国—韩国自由贸易协定 12 章;中国—澳大利亚自由贸易协定第 9 章。在这些自由贸易协定的投资章节中,我国与巴基斯坦、新西兰、秘鲁、韩国和澳大利亚协定中的内容与 BIT 的内容类似,涵盖了常规 BIT 的主要要素;我国与新加坡的协定则规定适用中国—东盟自由贸易区投资协议;我国与哥斯达黎加和冰岛的协定中则指向分别适用我国与他们业已缔结的 BIT;我国和瑞士的协定第 9 章是关于投资促进的规定。该章确立的缔约双方在投资促进方面的合作包括:确定投资机会;促进境外投资措施方面的信息交流;投资法规方面的信息交流;协助投资者了解缔约双方的投资法规和投资环境;进一步发展有利于增加投资的法律环境。不过,我国和瑞士早在 1986 年就签订了 BIT,并于 2009 年 1 月重新签订了 BIT,新的 BIT 已于 2010 年 4 月 13 日生效。

要内容包括:定义、适用范围、投资待遇、投资保护和促进、征收、损失补偿、转移、代位、缔约方解决争端、某缔约方与另一缔约方投资者之间的投资争端解决。这些投资章节均规定,缔约方应给予另一缔约方投资者的投资以公平和公正的待遇和充分的保护和安全,并相互给予国民待遇和最惠国待遇。① 就我国内地与港澳的两个 CEPA 文本而言,都有关于投资便利化的条款和附件,内地和港澳也分别签署了投资协议。②

(3) 从谈判方式和建设的进程看,各自由贸易区也有其自身的特点。

在自由贸易区谈判和建设中,我国根据不同伙伴的特点采取了不同的方式。

一种为分阶段谈判和渐进式建设的方式。这种方法又有不同的体现:第一,以中国—东盟自由贸易区为代表,是先达成框架协议,然后分阶段谈判货物、服务和投资协议。在货物贸易谈判中,我国和东盟还达成了早期收获计划(early harvest program)。③ 第二,即使没有框架协议,也是分阶段谈判自贸区。比如,我国和巴基斯坦的自由贸易协定先就货物贸易和投资等问题达成了协议,而服务贸易协定另行谈判和签订。我国和智利也是在自由贸易协定达成后再谈判关于服务和投资的补充协定。

另一种方式为一揽子谈判的方法,并将谈判内容体现在一个自由贸易协定之中。我国与新西兰、新加坡、秘鲁、哥斯达黎加、冰岛、瑞士、韩国和澳大利亚的自由贸易协定是一揽子承诺方式。其中,我国和新西兰的协定是我国与其他国家签署的第一个涵盖货物贸易、服务贸易、投资等诸

---

① 参见《中日韩自由贸易区可行性联合研究报告》,2011 年 2 月,第 69 页。

② 以内地与香港的 CEPA 附件为例,贸易投资便利化的主要内容是加强在贸易投资促进领域的合作。合作机制为通过发挥联合指导委员会有关工作组的作用,指导和协调两地贸易投资促进合作的开展。合作内容包括:通报和宣传各自对外贸易、吸收外资的政策法规,实现信息共享;对解决双方贸易投资领域中存在的普遍性问题交换意见,进行协商;在促进相互投资及密切合作向海外投资的促进方面加强沟通与协作;在举办展览会、组织出境或出国参加展览会方面加强合作;对双方共同关注的与贸易投资促进有关的其他问题进行交流。

③ 早期收获计划是在中国—东盟自贸区框架下最先实施的降税计划,启动时间为 2004 年 1 月 1 日。此项计划是根据 2002 年 11 月签署的《中国与东盟全面经济合作框架协议》而实施的。尽管当时我国与东盟还没有就全部货物的降税安排达成协议,但为了使双方尽早享受到自贸区的好处,树立建立中国—东盟自贸区的信心,双方决定选择一些共同感兴趣、互补性强的产品,用较快的速度和较大的幅度提前进行降税,先行开放市场。因此,早期收获计划也称为中国—东盟自贸区在货物贸易领域的快速轨道和试验田。参见《中国—东盟自贸区的试验田:早期收获计划》(信息来源:《国际商报》中国·东盟商务周刊,记者:尚田骥,2005 年 7 月 20 日),检索自 http://www.mofcom.gov.cn/article/Nocategory/200507/20050700180151.shtml,2018 年 1 月 28 日最后访问。

多领域的全面自由贸易协定,也是我国与发达国家达成的第一个自由贸易协定。①

(4) 我国的自由贸易区网络仍有发展和完善的空间。

从缔约方来看,我国的自由贸易区伙伴仍以发展中国家为主。② 就实现"形成面向全球的高标准自由贸易区网络"的战略目标而言,我国一方面需要提升自由贸易协定的水平,另一方面需要拓展与发达国家的合作。我国正在谈判的自由贸易协定也体现了这两方面的发展路径。比如,我国已与东盟完成了自贸区升级版的谈判,我国与新西兰也宣布启动自贸区升级谈判。③ 我国参加的区域全面经济伙伴关系(RCEP)谈判也以达成一个现代、全面、高质量、互惠的区域自由贸易协定为目标。④ 我国与挪威、以色列等国的谈判以及中日韩自由贸易区的谈判也将进一步与拓展我国与发达国家之间的自由贸易区网络。

目前,我国和美国与欧盟仍没有启动自由贸易协定的谈判。不过,我国已经与美国和欧盟启动了双边投资协定的谈判,而且谈判的基础都是准入前国民待遇+负面清单模式。假如这两个 BIT 能够谈判成功,能否在此基础上谈判我国和欧盟、美国的自由贸易协定,是未来值得关注的问题。

第二节 我国现行自由贸易区对所得税问题的规制

我国现行的自由贸易协定涉及货物贸易、服务贸易和投资等领域,因

---

① 参见商务部新闻办公室:《中国—新西兰自由贸易协定将于 10 月 1 日正式生效》(2008年 7 月 25 日),检索自 http://fta. mofcom. gov. cn/article/chinanewzealand/newzealandnews/201609/33341_1. html,2018 年 1 月 28 日最后访问。

② 中国—东盟自由贸易区货物贸易协议的法律基础是授权条款。不过,我国的其他自由贸易协定关于货物贸易的法律基础为 1994 年 GATT 第 24 条,服务贸易的法律基础为 GATS 第 5 条。

③ 参见商务部:《中国与新西兰宣布启动自贸区升级谈判》(2016 年 11 月 21 日),检索自 http://fta. mofcom. gov. cn/article/chinanewzealand/newzealandnews/201611/33658_1. html,2018 年 1 月 28 日最后访问。

④ 2012 年 11 月 20 日,在柬埔寨金边举行的东亚领导人系列会议期间,东盟十国与中国、日本、韩国、印度、澳大利亚、新西兰的领导人,共同发布《启动〈区域全面经济伙伴关系协定〉(RCEP)谈判的联合声明》,正式启动这一覆盖 16 个国家的自贸区建设进程。参见商务部新闻办公室:《区域全面经济伙伴关系协定谈判进程正式启动》(2012 年 11 月 21 日),检索自 http://fta. mofcom. gov. cn/article/ftanews/201211/11207_1. html,2018 年 1 月 28 日最后访问。

而本书前述讨论的所得税问题也存在于我国的自由贸易区中。一方面，我国遵从了贸易体制和税收体制并行处理的模式；另一方面，我国和相关自由贸易区成员的特点使得相关安排也有其特殊性。

一、基本框架

在我国开始谈签自由贸易协定之前，我国已与大多数自贸区的伙伴订立了双边税收协定。因此，我国也遵循了国际上的传统做法，通过贸易协定和税收协定分别处理构成区域贸易安排中的前述两大类所得税问题，并且依照GATS第14条的例外规定，承认贸易协定的非歧视义务不适用于因成员国国内税法和税收协定所导致的差别待遇。

现行自贸区的具体做法有：(1) 把GATS第14条的例外并入自由贸易协定[①]；(2) 在协定中采用与GATS第14条类似的表述[②]；(3) 规定了专门的税收条款，明确贸易协定不影响缔约方在税收协定中的权利和义务，且税收协定待遇贸易与协定不一致时，税收协定优先[③]；(4) 没有采用前述几种做法，但规定遵循WTO的规则，也没有排除GATS第14条，因而GATS第14条同样适用。[④]

另外，我国与一些自贸区成员（秘鲁、哥斯达黎加、缅甸和格鲁吉亚）目前还没有税收协定，但相关自由贸易协定也就税收协定和贸易协定的关系做出了规定。比如，我国与秘鲁和哥斯达黎加的自由贸易协定均有专门的税收条款。

上述体例表明，我国在自贸区谈判中并没有将所得税协调纳入考虑范围。事实上，我国谈判和建设自贸区除了政治因素外[⑤]，主要关注的是消除与相关成员之间与贸易和投资直接相关的壁垒，以及限制我国入世议定书中针对我国的特殊条款的适用。比如，入世议定书并没有当然承

---

① 比如中国—巴基斯坦自贸区服务贸易协定第12条。
② 比如中国—东盟自贸区服务贸易协议第12条。
③ 比如中国—冰岛自由贸易协定第13条。
④ 比如内地与香港和澳门的CEPA。
⑤ 比如，智利是拉美第一个同我国开始谈判自由贸易协定的国家。在拉美，智利在与我国的关系史上具有重要意义：智利是拉美第一个与我国建交的国家；智利是拉美第一个支持恢复我国在联合国合法席位的国家；智利是拉美第一个率先与我国结束加入WTO双边谈判的国家（参见李光辉主编：《中国自由贸易区战略》，中国商务出版社2011年版，第160页）。我国已和智利在2015年2月25日签署了税收协定，该协定于2016年8月8日生效。

认我国的市场经济地位,其第 15 条和第 16 条做出了偏离 WTO 一般规则的规定。① 在我国现行的一些自由贸易协定中,也有缔约方承认我国市场经济地位的条款。②

下表是我国和自由贸易协定的缔约方之间的双边税收协定或安排的汇总。

自由贸易协定缔约方	税收协定(税收安排)	国内税法、税收协定与自由贸易协定的关系
文莱(中国—东盟自贸区)	中华人民共和国政府和文莱达鲁萨兰国政府关于对所得避免双重征税和防止偷漏税的协定(2004 年 9 月 21 日签署,2006 年 12 月 4 日生效)	中国—东盟自贸区服务贸易协议第 12 条(一般例外):在此类措施的实施不对情形类似的国家构成任意或不合理的歧视手段或构成对服务贸易的变相限制的前提下,本协议的任何规定不得解释为阻止任何方采取或实施以下措施……(4) 与国民待遇不一致的措施,只要差别待遇是为了保证对其他方的服务或服务提供者公平或有效地课征或收取直接税;(5) 只要差别待遇是基于避免双重征税的协定或任何其他国际协定或安排中关于避免双重征税的规定的结果的措施。(该条与 GATS 第 14 条一样)
柬埔寨(中国—东盟自贸区)	中华人民共和国政府和柬埔寨王国政府对所得避免双重征税和防止逃避税的协定(2016 年 10 月 3 日签署,尚未生效)	中国—东盟自贸区服务贸易协议第 12 条(一般例外)。

① 入世议定书第 15 条"确定补贴和倾销时的价格可比性";第 16 条"特定产品过渡性保障措施"。

② 比如,中国—东盟自由贸易区货物贸易协议第 14 条规定:东盟十国中的每一个成员同意承认中国是一个完全市场经济体。自本协议签署之日起,将对中国与东盟十国中任何一个成员的贸易,不适用《中华人民共和国加入世界贸易组织议定书》第 15 条和第 16 条以及《中国加入世界贸易组织工作组报告书》第 242 段(第 242 段是关于纺织品和服装贸易产品贸易的特殊规定,适用至 2008 年 12 月 31 日)。

(续表)

自由贸易协定缔约方	税收协定(税收安排)	国内税法、税收协定与自由贸易协定的关系
印度尼西亚(中国—东盟自贸区)	中华人民共和国政府和印度尼西亚共和国政府关于对所得避免双重征税和防止偷漏税的协定(2001年11月7日签署,2003年9月25日生效)	中国—东盟自贸区服务贸易协议第12条(一般例外)。
老挝(中国—东盟自贸区)	中华人民共和国政府和老挝人民共和国政府关于对所得避免双重征税和防止偷漏税的协定(1996年6月3日签署,1997年2月5日生效)	中国—东盟自贸区服务贸易协议第12条(一般例外)。
马来西亚(中国—东盟自贸区)	中华人民共和国政府和马来西亚政府关于对所得避免双重征税和防止偷漏税的协定(1985年11月23日签署,1986年9月14日生效)	中国—东盟自贸区服务贸易协议第12条(一般例外)。
缅甸(中国—东盟自贸区)	尚未签署税收协定	中国—东盟自贸区服务贸易协议第12条(一般例外)。
菲律宾(中国—东盟自贸区)	中华人民共和国政府和菲律宾共和国政府关于对所得避免双重征税和防止偷漏税的协定(1999年11月18日签署,2001年3月17日生效)	中国—东盟自贸区服务贸易协议第12条(一般例外)。
新加坡(中国—东盟自贸区;中国—新加坡自贸区)	中华人民共和国政府和新加坡政府关于对所得避免双重征税和防止偷漏税的协定(2007年7月11日签署,2007年9月18日生效,取代了两国1986年4月18日签署的税收协定)	中国—东盟自贸区服务贸易协议第12条(一般例外)。中国—新加坡自由贸易协定第105条(一般例外)第2款关于服务贸易的例外与GATS第14条基本一样,但没有GATS第14条第5项关于税收协定差别待遇的内容。

(续表)

自由贸易协定缔约方	税收协定(税收安排)	国内税法、税收协定与自由贸易协定的关系
泰国(中国—东盟自贸区)	中华人民共和国政府和泰王国政府关于对所得避免双重征税和防止偷漏税的协定(1986年10月27日签署,1986年12月29日生效)	中国—东盟自贸区服务贸易协议第12条(一般例外)。
越南(中国—东盟自贸区)	中华人民共和国政府和越南社会主义共和国政府关于对所得避免双重征税和防止偷漏税的协定(1995年5月17日签署,1996年10月18日生效)	中国—东盟自贸区服务贸易协议第12条(一般例外)。
智利(中国—智利自贸区)	中华人民共和国政府和智利共和国政府对所得避免双重征税和防止逃避税的协定(2015年2月25日签署,2016年8月8日生效)	中国—智利自由贸易协定第101条(税收)第4款:本协定任何条款不得影响缔约双方在任何已经生效的税收协定中的权利和义务。如果关于某一税收措施,本协定与缔约双方已经生效的税收协定间存在不一致,后者在不一致的范围内效力优先。如缔约双方已签订税收协定,该税收协定项下的主管机关应具有独有的责任确定在本协定和该税收协定之间是否存在不一致。
巴基斯坦(中国—巴基斯坦自贸区)	中华人民共和国政府和巴基斯坦伊斯兰共和国政府关于对所得避免双重征税和防止偷漏税的协定(1989年11月15日签署,1989年12月27日生效)	中国—巴基斯坦自由贸易区服务贸易协定第12条(一般例外和安全例外)将GATS第14条和第14条之二并入协定。

(续表)

自由贸易协定缔约方	税收协定(税收安排)	国内税法、税收协定与自由贸易协定的关系
新西兰(中国—新西兰自贸区)	中华人民共和国政府和新西兰政府关于对所得避免双重征税和防止偷漏税的协定(1986年9月16日签署,1986年12月17日生效)	中国—新西兰自由贸易协定第204条(税收措施):除本条规定外,本协定的任何规定均不适用于税收措施。 本协定仅在下列情况下,针对税收措施赋予权利或施加义务:(一)《WTO协定》同样赋予了相应的权利或施加了相应的义务;或者(二)在第145条①项下。 本协定的任何规定不得影响双方在与避免双重征税有关的任何双边税收协定项下的权利和义务。 如果发生与税收措施有关的第152条所述争端②,则包括税务部门代表在内的双方应当举行磋商。根据第153条设立的任何仲裁庭应当接受双方做出的有关所涉措施是否为税收措施的决定。 如果关于某一税收措施,本协定与1986年9月16日签订于惠灵顿的《中华人民共和国政府和新西兰政府关于对所得避免双重征税和防止偷漏税的协定》及其议定书间存在不一致,以后者为准。双方就所涉措施是否为税收措施举行的磋商应当包括各方税务机构的代表。

---

① 第145条为投资征收的规定。
② 指缔约国一方投资者和缔约国另一方之间产生的,与该投资者在另一方境内投资直接相关的法律争端。

(续表)

自由贸易协定缔约方	税收协定(税收安排)	国内税法、税收协定与自由贸易协定的关系
秘鲁(中国—秘鲁自贸区)	尚未签署税收协定	中国—秘鲁自由贸易协定第142条(税收措施):除非本条另有规定,本协定的规定不适用于税收措施。 本协定的规定不影响缔约方在任何税收协定下的权利和义务。当本协定的规定与任何税收协定不一致时,在不一致的范围内适用该税收协定的规定。 在不损害第2款适用的情况下,税收措施应适用下述规定:(1)本协定第2章(货物的国民待遇和市场准入)第7条(国民待遇)以及本协定其他类似规定,有必要给予1994年GATT第3条的同等效力;(2)除GATS第14条第4款和第5款中的例外之外,本协定第8章(服务贸易)第106条(国民待遇)在此也被涵盖。 本章第133条(征收)和附件九(征收)的规定适用于被指构成征收的税收措施。 第139条(投资者—东道国争端解决)的规定适用于本条第4款。 如果一投资者援引本章第133条(征收)和附件九(征收)作为根据第139条(投资者—东道国争端解决)提请仲裁请求的依据,应适用下述程序:该投资者在根据第139条(投资者—东道国争端解决)做出书面意向通知时,必须首先将相关的该税收措施是否与征收有关的问题提交第7款第3项所述的缔约双方的税收主管机关。提交后,缔约双方的税收主管机关应进行磋商。只有在自提交起6个月后,双方税收主管机关不能达成一致协议认定该措施与征收无关,或双方的税收机关没能举行相互磋商的情况下,该投资者才可以根据第139条(投资者—东道国争端解决)的规定提出仲裁请求。

(续表)

自由贸易协定缔约方	税收协定(税收安排)	国内税法、税收协定与自由贸易协定的关系
哥斯达黎加(中国—哥斯达黎加自贸区)	尚未签署税收协定	中国—哥斯达黎加自由贸易协定第161条(税收)第2款:本协定的任何规定不得影响缔约双方在任何税收协定项下的权利和义务。如果本协定与前述税收协定间存在不一致,后者在不一致的范围内效力优先。如缔约双方已签订税收协定,该税收协定项下的主管机关应具有独有的责任确定在本协定和该税收协定之间是否存在不一致。
冰岛(中国—冰岛自贸区)	中华人民共和国政府和冰岛共和国政府关于对所得避免双重征税和防止偷漏税的协定(1996年6月3日签署,1997年2月5日生效)	中国—冰岛自由贸易协定第13条第4款:本协定任何条款不得影响双方在任何已经生效的税收协定中的权利和义务。如果对于某一税收措施,本协定与双方已经生效的税收协定存在不一致,后者在不一致的范围内效力优先。如双方已签订税收协定,该税收协定项下的主管机关应具有独有的职责,以确定在本协定和该税收协定之间是否存在不一致。中国冰岛自由贸易协定第82条(例外)将GATS第14条并入该协定第7章(服务贸易)。
瑞士(中国—瑞士自贸区)	中华人民共和国政府和瑞士联邦委员会对所得和财产避免双重征税的协定(2013年9月25日签署,尚未生效,生效后将取代两国于1990年7月6日签订的税收协定)	中国—瑞士自由贸易协定第8.15条(一般例外)与GATS第14条基本一样。

(续表)

自由贸易协定缔约方	税收协定(税收安排)	国内税法、税收协定与自由贸易协定的关系
韩国(中国—韩国自贸区)	中华人民共和国政府和大韩民国政府关于对所得避免双重征税和防止偷漏税的协定(1994年3月28日签署,1994年9月27日生效)	中国—韩国自由贸易协定第21.3条(税收)第2款:除非本条另有规定,本协定的任何条款均不适用于税收措施。该条第3款规定:本协定任何条款不得影响缔约双方同缔约方的税收协定中的权利和义务。如果关于某一税收措施,本协定与前述税收协定间存在不一致,后者在不一致的范围内效力优先。该条第5款规定:第12.12条(投资者与一缔约方之间的投资争端解决)适用于被指称构成征收的税收措施,第12.9条(征收和补偿)适用于税收措施。
澳大利亚(中国—澳大利亚自贸区)	中华人民共和国政府和澳大利亚政府关于对所得避免双重征税和防止偷漏税的协定(1988年11月17日签署,1990年12月28日生效)	中国—澳大利亚自由贸易协定第16章第4条(税收)第3款规定:本协定中的任何条款都不应:(一)要求一方就根据税收协定给予的益处适用本协定下的任何最惠国义务;(二)适用于:1.本协定生效之日一方维持的任何税收措施的不符条款;2.任何此类税收措施的不符条款的延续或立即更新;或者3.任何此类税收措施的不符条款的修订,该修订不会减损修订前该税收措施与本协定的一致性。第16章第4条(税收)第5款规定:本协定不应影响任何一方在任何税收协定项下的权利与义务。如本协定与任何此类税收协定在税收措施上存在不一致,则以后者为准。

(续表)

自由贸易协定缔约方	税收协定（税收安排）	国内税法、税收协定与自由贸易协定的关系
格鲁吉亚（中国—格鲁吉亚自贸区）	中华人民共和国政府和格鲁吉亚政府关于对所得和财产避免双重征税和防止偷漏税的协定（2005年6月22日签署，2005年11月10日生效）	中国—格鲁吉亚自由贸易协定第16章（一般条款和例外）的第4条（税收）第5款规定：本协定不应影响任何一方在任何税收协定项下的权利与义务。如本协定与任何此类税收协定在税收措施上存在不一致，则以后者为准。
中国香港（CEPA）	内地和香港特别行政区关于对所得避免双重征税和防止偷漏税的安排（2006年8月21日签署，2006年12月8日生效，取代内地和香港1998年2月11日签署的对所得避免双重征税的安排）	没有税收安排与CEPA关系的规定，但CEPA协议正文中第2条（原则）表明《安排》的达成、实施和修正应符合WTO的规则，第18条规定《安排》及其附件所载规定并不妨碍内地或香港维持或采取与世界贸易组织规则相一致的例外措施。因此GATS第14条应适用。
中国澳门（CEPA）	内地和澳门特别行政区关于对所得避免双重征税和防止偷漏税的安排（2003年12月27日签署，2003年12月30日生效，取代内地和香港1998年2月11日签署的对所得避免双重征税的安排）	没有税收安排与CEPA关系的规定，但CEPA协议正文中第2条（原则）表明《安排》的达成、实施和修正应符合WTO的规则，第18条规定《安排》及其附件所载规定并不妨碍内地或澳门维持或采取与世界贸易组织规则相一致的例外措施。因此GATS第14条应适用。

二、对构成贸易壁垒的所得税措施的规制

如本书第二章和第三章所述，1994年GATT第3条、《SCM协定》以及GATS第17条等WTO规则并没有完全排除所得税措施，WTO成员不得借助所得税措施歧视其他成员的产品或服务，或在货物贸易领域提供出口补贴。我国的自贸区也沿用了WTO的规则，其普遍做法是将WTO规则纳入自由贸易协定或采用与WTO规则类似的条文用语。

在非歧视待遇方面，以中国—智利自贸区为例，在货物贸易领域，中国—智利自由贸易协定第7条要求各缔约方根据1994年GATT第3条及其解释性注释给予另一缔约方的货物国民待遇，并将1994年GATT第3条及其解释性注释纳入该协定，成为协定的一部分；在服务贸易领域,中国—智利自由贸易协定关于服务贸易的补充协定第 2 条下国民待遇的用语与 GATS 第 17 条一样。

在货物贸易的补贴方面,相关自由贸易协定也重申适用《SCM 协定》,有的协定还专门就农业补贴做出了规定。比如,中国—新西兰自由贸易协定第 61 条规定双方保留其根据 1994 年 GATT 第 6 条以及《SCM 协定》享有的权利义务;该协定第 10 条还规定任何一方不得对向另一方境内出口的任何农产品实施或维持任何出口补贴。

在服务补贴方面,鉴于 GATS 目前没有具体的纪律,我国的自贸区协定也没有制定相关规则,有的自贸区协定还专门明确了不适用于服务补贴,但也表达了在 WTO 制定相关规则后审议自贸区服务补贴纪律的意思。比如中国—东盟自贸区服务贸易协议第 14 条规定:除非本条另有规定,本协议不应适用于一缔约方提供的补贴,或者附加于接受或持续接受这类补贴的任何条件,不论这类补贴仅给予国内服务、服务消费者或服务提供者。如果这类补贴显著影响了在本协议下承诺的服务贸易,任何缔约方均可请求磋商,以友好地解决该问题。各缔约方应:应请求,向任何请求方提供本协议下承诺的服务贸易的补贴信息;且在 WTO 制订出相关纪律时,审议补贴待遇。

下面是我国的自由贸易区协定中相关条款的汇总说明。

自由贸易区	货物贸易	服务贸易
中国—东盟自由贸易区	中国—东盟自贸区货物贸易协议第 2 条"国内税和国内法规的国民待遇"将 1994 年 GATT 第 3 条作为该协议的组成部分,要求缔约方根据 1994 年 GATT 第 3 条向所有其他缔约方的货物给予国民待遇。中国—东盟自贸区货物贸易协议第 7 条规定,缔约方遵守 WTO 关于补贴和反补贴措施的规则。	中国—东盟自贸区服务贸易协议第 15 条规定,各缔约方在此同意并重申它们承诺遵守有关并适用于服务贸易的 WTO 协议的规定。中国—东盟自贸区服务贸易协议第 19 条(国民待遇)与 GATS 第 17 条一样。中国—东盟自贸区服务贸易协议第 14 条规定:除非本条另有规定,本协议不应适用于一缔约方提供的补贴,或者附加于接受或持续接受这类补贴的任何条件,不论这类补贴仅给予国内服务、服务消费者或服务提供者。如果这类补贴显著影响了在本协议下承诺的服务贸易,任何缔约方均可请求磋商,以友好地解决该问题。各缔约方应:应请求,向任何请求方提供本协议下承诺的服务贸易的补贴信息;且在 WTO 制订出相关纪律时,审议补贴待遇。

(续表)

自由贸易区	货物贸易	服务贸易
中国—智利自由贸易区	中国—智利自由贸易协定第7条规定:各缔约方应根据1994年GATT第3条及其解释性注释,给予另一缔约方的货物国民待遇。为此目的,1994年GATT第3条及其解释性注释在做必要的细节修改后被纳入本协定,成为本协定的一部分。 中国—智利自由贸易协定第52条第1款规定:缔约双方保留构成WTO协定组成部分的《关于实施1994年关税与贸易总协定第6条的协定》和《SCM协定》项下的权利与义务。 中国—智利自由贸易协定第12条规定:任一缔约方都不得对出口至另一缔约方境内的任何农产品引入或者保持任何出口补贴。	中国—智利自由贸易协定关于服务贸易的补充协定第2条国民待遇与GATS第17条一样。
中国—巴基斯坦自由贸易区	中国—巴基斯坦自由贸易协定第7条规定:各缔约方应根据1994年GATT第3条及其解释性注释,给予另一缔约方的货物国民待遇。为此目的,1994年GATT第3条及其解释性注释在做必要的细节修改后被纳入本协定,成为本协定的一部分。 中国—巴基斯坦自由贸易协定第25条规定:缔约双方保留构成WTO协定组成部分的《关于实施1994年关税与贸易总协定第6条的协定》和《SCM协定》项下的权利与义务。	中国—巴基斯坦自由贸易区服务贸易协定第15条与GATS第17条类似。另外,第15条增加了第4款:本条所作承诺不应要求任一缔约方补偿源于相关服务或服务提供者外国特色的任何固有竞争优势。 中国—巴基斯坦自由贸易区服务贸易协定第2条第2款第3项规定,本协定不适用于由缔约一方提供的补贴或援助。

(续表)

自由贸易区	货物贸易	服务贸易
中国—新西兰自由贸易区	中国—新西兰自由贸易协定第6条规定：各方应当根据1994年GATT第3条，给予另一方的货物国民待遇。1994年GATT第3条及其解释性说明经必要修改后应当并入本协定，构成本协定的一部分。 中国—新西兰自由贸易协定第61条规定：双方保留其根据WTO《关于实施1994年关税与贸易总协定第6条的协定》、WTO《SCM协定》享有的权利义务。 中国—新西兰自由贸易协定第10条规定：出口补贴的界定应当与WTO《农业协定》第1条第(5)项关于出口补贴的含义及其任何修改相同。任何一方不得对向另一方境内出口的任何农产品实施或维持任何出口补贴。	中国—新西兰自由贸易协定第106条(国民待遇)与GATS第17条一样。 中国—新西兰自由贸易协定第105条第2款规定：该协定第九章(服务贸易)不适用于除第119条规定外一方提供的补贴或补助。 中国—新西兰自由贸易协定第119条规定：双方应当按照GATS第15条项下达成的纪律审议与服务贸易相关的补贴纪律事项，以期将这些规则并入本协定。如一方认为受到另一方补贴的不利影响，应其请求，双方应当就此展开磋商。
中国—新加坡自贸区	中国—新加坡自由贸易协定第5条规定：各方应当根据1994年GATT第3条，给予另一方的货物国民待遇。为此，1994年GATT第3条经必要修改后应当并入本协定，成为本协定的一部分。 中国—新加坡自由贸易协定第38条规定：双方同意并重申其根据WTO《关于实施1994年GATT第6条的协定》、WTO《SCM协定》享有的权利义务。 中国—新加坡自由贸易协定第41条规定：任何一方不得对以另一方境内为目的地的任何货物实施或维持任何形式的出口补贴。	中国—新加坡自由贸易协定第60条第3款规定：本章不适用于一方提供的补贴或补助，不适用于接收或持续接收此类补贴或补助的任何条件，但以下除外：(1)本协定另有规定；或者(2)GATS第15条下可能形成的纪律，为将其并入本协定，可对这些纪律进行审议。 中国—新加坡自由贸易协定第62条与GATS第17条一样。

（续表）

自由贸易区	货物贸易	服务贸易
中国—秘鲁自贸区	中国—秘鲁自由贸易协定第7条第1款规定：双方应根据1994年GATT第3条及其解释性注释，给予另一缔约方的货物国民待遇。为此，1994年GATT第3条及其解释性注释经必要修改后应纳入本协定，构成本协定的一部分。 中国—秘鲁自由贸易协定第77条第1款规定：缔约双方同意严格遵守WTO《关于实施1994年GATT第6条的协定》、WTO《SCM协定》。	中国—秘鲁自由贸易协定第105条第3款规定：本协定不适用于……(3)一缔约方提供的补贴或补助金，包括政府支持贷款、担保和保险。 中国—秘鲁自由贸易协定第106条规定：对于列入减让表的部门，在遵守其中所列任何条件和资格的前提下，各缔约方在影响服务提供的所有措施方面给予另一缔约方的服务和服务提供者的待遇，不得低于在相似情况下其给予本国服务和服务提供者的待遇。
中国—哥斯达黎加自贸区	中国—哥斯达黎加自由贸易协定第8条第1款规定：各缔约方应根据1994年GATT第3条及其解释性注释，给予另一缔约方的货物国民待遇。为此，1994年GATT第3条及其解释性注释经必要修改后应纳入本协定，构成本协定的一部分。 中国—哥斯达黎加自由贸易协定第16条第2款规定：任一缔约方不得对向另一缔约方境内出口的任何农产品维持、实施或重新实施任何出口补贴。 中国—哥斯达黎加自由贸易协定第86条第1款规定：缔约双方同意严格遵守WTO《关于实施1994年GATT第6条的协定》和WTO《SCM协定》。	中国—哥斯达黎加自由贸易协定第91条第3款规定：……(3)一缔约方提供的补贴或补助金，包括政府支持贷款、担保和保险。 中国—哥斯达黎加自由贸易协定第92条与GATS第17条一样。

(续表)

自由贸易区	货物贸易	服务贸易
中国—冰岛自贸区	中国—冰岛自由贸易协定第6条规定：双方应依据1994年GATT第3条及其解释性说明，给予另一方的货物国民待遇。为此，1994年GATT第3条及其解释性说明被纳入本协定，并构成协定的一部分。中国—冰岛自由贸易协定第10条第2款规定：根据世界贸易组织《农业协议》的规定，任一方不得对出口至另一方境内的任何农产品实施或者维持任何出口补贴。中国—冰岛自由贸易协定第15条第1款规定：缔约双方保留构成《世界贸易组织协定》组成部分的《关税与贸易总协定》第6条和《SCM协定》项下的权利与义务。	中国—冰岛自由贸易协定第71条规定：关于国民待遇的承诺应遵循《服务贸易总协定》第17条的规定，为此，《服务贸易总协定》第17条被纳入本协定并构成本协定的一部分。中国—冰岛自由贸易协定第83条规定：双方应按照《服务贸易总协定》第15条项下达成的纪律审议与服务贸易相关的补贴纪律事项，以期将这些规则纳入本协定。如一方认为受到另一方补贴的不利影响，应其请求，双方应就此展开磋商，以友好地解决该问题。
中国—瑞士自贸区	中国—瑞士自由贸易协定第2.2条规定：每一缔约方应按照1994年GATT第3条的规定给予另一缔约方的关境产品国民待遇。为此，1994年GATT第3条及其解释性说明应适用，并经必要修订后纳入本协定，构成本协定的一部分。中国—瑞士自由贸易协定第5.3条规定：缔约双方关于补贴与反补贴措施的权利和义务，应适用1994年GATT第6条与第16条和世贸组织《SCM协定》。	中国—瑞士自由贸易协定第8.5条与GATS第17条一样。中国—瑞士自由贸易协定第8.12条规定：如果缔约一方认为受到另一缔约方补贴的不利影响，则可请求与该另一缔约方就此事项进行磋商。被请求方应进行此类磋商。缔约双方应审议《服务贸易总协定》第15条项下的任何规定以期将其纳入。

(续表)

自由贸易区	货物贸易	服务贸易
中国—韩国自贸区	中国—韩国自由贸易协定第2.3条各缔约方应根据1994年GATT第3条及其解释性注释,给予另一缔约方的货物国民待遇。为此,1994年GATT第3条及其解释性注释经必要修改后应纳入本协定并构成本协定的一部分。 第7.7条第2款规定:缔约双方同意反倾销税和反补贴税的适用应完全遵守WTO的相关规定。	中国—韩国自由贸易协定第8.4条与GATS第17条相同。 第8.13条规定:缔约双方应当按照GATS第15条项下达成的纪律审议与服务贸易相关的补贴纪律事项,以期将这些纪律纳入本协定。如一缔约方认为受到另一缔约方补贴的不利影响,应其请求,缔约双方就此事项进行磋商。
中国—澳大利亚自贸区	中国—澳大利亚自由贸易协定第3条规定:各方应根据1994年GATT第3条给予另一方的货物国民待遇。为此,1994年GATT第3条经必要修正后纳入本协定,构成本协定的一部分。 第11条规定:任何一方不得对向另一方领土出口的任何货物实施或维持任何出口补贴。	中国—澳大利亚自由贸易协定第8章第5条和第10条关于国民待遇的义务规定与GATS第17条相同。① 第8章第1条第4款规定,第8章不适用于一方提供的补贴或援助,包括政府支持的贷款、担保和保险。
中国—格鲁吉亚自贸区	中国—格鲁吉亚自由贸易协定第2章第3条规定:每一缔约方应根据《1994年关税与贸易总协定》第3条给予另一方的货物国民待遇。为此,《1994年关税与贸易总协定》第3条经必要修正后纳入本协定,构成本协定的一部分。	中国—格鲁吉亚自由贸易协定第8章第4条关于国民待遇的规定与GATS第17条近似。

---

① 中国—澳大利亚自由贸易协定第8章(服务贸易)之所以出现两个国民待遇条款,是因为规定了缔约方在服务承诺方面的两种不同的方式,一为GATS类型的正面清单方式,二为负面清单方式。澳方对中方以负面清单方式开放服务部门。中方则以正面清单方式向澳方开放服务部门。

(续表)

自由贸易区	货物贸易	服务贸易
中国内地与香港的CEPA	CEPA没有关于货物贸易国民待遇的规定,但CEPA协议正文中第2条(原则)表明《安排》的达成、实施和修正应符合WTO的规则;第6条第1款规定一方将不对原产于另一方的进口货物采取与世界贸易组织规则不符的非关税措施。CEPA协议正文第8条规定:双方重申遵守世界贸易组织《SCM协定》及《1994年关税与贸易总协定》第16条的规定,并承诺一方将不对原产于另一方的进口货物采取反补贴措施。	没有关于服务贸易国民待遇和服务补贴的规定。
中国内地与澳门的CEPA	CEPA没有关于货物贸易国民待遇的规定,但CEPA协议正文中第2条(原则)表明《安排》的达成、实施和修正应符合WTO的规则;第6条第1款规定一方将不对原产于另一方的进口货物采取与世界贸易组织规则不符的非关税措施。CEPA协议正文第8条规定:双方重申遵守世界贸易组织《SCM协定》及《1994年关税与贸易总协定》第16条的规定,并承诺一方将不对原产于另一方的进口货物采取反补贴措施。	没有关于服务贸易国民待遇和服务补贴的规定。

三、自由贸易区的投资规则与税收协定的关系

我国在谈判自由贸易区之前,也与相关缔约方缔结了双边投资协定(BIT)。在BIT中,一般也排除了税收事项并明确了BIT的非歧视待遇不适用于税收协定。比如,我国和冰岛的BIT第4条第4款规定:上述第

1 款至第 3 款的规定①,不应解释为缔约一方有义务因下述情况而产生的待遇、特惠或特权给予缔约另一方的投资者:……(2)任何全部或主要与税收有关的国际协定或安排,或任何全部或主要与税收有关的国内立法。

我国的自贸区协定也包含投资规则,其体例和内容与 BIT 类似,因而也延续了 BIT 的做法,即自贸区协定的投资规则原则上不适用于税收措施,而且税收协定优先于自贸区协定的投资规则。比如,中国—智利自由贸易协定关于投资的补充协定第 23 条第 3 款规定:本协定的任何内容均不得影响缔约方在适用于缔约双方之间的任何税收协定项下的权利和义务。如果本协定和该税收协定在税收措施方面有任何不一致,则后者在不一致的范围内优先适用。在缔约双方之间存在税收协定的情况下,该协定项下的主管部门应为就该协定与本协定之间是否存在任何不一致作出决定的唯一主体。

需要指出的是,我国缔结 BIT 的历史要早于自贸区的建设,而且我国的 BIT 也处于发展变化之中。因此,我国一些自由贸易协定中投资体例采用了我国近年来签署的 BIT 的做法,也体现了 BIT 的新发展,但与早期 BIT(特别是我国入世之前签署的 BIT)的做法有几点不同:

(1) 将 WTO 的《TRIMs 协定》并入自由贸易协定的投资章节。比如,我国与新西兰的自由贸易协定第 140 条(履行要求)规定:"双方同意,WTO《TRIMs 协定》经必要修改后并入本协定,并适用于本章范围内的所有投资"。由于《TRIMs 协定》并没有排除所得税措施,因此在履行要求方面,缔约方与货物贸易有关的投资措施也不能违背 1994 年 GATT 的国民待遇原则和取消数量限制的义务。②

---

① 该条第 1 款规定:缔约任何一方在其领土内给予缔约另一方投资者的投资或收益的待遇不应低于其给予第三国投资者的投资或收益的待遇;第 2 款规定:缔约任何一方在其领土内给予缔约另一方投资者在管理、使用、享有或处置他们的投资的待遇,不应低于其给予第三国投资者的待遇;第 3 款规定:除本条第 1、2 款的规定外,缔约任何一方应尽量根据其法律和法规的规定给予缔约另一方的投资者的投资与其给予本国投资者以相同的待遇。

② 我国近年来签署的 BIT 也开始将《TRIMs 协定》纳入。比如,我国与加拿大 2012 年 9 月 9 日签署并于 2014 年 10 月 1 日生效的 BIT 第 9 条(履行要求)规定:"缔约双方重申其在历经不时修改的世界贸易组织《与贸易有关的投资措施协定》(《TRIMs 协定》)项下的义务。《TRIMs 协定》的第 2 条及其附录纳入本协定并作为本协定的组成部分"。我国与日本、韩国于 2012 年 5 月 13 日签署并于 2014 年 5 月 17 日生效的三方投资协定第 7 条(禁止性履行要求)也规定:"《TRIMs 协定》中的条款,已纳入本协定,成为本协定的一部分,对本协定项下的所有投资应比照适用。任何缔约方均不得在其领土范围内,就技术出口或技术转移的履行要求,对缔约另一方投资者的投资采取不合理或歧视性措施"。

(2) 明确投资规则不适用于补贴。比如,中国—东盟自贸区投资协议第 3 条第 4 款规定,该协议不适用于一缔约方提供的补贴或补助及接受或持续接受此类补贴或补助所附带的任何条件,无论此类补贴或补助是否仅提供给国内投资者和投资。①

(3) 借助税收措施实施的间接征收仍受投资规则管辖,但税收主管机关享有认定税收措施是否属于间接征收的权限。比如,中国—秘鲁自由贸易协定第 142 条第 4 款规定:本章(第 10 章投资)第 133 条(征收)和附件九(征收)的规定适用于被指构成征收的税收措施;该条第 5 款规定:第 139 条(投资者—东道国争端解决)的规定适用于本条第 4 款;该条第 6 款规定:如果一投资者援引本章(第 10 章投资)第 133 条(征收)和附件九(征收)作为根据第 139 条(投资者—东道国争端解决)提请仲裁请求的依据,应适用下述程序;该投资者在根据第 139 条(投资者—东道国争端解决)作出书面意向通知时,必须首先将相关的该税收措施是否与征收有关的问题提交第 7 款第 3 项所述的缔约双方的税收主管机关。提交后,缔约双方的税收主管机关应进行磋商。只有在自提交起 6 个月后,双方税收主管机关不能达成一致协议认定该措施与征收无关,或双方的税收机关没能举行相互磋商的情况下,该投资者才可以根据第 139 条(投资者—东道国争端解决)的规定提出仲裁请求。②

(4) 规定了服务贸易规则和投资规则的关系。我国的自贸区同时包括了服务贸易和投资自由化的内容,而服务贸易的准入目前采取了正面清单模式,投资也没有给予准入前国民待遇,因此有关服务贸易和投资的规则是并列的。不过,由于以商业存在模式提供的服务与投资是存在交叉的,因此相关自由贸易协定规定相关投资规则也适用于商业存在服务贸易。比如,根据我国与秘鲁的自由贸易协定 127 条第 2 款的规定,第 10

---

① 我国近年来签署的 BIT 也有类似规定。比如,根据我国与加拿大的 BIT 第 8 条(例外)第 5 款的规定,该协定第 5 条(最惠国待遇)、第 6 条(国民待遇)与第 7 条(高级管理人员、董事会成员与人员入境)不适用于一缔约方提供的补贴或拨款,包括政府支持贷款、担保与保险。

② 我国近年来签署的 BIT 也有类似规定。比如,根据我国与日本、韩国的三方投资协定第 21 条的规定,在解决有关税收的争议时,由相关税收协定项下各缔约方的主管部门认定此争议是否受该税收协定约束。争议投资者应向争议投资者所属缔约方主管部门及争议缔约方主管部门提交该争议,由其认定该措施是否不构成征收。如在书面协商请求提交争议缔约方之日起 6 个月内,缔约双方主管部门未审议争议,或者虽经审议,但未作出该措施不构成征收的决定,则投资者可根据该协定第 15 条下投资者与缔约一方之间的投资争端解决机制提起仲裁。

章(投资)不适用于一缔约方采取或维持的影响服务贸易的措施。但是,第 127 条第 3 款进一步规定:尽管有第 2 款的规定,为保护以商业存在模式提供服务的投资,第 132 条(公平与公正待遇和完全的保护与安全)、第 133 条(征收)、第 134 条(损失的补偿)、第 135 条(转移)、第 136 条(代位)和第 137 条(利益的拒绝给予)应适用于影响一缔约方服务提供者在另一缔约方境内以商业存在形式提供服务的任何措施。对于以商业存在形式提供服务的情形,第 139 条(投资者—东道国争端解决)应适用于第 132 条(公平与公正待遇和完全的保护与安全)、第 133 条(征收)、第 134 条(损失的补偿)、第 135 条(转移)和第 136 条(代位)。由于该协定第 142 条第 4 款规定第 133 条(征收)和附件九(征收)的规定适用于被指构成征收的税收措施,因此借助税收措施对商业存在的征收也受投资规则的约束。

以下是我国签署的 BIT、自由贸易协定的投资规则与税收协定的关系列表。

缔约方	BIT	自由贸易协定投资规则
文莱(中国—东盟自贸区)	中华人民共和国政府和文莱达鲁萨兰国政府关于促进和保护投资协定(2000 年 11 月 17 日签署,尚未生效)。该协定第 3 条第 4 款规定:本条第 1 款、第 2 款和第 3 款所述的待遇和保护①,不应包括缔约另一方依照现在或将来的关税同盟、自由贸易区、经济联盟、避免双重征税协定和为了方便边境贸易而给予第三国投资者的投资的任何优惠待遇。该协定的议定书第 1 条规定,投资协定第 3 条并不要求缔约方将根据其国内税法只给予本国投资者的税收优惠或减免也给予缔约另一方的投资者。	中国—东盟自贸区投资协议第 3 条第 4 款规定:本协议不适用于:(一)任何税收措施。本项不应损害缔约方关于下列税收措施的权利和义务:……(4)关于避免双重征税的任何税收协定的规定。……

---

① 该条第 1 款规定:缔约一方的投资者在缔约另一方领土内的投资和与该投资者有关的活动应受到公正的待遇和保护;第 2 款规定:缔约任何一方的投资者所做的投资在任何时候都应当在缔约另一方境内享有完全的保护和安全。任何缔约方不得对缔约另一方投资者在其境内投资的管理、维持、使用等方面实施武断或歧视的措施。投资回报以及再投资回报都应享受与投资同样的保护。第 3 款规定:本条第 1 款和第 2 款所述的待遇和保护,应不低于给予任何第三国投资者的投资和与投资有关的活动的待遇和保护。

(续表)

缔约方	BIT	自由贸易协定投资规则
柬埔寨（中国—东盟自贸区）	中华人民共和国政府和柬埔寨王国政府关于促进和保护投资协定（1996年7月9日签署，2000年2月1日生效）。该协定第3条第3款规定：本条第1款和第2款所述的待遇和保护①，不应包括缔约另一方依照关税同盟、自由贸易区、经济联盟、避免双重征税协定和为了方便边境贸易而给予第三国投资者的投资的任何优惠待遇。	同上中国—东盟自贸区投资协议的相关条款。
印度尼西亚（中国—东盟自贸区）	中华人民共和国政府和印度尼西亚共和国政府关于促进和保护投资协定（1994年11月18日签署，1995年4月1日生效）。该协定第4条（最惠国待遇）第3款规定：上述所述的待遇不适用于缔约任何一方因参加关税同盟、共同市场、自由贸易区、经济多边或国际协定，或因缔约一方与第三国缔结的避免双重征税协定，或因边境贸易安排而给予第三国投资者的任何优惠或特权。	同上中国—东盟自贸区投资协议的相关条款。
老挝（中国—东盟自贸区）	中华人民共和国政府和老挝人民民主共和国政府关于鼓励和相互保护投资协定（1993年1月30日签署，1993年6月1日生效）。该协定第3条第3款规定：本条第1款和第2款所述的待遇和保护②，不应包括缔约国另一方依照关税同盟、自由贸易区、经济联盟、避免双重征税协定和为了方便边境贸易而给予第三国投资者的任何优惠待遇。	同上中国—东盟自贸区投资协议的相关条款。

---

① 该条第1款规定：缔约一方的投资者在缔约另一方领土内的投资和与该投资者有关的活动应受到公正的待遇和保护；第2款规定：本条第1款所述的待遇和保护，应不低于给予任何第三国投资者的投资和与投资有关的活动的待遇和保护。

② 该BIT条款的内容与中国—柬埔寨BIT相应条款的内容相同。

(续表)

缔约方	BIT	自由贸易协定投资规则
马来西亚(中国—东盟自贸区)	中华人民共和国政府和马来西亚政府关于相互鼓励和保护投资协定(1988年11月21日签署,1990年3月31日生效)。该协定第4条规定:本协定中有关不低于给予任何第三国投资者待遇的条款不应解释为缔约任何一方有义务因下述情况而产生的投资利益、特惠或特权给予缔约另一方的投资者……(3)主要或全部是关于税收的国际协议或安排,或主要或全部是关于税收的国内立法。	同上中国—东盟自贸区投资协议的相关条款。
缅甸(中国—东盟自贸区)	中华人民共和国政府和缅甸联邦政府关于鼓励促进和保护投资协定(2001年12月12日签署,2002年5月21日生效)。该协定第3条第4款规定:本条第1款到第3款所述的待遇①,不应解释为缔约一方有义务将由下列原因产生的待遇、优惠或特权给予缔约另一方投资者:……(2)任何全部或主要与税收有关的国际协议或安排。	同上中国—东盟自贸区投资协议的相关条款。

---

① 该条第1款规定:缔约一方的投资者在缔约另一方的领土内的投资应始终享受公平与平等的待遇;第2款规定:在不损害其法律法规的前提下,缔约一方应给予缔约另一方投资者在其境内的投资及与投资有关活动不低于其给予本国投资者的投资及与投资有关活动的待遇;第3款规定:缔约一方给予缔约另一方投资者在其境内的投资及与投资有关活动的待遇,不应低于其给予任何第三国投资者的投资及与投资有关活动的待遇。

(续表)

缔约方	BIT	自由贸易协定投资规则
菲律宾（中国—东盟自贸区）	中华人民共和国政府和菲律宾共和国政府关于鼓励和相互保护投资协定（1992年7月20签署，1995年9月8日生效）。该协定第3条第3款规定：本条第1款和第2款所述的待遇和保护①，不应包括缔约另一方依照关税同盟、自由贸易区、经济联盟而给予第三国投资者的投资的任何优惠待遇，或，由缔约任何一方根据其参加的地区性或分区性安排，或导致组成关税同盟或自由贸易区的措施，或避免双重征税协定或为了方便边境贸易而给予的其他优惠。	同上中国—东盟自贸区投资协议的相关条款。
新加坡（中国—东盟自贸区，中国—新加坡自贸区）	中华人民共和国政府和新加坡共和国政府关于促进和保护投资协定（1985年11月21日签署，1986年2月7日生效）。该协定第5条第2款规定：本协定的规定不适用于缔约任何一方领土内的税收事项。该类税收事项应受缔约双方间的避免双重税收条约和缔约一方国内法律的管辖。	同上中国—东盟自贸区投资协议的相关条款。根据中国—新加坡自由贸易协定第84条，中国—东盟自贸区投资协议并入该协定，成为该协定的一部分。
泰国（中国—东盟自贸区）	中华人民共和国政府和泰王国政府关于促进和保护投资的协定（1985年3月12日签署，1985年12月13日生效）。协定第8条规定：本协定所述给予不低于任何第三国国民和公司的待遇应无条件地给予并不得无故迟延，但不应被解释为缔约一方有义务将因下列情况可能提供的任何待遇、特惠或特权的优惠给予缔约另一方国民或公司：……(6)完全或主要与税收有关的任何国际协定或安排，或国内立法。	同上中国—东盟自贸区投资协议的相关条款。

---

① 该条第1款规定：缔约一方的投资者在缔约另一方领土内的投资和与该投资者有关的活动应受到公正的待遇和保护；第2款规定：本条第1款所述的待遇和保护，应不低于给予任何第三国投资者的投资和与投资有关的活动的待遇和保护。

(续表)

缔约方	BIT	自由贸易协定投资规则
越南（中国—东盟自贸区）	中华人民共和国政府和越南社会主义共和国政府关于鼓励和相互保护投资协定（1992年12月2日签署，1993年9月1日生效）。该协定第3条第3款规定：本条第1款和第2款所述的待遇和保护①，不应包括缔约国另一方依照关税同盟、自由贸易区、经济联盟、避免双重征税协定和为了方便边境贸易而给予第三国投资者的投资的任何优惠待遇。	同上中国—东盟自贸区投资协议的相关条款。
智利	中华人民共和国政府和智利共和国政府关于鼓励和相互保护投资协定（1994年3月23日签署，1995年8月1日生效）。该协定第3条第3款规定：本条第1款和第2款所述的待遇和保护②，不应包括缔约另一方依照关税同盟、自由贸易区、经济同盟、避免双重征税协定和为了方便边境贸易而给予第三国投资者的投资的任何优惠待遇。	中国—智利自由贸易协定关于投资的补充协定第23条第3款规定：本协定的任何内容均不得影响缔约方在适用于缔约双方之间的任何税收协定项下的权利和义务。如果本协定和该税收协定在税收措施方面有任何不一致，则后者在不一致的范围内优先适用。在缔约双方之间存在税收协定的情况下，该协定项下的主管部门应为就该协定与本协定之间是否存在任何不一致作出决定的唯一主体。

---

① 该条第1款规定：缔约国一方的投资者在缔约国另一方领土内的投资和与投资有关的活动应受到公正与公平的待遇和保护；第2款规定：本条第1款所述的待遇和保护，应不低于给予任何第三国投资者的投资和与投资有关的活动的待遇和保护。

② 该BIT条款的内容与中国—越南BIT相应条款的内容相同。

（续表）

缔约方	BIT	自由贸易协定投资规则
巴基斯坦	中华人民共和国政府和巴基斯坦伊斯兰共和国政府关于相互鼓励和保护投资协定（1989年2月12日签署，1990年9月30日生效）。该协定第3条第3款规定：本条第1款和第2款所述的待遇和保护①，不应包括缔约另一方依照关税同盟、自由贸易区、经济联盟、避免双重征税协定和为了方便边境贸易而给予第三国投资者的投资的优惠待遇。	中国—巴基斯坦自由贸易协定第48条第4款规定：本条第3款规定不应解释为要求一缔约方将根据下列活动产生的任何待遇、优惠和特权的利益给予另一缔约方的投资者②：……(2)完全或主要与税收相关的国际协定或安排。
新西兰	中华人民共和国政府和新西兰政府关于促进和保护投资协定（1988年11月22日签署，1989年3月2日生效）。该协定第5条第2款规定：本协定的规定不适用于缔约任何一方境内的税收事宜。税收应受制于缔约各方的国内法和缔约双方于1986年9月16日在惠灵顿签订的关于对所得避免双重征税和防止偷漏税的协定。	中国—新西兰自由贸易协定第204条(税收措施)规定：除本条规定外，本协定的任何规定均不适用于税收措施。本协定的任何规定不得影响双方在与避免双重征税有关的任何双边税收协定项下的权利和义务。如果发生与税收措施有关的第152条所述争端③，则包括税务部门代表在内的双方应当举行磋商。根据第153条设立的任何仲裁庭应当接受双方做出的有关所涉措施是否为税收措施的决定。如果关于某一税收措施，本协定与1986年9月16日签订于惠灵顿的《中华人民共和国政府和新西兰政府关于对所得避免双重征税和防止偷漏税的协定》及其议定书间存在不一致，以后者为准。双方就所涉措施是否为税收措施举行的磋商应当包括各方税务机构的代表。

---

① 该条第1款规定：缔约一方的投资者在缔约另一方领土内的投资和与投资有关的活动应受到公平的待遇和保护；第2款规定：本条第1款所述的待遇和保护，应不低于给予第三国投资者的投资和与投资有关的活动的待遇和保护。

② 该条第3款规定：任一缔约方给予与另一缔约方投资者的投资相关的投资和活动的待遇的优惠程度不应低于其给予任何第三国的投资者的投资和相关活动的待遇。

③ 指缔约国一方投资者和缔约国另一方之间产生的，与该投资者在另一方境内投资直接相关的法律争端。

(续表)

缔约方	BIT	自由贸易协定投资规则
秘鲁	中华人民共和国政府和秘鲁共和国政府关于鼓励和相互保护投资协定(1994年6月9日签署,1995年2月1日生效)。该协定第3条第3款规定:本条第1款和第2款所述的待遇和保护①,不应包括缔约另一方依照关税同盟、自由贸易区、经济联盟、避免双重征税协定和为了方便边境贸易而给予第三国投资者的投资的优惠待遇。	中国—秘鲁自由贸易协定第131条第4款规定:本条第1款和第2款所述的待遇和保护不包括另一方根据自由贸易协定、自由贸易区、关税同盟、经济联盟、避免双重征税协定或便利边境贸易的协定,给予第三国投资者的投资的优惠待遇。② 中国—秘鲁自由贸易协定第142条(税收措施)规定:除非本条另有规定,本协定的规定不适用于税收措施。本协定的规定不影响缔约方在任何税收协定下的权利和义务。当本协定的规定与任何税收协定不一致时,在不一致的范围内适用该税收协定的规定。
哥斯达黎加	中华人民共和国政府和哥斯达黎加共和国政府关于促进和保护投资的协定(2007年10月24日签署,尚未生效)。③	中国—哥斯达黎加自由贸易协定第116条规定:除本条规定外,本协定的任何规定均不适用于税收措施。本协定的任何规定不得影响缔约双方在任何税收协定项下的权利和义务。如果本协定与前述税收协定间存在不一致,后者在不一致的范围内效力优先。如缔约双方已签订税收协定,该税收协定项下的主管机关应具有独有的责任确定在本协定和该税收协定之间是否存在不一致。

---

① 该条第1款规定:缔约一方的投资者在缔约另一方领土内的投资和与投资有关的活动应受到公平的待遇和保护;第2款规定:本条第1款所述的待遇和保护,应不低于给予第三国投资者的投资和与投资有关的活动的待遇和保护。

② 该条第1款规定:在投资的设立、并购、扩大、管理、经营、运营、出售或其他处分方面,各缔约方都应给予另一缔约方投资者不低于在类似情况下给予第三方投资者在其境内的待遇;第2款规定:在投资的设立、并购、扩大、管理、经营、运营、出售或其他处分方面,各缔约方都应给予另一缔约方投资者的投资不低于在类似情况下给予第三方投资者在其境内的投资的待遇。

③ 该协定文本在商务部网站和联合国贸发会(UNCTAD)网站中均未公布。哥斯达黎加曾与我国台湾地区在1999年3月25日签订过一个BIT,未生效(检索自http://www.sice.oas.org/ctyindex/CRI/CRIBITs_e.asp, 2017年3月24日访问)。

(续表)

缔约方	BIT	自由贸易协定投资规则
冰岛	中华人民共和国政府和冰岛共和国政府关于促进和相互保护投资协定(1994年3月31日签署,1997年3月1日生效)。该协定第4条第4款规定:上述第1款至第3款的规定①,不应解释为缔约一方有义务因下述情况而产生的待遇、特惠或特权给予缔约另一方的投资者:……(2)任何全部或主要与税收有关的国际协定或安排,或任何全部或主要与税收有关的国内立法。	中国—冰岛自由贸易协定第13条(税收措施)规定:除非本条另有规定,本协定的任何条款均不适用于税收措施。本协定任何条款不得影响双方在任何已经生效的税收协定中的权利和义务。如果对于某一税收措施,本协定与双方已经生效的税收协定存在不一致,后者在不一致的范围内效力优先。如双方已签订税收协定,该税收协定项下的主管机关应具有独有的职责,以确定在本协定和该税收协定之间是否存在不一致。
瑞士	中华人民共和国政府和瑞士联邦委员会关于促进和相互保护投资协定(2009年1月27日签署,2010年4月13日生效)。该协定第3条第4款规定:如果缔约一方根据建立自由贸易区、关税同盟或者共同市场的协议或者根据避免双重征税协议给予任何第三国以特别优惠,该缔约方没有义务将上述优惠给予缔约另一方的投资者。②	中国—瑞士自由贸易协定没有专门的税收条款,也没有税收协定优先于贸易协定的条文。该协定的第9章(投资促进)没有类似于BIT的内容。不过,第8章(服务贸易)的第8.15条(例外)采用了与GATS第14条一样的用语,因此由于国内税法和税收协定导致的差别待遇豁免关于服务贸易(包括商业存在模式)的非歧视义务。

---

① 该条第1款规定:缔约任何一方在其领土内给予缔约另一方投资者的投资或收益的待遇不应低于其给予任何第三国投资者的投资或收益的待遇;第2款规定:缔约任何一方在其领土内给予缔约另一方投资者在管理、使用、享有或处置他们的投资的待遇,不应低于其给予第三国投资者的待遇;第3款规定:除本条第1、2款的规定外,缔约任何一方应尽量根据其法律和法规的规定给予缔约另一方的投资者的投资与其给予本国投资者以相同的待遇。

② 该条第1款规定:缔约一方投资者的投资和收益在缔约另一方领土内应始终享受公正和公平的待遇,并享有完全的保护和安全。缔约一方不得以任何方式对该投资的管理、维持、使用、享有、扩大或处置采取不合理或歧视性的措施。第2款规定:缔约一方在其领土内给予缔约另一方投资者的投资或收益的待遇不应低于其给予本国投资者的投资或收益的待遇(国民待遇)或者其给予任何第三国投资者的投资或收益的待遇(最惠国待遇),并从优适用。第3款规定:缔约一方在其领土内给予缔约另一方投资者管理、维持、使用、享有或处置其投资的待遇不应低于其给予本国投资者的待遇(国民待遇)或者其给予任何第三国投资者的待遇(最惠国待遇),并从优适用。

(续表)

缔约方	BIT	自由贸易协定投资规则
韩国	中华人民共和国政府和大韩民国政府关于鼓励和相互保护投资协定(2007年9月7日签署,2007年9月1日生效)第3条第4款规定:本条第3款的规定不应解释为一国有义务将以下事项产生的待遇、优惠或特权给予另一国的投资者:(1)任何现有或将来的关税同盟、自由贸易区、经济联盟以及产生类似同盟或安排的国际协定;(2)全部或部分与税收有关的国际协定或安排;(3)任何便利小额边境贸易的安排。中华人民共和国政府、日本国政府及大韩民国政府关于促进、便利及保护投资的协定(2012年5月13日签署,2014年5月17日生效)第4条(最惠国待遇)第2款规定:本条第1款不得解释为缔约一方有义务因缔约另一方加入以下组织或协定而给予该缔约方投资者及其投资任何优惠待遇:(一)任何关税同盟、自由贸易区、货币联盟或者会导致此类同盟、自由贸易区或其他形式的区域经济合作机制的协定;(二)任何便利小额边境地区贸易的国际协定或安排;(三)任何涉及航空、渔业、包括海事救援等海洋事务的双边、多边国际协定。	中国—韩国自由贸易协定第21.3条(税收)第3款规定:(一)本协定任何条款不得影响缔约双方同为缔约方的税收协定中的权利和义务。如果关于某一税收措施,本协定与前述税收协定间存在不一致,后者在不一致的范围内效力优先。(二)如缔约双方已签订税收协定,该税收协定项下的主管机关应具有独有的责任确定在本协定和该税收协定之间是否存在不一致。

(续表)

缔约方	BIT	自由贸易协定投资规则
澳大利亚	中华人民共和国政府与澳大利亚政府相互鼓励和保护投资协定(1988年7月18日签署,1988年7月11日生效)第3条规定:缔约一方应始终……(三)在其领土内,给予投资和投资有关活动的待遇,包括第8条中的补偿,第10条中的转移,应不低于给予任何第三国国民的投资和投资有关活动的待遇,但缔约一方无义务因下述情况所产生的待遇、特惠或特权给予投资或投资有关活动:1.缔约一方参加的任何关税同盟、经济联盟、自由贸易区或区域性经济一体化的协定;2.和第三国签订的避免双重税收协定的规定。	中国—澳大利亚自由贸易协定第16章(一般条款与例外)第4条(税收)第5款规定:本协定不应影响任何一方在任何税收协定项下的权利与义务。如本协定与任何此类税收协定在税收措施上存在不一致,则以后者为准。如双方缔结了税收协定,则双方关于任何不一致是否存在的磋商,应有该税收协定下各方的主管当局参加。
格鲁吉亚	中华人民共和国政府和格鲁吉亚共和国政府关于鼓励和相互保护投资协定(1993年6月3日签署,1995年3月1日生效)第3条第3款规定:本条第1款和第2款所述的待遇和保护(为公正与公平待遇和最惠国待遇),不应包括缔约另一方依照关税同盟,自由贸易区,经济联盟,避免双重征税协定和为了方便边境贸易而给予第三国投资者的投资的任何优惠待遇。	中国—格鲁吉亚自由贸易协定没有投资实体规则。仅在第12章(合作领域)第1条(投资)提及应评估两国的BIT,如有必要,将启动修订该BIT的谈判。

(续表)

缔约方	BIT	自由贸易协定投资规则
中国香港	内地与香港CEPA投资协议（2017年6月28日签署，2018年1月1日生效）没有关于最惠国待遇不适用于税收协定的规定。不过，第24条（税收）第2款规定：本协议的任何规定不得影响一方在任何税收协议项下的权利与义务。如果本协议的规定与任何此类协议出现不一致，在不一致的范围内则应以该税收协议为准。	CEPA没有规定
中国澳门	内地与澳门CEPA投资协议（2017年12月18日签署，2018年1月1日生效），其做法与内地与香港CEPA投资协议相同。	CEPA没有规定

四、税收协定的机制

自改革开放初期，我国就开始对外谈判和签署税收协定，远远早于自贸区的谈判和建设。[1] 因此，我国采用自由贸易协定和税收协定并行的机制也就不难理解。事实上，我国税收协定的谈判和签署并没有受到自由贸易区建设的影响，在自贸区谈判启动后所重新签署的税收协定也是如此。[2] 我国的税收协定主要是以UN范本为依据，有时也借鉴OECD范本。[3] 就我国和自贸区伙伴的税收协定和税收安排来看，在消除双重征税和税收差别待遇方面具有以下特点[4]：

---

[1] 我国和日本于1983年9月6日签署的税收协定是我国改革开放后对外缔结的第一个税收协定。

[2] 比如，我国和新加坡2007年7月11日重新签署的税收协定是在中国—东盟自贸区谈判启动后进行的。

[3] 参见廖益新主编：《国际税法学》，北京大学出版社2001年版，第145页。

[4] 内地与香港和澳门的税收安排是一国两制的做法，不属于税收协定，但两个安排的体例和内容也基本参照我国缔结税收协定的习惯框架。因此，下面的表格虽将两个税收安排列入，但正文内容主要结合我国与其他自贸区伙伴的税收协定进行阐述。

(一) 双重征税的消除

1. 法律性双重征税的消除

在居民管辖权重叠导致的双重征税方面,我国基本上采用了与 OECD 范本第 4 条和 UN 范本第 4 条一样的做法,特别是在同时为缔约国双方居民的个人的身份确定方面。① 不过,对于除个人之外同时为缔约双方居民的个人,有的税收协定做出了不同于 OECD 范本和 UN 范本的规定,增加了通过缔约双方税务主管当局通过相互协商解决的内容。比如,我国和马来西亚的税收协定第 4 条第 3 款规定:"除个人外,同时为缔约国双方居民的人,应认为是其实际管理机构所在缔约国的居民。然而,如果这个人在缔约国一方设有其实际管理机构,在缔约国另一方设有其总机构,缔约国双方主管当局应协商确定其为本协定中缔约国。"之所以这样规定,是因为当时我国的国内税法在居民身份认定方面采用了总机构标准。② 再比如,我国和文莱的税收协定第 4 条第 3 款规定:"除个人以外,同时为缔约国双方居民的人,缔约国双方主管当局应通过协商解决。"我国和新加坡 2007 年签订的税收协定第 4 条第 3 款也规定:"除个人外,同时为缔约国双方居民的人,如果其实际管理机构不能确定,应由缔约国双方主管当局通过相互协商解决。"

在消除居民管辖权和来源地管辖权重叠所导致的双重征税方面,我国的税收协定也是遵循了 OECD 范本和 UN 范本的机制,即在来源国和居民国之间划分税收管辖权,对于两国共享征税权的情况,承认来源地管辖权的优先性,并由居民国采取措施消除居民境外所得的双重征税。在营业利润方面,以常设机构为连接点作为来源地管辖权的课税基础,并承认来源地的优先征税权。当然,在每个协定中,对于常设机构的认定有所差别。③ 对于消极投资所得,一般限制来源地的预提税税率,每个税收协

---

① 在书稿这一部分,OECD 范本是 2017 年之前的版本。

② 我国 1980 年的《中外合资经营企业所得税法》第 1 条规定:在中华人民共和国境内的中外合资经营企业(以下简称合营企业),从事生产、经营所得和其他所得,都按照本法的规定缴纳所得税。合营企业在中国境内和境外的分支机构,从事生产、经营所得和其他所得,由总机构汇总缴纳所得税。

③ 比如,在准备性或辅助性的场所不列为常设机构和营业代理人列为常设机构方面,我国是参照两个范本来与对方商定,早期的税收协定基本采用了 OECD 范本。在独立地位代理人方面,有的协定(比如我国和马来西亚的协定)采用了 UN 范本。参见王选汇:《避免双重征税协定简论》,中国财政经济出版社 1987 年版,第 47—51 页。

定的具体税率限制也有所不同。① 在居民国方面,消除双重征税的做法以国内法为基础。我国一直采用抵免法,这在税收协定中也予以坚持。

2. 经济性双重征税的消除

我国的税收协定中在居民国采取抵免法消除法律性双重征税时,也一般同时规定了对股息给予间接抵免来消除经济性双重征税。不过,间接抵免也设定了相应条件,比如适用于居民公司之间,而且要求支付股息和收取股息公司之间达到一定的持股比例。比如,我国和新加坡的税收协定第 22 条第 1 款规定:"在中国,消除双重征税如下:中国居民从新加坡取得的所得,按照本协定规定在新加坡对该项所得缴纳的税额,可以对该居民征收的中国税收中抵免。但是,抵免额不应超过对该项所得按照中国税法和规章计算的中国税收数额。从新加坡取得的所得是新加坡居民公司支付给中国居民公司的股息,同时该中国居民公司拥有支付股息公司股份不少于 10% 的,该项抵免应考虑支付该股息公司就其所得缴纳的新加坡税收。"该税收协定第 22 条第 2 款规定:"在新加坡,消除双重征税如下:新加坡居民从中国取得的按本协定规定可以在中国征税的所得,根据新加坡关于在其他国家所交税款允许抵免新加坡税收的法律规定,新加坡将允许对该项所得无论是以直接或扣缴方式交纳的中国税收,在该居民新加坡所得的应交税款中予以抵免。当该项所得是中国居民公司支付给新加坡居民公司的股息,同时该新加坡公司直接或间接拥有首先提及公司股本不少于 10% 的,该项抵免应考虑支付该股息公司就据以支付股息部分的利润所缴纳的中国税收。"

在缔约方税收当局对关联企业进行转让定价调整时,我国的大多数税收协定采用 OECD 范本和 UN 范本第 9 条的做法,规定缔约一方税务当局调整时,缔约另一方应予以注意或调整并在必要时相互协商。比如,我国和越南的税收协定第 9 条第 2 款规定:"缔约国一方将缔约国另一方已征税的企业利润,而这部分利润本应由该缔约国一方企业取得的,包括

---

① 以股息为例,我国和马来西亚的税收协定第 10 条第 2 款规定:"中国居民公司支付给马来西亚居民的股息,可以按照中国法律在中国征税。但是,如果该项股息的受益所有人是马来西亚居民,则所征税款不应超过该股息总额的 10%"。根据我国和泰国的税收协定第 10 条第 2 款的规定,如果股息的受益所有人是公司,则收款人直接持有该支付股息公司至少 25% 的股份时,则所征税款不应超过股息总额的 15%,其他情况下为该股息总额的 20%。

在该缔约国一方企业的利润内,并且加以征税时,如果这两个企业之间的关系是独立企业之间的关系,该缔约国另一方应对这部分利润所征收的税额加以调整,在确定上述调整时,应对本协定其他规定予以注意,如有必要,缔约国双方主管当局应相互协商。"不过,也有的税收协定没有这样的规定。比如,我国和泰国的税收协定第 9 条只是规定,两个企业之间的商业或财务关系不同于独立企业之间的关系时,任何本应由其中一个企业取得,但由于这些情况而没有取得的利润,可以计入该企业的利润,并据以征税。

(二)税收无差别待遇

在税收无差别待遇方面,我国与自贸区伙伴的税收协定也基本采用了 OECD 范本第 24 条和 UN 范本第 24 条的体例,但这些税收协定之间也存在着差别。

在适用的税种方面,有的税收协定只适用于税收协定所适用的所得税等税种,而不像 OECD 范本和 UN 范本那样适用于各种税收。比如,我国和文莱的税收协定第 24 条第 5 款规定,本条中"税收"一语指本协定适用的税种。

在税收无差别待遇的内容方面,大多数税收协定包括了国籍无差别、常设机构无差别、扣除无差别和资本无差别。不过,我国不承认双重国籍的存在,税收协定中一般没有 OECD 和 UN 范本中无国籍人无差别待遇的条款。[①] 另外,内地与香港和澳门的税收安排由于是一国两制下的特殊做法,因此没有国籍无差别和无国籍人待遇的内容。

此外,有的税收协定还强调了缔约国一方为促进社会或经济发展根据其国家政策和标准给予其国民的税收优惠不应被理解为歧视待遇[②],或者税收无差别待遇条款不应限制缔约国双方为促进本国经济的发展而向其国民提供的税收上的鼓励[③]。这实际上比 OECD 范本和 UN 范本下的无差别待遇条款适用范围更窄。

下表为税收协定(安排)的机制汇总[④]

[①] 蔡庆辉、许攀:《税收协定无差别待遇条款的新认识》,中国财税法学研究会 2014 年年会论文。
[②] 比如我国和新加坡 2007 年的税收协定第 23 条第 5 款。
[③] 比如我国和马来西亚的税收协定第 24 条第 5 款。
[④] 我国与缅甸、秘鲁、哥斯达黎加尚未签署税收协定。

缔约方	法律性双重征税的消除		经济性双重征税的消除		税收无差别待遇条款
	居民管辖权重叠导致的双重征税	居民管辖权和来源地管辖权重叠导致的双重征税	股息	转让定价调整	
文莱	对于同时为缔约国双方居民的个人的身份确定，协定第4条采用了与OECD范本第4条类似的做法。除个人以外，缔约国双方居民的人，缔约国双方主管当局应当通过协商解决。	限制来源地国征税权，居民国采用抵免法消除双重征税。	没有中国和文莱对本国居民公司从对方居民公司取得支付的股息给予间接抵免的规定。	协定第9条与OECD范本第9条和UN范本第9条类似。	协定第24条与OECD范本第24条和UN范本第24条类似，但没有无国籍人差别待遇的规定。同时，第24条适用只适用于该协定所适用的税收。
印度尼西亚	对于同时为缔约国双方居民的个人的身份确定，协定第4条采用了与OECD范本第4条和UN范本第4条类似的做法，但没有认定无国籍人居民身份的规定。对于除个人以外的缔约国双方居民的人，缔约国双方主管当局应通过相互协商确定该人为缔约国一方的居民。	限制来源地国征税权，居民国采用抵免法消除双重征税。	中国对中国居民公司取得的印度尼西亚居民公司支付的股息给予抵免。没有印度尼西亚对本国居民公司取得的中国居民公司支付的股息给予间接抵免的规定。	协定第9条与OECD范本第9条和UN范本第9条类似。	协定第24条与OECD范本第24条和UN范本第24条类似，但没有无国籍人差别待遇的规定。同时，第24条适用只适用于该协定所适用的税收。
老挝	对于同时为缔约国双方居民的个人的身份确定，协定第4条采用了与OECD范本第4条和UN范本第4条类似的做法。对于除个人外同时为缔约国双方居民的人，应认定其总机构所在缔约国的居民。	限制来源地国征税权，居民国采用抵免法消除双重征税。	没有中国和老挝对本国居民公司从对方居民公司取得的股息支付给予间接抵免的规定。	协定第9条与OECD范本第9条和UN范本第9条类似。	协定第24条与OECD范本第24条和UN范本第24条类似，但没有无国籍人差别待遇的内容。

(续表)

缔约方	法律性双重征税的消除		经济性双重征税的消除		税收无差别待遇条款
	居民管辖权重叠导致的双重征税	居民管辖权和来源地管辖权叠导致的双重征税	股息	转让定价调整	
马来西亚	对于同时为缔约国双方居民的个人的身份确定,协定第 4 条与 OECD 范本第 4 条和 UN 范本第 4 条的做法。除个人外,同时为缔约国双方居民的人,如果在缔约国一方设有其实际管理机构,在缔约国另一方设有其总机构,缔约国双方主管当局应协商确定其为协定中的缔约国。	限制来源地国征税权,居民国采用抵免法消除双重征税。	中国和马来西亚都对本国居民公司取得的对方居民公司支付的股息给予间接抵免。	协定第 9 条与 OECD 范本第 9 条和 UN 范本第 9 条类似,但没有 OECD 范本第 9 条和 UN 范本第 9 条缔约国一方对关联企业的转让定价进行调整时,缔约国另一方应做适当调整的内容。	协定第 24 条与 OECD 范本第 24 条和 UN 范本第 24 条类似,但没有无差别待遇的内容。马来西亚在本协定签字之日,根据法律规定向属于马来西亚非居民的马来西亚国民提供的税收优惠和减免、个人扣除,必须给予在马来西亚的中国国民于非居民的中国国民。此外,本条不应限制本国经济的发展而向其国民提供的税收上的鼓励。

（续表）

缔约方	法律性双重征税的消除		经济性双重征税的消除		税收无差别待遇条款
	居民管辖权导致的双重征税	居民管辖权和来源地管辖权重叠导致的双重征税	股息	转让定价调整	
新加坡	对于同时为缔约双方居民的个人的身份确定，协定第4条采用了与OECD范本第4条和UN范本第4条的做法。除个人外，同时为缔约双方居民的人，如果其实际管理机构不能确定，应由缔约国双方主管当局通过相互协商解决。	限制来源地国征税权，居民国采用抵免法消除双重征税。	中国和新加坡都对本国居民公司对居民公司支付的股息给予间接抵免。	协定第9条与OECD范本第9条和UN范本第9条类似。	协定第23条与OECD范本第24条和UN范本第24条类似，但没有无国籍人差别待遇和扣除无差别的内容，并且规定：缔约国一方给予不在本国居住的国民或在其他本国税法中指定的其他人的个人扣除、优惠和减税也必须给予缔约国另一方的国民。缔约国一方为促进社会或经济发展根据其国家规定的税收优惠或歧视待遇不应被理解为本条规定的无差别待遇。同时，第24条适用于该协定所适用的税收。

(续表)

缔约方	法律性双重征税的消除		经济性双重征税的消除		税收无差别待遇条款
	居民管辖权叠导致的双重征税	居民管辖权和来源地管辖权重叠导致的双重征税	股息	转让定价调整	
泰国	对于同时为缔约国双方居民的个人的身份确定,协定第4条采用了与OECD范本第4条和UN范本第4条的做法。对于除个人以外同时为缔约国双方居民的人,缔约国双方主管当局应通过相互协商确定该人为协定中缔约国一方的居民。	限制来源地国征税权,居民国采用抵免法消除双重征税。	中国对中国居民公司取得泰国居民公司支付的股息给予间接抵免,没有泰国对本国居民公司取得的中国居民公司支付的股息给予间接抵免的规定。	协定第9条与OECD范本和UN范本第9条类似,但没有OECD范本第9条缔约国一方对关联企业的转让定价进行调整时,缔约国另一方应做适当调整的内容。	协定第24条与OECD范本第24条和UN范本第24条类似,但没有差别待遇有无国籍人差别的规定。同时,第24条税收无差别待遇只适用于该协定所适用的税收。

(续表)

缔约方	法律性双重征税的消除		经济性双重征税的消除		税收无差别待遇条款
	居民管辖权重叠导致的双重征税	居民管辖权和来源地管辖权重叠导致的双重征税	股息	转让定价调整	
菲律宾	对于同时为缔约国双方居民的个人的身份确定,协定第4条与OECD范本第4条和UN范本第4条类似的做法。除个人以外,同时为缔约国双方居民的人,缔约国双方主管当局应通过协商解决。	限制来源国征税权,居民国采用抵免法消除双重征税。	没有中国和菲律宾对本国居民公司取得来源国居民公司支付的股息给予间接抵免的规定。	协定第9条与OECD范本第9条和UN范本第9条类似。	协定第24条与OECD范本第24条和UN范本第24条类似,但没有无差别待遇的规定。
越南	对于同时为缔约国双方居民的个人的身份确定,协定第4条与OECD范本第4条和UN范本第4条类似的做法。除个人以外,同时为缔约国双方居民的人,缔约国双方主管当局应通过相互协商确定该人为协定中缔约国一方的居民。	限制来源地国征税权,居民国采用抵免法消除双重征税。	中国对中国居民公司取得的越南居民公司支付的股息给予间接抵免。没有越南对本国居民公司取得的中国居民公司支付的股息给予间接抵免的规定。	协定第9条与OECD范本第9条和UN范本第9条类似。	协定第24条与OECD范本第24条和UN范本第24条类似,但没有无差别待遇的规定。该条还规定,缔约国一方为促进其经济发展的目的,对其国民征收的税不同于对缔约国另一方国民征收的税,不应视为本条所指的差别待遇。此外,第24条适用于该协定所适用的税收。

(续表)

缔约方	法律性双重征税的消除		经济性双重征税的消除		税收无差别待遇条款
	居民管辖权重叠导致的双重征税	居民管辖权和来源地管辖权重叠导致的双重征税	股息	转让定价调整	
巴基斯坦	对于同时为缔约国双方居民的个人的身份确定,协定第4条采用了与OECD范本第4条和UN范本第4条的做法。除个人以外,同时为缔约国双方居民的人,认为是其营业总机构所在缔约国的居民。但是,如果这个人在缔约国一方有其营业实际管理机构,在缔约国另一方主管当局有其总机构,缔约国双方主管当局应协商确定该人为本协定中缔约国一方的居民。	限制来源地国征税权,居民国采用抵免法消除双重征税。	中国和巴基斯坦都对本国居民公司取得的对方居民公司支付的股息给予间接抵免。	协定第9条与OECD范本第9条和UN范本第9条类似。	协定第24条与OECD范本第24条和UN范本第24条类似,但没有无差别人差别待遇的规定。
新西兰	对于同时为缔约国双方居民的个人的身份确定,协定第4条采用了与OECD范本第4条和UN范本第4条的做法。对于除个人以外,同时为缔约国双方居民的人,认为是其总机构所在缔约国的居民。	限制来源地国征税权,居民国采用抵免法消除双重征税。	没有中国和新西兰对本国居民公司取得的对方居民公司支付的股息给予间接抵免的规定。	协定第9条与OECD范本第9条和UN范本第9条类似。	协定第24条与OECD范本第24条和UN范本第24条类似,但没有无差别人差别待遇的规定。

(续表)

缔约方	法律性双重征税的消除		经济性双重征税的消除		税收无差别待遇条款
	居民管辖权重叠导致的双重征税	居民管辖权和来源地管辖权重叠导致的双重征税	股息	转让定价调整	
冰岛	对于同时为缔约国双方居民的个人的身份确定,协定第4条与OECD范本第4条和UN范本第4条的做法,除个人以外,缔约国双方为缔约国双方居民的人,缔约国双方主管当局应通过相互协商确定该人为协定中缔约国一方的居民。	限制来源地国征税权,居民国采用抵免法消除双重征税。	中国对中国居民公司取得的冰岛居民公司支付的股息给予间接抵免。没有冰岛对本国居民公司取得的中国居民公司支付的股息给予间接抵免的规定。	协定第9条与OECD范本第9条和UN范本第9条类似。	协定第25条与OECD范本第24条和UN范本第24条类似,但没有无国籍人差别待遇的规定。
瑞士	协定第4条与OECD范本第4条和UN范本第4条类似。	限制来源地国征税权,中国作为居民国采用抵免法消除双重征税。但是,对于瑞士居民取得的股息、利息或特许权使用费,从该居民所得税额中扣除由中国征收的税收数额。	中国对中国居民公司取得的瑞士居民公司支付的股息给予间接抵免。瑞士居民公司从中国居民公司取得股息,在该股息缴纳瑞士税收时,应像取得瑞士居民公司支付的股息一样,享受相同的减免税待遇。	协定第9条与OECD范本第9条和UN范本第9条类似。	协定第25条与OECD范本第24条和UN范本第24条类似,但没有无国籍人差别待遇的规定。

(续表)

缔约方	法律性双重征税的消除		经济性双重征税的消除		税收无差别待遇条款
	居民管辖权重叠导致的双重征税	居民管辖权和来源地管辖权重叠导致的双重征税	股息	转让定价调整	
柬埔寨	对于同时为双方居民的个人,税收协定第4条和UN范本第4条与OECD范本第4条类似。除个人以外的人同时为缔约国双方居民的,缔约国双方主管当局应通过协商解决。	限制来源地征税权,居民国采用抵免法消除双重征税。	中国和柬埔寨都对本国居民公司取得对方居民公司支付的股息给予间接抵免。	协定第9条与OECD范本和UN范本第9条类似。	协定第24条与OECD范本第24条和UN范本第24条类似,但没有无国籍人待遇的内容。
智利	对于同时为双方居民的个人,税收协定第4条和UN范本第4条与OECD范本第4条类似。除个人以外的人同时为缔约国双方居民的,缔约国双方主管当局应努力通过相互协商程序解决。如果缔约国双方未能达成一致,该人不应享受本协定规定的税收减免。	限制来源地征税权,居民国采用抵免法消除双重征税。如果智利居民取得的所得根据本协定在智利免税,智利在计算其他所得的税额时,也应考虑该免税所得(即累进免税法)。	中国对中国居民公司取得的智利居民公司支付的股息给予间接抵免。智利对智利居民公司收取的中国居民公司支付的股息给予免税待遇。	协定第9条与OECD范本和UN范本第9条类似。	协定第23条与OECD范本第24条和UN范本第24条类似,但没有无国籍人待遇的内容。
格鲁吉亚	对于同时为双方居民的个人,税收协定第4条和UN范本第4条与OECD范本第4条类似。除个人以外的人同时为缔约国双方居民的,应认为是其实际管理机构或总机构所在国的居民。	限制来源地国征税权,格鲁吉亚作为居民国采用抵免法(即将格鲁吉亚居民从中国取得的所得在中国缴纳的税额从该居民的所得税中扣除,实际与抵免法类似)。	没有中国和格鲁吉亚对取得本国居民公司支付的居民公司的股息免税或间接抵免的规定。	第9条与OECD范本和UN范本第9条类似。	协定第25条与OECD范本和UN范本第24条类似。

（续表）

缔约方	法律性双重征税的消除		经济性双重征税的消除		税收无差别待遇条款
	居民管辖权重叠导致的双重征税	居民管辖权和来源地管辖权重叠导致的双重征税	股息	转让定价调整	
中国香港	内地和香港特别行政区关于所得避免双重征税和防止偷漏税的安排第4条与OECD范本和UN范本第4条类似。不过，"如果具有缔约双方国民"的一方不为任何一方国民时，由双方税务当局协商解决"的规定，因为香港属于中国的一部分。	限制来源地管辖权，内地和香港双方居方采用抵免法消除双重征税。	内地和香港都对本方居民对于方居民公司取得的另一方居民公司支付的股息给予间接抵免。	安排第9条与OECD范本和UN范本第9条类似。	安排第22条与OECD范本和UN范本第24条类似，但没有国籍无差别和无国籍人待遇的内容。
中国澳门	对于同时为双方特别行政区居民的个人，内地和澳门双重征税和防止偷漏税的安排第4条与OECD范本和UN范本第4条类似。不过，没有"如果同时为缔约双方国民或不具有任何一方国民时，由双方税务当局协商解决"的规定，因为澳门属于中国的一部分。另外，除个人以外，同时为双方实际管理机构所在的居民，如果这个人在一方没有实际管理机构，双方主管当局应相互协商确定其居民身份。	限制来源地管辖权，内地作为居民方时采用抵免法消除双重征税，澳门采用免税法。但是，澳门居民取得的在内地征税的股息、利息和特许使用费，适用抵免法。	没有内地和澳门对本方居民公司取得的对方居民公司支付的股息给予间接抵免的规定。	安排第9条与OECD范本和UN范本第9条类似。	安排第22条与OECD范本和UN范本第24条类似，但没有国籍无差别和无国籍人待遇的内容。

第三节 现行机制的完善

就我国现行自贸区规制相关所得税问题的上述机制而言，维持贸易协定和税收协定并行的框架是无需改变的，不过，在具体制度方面，上述机制仍有进一步完善之处。在具体路径上，我国需要从进一步完善贸易协定和税收协定、探索区域所得税协调机制、借助多边机制和改进国内法等方面入手，来应对自由贸易区建设中的所得税问题。

一、贸易协定的完善

（一）货物贸易和服务贸易领域的问题

我国的自贸区是在 WTO 体制的基础上进一步实现贸易和投资的自由化的安排，在消除构成贸易壁垒的所得税问题方面，我国现行自贸区协定也沿用了 WTO 的规则。

在货物贸易领域，1994 年 GATT 第 3 条和《SCM 协定》基本上能够应对歧视进口产品的所得税措施和通过税收实施的出口补贴，自贸区协定也无需做进一步的规定。NAFTA 等区域贸易安排的实践也是如此。事实上，尽管我国的自由贸易协定采取了与税收协定平行的安排，或者规定自由贸易协定原则上不适用于税收措施，但也承认 WTO 规则的适用。比如，我国和新西兰的自由贸易协定第 204 条"税收措施"第 1 款虽然规定该协定原则上不适用于税收措施，但该条第 2 款规定：本协定仅在下列情况下，针对税收措施赋予权利或施加义务：WTO 协定同样赋予了相应的权利或施加了相应的义务。

在服务贸易领域，我国的自由贸易协定也采纳了 GATS 的体例。不过，由于 GATS 欠缺服务补贴规则，我国的自由贸易协定实际上也没有相应的规则。当然，在 GATS 谈判出服务补贴规则之后，根据相关自由贸易协定的条款，也会被纳入。从谈判技术和与多边的关系来讲，既然 GATS 没有相应规则，我国的自由贸易协定似乎也没有必要尽早考虑服务补贴的具体纪律。同时，由于每个自贸区的具体目标不同，且目前的大多数缔约方均为发展中国家，也难以在这方面形成统一的政策。不过，在相关自贸区发展到一定阶段后，假如多边体制仍没有制定关于服务补贴的规则，而自由贸易协定排除适用服务补贴的规定严重影响了服务市准入的实现并对服务贸易产生了扭曲效应,我国仍需要考虑是否建立区域性的服务补贴规则。需要指出的是,目前的自由贸易协定一般在服务补贴方面设立了磋商机制。比如,中国—东盟自贸区服务贸易协议第 14 条规定:除非本条另有规定,本协议不应适用于一缔约方提供的补贴,或者附加于接受或持续接受这类补贴的任何条件,不论这类补贴仅给予国内服务、服务消费者或服务提供者。如果这类补贴显著影响了在本协议下承诺的服务贸易,任何缔约方均可请求磋商,以友好地解决该问题。各缔约方应向任何请求方提供本协议下承诺的服务贸易的补贴信息。这为未来讨论区域性的服务补贴纪律提供了基础。此外,我国在自由贸易协定的磋商机制中还可进一步明确一方要求补贴实施方提供的具体信息,并要求被请求方应尽力消除或减少补贴(特别是服务贸易补贴)对请求方利益的任何负面影响。同时,随着自由贸易区的发展,我国还可以将自由贸易协定原则上不适用于所有服务补贴改为明确排除特定行业的补贴,或者如澳新紧密经济关系协定(ANZCERTA)关于服务贸易的议定书那样规定缔约方不采用新的服务出口补贴或其他对服务贸易具有扭曲作用的措施,并不把现行补贴措施扩大适用范围。

由于我国的自贸区伙伴都是 WTO 的成员,也可借助 WTO 的贸易政策审议机制与自贸区伙伴就其与服务补贴有关的措施进行多边下的评估和审议。

此外,如本书第三章所述,GATS 第 23 条第 2 款的"非违反之诉"在理论上也是可用的。从我国相关自由贸易协定的争端解决机制来看,也没有排除缔约方选择 WTO 的争端解决机制。比如,我国和冰岛的自由贸易协定第 107 条第 1 款规定:"如发生的争端涉及本协定下事项和双方均为缔约方的其他自由贸易协定或《世界贸易组织协定》下事项,起诉方可以选择解决争端的场所";第 107 条第 2 款进一步明确:"一旦起诉方要求按照第 1 款所指的协定项下设立专家组,则应使用该被选定的解决争端场所,且同时排除了本协定争端解决条款的适用"。

如果我国和自贸区缔约方选择适用 WTO 的争端解决机制,GATS 第 22 条第 3 款的规定也可用于处理相关与贸易有关的税收争端。尽管 WTO 体制并非税收领域的多边规则,但也不允许其成员规避 WTO 的争端解决机制。在关于货物贸易补贴的美国 FSC 案中,美国提出该争端不应由 WTO 管辖,依据是《SCM 协定》的注释 59。注释 59 的第 2—4 句规定如下:"WTO 成员确认,出口企业和受其控制的外国买方之间,或者共同受第三方控制的出口企业和外国买方之间的交易产品的定价,应当遵循独立交易原则,即如同独立企业之间那样定价。任何成员可提请另一成员注意其与此原则不符和导致出口交易的直接税显著减少的行政规则或实践。为此,在不损害成员在 1994 年 GATT 的权利和义务的前提下,成员间可尝试通过现行的双边税收协定或其他国际机制来解决争议"。专家组认为,注释 59 并不构成 WTO 争端解决机制的特殊或补充规则,特别是"在不损害成员在 1994 年 GATT 的权利和义务前提下"的措辞表明 WTO 的争端解决机制不应借此被规避。专家组驳回了美国的主张。[①]就 GATS 第 22 条第 3 款而言,尽管规定 WTO 成员不得根据 GATS 第 22 条(磋商)和第 23 条(争端解决)就另一成员的属于它们之间的有关避免双重征税协定范围的措施引用第 17 条,但如果成员间对争端是否属于双重征税协定范围达不成一致,仍可提交服务贸易通过仲裁予以认定[②],仲裁裁决是终局的并对各成员有约束力。因此,如果仲裁裁决争端不属于税收协定的范畴,就可诉诸 WTO 的争端解决机制。

(二) 投资领域的问题

由于我国的自贸区协定包含了投资保护和投资自由化的内容,而 WTO 体制也非投资领域的多边体制,因此与投资相关的所得税问题的应对也是由自贸区协定的投资规则和税收协定来分别处理的。鉴于我国的自由贸易协定承认税收协定的优先性,这一体制也无需改变。由于我国自由贸易协定中的投资规则实际上是 BIT 内容的并入,而我国近年的 BIT 也比早期的 BIT 有了新的发展,这些发展对于我国在 BIT 或自由贸易区协定中明确投资规则和税收协定的关系也不容忽视。

从近年来我国的 BIT 来看,在投资定义、外国投资者及其投资的待遇、履行要求、征收、外国投资者与东道国投资争端解决机制等方面,均比我国入世之前的 BIT 有了较大的变化,更加强调了投资保护和投资自由化。

[①] Report of the Panel, United States-Tax Treatment for "Foreign Sales Corporations", WT/DS108/R, paras. 7-12-7.22. 另外,在我国的相关自由贸易协定中,也有缔约双方依据《SCM 协定》所采取的反补贴措施不适用协定中的争端解决机制的规定(比如我国和冰岛自由贸易协定第 15 条、我国和巴基斯坦自由贸易协定第 25 条)。

[②] 对于 WTO 协定生效前存在的双重征税协定,有关事项只有在经过该协定双方同意的情况下才能提交服务贸易理事会。

以投资待遇为例,给予外国投资者及其投资以最惠国待遇、国民待遇和公平与公正待遇已是目前我国 BIT 的标准做法。在最惠国待遇方面,从传统的准入后的最惠国待遇扩展到包括准入阶段的最惠国待遇。① 在国民待遇方面,1980—1998 年期间的 BIT 中基本上是不包括国民待遇或给予限制性的国民待遇。尽管 1986 年中英 BIT 第 3 条第 3 款做了关于国民待遇的规定,但也隐含了诸如"尽力而为""不改变本国法规"的限制条件。② 在我国入世之后,我国签订的 BIT 均明确规定了给予外资准入后的国民待遇。③ 由于《TRIMs 协定》仅适用于与贸易有关的投资措施,GATS 只是要求在市场准入后实行国民待遇。因此,我国在市场准入环节的限制,并不违背中国入世的承诺及其承担的国际义务。④

在公平与公正待遇方面,尽管我国的 BIT 一般均规定了给予投资以公平与公正待遇,但早期的 BIT 没有将该待遇与国际法相联系,而近年的发展动向是将公平与公正待遇与国际法规则相联系,即依据普遍接受的国际法规则给予投资以公平与公正待遇。⑤

再以征收为例,我国近年来的 BIT 不仅对间接征收做了进一步规定,也明确了税收措施接受征收规则的管辖,有的 BIT 还规定了缔约方税收当局认定税收措施是否构成征收的权限,也强调了政府规制经济的措施不构成间接征收。比如,我国和加拿大的 BIT 第 10 条第 1 款规定:"每一缔约方投资者的涵盖投资或投资收益均不得在另一缔约方的领土内被征收或国有化,亦不得被采取具有相当于征收或国有化效果的措施,

---

① 比如,我国和芬兰于 1984 年 9 月 4 日签订的 BIT 第 3 条第 1 款规定:"缔约任何一方对于缔约另一方投资者根据本协定规定在其领土内的投资或收益所给予的待遇,在同样情况下,不应低于其给予任何第三国投资者的投资或收益的待遇。"我国和芬兰 2004 年 11 月 15 日签订的 BIT 第 3 条第 3 款规定:"就设立、征收、运营、管理、维持、使用、享有、扩张、出售或投资的其他处置方面,缔约一方给予缔约另一方投资者的投资的待遇应不低于其给予任何第三国投资者的投资的待遇。此外,缔约一方不得对缔约另一方投资者的投资在涉及当地含量或出口实绩要求方面实行不合理或歧视性的措施。"

② 参见孙玉红:《中日韩三边投资协定的新变化及中日利益取向分析》,载《国际贸易》2013 年第 11 期,第 57 页。

③ 比如,我国和加拿大的 BIT 第 6 条规定:"任一缔约方给予另一缔约方投资者在扩大、管理、经营、运营和销售或其他处置其领土内投资方面的待遇,不得低于在类似情形下给予其国内投资者的待遇。任一缔约方给予涵盖投资在扩大、管理、经营、运营和销售或其他处置其领土内投资方面的待遇,不得低于在类似情形下给予其国内投资者投资的待遇。"

④ 参见余劲松:《改革开放 30 年与我国国际投资法制的发展与完善》,载《理论前沿》2008 年第 21 期,第 11 页。

⑤ 参见同上。

基于公共目的、根据国内正当法律程序、不以歧视方式并给予补偿的情况除外。"该 BIT 第 14 条第 4 款也规定第 10 条征收的相关规定应适用于税收措施。在间接征收的认定方面,该 BIT 关于第 10 条的附录做了如下说明:(1) 间接征收源于缔约方采取的一项或一系列措施,该等措施与直接征收具备同等效力,但没有在形式上体现为转移所有权或直接没收。(2) 判断缔约方一项或一系列措施是否构成间接征收,需要在事实的基础上针对个案进行调查,需要考虑的因素包括但不限于:该措施或该系列措施的经济影响,虽然缔约一方的一项措施或一系列措施对投资的经济价值有负面影响这个单一事实并不表明间接征收已经发生;该措施或该系列措施在何种程度上干预了做出投资的明显、合理期待;以及该措施或该系列措施的性质。(3) 除了在极少数的情况下,例如一项措施或一系列措施从目标来看相当严重,以至于这些措施不能认为以善意方式采取和适用,则缔约方为保护公众福祉之合法公共目的,如健康、安全和环境,而设计和适用的一项或一系列非歧视性措施,不构成间接征收。在税收机关对税收措施是否构成间接征收的认定方面,如前所述,我国和日本、韩国的三方投资协定第 21 条也做出了规定。

在投资者和东道国的投资争端方面,我国近年来的 BIT 也放宽了可提交国际仲裁的争端范围。以我国和德国 2003 年的 BIT 为例,与两国 1983 年的 BIT 相比,2003 年的 BIT 扩大了外国投资者就有关争议向国际仲裁庭投诉东道国政府的权利范围,从原先限于"征收补偿金"的争议,扩大到"就投资产生的任何争议",并赋予了外国投资者单方向国际仲裁庭投诉东道国政府的随意性和决定权。[①]

这些变化也体现在了我国的有关自由贸易协定之中。鉴于自由贸易协定的投资规则与 BIT 没有实质差别,而且我国采用贸易协定(包括投资规则)与税收协定并行的模式,在投资者和东道国争端解决机制扩大国际仲裁的范围的背景下,明确政府规制经济的权力和可能构成征收的税收措施的界限,是需要在后续的 BIT 或自由贸易协定中特别关注的。在这方面,我国和加拿大、日本、韩国 BIT,以及我国和秘鲁自由贸易协定中的做法是应当坚持和推广的。

还需要指出的是,我国正与美国和欧盟进行的 BIT 谈判也将对我国

[①] 参见陈安主编:《国际投资法的新发展与中国双边投资条约的新实践》,复旦大学出版社 2007 年版,第 359—360 页。

的外资法律制度和未来自贸区投资规则的谈判产生重大影响。

如前所述,我国目前的 BIT 在国民待遇方面是以准入后为基础的,并不涉及投资的准入阶段。但是,2013 年 7 月 11 日,在第五轮中美战略与经济对话过程中,我国宣布以"准入前国民待遇和负面清单"为基础与美方进行投资协定的实质性谈判。准入前国民待遇是指一国除给予外资准入后的国民待遇外,在准入阶段也给予外资国民待遇。负面清单属于 BIT 的附件,是国民待遇的例外,即列入清单之列的行业或事项不享有国民待遇。① 因此,准入前国民待遇和负面清单的准入实际意味着涉及所有投资阶段和行业的国民待遇②,但负面清单列出的行业或事项除外。在中美宣布以"准入前国民待遇和负面清单"为基础谈判 BIT 后,中欧投资协定谈判于 2013 年 11 月第 16 次中欧领导人会晤期间正式宣布启动,并于 2014 年 1 月进行了第 1 轮谈判。③ 与中美 BIT 谈判类似,中欧 BIT 也涉及投资市场准入和负面清单。④

---

① UNCTAD, National Treatment, UNCTAD Series on Issues in International Investment Agreements, UNCTAD/ITE/IIT/11(Vol. IV), p. 22.

② 比如,美国财政部网站中的表述为"China and the U. S. Announced Their Intention to Negotiate a US-China BIT That Would Cover All Stages of Investment and All Sectors"。参见 US Department of the Treasury, "U. S. and China Breakthrough Announcement on the Bilateral Investment Treaty Negotiations", 15 July 2013, 检索自 http://www.treasury.gov/connect/blog/Pages/U. S. -and-China-Breakthrough-Announcement-.aspx, 2018 年 1 月 28 日最后访问。

③ 商务部新闻办:《第 2 轮中欧投资协定谈判在布鲁塞尔举行》(2014 年 3 月 24 日),检索自 http://www.mofcom.gov.cn/article/ae/ai/201403/20140300526783.shtml, 2018 年 1 月 28 日最后访问。

④ 准入前国民待遇和方面清单模式也要求我国改变目前的外资管理体制。当然,从国内因素讲,为了进一步改革开放和吸引外资,我国也有改变的内在要求。我国自 2013 年 9 月开始就通过上海自由贸易试验区以及后续的广东、天津和福建等自由贸易试验区探索准入前国民待遇+负面清单的模式。2016 年 9 月 3 日,全国人大常委会修改了《外资企业法》《中外合资经营企业法》《中外合作经营企业法》和《台湾同胞投资保护法》,将试验区的负面清单模式纳入了全国性的外资法律。举例来讲,《外资企业法》增加一条,作为第 23 条:"举办外资企业不涉及国家规定实施准入特别管理措施的,对本法第 6 条、第 10 条、第 20 条规定的审批事项,适用备案管理。国家规定的准入特别管理措施由国务院发布或者批准发布。"其余三部法律也有类似的修订。此外,2015 年 1 月 19 日,商务部公布了《中华人民共和国外国投资法(草案征求意见稿)》,向社会公开征求意见。该草案也采用了准入前国民待遇加负面清单的管理模式。需要指出的是,国内法下的负面清单和投资协定下的负面清单是不同的。从国外立法模式看,外资开放程度高的国家,并不都存在国内法上的负面清单,其对外资的限制散布在其他法律之中(比如美国),而投资协定中的负面清单则是对国内法中外资限制措施的汇总。同时,投资协定的负面清单也排除协定下的最惠国待遇义务,而国内法的负面清单与最惠国待遇无关,是国内法中国民待遇的例外。此外,中欧投资协定(包括中美投资协定)下谈成的负面清单可能在外资准入限制方面比修订的《外资企业法》下的负面清单范围更小。

就中欧 BIT 而言,其与中美 BIT 谈判的不同在于,我国和美国并没有缔结 BIT[①],而我国和欧盟成员国之间已存在 BIT[②],而中欧 BIT 是欧盟作为一方与我国进行谈判。在欧盟方面,其法律依据在于《里斯本条约》生效后,欧盟享有专有权限(exclusive competence)的共同商业政策(common commercial policy)得以扩展,服务贸易、知识产权、外国直接投资等都属于共同商业政策的范围,而欧盟也享有就这些事项与第三国缔结国际协定的专有权限。[③] 为此,欧盟专门制定了第 1219/2012 号规则[④],明确了欧盟成员国与第三国的现行 BIT 的法律地位依然有效,直至欧盟与该第三国签订的 BIT 生效后,将取代成员国与第三国的 BIT。[⑤] 因此,假如中欧 BIT 谈判成功并生效,我国与欧盟成员国之间的现行 BIT 将被中欧 BIT 所取代。

在 BIT 协定文本和负面清单方面,由于没有官方的文件公布,难以进行有针对性的研究。从国际背景看,美式 BIT 或以 NAFTA 为代表的包含投资规则的 FTA 在全球范围的影响力也日益增加,成为了中国、日本、新加坡、韩国、印度和澳大利亚谈判 BIT 或包含投资规则的 FTA 的范例。我国和加拿大的 BIT 以及我国和美国正在谈判的 BIT 也以美国的 BIT 范本为基础。在欧盟方面,欧盟与加拿大的综合经济贸易协定

---

① 1980 年 10 月 30 日,我国和美国签订了《关于投资保险和投资保证的鼓励投资协议和换文》,但该协议和换文是关于投资保险(特别是美国海外私人投资公司的承保)的,并非 BIT。

② 在中欧 BIT 谈判之前,除爱尔兰之外,我国已与欧盟其他 27 个成员国签订了 BIT(与比利时和卢森堡的 BIT 是在一个协定之中)。

③ 参见《欧洲联盟运行条约》第 3 条、第 206 条和第 207 条。虽然外国直接投资已经并入了欧盟享有专有权限的共同商业政策,但国际投资存在着直接投资(direct investment)和证券投资(portfolio investment)的划分,《欧洲联盟运行条约》并没有进一步明确"外国直接投资"是否包括了证券投资。共同商业政策属于欧盟的对外关系,欧盟谈判投资协定涉及投资的市场准入是没有问题的,这与欧盟在贸易协定中谈判货物和服务的市场准入没有实质性区别。但是,外资进入欧盟后,欧盟及其成员国在欧盟内部市场的运行方面都有权进行规制。欧盟成员国的现行 BIT 也包括投资保护、投资规制以及投资者—国家争端解决机制(ISDS)的内容。这就产生了欧盟是否取得了缔结包含证券投资、投资保护、投资规制和 ISDS 等内容的投资协定的专有权限的问题。假如欧盟不具有上述事项的全部专有权限,那么欧盟对外谈判的包含证券投资、投资保护、投资规制和 ISDS 机制的投资协定就属于欧盟法下的混合协定(mixed agreement),投资协定的最终签署和批准就需要欧盟及其成员国的同意。2017 年 5 月,欧盟法院在其 2/15 号意见中指出,欧盟在证券投资和 ISDS 两个方面没有对外谈判协定的专有权限。

④ Regulation (EU) No 1219/2012 of the European Parliament and of the Council of 12 December 2012 Establishing Transitional Arrangements for Bilateral Investment Agreements between Member States and Third Countries.

⑤ 欧盟第 1219/2012 号规则第 3 条。

(CETA),与新加坡、印度和日本谈判的FTA也参照了NAFTA。① 在税收问题上,结合美国的BIT范本、相关BIT和FTA以及欧盟的相关FTA,可以预测下列条款将出现在中美和中欧BIT中:

(1) 履行要求条款。

在美国方面,履行要求是以NAFTA为代表的FTA以及BIT范本中的标准条款,NAFTA第1106条和美国2012年BIT范本第8条的内容是类似的。② 欧盟与我国的BIT是其取得投资的专有权限后对外谈判的第一个BIT。尽管在这方面没有先例可循,但欧盟作为一方谈判的FTA中也包含履行要求条款,而且与美国的条款类似。比如,欧盟和加拿大的CETA第8.5条的规定与NAFTA第1106条没有实质区别。

我国的相关BIT和自由贸易协定采取的是将《TRIMs协定》并入的做法。不过,NAFTA和CETA的表述与《TRIMs协定》的条文没有实质区别,都不允许投资优惠(包括税收优惠)的取得与当地成分等措施联系起来。因此,我国和美国与欧盟的BIT中列入履行要求条款是确定的。事实上,由于我国和欧盟的BIT将取代欧盟成员国与我国之间的BIT,欧盟委员会在评估成员国与我国的BIT时,也指出现行BIT缺乏履行要求条款。③

(2) 专门的税收条款。

NAFTA第2103条和美国2012年BIT范本第21条均为专门的税收条款,都原则上排除税收措施的适用。不过,这两个条款都明确了税收协定的优先性。④ 在前述履行要求方面,这两个条款也规定适用于税收措施。⑤

欧盟与韩国的自由贸易协定第15.7条是专门的税收条款。该条第1款明确该条只适用于为实施该协定所必需的税收措施;该条第2款强调了该协定不影响韩国与欧盟成员国在它们之间的税收协定下的权利和

---

① Nikos Lavranos, The New EU Investment Treaties: Convergence towards the NAFTA Model as the New Plurilateral Model BIT Text, at http://papers.ssrn.com/sol3/papers.cfm?abstract_id=2241455。

② 比如NAFTA第1106条和美国2012年BIT范本第8条。两者的内容类似。

③ European Commission, Commission Staff Working Document: Impact Assessment Report on the EU-China Investment Relations, SWD (2013) 185 final.

④ NAFTA第2103条第2款和美国2012年BIT范本第21条第4款。

⑤ NAFTA第2103条第5款和美国2012年BIT范本第21条第3款。

义务,且在该协定与税收协定不一致时,税收协定优先。该条第 3 款进一步规定,在确定税收协定与该协定是否存在不一致时,只能由韩国和欧盟成员国税收主管当局共同决定。此外,该条第 3 款和第 4 款还增加了 NAFTA 和美国 BIT 范本所没有的内容:第 3 款规定:本协定不应解释为禁止缔约方对不处于相同情况的纳税人,特别是根据他们的居住地和投资地而采取差别的财税立法。第 4 款规定:本协定不应解释为禁止缔约方根据税收协定或国内财税立法而采取防范逃税和避税的任何措施。

我国在相关 BIT 和自由贸易协定中也规定了专门的税收条款。因此,中美和中欧 BIT 中做出类似的规定也是必要的和可预见的。同时,欧盟和韩国 FTA 第 15.7 条第 3 款和第 4 款的规定也可借鉴,因为这进一步明确了税收协定以及国内税法与 BIT 的关系。

(3) 间接征收与税收。

NAFTA、美国 BIT 范本关于征收的条款内容几乎相同。以美国 2012 年 BIT 为例,其主要内容为:

首先,征收包括了间接征收,并通过附件予以具体说明。在关于征收的附件中,认定间接征收应基于个案的事实进行审查,并考虑如下因素:(a) 政府措施的经济影响。但是,只是因为政府措施对投资的价值造成了负面影响本身不足以认定其构成间接征收。(b) 政府措施对明确的投资合理预期的干预程度。(c) 政府措施的特征。此外,除了极其特殊的情况以外,政府基于保护公众健康、公共安全或环境的合法目的而采取的非歧视的规制措施不构成间接征收。

其次,征收规则也适用于税收措施,也适用于投资者与东道国投资争端的解决机制,但应先由缔约双方税收主管当局确定争议的税收措施构成征收,或者缔约双方税收主管当局未能在规定的期限内就该税收措施不构成征收达成一致。在实践中,美国投资者曾主张加拿大 2006 年关于某项信托所得税的改变构成了间接征收,并试图通过 NAFTA 下的争端解决机制主张赔偿。但是,美国的主管当局(主管税收政策的财政部助理部长)同意加拿大的主管当局关于该项所得税改变不构成征收的观点,因而阻止了美国投资者启动 NAFTA 下的争端解决机制。[①]

---

① Alan S. Lederman, "When Can U. S. Trade Agreements Be Availed of to Compensate for Income Tax Liabilities?" *Journal of Taxation*, Vol. 118, No. 2, 2013, p. 73.

欧盟和加拿大的 CETA 关于征收的附件(Annex 8A)与美国的做法虽然在文字表述上稍微不同,但也是近似的。在认定间接征收方面,也以个案事实为基础,并考虑:(a)政府措施的经济影响。但是,只是因为政府措施对投资的价值造成了负面影响本身不足以认定其构成间接征收;(b)政府措施的持续时间;(c)政府措施对明确的投资合理预期的干预程度;(d)政府措施的特征,特别是其目的、内容和背景。为进一步的确定性,除非在及其特殊的情况下,从该政府措施的目的来看,具体措施的影响非常严厉从而明显过度,政府基于保护公众健康、公共安全或环境的合法目的而采取的非歧视的规制措施不构成间接征收。

我国的相关 BIT 和自由贸易协定中关于征收的附件与美国的做法也没有实质区别。我国和秘鲁的自由贸易协定附件九也规定:政府的措施构成间接征收,必须为严重的或无确定期限的并且与公共利益不相称的措施。对政府措施在具体情况下是否构成间接征收,还需要在事实的基础上针对个案进行调查,需要考虑政府行为的经济影响,即使一缔约方的一项或一系列措施对投资的经济价值有负面影响,其本身并不表明间接征收成立。此外,附件九规定,以下情况下,对财产的剥夺应被认为构成间接征收:(a)效果上是歧视性的,既可能是针对特定投资者的,也可能是针对投资者所属的一个类别的;或者(b)违反政府对事前向投资者所做的具有约束力的书面承诺,无论此种承诺是通过协议、许可还是其他法律文件做出的。除符合前述规定的极少数情况外,政府为履行管理权而采取的、可被合理地判定为基于保护包括公共健康、安全环境在内的公共利益的目的而采取的措施,不应构成间接征收。

因此,中美和中欧 BIT 中可以写入类似美国 BIT 范本的条款,并赋予缔约方税务主管当局认定税收措施是否构成间接征收的独享权限。不过,我国和秘鲁的自由贸易协定关于征收的附件中列出哪些措施构成间接征收的做法可不采用。

以上对中美和中欧 BIT 涉及税收的条款做了初步的讨论。最终条款如何,尚待实践的印证。

我国目前还没有与美国和欧盟谈判自由贸易协定。不过,中美和中欧 BIT 谈判的成功可能为未来谈判自由贸易协定奠定基础。在 2013 年 12 月,中欧双方领导人在中欧峰会上首次提出在条件成熟时签订全面深入的自贸协定。① 当然,中美和中欧能否以及何时启动自贸区谈判,现在还无法预测,但谈成的 BIT 无疑可以成为未来自由贸易协定的内容。

二、税收协定的完善

自改革开放后我国与日本签订第一个税收协定起②,有些税收协定已经有了差不多三十年的历史。在这三十年间,国际经济格局和我国的经济状况发生了很大变化,我国的国内税法也进行了整合,国际间的税收协定也不断发展和更新,我国早年的税收协定已经无法适应新的形势。因此,以我国和新加坡 2007 年的税收协定为起点,我国已经与英国、比利时、德国、丹麦、芬兰、荷兰、瑞士、法国、捷克、马耳他、俄罗斯、罗马尼亚等国签订了新的税收协定以取代旧的协定,参见下表:

缔约方	旧税收协定	新税收协定
新加坡	1986 年 4 月 18 日签署,1986 年 12 月 11 日生效	2007 年 7 月 11 日签署,2007 年 9 月 18 日生效。
英国	1984 年 7 月 26 日签署,1984 年 12 月 23 日生效	2011 年 6 月 27 日签署,2013 年 12 月 13 日生效。
比利时	1985 年 4 月 18 日签署,1987 年 9 月 11 日生效	2009 年 10 月 7 日签署,2013 年 12 月 29 日生效。
德国	1985 年 6 月 10 日签署,1986 年 5 月 14 日生效。	2014 年 3 月 28 日签署,2016 年 4 月 6 日生效。③
丹麦	1986 年 3 月 26 日签署,1986 年 10 月 22 日生效	2012 年 6 月 16 日签署,2012 年 12 月 27 日生效。
芬兰	1986 年 5 月 12 日签署,1987 年 12 月 18 日生效	2010 年 5 月 25 日签署,2010 年 11 月 25 日生效。
荷兰	1987 年 5 月 13 日签署,1988 年 3 月 5 日生效	2013 年 5 月 31 日签署,2014 年 8 月 31 日生效。

---

① 参见第十六次中国欧盟领导人会晤发表的《中欧合作 2020 战略规划》,载《人民日报》2013 年 11 月 24 日第 3 版。

② 我国和日本的税收协定签署于 1983 年 9 月 6 日,1984 年 6 月 26 日生效。

③ 中国政府于 1985 年 6 月 10 日、1987 年 6 月 8 日先后与德意志联邦共和国、德意志民主共和国政府签订避免对所得和财产双重征税协定、避免对所得双重征税和防止偷漏税协定。1990 年 10 月 3 日,德意志联邦共和国与德意志民主共和国统一为德意志联邦共和国,中国政府 1985 年 6 月 10 日与德意志联邦共和国政府签订的避免对所得和财产双重征税协定继续适用于中国和统一以后的德意志联邦共和国。

(续表)

缔约方	旧税收协定	新税收协定
瑞士	1990年7月6日签署,1991年9月27日生效	2013年9月25日签署,2014年11月15日生效。
法国	1984年5月30日签署,1985年2月21日生效	2013年11月26日签署,2014年12月28日生效。
捷克	1987年6月11日签署,1987年12月23日生效	2009年8月28日签署,2011年5月4日生效。①
马耳他	1993年2月2日签署,1994年3月20日生效	2010年10月10日签署,2011年8月25日生效。
俄罗斯	1994年5月27日签署,1997年4月10日生效	2014年10月13日签署,2016年4月9日生效。
罗马尼亚	1991年1月16日签署,1992年3月5日生效。	2016年7月4日签署,2017年6月17日生效。

上述新税收协定具有以下特点:

(1) 使税收协定与我国的国内税法更好地衔接起来。

在企业所得税方面,我国在2008年之前实行内外资企业分别立法的做法。内资企业适用1993年12月13日国务院发布的《企业所得税暂行条例》。对于外资企业,最初适用全国人大常委会于1980年9月10日制定的《中外合资经营企业所得税法》和全国人大于1981年12月13日通过的《外国企业所得税法》。1991年4月9日,第七届全国人大第四次会议通过了《外商投资企业和外国企业所得税法》,自1991年7月1日起施行,《中外合资经营企业所得税法》和《外国企业所得税法》被废止。2007年3月16日,第十届全国人大第五次会议通过了《企业所得税法》,自2008年1月1日起施行。《企业所得税法》实现了内外资企业所得税法的统一,《外商投资企业和外国企业所得税法》和《企业所得税暂行条例》同时废止。

我国早期税收协定的国内法基础是当时的《中外合资经营企业所得

---

① 中国政府于1987年6月11日与捷克斯洛伐克社会主义共和国政府签订避免对所得双重征税和防止偷漏税协定。1990年,捷克斯洛伐克社会主义共和国先后改国名为捷克斯洛伐克联邦共和国、捷克和斯洛伐克联邦共和国,上述协定继续适用。1993年1月1日,捷克和斯洛伐克联邦共和国分解为捷克共和国和斯洛伐克共和国,上述协定继续适用于中国和上述两国。2009年8月28日,中国政府与捷克共和国政府签订避免对所得双重征税和防止偷漏税协定,该协定适用于捷克共和国。

税法》《外国企业所得税法》《外商投资企业和外国企业所得税法》,这些法律的相关规定也反映在了相关税收协定中。比如,对于同时为缔约方双方居民的企业的身份的认定方面,1985年的中国—德国税收协定第4条第3款规定:"除自然人外,同时为缔约国双方居民的人,应认为是其总机构所在缔约国的居民"。这是与当时的《中外合资经营企业所得税法》和后续的《外商投资企业和外国企业所得税法》相连接的。[①] 但是,《企业所得税法》放弃了总机构标准,改为采用注册地和实际管理机构所在地标准认定企业的居民身份。在这种情形下,就可能产生大量根据国内法可以被认为中国居民纳税人但又不构成协定意义上的"居民"的德国企业,导致其无法享受协定的优惠。[②] 因此,2014年的新协定第4条第3款修改为:"除个人以外,同时为缔约国双方居民的人,应认为仅是其实际管理机构所在国家的居民"。

再比如,我国早期的税收协定对于缔约国一方取得的缔约国另一方居民公司支付的股息以间接抵免,但持股比例的门槛为10%。不过,《企业所得税法实施条例》的持股比例则为20%。[③] 因此,一些新税收协定也将持股比例提高到了20%。以中国—法国税收协定为例,根据1984年的协定第22条,在中国方面,中国居民从法国取得的所得,按照本协定在法国缴纳的税收,可以在对该居民征收的中国税收中抵免。但是,抵免额不应超过对该项所得按照中华人民共和国税法和规章计算的中国税收数额。对于中国居民公司收到的法国居民公司支付的股息,当该中国居民公司拥有法国居民公司的不少于10%的股份时,该项抵免应考虑法国公司就该项股息所得所缴纳的法国税收。中法2013年的新税收协定第23

---

① 我国《中外合资经营企业所得税法》第1条第2款规定:"合营企业在中国境内和境外的分支机构,从事生产、经营所得和其他所得,由总机构汇总缴纳所得税"。我国《外商投资企业和外国企业所得税法》第3条规定:"外商投资企业的总机构设在中国境内,就来源于中国境内、境外的所得缴纳所得税。外国企业就来源于中国境内的所得缴纳所得税"。

② 参见刘剑文:《〈中德税收协定〉的现状与发展趋势》,载《现代法学》2012年第2期,第132页。

③ 我国《企业所得税法》第24条规定:"居民企业从其直接或者间接控制的外国企业分得的来源于中国境外的股息、红利等权益性投资收益,外国企业在境外实际缴纳的所得税税额中属于该项所得负担的部分,可以作为该居民企业的可抵免境外所得税税额,在本法第23条规定的抵免限额内抵免"。《企业所得税法实施条例》第80条规定:"企业所得税法第24条所称直接控制,是指居民企业直接持有外国企业20%以上股份。企业所得税法第24条所称间接控制,是指居民企业以间接持股方式持有外国企业20%以上股份,具体认定办法由国务院财政、税务主管部门另行制定"。

条也同样给予了间接抵免,但把持股比例提高到不少于20%。

(2) 根据我国的国情,税收协定也开始适当参考OECD范本。

在早期的税收协定谈判中,我国倾向于参照相对照顾来源地征税权的UN范本。比如,对于税收协定未就管辖权在居民国和来源地国之间划分的"其他所得",我国坚持来源地国要有征税权,不接受由取得者为其居民的国家独占征税权①。不过,在新税收协定中,我国的态度发生了转变,采用了对其他所得由居民国独享征税权的做法。以我国和德国的税收协定为例,1985年的协定第21条(其他所得)第1款和第2款规定,缔约国一方居民的各项所得,凡本协定上述各条未做规定的,应仅在该缔约国一方征税。不过,该条第2款规定了常设机构例外,即:该协定第6条第2款规定的不动产所得以外的其他所得,如果所得的收款人为缔约国一方居民,通过设在缔约国另一方的常设机构在该缔约国另一方进行营业,或者通过设在该缔约国另一方的固定基地在该缔约国另一方从事独立个人劳务,据以支付所得的权利或财产与该常设机构或固定基地有实际联系,不适用第21条第1款的规定。在这种情况下,应视具体情况适用第7条或第14条的规定。同时,第21条第3款仍强调,尽管有第1款和第2款的规定,缔约国一方居民的各项所得,凡本协定上述各条未做规定,而发生在缔约国另一方的,可以在该缔约国另一方征税。2014年的新协定第21条则删除了旧协定第21条的第3款,并将旧协定第21条第1款修改为:"由缔约国一方居民取得的各项所得,不论发生于何地,凡本协定上述各条未做规定的,应仅在该缔约国一方征税"。不过,旧协定第21条第2款仍予以保留。这与OECD范本第21条也是一致的。

之所以发生这样的变化,一个主要原因在于随着我国经济的发展,我国的海外投资也日益扩大,我国作为居民国的税收利益也需要维护。在这种背景下,参考OECD范本也就顺理成章了。②

另外,由于我国国力比改革开放初期有了很大提升,一些旧协定中的发达国家当时为了使本国居民享受我国税收优惠而给予本国居民的税收饶让抵免也开始在新协定下取消。比如,根据1986年中国—丹麦税收协定第23条的规定,丹麦对其居民取得的来源于中国的所得采用限额抵免

---

① 参见王选汇:《避免双重征税协定简论》,中国财经出版社1987年版,第10—11页。
② 比如,中国—比利时新税收协定主要参考了OECD 2008年的范本。

法消除双重征税。不过,丹麦居民中国缴纳的所得税应视为包括假如没有按照中国税法规定给予免税、减税或者退税而可能缴纳的中国税收数额。2012年中国和丹麦新税收协定则取消了这方面的规定。

除了注重居民管辖权之外,在来源地管辖权方面,由于吸引外资依然是我国的既定国策,我国在新的税收协定中做出了进一步降低预提税税率的规定。比如,中国—比利时的新税收协定把股息的预提税税率由旧协定的10%降低到了5%—10%[①],特许权使用费的预提税税率则从10%降至7%。在常设机构机构的认定标准上,中国—德国新税收协定第5条第3款将建筑工地、建筑、装配或安装工程,或者与其有关的监督管理活动构成常设机构的门槛由旧协定中以该工地、工程或活动连续超过6个月提高到12个月。在服务型常设机构方面,中国—德国的新税收协定第5条第3款也把认定标准提高到任何12个月内连续或累计持续183天,而旧协定则是6个月。

尽管新的税收协定在预提税税率方面有所降低,但这并不意味着我国不注重维护来源地管辖权。比如,在常设机构机构方面,我国和德国的新税收协定第5条第6款维持了旧协定独立地位代理人原则上不构成常设机构的做法,但增加了否定独立地位代理人存在的认定条件。[②]

由于税收协定的上述规定适用于缔约国双方的居民,这意味着我国居民在税收协定的缔约国另一方开展经营活动或取得所得时,也要遵守

[①] 旧协定第10条规定:缔约国一方居民公司支付给缔约国另一方居民的股息,可以在该缔约国另一方征税。然而,这些股息也可以在支付股息的公司是其居民的缔约国,按照该国法律征税。但是,如果该股息实际受益人是缔约国另一方居民,则所征税款不应超过该股息总额的10%。新协定第10条规定:缔约国一方居民公司支付给缔约国另一方居民的股息,可以在缔约国另一方征税。然而,这些股息也可以在支付股息的公司是其居民的缔约国一方,按照该缔约国一方的法律征税。但是,如果股息受益所有人是缔约国另一方居民,则所征税款:(1)在受益所有人是公司(合伙企业除外),并在支付股息前至少连续12个月内曾经直接拥有支付股息的公司至25%资本的情况下,不应超过股息总额的5%;(2)在其他情况下,不应超过股息总额的10%。

[②] 旧协定第5条第6款规定:"缔约国一方企业仅通过按常规经营本身业务的经纪人、一般佣金代理人或者任何其他独立代理人在缔约国另一方进行营业活动,不应认为在该缔约国另一方设有常设机构。"新协定第5条第6款规定:"缔约国一方企业仅通过按常规经营本身业务的经纪人、一般佣金代理人或者任何其他独立地位代理人在缔约国另一方进行营业,不应认为在该缔约国另一方设有常设机构。但如果该代理人的活动全部或几乎全部代表该企业,且企业和代理人之间的商业和财务关系不同于非关联企业之间应有的关系,则不应认为是本款所指的独立地位代理人。"

同样的规定,但同时也享受同样的更优惠的待遇。①

(3)增加了反避税条款。

我国《企业所得税法》第六章"特别纳税调整"已经确立了我国的反避税法律制度。因此,中国—新加坡新税收协定第 26 条规定:"本协定并不妨碍缔约国一方行使其关于防止规避税收(不论是否称为规避税收)的国内法律及措施的权利,但以其不导致税收与本协定冲突为限"。这就明确了适用国内反避税措施的法律基础。在此之后,我国其他的新税收协定也增加了类似的条款。②

除了类似于中国—新加坡新税收协定第 26 条的规定,我国的一些新税收协定也增加了如下反避税条款:

第一,一般性的反避税条款。比如,中国—法国新税收协定第 24 条规定:"如果进行某些交易或安排的主要目的是为了获得更优惠的税收待遇,而在这些情况下获得该优惠待遇违背了本协定相关规定的目标和目的,则本协定规定的任何减少或免除税收的待遇不适用。"再比如,2009 年中国—捷克税收协定第 21 条(防止不正当利用税收协定)规定:"虽有本协定其他条款的规定,本协定规定的利益不得给予本不应获得但意在获得协定利益的任何缔约国一方公司。本协定的规定应不妨碍缔约国一方运用其国内法的规定防止偷漏税,但以该缔约国一方对相关所得的征税与本协定不相冲突为限。缔约国一方主管当局在与缔约国另一方主管当局协商后,如果认为给予本协定利益将构成对本协定的滥用,可以拒绝将该协定的利益给予任何人或任何交易。"

第二,专门针对某些所得(主要是消极投资所得)的反避税条款。比如,中国—荷兰新税收协定第 10 条第 7 款规定:"如果据以支付股息的股份或其他权利的产生或分配,是由任何人以取得本条利益为主要目的或

---

① 比如,新税收协定关于常设机构时限的延长有利于我国企业对相关缔约国进行劳务输出。关于常设机构条款在我国税收协定中的演变,可参见 Dongmei Qiu, Permanent Establishment: An Evolving Concept under China's Tax Treaties (1983—2013), *British Tax Review*, Issue 3, 2014.

② 比如,中国—荷兰新税收协定第 23 条规定:"本协定不应妨碍缔约国双方行使其关于防止逃税和避税(不论是否称为逃税和避税)的国内法律及措施的权利,但以不导致与本协定冲突的税收为限。"中国—瑞士新税收协定第 23 条规定:"本协定应不妨碍缔约国一方实施其关于特别纳税调整(不论是否称为特别纳税调整)的国内法律及措施的权利,但以其不导致与本协定冲突的税收为限。"

主要目的之一而安排的,则本条规定不适用。"①

(4) 提高了税收情报交换标准。

我国的新税收协定也反映了 OECD 所倡导的税收情报交换的新标准。② 比如,中国—法国新税收协定第 27 条规定如下:

第一,缔约国双方主管当局应交换可以预见的与执行本协定的规定相关的信息,或与执行缔约国双方或其地方当局征收的各种税收的国内法律相关的信息,以根据这些法律征税与本协定不相抵触为限。信息交换不受第 1 条和第 2 条的限制。③

第二,缔约国一方根据第 1 款收到的任何信息,都应和根据该国国内法所获得的信息一样作密件处理,仅应告知与第 1 款所指税收有关的评估、征收、执行、起诉或上诉裁决有关的人员或当局(包括法院和行政部门)及其监督部门。上述人员或当局应仅为上述目的使用该信息,但可以在公开法庭的诉讼程序或法庭判决中披露有关信息。

第三,第 1 款和第 2 款的规定在任何情况下不应被理解为缔约国一方有以下义务:(a) 采取与该缔约国一方或缔约国另一方的法律和行政惯例相违背的行政措施;(b) 提供按照该缔约国一方或缔约国另一方的法律或正常行政渠道不能得到的信息;(c) 提供泄露任何贸易、经营、工业、商业或专业秘密或贸易过程的信息或者泄露会违反公共政策(公共秩序)的信息。

第四,如果缔约国一方根据本条请求信息,缔约国另一方应使用其信息收集手段取得所请求的信息,即使缔约国另一方可能并不因其税务目的需要该信息。前句所确定的义务受本条第 3 款的限制,但这些限制在任何情况下不应被理解为允许缔约国一方仅因该信息没有国内利益而拒绝提供。

第五,在任何情况下,本条第 3 款的规定不应被理解为允许缔约国一方仅因信息由银行、其他金融机构、被指定人、代理人或受托人所持有,或者因信息与人的所有权权益有关,而拒绝提供。

从上述规定看,"提供可以预见的信息""取消国内利益要求""不得以

---

① 该协定第 11 条(利息)、第 12 条(特许权使用费)、第 13 条(财产收益)也有类似的规定。
② 我国有的税收协定采用"信息交换"的称谓。
③ 该协定第 1 条和第 2 条是关于协定适用的人和税种的规定。

信息为第三方持有而拒绝提供"等方面,与OECD范本第26条是一致的。这几个方面在旧协定中也是没有的。

此外,在有的新税收协定中,还通过议定书对于情报交换做了进一步说明。比如,中国—瑞士新税收协定的议定书第9条就该协定第27条(信息交换)进一步规定:双方认为,请求方只有在为获取信息而穷尽其国内税收管理程序的所有合理方法之后,才能提出信息交换的请求。交换可预见的相关信息的目的是为了尽可能扩大信息交换的范围,但不应允许缔约国双方"撒网捕鱼"或者请求交换不太可能与特定纳税人的税收事项有关的信息。

(5)增加了征税协助条款。

我国原先的税收协定是没有征税互助条款的。不过,一些新的税收协定开始做出了规定。比如,中国—法国新税收协定第28条(税收征收协助)规定:"缔约国双方应努力相互协助征收税款。缔约国双方主管当局应通过相互协商确定本条规定的实施方式。"我国与德国的新税收协定第27条也规定:"缔约国双方应努力相互协助征收税款。缔约国双方主管当局可以通过相互协商确定本条规定的实施方式。本条的规定在任何情况下不应理解为缔约国一方有以下义务:(1)采取与该缔约国一方或缔约国另一方法律和行政惯例相违背的行政措施;(2)采取会违反公共政策(公共秩序)的措施。"

此外,我国也在不断完善税收协定网络,上述税收协定的变化也体现在了这一时期我国与原先没有税收协定的缔约方所签署的一些税收协定中。[①] 比如:

我国居民公司收取的缔约国另一方居民公司的股息享受间接抵免的条件,中国—土库曼斯坦税收协定第23条也以20%的持股比例为条件。

[①] 我国自2008年后与之前没有税收协定的国家签订的税收协定有:我国和塔吉克斯坦的税收协定(2008年8月27日签署,2009年3月28日生效);我国和埃塞俄比亚的税收协定(2009年5月14日签署,2012年12月25日生效);我国和土库曼斯坦的税收协定(2009年12月13日签署,2010年5月30日生效);我国和赞比亚的税收协定(2010年7月26日签署,2011年6月30日生效);我国和叙利亚的税收协定(2010年10月31日签署,2011年9月1日生效);我国和乌干达的税收协定(2012年1月11日签署,尚未生效);我国和博茨瓦纳的税收协定(2012年4月11日签署,尚未生效);我国和厄瓜多尔的税收协定(2013年1月21日签署,2014年3月6日生效);我国和智利的税收协定(2015年5月25日签署,2016年8月8日生效);我国和津巴布韦的税收协定(2015年12月1日签署,2016年9月29日生效);我国和柬埔寨的税收协定(2016年10月13日签署,尚未生效);我国和肯尼亚的税收协定(2017年9月21日签署,尚未生效)。

在常设机构方面,中国—赞比亚税收协定第 5 条第 3 款也规定:"企业通过雇员或雇用的其他人员在缔约国一方提供劳务,包括咨询劳务,但仅以该性质的活动(为同一项目或相关联的项目)在任何 12 个月内连续或累计超过 183 天的为限。"

在其他所得方面,中国—埃塞俄比亚税收协定第 22 条第 1 款也规定:"缔约国一方居民取得的各项所得,不论在什么地方发生,凡本协定上述各条未做规定的,应仅在该缔约国一方征税。"

在反避税条款方面,中国—博茨瓦纳税收协定第 23 条规定:"本协定并不妨碍缔约国一方行使其关于防止规避税收(不论是否称为规避税收)的国内法律及措施的权利,但以不导致税收与本协定冲突为限。"中国—厄瓜多尔税收协定第 23 条为利益限制(LOB)条款,该条第 1 款明确规定,缔约国一方居民从缔约国另一方取得所得,只有在该居民是"合格的人",并且符合该协定规定的享受协定待遇所需具备的其他条件时,才有资格获得本协定给予缔约国一方居民的全部优惠。①

在税收情报交换方面,中国—乌干达税收协定第 26 条也采用了包含"提供可以预见的信息""取消国内利益要求""不得以信息为第三方持有而拒绝提供"等内容。

在税收征收协助方面,中国—博茨瓦纳税收协定第 27 条也规定:"缔约国双方应努力相互协助征收税款。缔约国双方主管当局可以通过相互协商确定本条规定的实施方式。本条规定在任何情况下不应被理解为缔约国一方有以下义务:(1) 采取与该缔约国一方或缔约国另一方法律和行政惯例相违背的行政措施;(2) 采取会违反公共政策(公共秩序)的措施。"

从上述税收协定的发展来看,由于我国采用了税收协定与自由贸易协定平行的机制,因此总体上讲,税收协定的谈判并没有专门针对自贸区协定。事实上,在这些重新签署的税收协定的缔约方中,只有新加坡和瑞

---

① 该条第 2 款对"合格的人"做了详细规定。该条第 3 款还规定:如果缔约国一方居民在该缔约国一方从事积极的营业活动(但为居民本人利益的投资或管理投资业务除外,除非是由银行、保险公司或注册证券交易商从事的银行、保险或证券业务),其来源于缔约国另一方的所得与这些营业活动有关或是伴随这些营业活动而产生,并且该居民又符合本协定规定的享受协定待遇的其他条件,则该居民无论是否合格的人,都有资格就其在缔约国另一方取得的所得享受协定待遇。

士是我国的自贸区伙伴,其余的缔约国尚未与我国订立自由贸易协定。由于我国的自贸区基本为双边的,而税收协定也是双边的,适合双边经贸关系的税收协定无疑也将有助于自贸区内货物、服务和投资的自由化。

因此,对于尚未订立税收协定的自贸区伙伴,我国在与其谈判税收协定时,上述税收协定的发展也将予以体现,并根据双边经贸关系的特点做适当的调整。比如,虽然我国和有的发达国家的税收协定中对方取消了给予其居民的税收饶让抵免,但对于我国来讲,考虑到我国海外投资的发展,仍有必要在与相关国家的税收协定中给予我国居民以饶让抵免。以我国和新加坡的税收协定为例,新旧协定都没有给予我国居民税收协定饶让抵免的规定。但是,新加坡也存在大量为吸引外资而设的税收优惠。[①] 从我国对东盟的投资存量看,我国对东盟投资主要集中在新加坡、缅甸、柬埔寨、印度尼西亚、泰国、越南和老挝等国。其中,中国企业投资最多的国家是新加坡。[②]

三、构建区域税收机制和参与多边税收机制

双边税收协定对于消除缔约双方之间的双重征税和税收歧视的意义自不待言。不过,双边税收协定也存在不足之处。因此,除了双边税收协定之外,我国还需要考虑探索区域机制和借助多边机制来应对相关所得税问题。

(一) 区域机制

尽管我国目前的自贸区基本是双边的,但中国—东盟自贸区则涉及东盟10个成员国,而东盟也正在进行区域税收协调的努力。虽然当前美国和欧盟仍是我国的主要贸易伙伴,但中国—东盟自贸区呈现了良好的发展态势,我国和东盟也完成了自贸区升级版谈判,因此,探讨我国和东盟的区域性税收合作与协调的路径是有意义的。

税收协定是我国与东盟税收合作的基本方式。我国需要对早期签订的税收协定根据双边经贸关系的发展来更新或重新谈判,同时也可考虑

[①] 比如,新加坡对具有新技术开发性质的产业给予5—15年的免税期;出口产品可享受最高达所获利润的90%的免税待遇,期限为3—15年。参见国家税务总局税收科学研究所编译:《外国税制概览》(第三版),中国税务出版社2009年版,第309页。

[②] 梁明、李西林主编:《中国自由贸易区发展报告》(2012),中国商务出版社2013年版,第58页。

区域性多边税收协定的可能性。

从东盟角度讲,扩充东盟成员国的税收协定和完善东盟成员国之间的税收协定网络也有内在动因。东盟10个成员国签订税收协定的总的数量和普及程度并不高,成员国之间税收协定的签订率或覆盖率也低。[①]毕马威(KPMG)在2006年的一份研究报告中提出,东盟成员国缺乏完善的税收协定网络也使得双重征税和避税等问题难以解决,从而增加了商业交易的成本、不利于区域投资。如果成员国因此主要依靠单边措施来消除双重征税,也不利于区域经济一体化的发展。[②]从东盟经济一体化的发展来看,作为东盟共同体三大支柱之一的经济共同体以在东盟地区实现货物、服务、投资和技术劳工的自由流动以及更自由的资本流动为目标。在投资方面,东盟国家早在1987年就缔结了《东盟投资保护和促进协议》(ASEAN Agreement for the Promotion and Protection of Investment),也称为《东盟投资担保协议》(ASEAN Investment Guarantee Agreement, IGA)。1998年10月,东盟国家签署了《东盟投资区框架协议》(Framework Agreement on the ASEAN Investment Area, AIA)。2009年2月,东盟国家又签署了取代IGA和AIA的《东盟全面投资协议》(ASEAN Comprehensive Investment Agreement, ACIA)。《东盟全面投资协议》第7条关于国民待遇的规定也采用了准入前国民待遇和负面清单的模式。[③] 这就需要通过税收协定来消除双重征税和促进投资的流动。因此,建立东盟经济共同体的蓝图(ASEAN

[①] 税收协定签订率是指区域成员国之间实际签订的双边税收协定数占全面签订双边税收协定数的比例;税收协定覆盖率指区域成员国之间实际生效的双边税收协定数占全面签订双边税收协定数的比例。参见"中国—东盟税收问题研究"课题组:《中国—东盟税收协调问题研究》,载《涉外税务》2008年第4期,第18页。

[②] Ian Farrow and Sunita Jogarajan (KPMG Australia), ASEAN Tax Regimes and the Integration of the Priority Sectors: Issues and Options (Final Report), October 2006, 检索自 https://www.google.com.hk/url?sa=t&rct=j&q=&esrc=s&source=web&cd=1&ved=0CCAQFjAA&url=http%3a%2f%2fwww%2elaw%2eunimelb%2eedu%2eau%2fdownload%2ecfm%3fdownloadfile%3d8374E1D0-A608-11E1-8CF00050568D0140%26typename%3ddmFile%26fieldname%3dfilename&ei=cYbhVI-lOqK1mwXmm4DgAw&usg=AFQjCNHivp3RI_BbLRSfxmR6x1N2PvdmYA&bvm=bv.85970519,d.dGc&cad=rj, 2015年1月31日访问。

[③] 该条规定,在成员国的暂时排除行业和敏感行业清单之外,成员国应立即对东盟投资者开放所有行业的投资,并对东盟投资者及其投资在投资的准入、收购、扩大、管理、运营和处置等方面给予不低于相同情况的本国投资者及其投资的待遇。

Economic Community Blueprint)也明确提出要尽可能地建立所有成员国之间的双边税收协定网络。

不过,我国和东盟之间以及东盟成员国之间并没有多边税收协定。如本书第四章所述,东盟1987年制定的税收协定范本只作为适用于成员国之间和成员国与非成员国之间谈判双边税收协定的指南。因此,我国可以考虑与东盟国家订立多边税收协定的可能性。如果缔结区域性的税收协定存在困难,也可缔结有限范围的协定,如同南亚区域合作联盟的《关于避免双重征税和税收事务互助的有限多边协定》那样。在转让定价方面,也可参考欧盟的做法,订立多边的仲裁公约。

订立多边税收协定可能需要花费更多的时间。在此期间,我国应加快与相关东盟成员国重新签署新的税收协定的谈判。在新税收协定的内容方面,我国应结合自贸区服务贸易和投资开放的程度,使税收协定的相关条款能够促进自贸区内服务、投资的自由流动。[①] 在与各成员国谈判税收协定时,我国还可以新加坡之间的税收协定为基础,并结合我国与其他国家重新签署税收协定时增加的相关条款[②],使得税收协定尽量趋同。再比如,我国也可考虑在与相关成员的双边税收协定中就消极投资所得的预提税税率写入最惠国待遇条款。这既能够避免区域一体化进程中修改税收协定的麻烦,也能够减少纳税人利用不同双边税收协定的预提税税率的差异进行避税的空间。同时,税收协定的趋同也能为将来缔结多边税收协定奠定基础。

此外,我国还可考虑与东盟磋商建立区域性的税收合作机制以应对区域内的税收竞争。为了促进经济发展,我国和东盟成员国都有吸引外资的需要。由于中国—东盟自贸区服务协议和投资协议都将补贴排除在外,中国—东盟自贸区成员借助所得税措施实施补贴就没有法律障碍,但

---

① 比如,从中国—东盟自贸区服务贸易协议附件一"中国与东盟10国服务贸易具体承诺减让表"内容看,中国与东盟10国之间涉及的国际税收问题将愈来愈多:(1)中国与东盟10国几乎都承诺允许跨境服务贸易的自然人流动。(2)中国与东盟大多数国家承诺允许一成员的服务提供者在另一成员领土内设立独资或按股比限制设立合资企业,为后者领土内的消费者提供服务。(3)中国与东盟大多数国家承诺允许服务贸易的跨境交付。如在中国的工程师可为在东盟任何一国的客户提供工程咨询服务。(4)中国与菲律宾承诺允许企业和个人使用或租赁土地。以上四大方面均涉及两个或两个以上国家的税法而产生国际税收问题。参见"中国—东盟税收问题研究"课题组:《中国—东盟税收协调问题研究》,载《涉外税务》2008年第4期,第19—20页。

② 比如反避税条款和情报交换标准的提高。

也增加了区域内税收竞争的可能。就所得税制而言，中国和东盟的差异也很大。尽管企业所得税的税率差异不大，但税收优惠政策差异较大。东盟各国一方面逐步降低公司所得税税率，从 20 世纪 90 年代以来，东盟各国的公司所得税率平均下降了 40% 左右；另一方面是充分采取税收优惠政策来吸引外资。中国和东盟各国普遍采用税收政策吸引外资，相互间已形成了税收竞争的态势。① 事实上，在东盟内部，由于东盟经济共同体蓝图没有对成员国的税收政策进行限制，为了实现建立经济共同体的目标，东盟成员国已经采取了吸引外资的税收政策。这体现在东盟成员国的公司所得税税率不断降低，税收激励的范围也不断扩大。随着东盟经济一体化的进展，税收政策也成为了成员国吸引外资的主要工具之一。② 由于东盟目前缺乏税收合作和协调机制，这将使得税收竞争继续。因此，我国和东盟建立相关税收合作机制也有共同的利益。由于中国—东盟自贸区并没有建立超国家的机构，无法设定约束成员所得税政策的法律义务，中国—东盟自贸区成员通过合作机制交流彼此的税收政策以期达成共识是一个可行的方式，也可借鉴欧盟的做法起草一个税收行为准则，彼此承诺尊重公平竞争的原则，限制采取有害的税收竞争措施。

目前，在亚洲范围内，业已存在一个亚洲税收管理与研究组织（Study Group on Asian Tax Administration and Research，SGATAR）。SGATAR 由菲律宾发起，成立于 1970 年，是税收管理者促进合作、提高征管能力和讨论相关税收征管问题的年度论坛，现有 17 个成员：澳大利亚、柬埔寨、中国、中国的香港、澳门和台湾地区、印度尼西亚、日本、马来西亚、蒙古国、新西兰、巴布亚新几内亚、菲律宾、韩国、新加坡、泰国和越南。③ 不过，SGATAR 成员并没有包括所有东盟成员国。

---

① 参见施本植、郑蔚：《中国东盟税收协调的现状及路径选择》，载《经济问题探索》2012 年第 4 期，第 90 页。

② KPMG Asia Pacific Tax Centre, The ASEAN Economic Community 2015: On the Road to Real Business Impact, June 2014, 检索自 http://www.kpmg.com/Global/en/IssuesAndInsights/ArticlesPublications/Documents/international-tax-ASEAN-publication-v2.pd, 2015 年 1 月 31 日访问。不过，也有观点认为由于东盟成员国之间的经济发展水平存在差异，东盟间的税收竞争并不普遍，主要是在新加坡和马来西亚，但这也会刺激其他国家采用，因而税收竞争是不可避免的并可能造成有害的影响。See Achmad Tohari and Anna Retnawati, "Is There Tax Competition in ASEAN", *IBFD Bulletin for International Taxation*, Vol. 40, No. 1, January 2010.

③ 检索自 https://sgatar.org/public/about/，2018 年 1 月 28 日最后访问。

此外,联合国亚洲及太平洋经济社会委员会(U. N. Economic and Social Commission for Asia and the Pacific,ESCAP)也建议亚太国家成立一个区域性的税收论坛(an Asia-Pacific Tax Forum),该论坛将监督成员的税收立法并定期发布关于成员税收改革的审议报告,以便协调税收立法和共享经验。亚太区域在税收领域的进一步合作,不仅能够有助于协调税收和避免税收竞争,也能够帮助处理双重征税、跨国公司的转让定价和避税地等问题,以及提高税收征管的水平。①

不过,ESCAP 有 53 个成员②,其建议的亚太区域的税收论坛难以集中讨论中国—东盟自贸区的问题。东盟已于 2011 年建立了东盟税收论坛(ASEAN Forum on Taxation,AFT)。AFT 将为东盟区域一体化中的税收问题和加强税收合作提供区域的对话平台,特别是在双重征税和预提税方面、更新区域内的双边税收协定和完善税收协定网络、应对逃税以及加强与区域外的合作等方面。③ 因此,我国可以借助 AFT 与东盟建立论坛性质的合作机制,未来再考虑建立更紧密的合作安排。就东盟来讲,在其发展历程中,以"偏好非正式、非敌对性的谈判,建立一致以及非法律的决策程序"为特征的东盟方式也影响着东盟成员国间的经济合作。协商使得东盟自由贸易区可以被看成是发展一种"不侵害任何参与者基本利益的模糊的词句上的阐述,因而,所有的参与者都能够接受"。这使得东盟自由贸易区以一种"使所有政府都感到自在"的步伐行进。④ 不过,东盟宪章在决策机制方面也已做出了改进。尽管"协商"和"一致" (consultation and consensus)依然是东盟决策的基本原则,但东盟领导人峰会(ASEAN Summit)可在无法达成一致时做出决定。⑤ 这意味着采用

---

① ESCAP,Economic and Social Survey of Asia and the Pacific 2014:Regional Connectivity for Shared Prosperity,pp. 88,114,115.

② 检索自 http://www.unescap.org/about/member-states,2018 年 1 月 28 日最后访问。

③ Joint Media Statement of the 15th ASEAN Finance Ministers' Meeting (AFMM) Bali, Indonesia, 8 April 2011;Joint Ministerial Statement of the 17th ASEAN Finance Ministers' Meeting (AFMM) Bandar Seri Begawan, Brunei Darussalam, 3—4 April 2013;Joint Ministerial Statement of the 18th ASEAN Finance Ministers' Meeting (AFMM) Nay Pyi Taw,Myanmar, 5 April 2014.

④ 参见〔加拿大〕阿米塔·阿查亚:《构建安全共同体:东盟与地区秩序》,王正毅、冯怀信译,上海人民出版社 2004 年版,第 203—204 页。

⑤ 参见东盟宪章第 20 条。

无需一致的方式做出决定。①

此外,除了上述区域性的机制外,我国还可通过一些国家之间建立的非地区性的机制来应对跨国避税等问题。比如,我国参加了国际联合反避税信息中心(Joint International Tax Shelter Information Centre, JITSIC)。JITSIC 旨在应对跨国公司国际避税愈演愈烈、税务机关跨国经营信息不对称等困境,通过各国相互配合,更迅速有效地交换信息,打击跨国偷逃税。②

(二) 多边机制

近年来国际税收合作机制的发展已经呈现的多边化的趋势。尽管多边税收协定的制定难度大,但在情报交换、税收征管等方面,多边法律框架正在形成,而多边性的税收合作机制也已出现。

OECD 是税收领域的最重要的国际组织。尽管 OECD 成员多为发达国家,但非 OECD 成员也被邀请参与。除了制定税收协定范本外,OECD 在税收领域的工作也包括了税收征管、税收竞争、转让定价、情报交换等方面。OECD 建立了税收透明度和情报交换的全球论坛(Global Forum on Transparency and Exchange of Information for Tax Purposes),目前有 149 个成员参加。③ 论坛的成员承诺实施关于透明度和情报交换的国际标准,参与对其税制的同行评议(peer review)。如前所述,OECD 和欧洲理事会的《多边税收征管互助公约》是国际税收征管合作中最重要的多边法律基础。自 2013 年以来,在 G20 的政治推动力下,OECD 也正在落实 BEPS 行动方案。

---

① Ali Alatas, "The ASEAN Charter: Towards its Ratification and Implementation" in Pavin Chachavalpongpun, ed., *The Road to Ratification and Implementation of the ASEAN Charter*, Singapore: ISEAS Publishing, 2009, p.15.

② JITSIC 由英国、美国、加拿大和澳大利亚四国于 2004 年发起成立。中国国家税务总局于 2010 年 10 月 27 日加入该组织。目前该组织共九个成员国,分别是英国、美国、加拿大、澳大利亚、日本、韩国、中国、法国和德国。目前,JITSIC 在全球有两个办公室:2004 年成立的华盛顿办公室和 2007 年成立的伦敦办公室。成员国均派驻税务代表参与两个办公室的工作。JITSIC 的优势在于:第一,反应速度快,各国可以第一时间对案件进行面对面的直接对话和沟通;第二,针对重大案件,JITSIC 并不进行批量情报交换,而是集中力量对大案进行情报交换,这也是 JITSIC 体现的主要功能特征;第三,针对各国最新的避税方法进行研究和经验分享,进行事前管理。参见《中国税收情报交换工作的发展、成绩与挑战》,载《国际税收》2014 年第 2 期。该文为该刊记高阳对国家税务总局国际税务司国际税收征管协作处处长黄素华的专访。

③ 包括我国和我国的香港、澳门特区及欧盟。参见 http://www.oecd.org/tax/transparency/,2018 年 1 月 28 日最后访问。

联合国在制定税收协定范本之外,其工作范围也包括转让定价、情报交换、外国直接投资税收等问题。联合国也建立起了一些专门委员会来处理特定的税收问题。① 不过,联合国在税收工作领域的资源有限,而且其相关委员会只具有咨询作用。② 因此,联合国在税收领域的影响力并不及 OECD。UN 范本近年来的发展也呈现向 OECD 范本靠拢的趋势(特别是在情报交换等方面)。

就我国而言,除了区域机制外,我国也有必要借助多边机制来应对相关所得税问题。一方面,推进自贸区建设并非是与全球经济分割开来,企业的跨国经营也并不当然就会局限在自贸区内,这意味着相关税收问题也具有全球性。另一方面,我国参加多边机制也能够在全球税收规则制定方面发挥作用,并通过全球标准进一步促进区域内的税收合作。目前,我国对多边机制是积极参与的。

在税收情报交换方面,我国参加了税收透明度和情报交换的全球论坛,也是联合国和 G20 的成员国。我国近年来的税收协定在情报交换方面也遵循了 OECD 倡导的新标准。除了在税收协定中提升情报交换标准外,我国还与巴哈马、英属维尔京、马恩岛、根西、泽西、百慕大、阿根廷、开曼、圣马力诺、列支敦士登签署了税收情报交换协定。这些协定的内容与 OECD 税收情报交换协定范本基本一致。③ 2013 年 8 月 27 日,我国签署了《多边税收征管互助公约》。2015 年 12 月 16 日,我国签署了《金融账户涉税信息自动交换多边主管当局协议》,并于 2017 年 5 月 9 日正式发布了《非居民金融账户涉税信息尽职调查管理办法》。

就 BEPS 项目而言,我国认为该项目是近百年来全球范围内国际税收规则体系的一次重要改革,是各国携手打击国际逃避税、共同建立有利于经济增长的国际税收规则体系和行政合作机制的重要举措。对我国来

---

① 比如国际税务合作专家委员会(Committee of Experts on International Cooperation in Tax Matters)。该委员会是联合国经社理事会的下属机构,负责联合国税收协定范本的审议和更新,为促进税收主管当局的税收合作提供对话框架,为发展中国家和经济转型国家提供技术援助。其网址为:http://www.un.org/esa/ffd/topics/tax-cooperation.html。

② Jeffrey Owens and Sebastian Beer, Executive Summary: The Structures and Mandates of Eight International and Regional Organizations That Work on Tax, International Tax and Investment Center (ITIC), January 2014,检索自 http://www.iticnet.org/publications/studies-and-reports,2014 年 11 月 19 日访问。

③ 参见《中国税收情报交换工作的发展、成绩与挑战》,载《国际税收》2014 年第 2 期。该文为该刊记高阳对国家税务总局国际税务司国际税收征管协作处处长黄素华的专访。

说,BEPS项目也是我国参与国际规则制定,完善我国国家税收的国际方面的一次良机。[①] 因此,我国也是积极参与其中。2013年9月,OECD牵头设立G20/OECD BEPS项目,下设项目指导组以及数字经济、税收协定、数据统计分析、转让定价、有害税收实践、恶意税收筹划等6个工作组。国家税务总局当选为项目指导组成员以及数字经济工作组副主席。截至2014年5月底,国家税务总局共参加BEPS项目相关会议29次,向OECD提供立场表态16次。这一切不仅体现了我们的税收专业水准,提升了我国的影响力和话语权,而且为建立公平合理的税收规则体系做出了重要贡献,得到OECD和其他参与方的重视和赞赏。[②] 2016年6月,国家税务总局发布了《关于完善关联申报和同期资料管理有关事项的公告》(国家税务总局公告2016年第42号),这也是在国内法层面实施BEPS行动计划第13个议题的措施。2017年6月9日,我国也签署了《实施税收协定相关措施以防止税基侵蚀和利润转移的多边公约》。

因此,通过这些举措,我国将与国际社会共同构建高水平的国际税收规则并完善我国的国内立法。如果我国和相关自贸区伙伴都参与了税收领域的多边机制,就补充了目前缺乏区域性税收合作机制的不足,并为将来建立区域性税收合作奠定基础,也能够促进多边机制在全球范围内的实施。[③]

四、国内法的完善

我国的《企业所得税法》和《个人所得税法》均适用于居民和非居民[④],

---

① 参见国家税务总局办公厅:《国家税务总局G20税基侵蚀和利润转移项目2014年成果宣讲会在北京召开》(2014年9月26日),检索自http://202.108.90.131/SuniT/202.108.90.130/n810219/n810729/c1255441/content.html,2018年1月28日最后访问。

② 参见廖体忠:《BEPS行动计划的影响及我国的应对》,载《国际税收》2014年第7期,第15页。

③ 比如,在我国的自贸区伙伴中,参加税收透明度和情报交换全球论坛的有:澳大利亚、文莱、智利、冰岛、哥斯达黎加、韩国、马来西亚、新西兰、巴基斯坦、菲律宾、柬埔寨、新加坡、瑞士、泰国以及我国的香港和澳门。检索自http://www.oecd.org/tax/transparency/about-the-global-forum/members/,2018年1月28日最后访问。

④ 我国《个人所得税法》虽然没有向《企业所得税法》那样在立法条文中明确使用"居民"和"非居民"的术语,但其规定是包含了居民管辖权和来源地管辖权的。该法第1条规定:"在中国境内有住所,或者无住所而在境内居住满一年的个人,从中国境内和境外取得的所得,依照本法规定缴纳个人所得税。在中国境内无住所又不居住或者无住所而在境内居住不满一年的个人,从中国境内取得的所得,依照本法规定缴纳个人所得税。"

具有当然的涉外性。随着我国自贸区的发展和改革开放的深入,上述税法在应对国际税收问题方面将面临更艰巨的挑战。虽然双边税收协定、区域和多边机制非常重要,但国内税法的完善仍是根本。从法律机制来讲,税收协定的实施需要国内法。税收协定的目的不是统一不同国家之间的税负水平和税收差异,而是协调、划分征税权。税收协定对于税收管辖权的分配是以国内法为基础的,税收协定并不赋予缔约国在国内法中没有的征税权,也不扩充缔约国的征税权,只是限制或不加改变。在管辖权划分后,如何征税仍由国内当局按国内税法征税。缔约国也有权给予纳税人税收协定中所没有给予的税收优惠,或者采取税收协定所不禁止的消除双重征税的措施。在应对税收协定滥用等避税行为方面,税收协定也承认国内反避税规则的效力和适用。税收情报交换的实施、纳税人的权利保护和税收争端的解决也依靠国内法的支持。因此,缺乏相应的国内法机制,税收协定消除双重征税和反避税的目的就无从实现。与此同时,国内税法(包括法律、法规、规章)以及税务机关的征管也不能违背税收协定和其他相关协定(比如 WTO 协定)下的义务。

对于完善税收立法的微观层面的具体措施,限于篇幅和问题的复杂性,本章将不展开细致的讨论。事实上,这些问题本身也足以作为专门的课题研究。从宏观的角度,我国的税法应当遵从税收法定等基本原则,税制应当具备公平、确定、便利和经济等要件自不待言。① 在此,拟从以下两个方面做进一步的阐述:

(一)税收立法的完善应在经济全球化和推动区域一体化的背景下设计

经过三十多年的改革开放,我国虽然仍是一个发展中国家,但同时也是全球第二大经济体。吸引外资是我国过去三十年也是未来的发展战略,而我国的海外投资近年来也在不断增加。中共中央《关于全面深化改革若干重大问题的决定》提出要"扩大企业及个人对外投资"。与此同时,经济全球化和区域一体化已经成为了世界经济的显著特征,我国也在积

---

① 亚当·斯密在《国富论》中阐述了良好税制的四个必要条件是:公平、确定、便利和经济。公平是指税收应基于纳税人的纳税能力,包括横向公平和纵向公平;确定是指纳税人应当知道何时纳税和如何缴税;便利是指税收应在纳税人最便利纳税时课征;经济是指税收的征管成本和奉行费用应最小。参见〔美〕凯文·E. 墨菲、马克·希金斯:《美国联邦税制》,解学智、夏深舸、张津译,东北财经大学出版社 2001 年版,第 5—7 页。

极推动建设面向全球的自由贸易区网络。在这样的背景下,完善我国税法应当做到:

1. 维护我国的税基

融入全球经济体制以及推动进一步实现贸易和投资自由化的自由贸易区是为了我国的经济的发展,不能以过度放弃我国的税收利益为代价。近年来,中国公司在跨国公司全球布局中承担的功能越来越丰富,在全球价值链中做出的贡献也越来越大。BEPS 行动计划中提出的从经济行为发生地以及价值贡献角度对跨国公司利润进行分配的理念和方法,为我国在今后的国际税收管理中争取和维护我国税收权益提供了机遇。[①] 因此,在通过国际机制维护我国税基的同时,我国需要进一步加强反逃税和避税制度。除了要应对在我国投资的跨国公司的逃税和避税问题外,随着我国海外投资的发展,强化居民管辖权也应当是关注的重点。目前,我国《个人所得税法》仍缺乏相关反避税规则。此外,随着我国对资本管制特别是对证券投资交易管制的逐步放开,我国也需要完善对此类流动性比直接投资更强且具有短期性的交易的税收征管。

2. 进一步构建有利于吸引外资和海外投资的税收制度

在包含市场准入和投资自由化内容的区域贸易安排蓬勃发展的形势下,各国实际上也呈现出投资竞争的局面。尽管税收并非投资地点选择的首要因素,但在经济全球化特别是区域一体化的情况下,区域市场的形成和趋同使得影响投资决策的非税因素越来越类似,此时税收激励就成为影响投资地点的有决定性的要素之一。[②]

为了保持我国的竞争力,实行税收激励来吸引外资是必要的,这并不与维护税基的目标相矛盾。通过优惠措施吸引外资和促进海外投资,能够有助于我国经济的发展,也能够带来更广泛的税源。但是,我国不宜采取有害税收竞争的方式。在我国《企业所得税法》颁布之前,从 1980 年的《中外合资经营企业所得税法》起到取代这一法律的《外商投资企业和外

[①] 参见廖体忠:《BEPS 行动计划的影响及我国的应对》,载《国际税收》2014 年第 7 期,第 15 页。

[②] Luiz Villela and Alberto Barreix, Taxation and Investment Promotion, Background note prepared for the World Bank Global Economic Prospects 2003, August 2002, 检索自 http://publications. iadb. org/bitstream/handle/11319/1227/Taxation% 20and% 20Investment% 20Promotion. pdf;jsessionid=F85A671490A254D1C4981677FF4EA288? sequence=1。

国企业所得税法》,虽然从形式来看是全国立法机构制定的法律,但就其内容看,由于给外资提供了大量税收优惠,实际上是税收优惠法。这些税收优惠影响了正常税制的运行①,因提供税收优惠而损失的税收收入也是很大的。② 因此,我国《企业所得税法》对原先的税收优惠制度进行了整合,强调国家对重点扶持企业和鼓励发展的产业和项目给予优惠。在知识经济的时代,我国的税收优惠应当从促进高科技研发着眼,而不是单纯为了吸引外资而给予优惠。

在海外投资方面,我国《企业所得税法》采用限额抵免消除双重征税的做法是值得讨论的。当境外税率高于我国税率时,我国居民纳税人超出抵免限额的境外税款不能全部抵免。③ 由于中国实行的限额抵免是分国计算的④,且企业在汇总计算缴纳企业所得税时,其境外营业机构的亏损不得抵减境内营业机构的盈利⑤,也不利于企业的跨国投资和多国经营。在东道国给予我国企业境外投资以税收优惠时,除了在税收协定中明确规定给予我国居民企业税收饶让抵免,对于没有这样的税收协定和与我国没有税收协定的国家,也需要在国内法中考虑相应的措施,使得企业能够切实享受东道国的税收优惠。以美国为例,美国一直不在税收协定中给本国投资者以饶让抵免。不过,美国是按投资者从世界各国取得的所得汇总计算抵免限额的,发展中国家的减免税可以增加在美国的抵

---

① 关于这方面的论述,可参见 Guoqiang Ma, "China's Current Tax Expenditures System: Issues and Policy Options", in *Tax Expenditures-Shedding Light on Government Spending through the Tax System: Lessons from Developed Transition Economies*, edited by Hana Polackova Brixi, Christian M. A. Valenduc, and Zhicheng Li Swift, The World Bank, 2004, pp. 190—202.

② 以 1994 年为例,外资工业企业的产值占 GDP 的 8%,而缴纳的所得税不到 GDP 的 1%,这意味着中国在 1994 年为了多吸引外资 30 亿美元就必须放弃占有 GDP 1%的税收收入。参见世界银行驻中国代表处:《中国对外商直接投资的税收政策》,载《涉外税务》1996 年第 5 期。转引自蔡庆辉:《有害国际税收竞争的规制问题研究》,科学出版社 2010 年版,第 196 页。

③ 我国《企业所得税法》第 23 条规定:"企业取得的下列所得已在境外缴纳的所得税税额,可以从其当期应纳税额中抵免,抵免限额为该项所得依照本法规定计算的应纳税额;超过抵免限额的部分,可以在以后 5 个年度内,用每年度抵免限额抵免当年应抵税额后的余额进行抵补;……"尽管我国《企业所得税法》允许向后结转,但也并不能保证居民企业的境外税款就在随后的 5 年内全部得到抵免。

④ 我国《企业所得税法实施条例》第 78 条规定:《企业所得税法》第 23 条所称抵免限额,是指企业来源于中国境外的所得,依照企业所得税法和本条例的规定计算的应纳税额。除国务院财政、税务主管部门另有规定外,该抵免限额应当分国(地区)不分项计算。

⑤ 参见我国《企业所得税法》第 17 条。

免余额,用以弥补从高税率国家取得所缴纳的不能全部得到抵免的税额,使其超过限额部分得到抵免。这样,投资者仍然可以得到居民实惠,同样可以起到鼓励投资的作用。①

3. 遵从国际协定义务

完善我国国内税法,也需要注意相关措施与我国承担的国际协定义务一致。在这方面,不仅仅是税收协定,WTO协定、自由贸易协定和BIT均为我国设定了相关纪律。

以WTO协定为例。在我国入世之后,已经发生了几个与税收有关的争端案件,分别是:美国诉我国集成电路增值税案②;欧盟、美国和加拿大诉我国汽车零部件案③;美国、墨西哥诉我国税收优惠措施案。④

(1) 集成电路增值税案

集成电路增值税案是我国入世后作为被诉方的第一起案件。2004年3月,美国就我国集成电路增值税退税政策向我国提出磋商请求,启动了WTO争端解决程序。美国就我国相关文件⑤中对于集成电路产品的增值税方案提出如下质疑:(a) 集成电路的正常增值税税率为17%,但在中国的企业所生产的集成电路产品能够享受部分退税,从而国产品的增值税税率更低,因此我国看起来对进口产品适用了比国产品更高的税率,使得进口成品的待遇低于国产品。(b) 在中国设计但由于技术限制而在中国境外生产的集成电路产品也能够享受增值税的部分退税,中国看起来对从一个成员进口的产品给予了优于从其他成员进口的产品的待遇,

---

① 参见王选汇:《避免双重征税协定简论》,中国财政经济出版社1987年版,第122页。

② China—Value-Added Tax on Integrated Circuits, WT/DS309.

③ China—Measures Affecting Imports of Automobile Parts, WT/DS339, WT/DS340, WT/DS342.

④ China—Certain Measures Granting Refunds, Reductions or Exemptions from Taxes and Other Payments, WT/DS358, WT/DS359.

⑤ 这些文件包括:(1) 国务院《关于鼓励软件产业和集成电路产业发展若干政策的通知》(国发[2000]18号,2000年6月24日发布);(2) 财政部、国家税务总局、海关总署《关于鼓励软件产业和集成电路产业发展有关税收政策问题的通知》(财税[2000]25号,2000年9月22日发布);(3) 信息产业部、国家税务总局《关于印发〈集成电路设计企业及产品认定管理办法〉的通知》(信部联产[2002]86号,2002年3月27日发布);(4) 财政部、国家税务总局《关于进一步鼓励软件产业和集成电路产业发展税收政策的通知》(财税[2002]70号,2002年10月10日发布);(5) 财政部、国家税务总局《关于部分国内设计国外流片加工的集成电路产品进口税收政策的通知》(财税[2002]140号,2002年10月25日发布);(6) 国家税务总局《关于印发〈享受税收优惠集成电路产品名录(第一批)〉的通知》(国税函[2003]1384号,2003年12月23日发布)。

也对其他成员的服务和服务提供者采取了歧视性的措施。因此,我国对于集成电路增值税退税的相关措施和政策违反了 1994 年 GATT 第 3 条的国民待遇、1994 年 GATT 第 1 条的最惠国待遇、GATS 第 17 条国民待遇和我国入世议定书给予 WTO 成员非歧视待遇的承诺。①

我国与美国经过四轮磋商后,于 2004 年 7 月 14 日与美国达成谅解解决了争端,签署了谅解备忘录,而没有进入专家组程序。我国在谅解备忘录中承诺:在 2004 年 11 月 1 日前,修改涉案的增值税退税政策,并不迟于 2005 年 4 月 1 日实施;在 2004 年 9 月 1 日前宣布取消对境内设计、境外生产的集成电路产品的增值税退税政策,并于 2004 年 10 月 1 日起实施。② 之所以通过达成谅解决争议,主要原因在于我国的涉案措施违反相关义务的可能性大。③

(2) 汽车零部件案

汽车零部件案在 WTO 争端解决机制下为 3 个案件,欧盟(当时的欧共体)和美国于 2006 年 3 月、加拿大于 2006 年 4 月分别就我国关于汽车零部件进口的措施向我国提出磋商请求,启动了争端解决程序,三方的磋商请求内容基本相同。我国关于汽车零部件进口的主要文件有:《汽车产业发展政策》④、《构成整车特征的汽车零部件进口管理办法》⑤、《进口汽车零部件构成整车特征核定规则》⑥。上述文件的核心内容为:用于在中国生产和销售的汽车的进口零部件,如果构成整车特征⑦,则进口的零部件应在生产组装成整车后按照整车的关税税率课税,而非按照零部件的关税税率课税。⑧ 以欧盟为例,欧盟对我国关于汽车零部件进口措施的质疑是:(a) 我国的措施违反了 1994 年 GATT 第 2 条关于关税减让的义务、1994 年 GATT 第 3 条关于国民待遇的义务;(b) 对构成整车特征的

---

① WT/DS309/1, G/L/675, S/L/160, 23 March 2004.
② WT/DS309/7, G/L/675/Add.1, S/L/160/Add.1, 16 July 2004.
③ 关于该案的详细评述,参见李成钢主编:《世贸组织规则博弈:中国参与 WTO 争端解决的十年法律实践》,商务印书馆 2011 年版,第 271—287 页。
④ 国家发展和改革委员会令(第 8 号),2004 年 5 月 21 日发布。
⑤ 海关总署、国家发展和改革委员会、财政部、商务部令(第 125 号),2005 年 2 月 28 日发布。
⑥ 海关总署公告(2005 年第 4 号),2005 年 3 月 28 日发布。
⑦ 比如,认定进口汽车零部件构成整车特征的情况之一是:进口零部件的价格总和达到该车型整车总价格的 60% 及以上的。
⑧ 我国承诺的汽车零部件的关税税率为 10%,整车的关税税率为 25%。

零部件按照整车税率征税实质上属于按照组装时使用国产品零部件的情况确定进口零部件的税率,属于当地成分要求,违反了《TRIMs 协定》第 2 条;(c) 我国的汽车产业政策构成替代补贴,违反了《SCM 协定》第 3 条。①

该案争议的核心是我国对构成整车的零部件按照整车的关税税率课税,该征税措施实质上是关税还是国内税。专家组和上诉机构均裁决为国内税。② 我国后来对相关政策进行了调整。③

(3) 税收优惠措施案

2007 年 2 月,美国和墨西哥分别就我国的相关税收优惠措施提出与我国磋商。在多轮磋商后未能解决争端。美国和墨西哥于 2007 年 7 月提出设立专家组的请求,WTO 争端解决机构于 8 月成立了专家组。之后,我国与美、墨继续磋商,中美和中墨分别于 2007 年 12 月和 2008 年 2 月达成谅解解决了争议。该案争议的措施涉及当时的《外商投资企业和外国企业所得税法》及其《实施细则》和国务院、财政部和国家税务总局的相关文件,以及当时尚未生效的《企业所得税法》的内容。比如:

美国根据《外商投资企业和外国企业所得税法实施细则》第 75 条第 7 款和第 8 款,并结合国务院《关于鼓励外商投资的规定》第 8 条和第 9 条以及《外商投资企业和外国企业所得税法》第 6 条和第 8 条,认为我国对产品全部或大部分出口的外商投资企业在满足当地成分或出口实绩的条件后给予减半征收企业所得税的做法与《SCM 协定》第 3 条、1994 年 GATT 第 3 条和《TRIMs 协定》第 2 条以及我国入世议定书和工作组报告书的相关承诺不符。同时,美国也质疑我国《企业所得税法》第 4 章"税收优惠"与上述我国承担的 WTO 义务的一致性。④

在达成的谅解中,我国明确,有的优惠措施业已取消,在《企业所得税法》生效后,《外商投资企业和外国企业所得税法》及其《实施细则》将被废止,相关税收优惠措施也不再实施。《企业所得税法》也不再包含以当地

---

① 参见 WT/DS339/1,G/L/770,G/TRIMS/D/22,G/SCM/D67/1,3 April 2006.
② 关于该案的详细评述,参见李成钢主编:《世贸组织规则博弈:中国参与 WTO 争端解决的十年法律实践》,商务印书馆 2011 年版,第 289—310 页。
③ 比如,废止了《构成整车特征的汽车零部件进口管理办法》。
④ WT/DS358/1/Add. 1, G/L/813/Add. 1, G/SCM/D74/1/Add. 1, G/TRIMS/D/25/Add. 1,2 May 2007.

成分或出口实绩为条件的税收优惠,而且《企业所得税法》所规定的优惠过渡期内我国也不会继续实施业已废止的税收优惠。①

该案中所涉的争议措施大部分是我国入世之前的措施。随着我国入世和经济的发展,相关措施已不再适应发展需要,我国已经主动开始清理和修改。另外,美国、墨西哥并不全面了解我国的相关法律法规和政策,认为我国的措施都是鼓励出口的补贴措施。②

就上述案件而言,集成电路增值税案和汽车零部件案涉及的是间接税,而税收优惠措施案与所得税有关。尽管本书以所得税为研究内容,但1994年GATT的最惠国待遇和国民待遇以及《TRIMs协定》的适用也与所得税有关,认定间接税违背WTO义务的原理也同样适用于所得税。以国民待遇为例,尽管间接税适用1994年GATT第3条第2款,而所得税措施适用第3条第4款,但都不应对国产品提供保护。而税收优惠措施案中则清楚表明了我国认识到相关所得税措施可能违反《SCM协定》。

就WTO所管辖的与贸易有关的税收措施而言,需要明确的是,在政策、规章和规范性文件方面,并不只是由商务部制定,相关机关包括财政部、国家税务总局、国家发展和改革委员会等部委。但是,在相关措施的WTO争端解决方面,则由商务部负责。为了履行WTO义务,国务院办公厅于2014年6月9日发布了《关于进一步加强贸易政策合规工作的通知》(国办发〔2014〕29号)。根据该通知,贸易政策是指国务院各部门、地方各级人民政府及其部门制定的有关或影响货物贸易、服务贸易以及与贸易有关的知识产权的规章、规范性文件和其他政策措施,不包括针对特定的行政管理对象实施的具体行政行为;合规是指上述贸易政策应当符合《世界贸易组织协定》及其附件和后续协定、《中华人民共和国加入议定书》和《中国加入工作组报告书》。该通知明确要求国务院各部门应在拟定贸易政策的过程中进行合规性评估。国务院各部门拟定的贸易政策,有下列情形之一的,如政策制定部门认为有必要,应在按有关程序报送审查或自行发布之前就是否合规征求商务部的意见:涉及与《世界贸易组织协定》等国际经贸条约、协定之间衔接的;可能对贸易产生重要影响的。商务部应在收到征求意见稿之日起7个工作日内,对政策措施提出书面

---

① WT/DS358/14,4 January 2008;WT/DS/359/14,13 February 2008.
② 参见李成钢主编:《世贸组织规则博弈:中国参与WTO争端解决的十年法律实践》,商务印书馆2011年版,第318页。该书第311—320页对该案有详细的评述。

意见,特殊情况可适当延长。同时,该通知授权商务部会同有关部门制定具体办法。目前,商务部正在制定实施办法。如果该项工作顺利推行,对于减少我国因贸易政策(包括有关的税收政策)引发的争议具有重要意义。

除了 WTO 义务,我国的自由贸易协定和 BIT 也会涉及税收措施,比如税收措施可能构成间接征收。除了税收措施的出台需要遵从协定义务外,在自由贸易协定/BIT 下的争端解决机制中,赋予税收主管当局在投资者启动国际仲裁程序前对争议是否属于争端解决机制管辖的审查权或否决权也非常重要。需要指出的是,在税收争端的国际机制方面,尽管税收协定的相互协商程序为纳税人提供了要求缔约方税收主管当局予以处理的程序[①],但当事人也可能借助 BIT 或自由贸易协定下的具有约束力的国际仲裁来处理税务争议(比如当事人主张税收措施构成间接征收)。

就我国而言,在一些自由贸易协定和 BIT 中有类似美国 BIT 中的税收当局决定措施不构成征收的前置程序,但有的则没有,特别是早期的 BIT。[②] 因此,一方面,我国需要出台税收措施时应符合协定义务,另一方面也需要对没有税务机关前置程序的自由贸易协定或 BIT 做必要的修订。

(二) 税法的完善应当是全方位的

税法的完善应当包括立法、执法、司法等方面,不能忽略对纳税人权利的保护。

就我国税法体系而言,除了《企业所得税法》《个人所得税法》和《车船税法》外,其余税种的依据则是"暂行条例"为名称的由国务院制定的行政法规。[③] 就国务院的行政法规来讲,其本身也是法的渊源之一。[④] 全国人

[①] 比如,我国和德国的新税收协定第 25 条规定:如有人认为,缔约国一方或者双方所采取的措施,导致或将导致对其的征税不符合本协定的规定时,可以不考虑各缔约国国内法律的救济办法,将案情提交该人为其居民的缔约国主管当局,或者如果其案情属于第 24 条第 1 款(国籍无差别),可以提交该人为其国民的缔约国主管当局。该项案情必须在不符合本协定规定的征税措施第一次通知之日起 3 年内提出。上述主管当局如果认为所提意见合理,又不能单方面圆满解决时,应设法同缔约国另一方主管当局相互协商解决,以避免不符合本协定的征税。达成的协议应予执行,而不受各缔约国国内法律规定的期限的限制。

[②] 比如我国和冰岛的 BIT 就没有这方面的规定。

[③] 关税的情况相对特殊。我国并没有针对关税这一税种的单独立法,关税的法律地位是在《海关法》中确立的。我国《海关法》第 53 条规定"准许进出口的货物、进出境物品,由海关依法征收关税"。《海关法》还对关税的纳税义务人、完税价格、关税减免等要素进行了规定。国务院根据《海关法》制定了《进出口关税条例》。

[④] 根据我国《立法法》第 2 条,我国的法律渊源包括法律、行政法规、地方性法规、自治条例和单行条例以及国务院部门规章和地方政府规章。

大及其常委会通过的税收法律,也授权国务院制定实施条例。① 此外,财政部和国家税务总局还制定了一系列行政规章,在实际的税收征纳活动中发挥着直接的、巨大的作用。②

还需要指出的是,在税收领域,我国存在着财政部和国家税务总局制定的大量规范性文件。它们虽然不是正式的法律渊源,却也发挥着比法律和行政法规更大的作用。③ 对于部分合法的规范性文件,法院不作为认定行政行为合法的依据是毋庸置疑的。④ 但是,法院在审理行政案件时,仍可以在裁判文书中引用合法有效的规范性文件。⑤ 制定规范性文件是政府部门行使职能的需要。问题在于应确立对规范性文件的合法性审查机制。⑥

除了立法之外,税务部门严格依法行政也是税收法定的要求。尽管我国《税收征收管理法》第3条明确要求税收的开征、停征以及减税、免

---

① 我国《企业所得税法》第59条规定:"国务院根据本法制定实施条例。"我国《个人所得税法》第14条和《车船税法》第12条也有同样规定。此外,在税收征管方面,我国《税收征收管理法》第93条也规定"国务院根据本法制定实施细则"。

② 参见张守文:《财税法学》(第二版),中国人民大学出版社2010年版,第204—205页。

③ 最高人民法院《关于印发〈关于审理行政案件适用法律规范问题的座谈会纪要〉的通知》(法[2004]96号)规定,规范性文件不是正式的法律渊源,对人民法院不具有法律规范意义上的约束力。

④ 参见最高人民法院《关于适用〈中华人民共和国行政诉讼法〉若干问题的解释》第21条。

⑤ 参见最高人民法院《关于执行〈中华人民共和国行政诉讼法〉若干问题的解释》第62条。

⑥ 比如,财政部和国家税务总局颁布的解释《企业所得税法》和《企业所得税法实施条例》中"非营利组织所得税免税"规定的文件就受到了质疑。我国《企业所得税法》第26条第4项规定符合条件的营利组织的收入为免税收入。我国《企业所得税法实施条例》第84条对何为"符合条件的非营利组织"进行了界定。2009年11月11日,财政部、国家税务总局联合发布了《关于非营利组织企业所得税免税收入的通知》(财税[2009]122号,以下简称"《免税收入通知》")和《关于非营利组织免税资格认定管理有关问题的通知》(财税[2009]123号,以下简称"《资格认定通知》"),对"符合条件的非营利组织的收入"和"非营利组织的免税资格认定"进行了细化解释。2009年12月22日,南都公益基金会、友成企业家扶贫基金会等9家基金会负责人对上述两个文件的内容提出了质疑,联合签署建议书,请求国务院对此进行违法性审查,并同时致函财政部和国家税务总局,希望就相关问题沟通。他们认为这两个文件的问题在于:首先,《免税收入通知》规定,非营利组织的免税收入仅包括"捐赠收入、财政拨款收入以外的其他政府补助收入(政府购买服务取得的收入除外)、按照省级以上民政部门、财政部门规定收取的会费、不征税收入和免税收入孳生的银行利息收入",大大缩小了非营利收入免税的范围。《免税收入通知》也没有明确非营利组织从事营利活动取得的哪些收入能够免税。其次,我国《企业所得税法实施条例》第84条规定非营利组织的认定管理办法由国务院财政、税务主管部门会同国务院有关部门制定。但是,财政部和国家税务总局并没有会同民政部等部门就制定了《资格认定通知》。关于该案的详细情况,可参见熊伟主编:《税法解释与判例评注》(第1卷),法律出版社2010年版,第16—22页。

税、退税、补税应依照法律的规定执行,但现实中仍存在违规减免和征管不严的问题。① 此外,税收机关的不当执法措施也可能对纳税人主张构成了征收。如本书第二章所述,在 Quasar de Valores 案中,俄罗斯税务当局对西班牙投资者在俄罗斯投资的公司的所得税征税措施被仲裁庭认定构成了西班牙和俄罗斯 BIT 下的间接征收。

重视纳税人的权利保护是现代税法的一个特征。我国《税收征收管理法》第 8 条规定纳税人享有如下权利:(1) 纳税人、扣缴义务人有权向税务机关了解国家税收法律、行政法规的规定以及与纳税程序有关的情况。(2) 纳税人、扣缴义务人有权要求税务机关为纳税人、扣缴义务人的情况保密。税务机关应当依法为纳税人、扣缴义务人的情况保密。(3) 纳税人依法享有申请减税、免税、退税的权利。(4) 纳税人、扣缴义务人对税务机关所作出的决定,享有陈述权、申辩权;依法享有申请行政复议、提起行政诉讼、请求国家赔偿等权利。(5) 纳税人、扣缴义务人有权控告和检举税务机关、税务人员的违法违纪行为。

2009 年 11 月,国家税务总局《关于纳税人权利与义务的公告》(公告 2009 第 1 号)进一步列举了纳税人的如下权利:知情权、保密权、税收监督权、纳税申报方式选择权、申请延期申报权、申请退还多缴税款权、依法享受税收优惠权、委托税务代理权、陈述与申辩权、对未出示税务检查证和税务检查通知书的拒绝检查权、依法要求进行听证的权利、索取有关税务凭证的权利。

不过,根据我国《税收征收管理法》第 88 条的规定,纳税人同税务机关在纳税上发生争议时,必须先依照税务机关的纳税决定缴纳或者解缴税款及滞纳金或者提供相应的担保,然后可以依法申请行政复议;对行政复议决定不服的,可以依法向人民法院起诉。因此,当纳税人不服税务机关的征税决定时,如果不先缴纳税款,就无法提起行政复议,不经过行政复议,也不能进入诉讼程序。② 这种前置程序无疑会影响纳税人的权利

---

① 比如,国务院《关于 2013 年度中央预算执行和其他财政收支的审计工作报告》指出:一些地方政府自行出台招商引资财税优惠政策,部分财政资金投向不符合相关规定。审计 9 个省本级、9 个市本级和 18 个县发现,这些地方 2013 年正在执行的自定优惠政策有 202 项,包括返还税费、低价供地、无偿建设配套设施等。检索自 http://www.audit.gov.cn/n5/n26/c64269/content.html,2018 年 1 月 28 日最后访问。

② 不过,纳税人对税务机关的处罚决定、强制执行措施或税收保全措施不服的,可以选择行政复议或行政诉讼。

救济。

此外,根据我国《税收征收管理法》第68条的规定,纳税人、扣缴义务人在规定期限内不缴或者少缴应纳或者应解缴的税款,经税务机关责令限期缴纳,逾期仍未缴纳的,税务机关除可采取强制执行措施追缴其不缴或者少缴的税款外,还可以处不缴或者少缴的税款50%以上5倍以下的罚款。假如纳税人不缴或少缴税款的数额很大,罚款金额从50%到5倍的空间就会产生很大的区别,或者说税务机关的裁量权过大。

税收诉讼的妥善解决也需要司法审判人员具有相应的法律素质。中国目前没有专门的税务法院,税务案件由法院的行政审判庭来审理。不论是建立税务法院,还是通过行政审判庭来处理,都需要法官具有专门的税法技能。在中国经济日益开放的背景下,在涉外税收案件的审理中,除了国内法律外,还会涉及税收协定的解释问题,这也对法官的能力提出了要求。[①]

综上所述,尽管我国实行贸易协定、BIT和税收协定并行的机制,但国内税法措施依然受到贸易协定和BIT的管辖。因此,从立法、执法和司法等方面完善我国税制,构建良好的税收环境,为吸引外资提供确定性的法律机制,对于我国改革开放的成功也具有重要的保障作用。

小　　结

本章阐述了我国自由贸易区的战略和自由贸易区的现状。构建面向全球的高标准自由贸易区网络,对于我国进一步融入全球经济体系和促进我国经济的持续发展以及推动"一带一路"倡议和争取国际经贸规则的话语权无疑具有重要意义。当然,我国当前的自贸区伙伴仍以发展中国家为主,也有地缘政治和经济因素的考虑。不过,我国与美国和欧盟正在进行的BIT谈判将为未来启动自贸区谈判奠定基础。

在相关所得税问题的处理上,我国也采用了贸易体制和税收协定的体制并行的做法。本书前面所述的贸易体制和税收协定在应对相关所得

---

① 在泛美卫星国际系统有限责任公司诉北京市国家税务局对外分局第二税务所代扣代缴预提所得税决定案中,中国法院对中美税收协定的解释引发了学者们的关注。有学者指出:法院的解释并没有注意到税收协定有其专门的解释方法和解释规则,推理和论证不够严密。参见陈延忠:《国际税收协定解释问题研究》,科学出版社2010年版,前言部分。

税问题中的不足也同样存在于我国的自贸区之中。尽管我国的自贸区建设时间不长,但完善处理相关所得税问题的机制应该在早期就予以重视。由于我国的自贸区战略以推动和补充多边体制为目标,在相关机制的完善上,我国也应当是区域和多边机制并重,并进一步完善我国的国内法律制度。在经济全球化和区域经济一体化的时代背景下,随着我国国力的提升,我国也应把握机遇来推进国际经济秩序和规则的变革。

结 论

本书前述各章对区域贸易安排中的相关所得税问题以及我国的情况进行了探讨,在此总结如下:

一、区域贸易安排仍将快速发展

多边体制和区域安排的一个重要功能是在缺乏全球性超国家政府或机构的背景下提供全球性和区域性的公共产品,从而促进各国经济的发展。不过,1947 年 GATT 的缔约方把第 24 条写入协定文本时,显然无法预见到区域贸易安排能够发展到如今的规模。就当时的历史条件而言,消除关税壁垒和贸易保护、建立非歧视的多边贸易体制显然是 1947 年 GATT 的首要目标。出于谈判的妥协,1947 年 GATT 第 1 条(最惠国待遇)第 2—4 款有条件地允许列于附件中的几个特惠区域存在,并在第 4 款中暗示应逐步取消这些安排。同时,1947 年 GATT 第 24 条在很大程度上是以第二次世界大战前比利时、卢森堡和荷兰的关税同盟为原型设计的。在《哈瓦那宪章》和 GATT 条文拟定中,又增加了自由贸易区。[①] 在欧洲一体化的进程中,美国出于政治角度也予以了支持。[②] 尽管美国有出于自身利益而借助多边体制打开国外市场的考虑,但关贸总协定在促进贸易自由化、为贸易讨论提供框架方面取得了显著的成就。[③]

时过境迁,关贸总协定已发展成为世界贸易组织。一方面,WTO 的

[①] 参见赵维田:《世贸组织(WTO)的法律制度》,吉林人民出版社 2000 年版,第 83—85 页。

[②] 英国在 1973 年加入欧洲经济共同体后最终取消了帝国特惠制。参见〔美〕斯泰尔:《布雷顿森林货币战》,符荆捷、陈盈译,机械工业出版社 2014 年版,第 316—317 页。

[③] 参见〔美〕罗伯特·吉尔平:《全球政治经济学:解读国际经济秩序》,杨宇光、杨炯译,上海世纪出版集团 2006 年版,第 195—196 页。

成员不断增加。目前,WTO已有164个成员。① 要通过这些成员达成一致来推动贸易自由化,显然难度很大。另一方面,WTO管辖的范围也比关贸总协定时期更为广泛。WTO时期的全球化模式与关贸总协定时期的多边框架的理念已经不同。在关贸总协定和布雷顿森林体系时代,国际经济政策和国内政策目标(充分就业、经济增长、公平分配、社会保险以及国家福利等)相比处于次要目标,各国政府也有足够的政策空间来应对国内社会和经济发展的需求。但是,从20世纪90年代开始,对经济全球化、国际商品和市场(劳动力除外)一体化的追求,成了压倒一切国内事务的目标。WTO的目标转变为要降低所有阻碍国际商务发展的交易成本,包括不同国家的监管制度和标准。WTO时代的贸易纠纷触动了国内政策领域,比如税收、食物安全、环保这些以前不会受到国外压力威胁的领域。②

在这样的背景下,由于发达国家和发展中国家经济发展水平不同,它们对多边体制下推动贸易自由化的方案也就存在着分歧。鉴于WTO成员中已是发展中国家居于多数,美国等发达国家尽管仍有着影响力,但已经不能完全控制多边机制。因此,以美欧为代表的发达国家也开始转而通过它们能够更加发挥主导作用的区域贸易安排来实现自身的利益诉求。对于发展中国家来讲,尽管历史上它们之间的区域合作并不如发达国家那样成功,但它们也重视与发达经济体的区域合作。同时,随着中国经济的崛起以及中国在某些方面也具有了发达国家的特征,中国实施的自由贸易区战略也将为发展中国家之间的区域合作提供新的动力。

曾有一个自行车理论来比喻多边贸易体制的发展:像自行车一样,多边贸易体制必须始终保持前行,如果它一旦停止前进,将必定倒下并失败。③ 这一理论也同样适用于区域贸易安排。区域贸易安排如果要具有竞争力,就应当不断提升一体化的水平。④ 区域贸易安排如果要吸引更多成员加入,就需要通过成功的一体化来形成足够的吸引力和辐射力。

---

① 检索自 https://www.wto.org/english/thewto_e/whatis_e/tif_e/org6_e.htm,2018年1月28日最后访问。

② 参见〔美〕丹尼·罗德里克:《全球化的悖论》,廖丽华译,中国人民大学出版社2011年版,第63—65页。

③ 参见〔美〕詹姆斯·巴克斯:《贸易与自由》,黄鹏、林惠玲、葛颖、方睿译,上海人民出版社2013年版,第241—242页。

④ 比如,中国—东盟自由贸易区已经完成升级版的谈判。

对于后来加入的成员来讲,除非其本身具有强大的经济实力,否则只能接受既有规则。① 因此,区域贸易安排之间的竞争状态将会持续下去。

区域贸易安排的发展也引发了其与多边贸易体制关系的讨论。在关贸总协定时代,区域贸易安排可以说是多边体制的补充或例外。如今,多边体制似乎沦为了区域贸易安排的附庸。不过,当今区域贸易安排的法律依据仍来自于多边体制,是在多边体制基础上追求进一步自由化的尝试。从区域贸易安排的内容来看,一些议题已经超出了 WTO 框架现有的统辖范畴,可以说在这些方面已经形成了一个与 WTO 并行的体制。比如,作为新加坡议题的投资、竞争和政府采购虽然在 2004 年从多哈回合的议程中取消了,但这并没有妨碍区域贸易安排中涵盖这方面的内容,特别是包含投资保护和投资自由化的区域贸易安排已经成为常态。此外,区域贸易安排也没有要抛弃多边体制的意愿。尽管多边体制进展缓慢,但 WTO 的成员依然在 2013 年 12 月达成了作为新加坡议题之一的《贸易便利化协定》(Agreement on Trade Facilitation)。2014 年 11 月 27 日,WTO 成员通过了一个修订议定书,将《贸易便利化协定》纳入 WTO 协定附件 1A 的多边贸易协定之中(位于《保障措施协定》之后)。② 同时,WTO 的争端解决机制仍发挥着重要作用。尽管区域贸易安排中也有争端解决机制,但当区域贸易安排的一方选择了安排中的争端解决机制,另一方选择了 WTO 争端解决机制时,并不影响 WTO 争端解决机构的管辖权。在墨西哥软饮料案中,墨西哥就其与美国的争端根据 NAFTA 提起仲裁,但美国拒绝同意设立仲裁庭解决这一争端而是诉诸了 WTO 的争端解决机制。墨西哥对 WTO 争端解决机构的管辖权没有异议,但提出专家组应当拒绝行使管辖权。专家组没有接受墨西哥的观点。专家组认为他们对向其提交的案件没有裁决权决定是否行使管辖权。如果专家组拒绝对案件进行审理,反而是没有履行其职责。上诉机构也认为专家组不能拒绝行使管辖权。③

当然,众多区域贸易安排确实也存在意大利面条碗(spaghetti bowl)或碎片化(fragmentation)的现象。一方面,应该看到这是区域贸易安排

---

① 比如:一国申请加入欧盟需要接受既有成就(acquis communautaire)。
② 《贸易便利化协定》已于 2017 年 2 月 27 日生效。
③ 参见韩立余:《既往不咎-WTO 争端解决机制研究》,北京大学出版社 2009 年版,第 88—89 页。

所不可避免的问题,因为各个区域贸易安排之间的自由化程度存在差异。另一方面,如果区域贸易安排的成员认为这方面的问题对于区域一体化造成了阻碍,也会采取措施来进行应对或整合。同时,多边机制的进展也有助于消除区域安排之间的差异。① 现实中多个成员参加的区域贸易安排也在不断增加,这也将在一定程度上减少双边区域贸易安排所带来的碎片化。

此外,区域贸易安排也是在发展之中的。对于以发展中国家为主要成员的区域贸易安排而言,随着各成员经济的发展和区域一体化的深入,也会逐步向发达国家之间的高水平的区域贸易安排靠拢,也存在事实上整合区域贸易安排的可能性。历史表明,发展中国家之间的区域合作大多数并不成功。② 因此,发展中国家的区域合作应当是开放的且不歧视区域外成员。

因此,当今的区域贸易安排所处的时代背景与关贸总协定时期已经不同。WTO业已提供了非歧视的多边机制,区域贸易安排在此基础上寻求进一步自由化的努力,也会为相关规则未来并入多边体制提供实践经验。③

二、区域贸易安排中的所得税问题可以通过贸易体制和税收协定两个并行机制解决,但两个体制也需要进一步完善

尽管理论上关于区域经济一体化的发展阶段存在自由贸易区、关税

---

① 比如,APEC曾提出了关于区域贸易安排的准则(Best Practice For RTAs/FTAs In APEC)。该准则虽然不具有法律约束力,但有助于通过协调原产地规则来减少区域内跨境经济活动的扭曲。再比如,多边的信息技术协定(Information Technology Agreement)建立了消除针对信息技术产品的最惠国关税税率的机制,从而使得原产地规则不再具有意义。参见WTO, World Trade Report 2011: The WTO and Preferential Trade Agreements: From CO-existence to Coherence, p. 190.

② 这方面的原因有:第一,参加合作的国家均为处在相同发展阶段的发展中国家,经济互补性很弱,但排斥性很强,经济合作缺乏坚实的基础;第二,各国在利益分配及成本分摊上存在巨大分歧且难以协调;第三,参与合作的各国实行的是进口替代战略,它们总想建立一个大而全的地区经济来减少对其他地区的依赖性,合作计划缺乏市场机制和市场导向,而过于依赖官方机构的讨价还价;第四,20世纪70年代的石油危机造成了全球性的经济大衰退,各国纷纷采取措施保护本国利益,试图转嫁危机,从而加速了这些经济合作组织的瓦解。参见卢光盛:《地区主义与东盟经济合作》,上海辞书出版社2008年版,第241页。

③ 比如,尽管目前WTO并没有类似BIT的投资保护和自由化的内容,但区域贸易安排已经包含了这方面的内容。

同盟和共同市场等层次的划分,但现今的区域贸易安排并非按照理论上的划分来发展的。比如,NAFTA虽然只是一个自由贸易区,但其触角已不再局限于自由贸易区的层次内,所涉及的知识产权保护、成员间的相互投资、专业人员的短期流动、环境和劳工等方面,均远远超过了一般贸易协定的范畴,从而在一定意义上跨越了关税同盟,具有了共同市场的某些因素。这既是美国、加拿大和墨西哥三国各自不同的经济、社会与政治条件所决定,又打上了美国主导NAFTA的烙印,体现出其在促进北美市场贸易自由化的前提下谋求广义经济一体化的长远战略。① 因此,以自由贸易区为主要表现形式的一些区域贸易安排实际上是区域经济一体化安排(regional economic integration arrangements)。再以亚洲为例,亚洲开发银行指出,亚洲贸易合作主要在中间产品的生产链条,需要进一步消除阻碍货物贸易和服务贸易的壁垒,允许更自由的劳务流动,并发展地区金融市场,协调货币和财政政策来促进宏观经济稳定和汇率稳定,朝着亚洲经济共同体迈进。②

尽管区域贸易安排统辖的范围已经不限于传统的贸易领域,但各成员仍没有将所得税制的协调纳入其中。但是,为了推动区域内贸易、服务和投资自由流动,区域贸易安排需要解决两大类的所得税问题:一类是各国借助所得税措施实施贸易保护;另一类是各国正常的所得税制所引发的对贸易要素自由流动的流动壁垒,尽管所得税制本身并不具有贸易保护的目的。由于WTO并非所得税制方面的多边体制,并不干预其成员的所得税制度,因此,WTO体制只能有限地规制其成员国借助所得税方式实施贸易的措施。由于区域贸易安排在货物贸易和服务贸易领域的规则是以WTO体制为基础的,其对构成货物贸易和服务贸易壁垒的所得税措施的处理,基本上是纳入和沿用了WTO的相关规则,禁止其成员借助所得税措施来歧视其他缔约方的产品或服务,以及禁止其成员在货物领域提供所得税出口补贴。至于各国所得税制所导致的双重征税和税收差别待遇等问题则是通过税收协定来处理的。

区域贸易安排沿用贸易机制和税收协定来处理上述两类所得税问题

---

① 参见尤安山等著:《中国—东盟自由贸易区建设:理论、实践、前景》,上海社会科学出版社2008年版,第183页。
② ADB, Institutions for Regional Integration: Toward an Asian Economic Community, 2010, p.200—201.

的模式依然会延续下去。区域贸易安排沿用贸易机制和税收协定来处理上述两类所得税问题既有历史方面的原因,也与这两个体制具有不同的职能和分工有关。在区域贸易安排对各成员的国内政策或法规的约束越来越多的背景下,各成员也将更加注意对所得税主权的维护,因为现代国家需要取得税收来维持国家的运转、提供公共产品和实现社会政策。即使是在一体化程度很高的欧盟,成员国也没有将所得税主权上交欧盟层面。传统的税收协定与贸易体制一样,都不管辖其缔约方的所得税制度,其消除双重征税和税收差别待遇的机制也是以缔约方的国内税法为基础的。

不过,区域贸易安排可以在消除其成员借助所得税措施实施贸易保护方面比多边体制更进一步。尽管 WTO 和区域贸易安排都不涉及其成员的所得税制,但特定的所得税措施具有与关税或非关税壁垒类似的作用,这依然可为贸易体制所管辖。由于区域贸易安排追求高于 WTO 多边标准的一体化,而多边体制只能提供最低标准,这并不一定满足区域贸易安排的目标。因此,区域贸易安排在沿用 WTO 规则的基础上,可在服务补贴等领域尝试建立区域性的纪律。欧盟由于追求建立一个货物、服务、资本和人员自由流动的内部市场,比一般的区域贸易安排走得远一些。尽管欧盟的规则有其超国家的特点,但成员相对较少的区域贸易安排就服务补贴等规则达成一致的难度并不当然比欧盟高。澳大利亚和新西兰的 ANZCERTA 就是一个例子。此外,现今的区域贸易安排一般都包含投资规则,而 WTO 并非国际投资体制,《TRIMs 协定》和《SCM 协定》只是有限涉及了投资补贴问题。因此,包含投资规则的区域贸易安排也需要在投资保护方面做出规定,比如将特定的所得税措施认定为构成间接征收。

税收协定对于消除区域贸易安排的双重征税和税收差别待遇的作用是不容忽视的。对于各国所得税管辖权重叠所造成的法律性双重征税,只能通过税收协定来解决。尽管贸易协定的非歧视待遇可以约束其成员借助所得税措施歧视外国产品和服务,但其适用范围是有限的。因此,税收协定对于区域贸易安排来讲是不可或缺的。墨西哥在加入 NAFTA 之前与美国和加拿大谈判税收协定体现了税收协定的重要性。不过,双边税收协定在处理双重征税和税收差别待遇方面也存在不足,特别是区域贸易安排由多个成员参加的情况下。因此,双边税收协定也需要完善。比如,区域贸易安排可以根据区域的特点制定区域性的税收协定,或者在税收协定中引入最惠国待遇。不过,缔结区域性的税收协定需要缔约国税制趋同,而且也需要考虑与区域外国家的协调。现实中有这方面成功的范例参考,也有失败的例子供吸取教训。欧盟在一体化进程中还借助其特有的立法机制来进一步消除内部市场中某些所得的双重征税,并通过欧盟法院的判例来拓展了税收协定中无差别待遇的范畴。

此外,经济全球化和区域贸易安排所推动的区域一体化,也为各国应对跨国逃税和避税带来了新的挑战。各国竞相采用包括税收激励措施在内的投资优惠也会导致有害的税收竞争问题。与此同时,数字经济时代也使得传统的国际税法规则无法有效处理新的经济形势的税收问题。OECD/G20 的 BEPS 行动计划是一项雄心勃勃的工程,是国际社会强化国际税收合作方面的一个重大举措。BEPS 行动计划对于有害税收竞争的应对,也有助于区域贸易安排处理税收领域的服务和投资补贴问题。实施 BEPS 行动计划的相关报告在对改进双边税收协定提出建议的同时,也强调了国内税法的完善和构建多边税收工具的必要性,这也将改变传统上以双边合作为主的国际税收机制。

就税收的多边工具来讲,在反避税规则、税收情报交换、税收征管等方面建立多边规则要比构建实体规则相对容易,因为这些方面的内容对各国税法实体规则的影响相对较小。同时,完善税收情报交换和税收征管的多边机制,也符合各国的本身利益。各国在全球化和区域一体化的实践中放松管制,是为了经济的发展,都不希望以过度牺牲本国税收利益为代价。尽管各国可能降低非居民消极投资所得的预提税率或对居民的境外积极所得免税,但也以能够带动经济发展和拓宽税基为预期。由于全球化和区域一体化为企业创造了在多国营业的国际市场,在应对 BEPS 问题方面,仅靠单边或双边机制是难以应对的。因此,多边层面的反避税规则、税收情报交换和征管机制对于各国维护税基具有重要意义。BEPS 项目的推进也预示着多边税收合作机制正在演进和形成之中。2016 年 4 月,OECD、国际货币基金组织、联合国以及世界银行集团发起成立了税收合作平台(Platform for Collaboration on Tax),旨在强化这些国家组织在税收领域的合作。这四个国际组织定期就国际税收标准的设计和实施进行讨论,并为发展中国家提供支持。①

鉴于税收主权的敏感性,在可预见的将来不可能出现协调或统一各国税法实体规则的超国家的世界税收组织。不过,经济全球化和区域一体化也为各国协调所得税制提供了动因。所得税的国际协调的工具除了有约束力的传统的税收协定之外,欧盟通过其超国家的机制开辟了另外一条路径。对于没有类似欧盟机制的区域贸易安排来讲,也存在其他途径,比如建立区域性的税收论坛和税收合作机制。事实上,欧盟也采用类似"软法"的工具来促进成员国税收的协调。此外,如果区域贸易安排中存在着主导性的大国,也可能出现其他成员向大国税制靠拢的局面②,只要大国的税制和政策也有利于其他成员的利益。这同样适用于多边税收实体规则的构建。BEPS 项目的一系列报告没有当然约束力,属于软性法律文件(soft law legal instruments),但所有 OECD 和 G20 的成员国都承诺实施 BEPS 行动计划中的最低标准。③ OECD 已经建立了一个包括一百多个国家和地区的框架机制(an inclusive framework on BEPS)以促进 BEPS 行动计划的实施与合作,并将对这些国家实施最低标准的情况开展同行审议(peer review)。④ 与此同时,随着发展中国家力量的日益强大,它们在国际税收规则的变革方面也将更具有发言权,从而改变发达国家主导的局面。

市场的力量对于各国税制变革的作用也不容忽视。随着全球性和区域性一体化的深入,市场的力量也会推动各国税制的变革,并使之更具兼容性或趋同。这也能够为各国税制的协调提供便利。比如,在 20 世纪 80 年代,OECD 国家在公司和股东课税方面有三种模式:少数国家(比如美国)维持传统税制全面征税;大多数国家实施了一体化措施,主要方式

---

① 参见 OECD, Platform for Collaboration on Tax, 检索自 http://www.oecd.org/tax/platform-for-collaboration-on-tax.htm, 2017 年 4 月 3 日访问。

② 比如,在 NAFTA 中美国占主导,墨西哥和加拿大要向美国税收政策看齐,这是由这三国的经济地位所决定的。关于这方面的具体论述,参见 Arthur J. Cockfield, *NAFTA Tax Law and Policy: Resolving the Clash between Economic and Sovereignty Interests*, University of Toronto Press, 2005, p.124—127.

③ 即应对税收协定滥用、有害税收竞争实践、转让定价国别报告以及提高税收争端解决效率。参见 OECD, BEPS-Frequently Asked Questions, 检索自 http://www.oecd.org/ctp/beps-frequentlyaskedquestions.htm#package, 2018 年 1 月 28 日最后访问。

④ 参见 OECD, About the Inclusive Framework on BEPS, 检索自 http://www.oecd.org/tax/beps/beps-about.htm, 2018 年 1 月 28 日最后访问。

为归集抵免制,股东可以公司所得税抵免其所得税,大多数欧盟国家和澳大利亚、新西兰也这样做;其他一些国家,特别是发展中国家,采取对股息的全部或部分免税。到 2010 年,采用传统税制的国家比如美国也开始部分一体化。采用归集抵免制的大多数 OECD 国家转向了对股息直接全部或部分免税的做法。与此同时,单纯实行地域征税国家很少了,大多数发展中国家(特别是拉美国家)和欧洲大陆国家采取了对个人居民全球所得征税的做法。①

市场的发展也需要各国重新审视现行税法规则。BEPS 行动计划关于应对数字经济的挑战就是一个范例。经济全球化也使得来源地和居住地的界限变得模糊。比如,目前子公司一般作为当地居民对待,而分公司属于常设机构,为非居民。但是就来源地国来讲,非居民设立的子公司和分公司都会使用当地的公共资源,也可能使用东道国境外的供应商并为东道国境外的客户提供产品或服务,这也与境外公共资源的支持相关。因此,目前区分子公司和常设机构纳税地位的理由和意义就需要重新考虑。②

因此,贸易体制和税收体制在处理区域贸易安排所面临的两类所得税问题方面是相辅相成和相互促进的。区域贸易安排所追求的经济一体化是以多边体制为基础的,也不可能与全球经济割裂开来,应对区域贸易安排的所得税问题也需要区域和多边机制的结合。同时,各国所得税制也应当具有兼容性,不论是通过国际机制协调,还是单方做出改变。

三、我国在自由贸易区建设中也应及早对相关所得税问题予以重视

在 2001 年 12 月成为 WTO 的成员后,我国也开始积极与相关经济体谈判和签署自由贸易协定,并将建设面向全球的高标准自由贸易区网络提升到国家战略的高度。

我国的自由贸易协定与国际上的其他区域贸易安排类似,不仅在成

---

① Reuven S. Avi-Yonah, Tax Convergence and Globalization, University of Michigan Public Law Working Paper No. 214, 检索自: http://ssrn.com/abstract=1636299。
② 关于这方面得论述,可参见 Wolfgang Schön, International Tax Coordination for a Second-Best World (Part I), *World Tax Journal*, Vol. 1, Issue 1, 2009, 以及 Wolfgang Schön, International Tax Coordination for a Second-Best World (Part II), *World Tax Journal*, Vol. 2, Issue 1, 2010.

员之间进一步开放了货物和服务贸易的市场,也涉及了投资自由化等内容。因此,区域贸易安排所面临的上述两类所得税问题也同样存在于我国的自由贸易区之中。对我国来说,应当充分认识到尽早应对上述问题对于自由贸易区建设的重要性。拉美和欧盟的实践印证了所得税协调的难度。但是,随着区域一体化的深入,上述所得税问题的处理又是必须面对的现实。

由于我国在建设自由贸易区之前业已签订了大量双边税收协定,因此我国处理相关所得税问题的机制事实上采用了贸易体制和税收协定并行的机制。如前所述,这一机制是国际间普遍采用的,也有其合理性。在应对自贸区成员借助所得税措施提供保护方面,我国的自由贸易协定沿用了WTO的规则。在消除双重征税和税收差别待遇方面,我国的税收协定也结合了OECD范本和UN范本。不过,贸易体制和税收协定在应对上述两类所得税问题方面的不足也同样存在于我国的自由贸易区之中。尽管我国目前的自由贸易协定大多数是双边的,且缔约方大多为发展中国家,但我国也在参与或倡议多边的自由贸易区谈判,并扩大与发达国家的合作。因此,我国的自贸区建设也处于不断发展之中。我国是发展中国家的大国,但同时也是世界第二大经济体,也具有发达国家的一些特征,这决定了我国与发展中国家的自由贸易协定与传统的发展中国家之间的安排是不同的。在这一过程中,我国需要基于根据自贸区的发展而对自由贸易协定进行提升,而不是被动等待多边体制的进展。同时,我国在税收协定的完善和税收合作机制建设方面也应与自贸区的进程相联系。

由于我国的税收协定多数签订于自由贸易协定之前,现实的任务是根据自由贸易协定对双边经贸关系的促进对这些税收协定做必要的修改或重新谈判。目前,我国已经开始了这方面的工作。需要指出的是,税收协定的修订也应当考虑我国的发展战略。比如,近年来我国海外投资不断加大,我国需要在相关税收协定中考虑对居民管辖权的维护并营造有利于海外投资的安排。另外,尽管我国采用了贸易协定与税收协定并行的机制,但相关税收措施可能也为自由贸易协定所管辖(比如投资方面的间接征收),我国需要注意厘清这方面的界限。

除了双边税收协定之外,我国还可考虑与相关自由贸易区的成员(比如东盟)缔结区域性税收协定的可能性。如果缔结区域性税收协定存在困难,也可缔结有限范围的协定,如同南亚区域合作联盟的《关于避免双重征税和税收事务互助的有限多边协定》那样。即便缔结多边条约难度大,我国也可考虑在与相关成员的双边税收协定中就消极投资所得的预提税税率写入最惠国待遇条款。随着我国与相关自由贸易区成员之间经贸关系的深入,我国还可考虑如欧盟那样缔结消除转让定价调整中经济性双重征税的仲裁公约。

与相关自贸区成员建立区域性的税收合作机制也是我国可以考虑的增进税收合作的路径之一。这既有利于应对区域内的税收竞争,也有助于防范区域内的逃税和避税问题。比如,我国也可借鉴欧盟的做法起草一个税收行为准则,彼此承诺尊重公平竞争的原则,限制采取有害的税收竞争措施。

我国应对自由贸易区内的所得税问题也需要多边机制的支持。我国在建设自贸区的进程中,是不可能与全球经济分割开来的,企业的跨国经营并不当然就会局限在自贸区之内。我国参加多边税收机制也能够在全球税收规则制定方面发挥作用,并通过全球标准进一步促进区域内的税收合作。如果我国和相关自贸区伙伴都参与了税收领域的多边机制,就可补充目前缺乏税收合作机制的不足,并为将来的税收合作奠定基础。同时,我国采用了多边标准,也能够促使相关自贸区成员国提升国内法标准。

除了税收多边体制外,我国可以通过 WTO 的贸易政策审议机制与自贸区成员就其相关所得税政策进行探讨,增进理解或达成共识。

此外,我国还应当在经济全球化和推动区域一体化的背景下进一步完善我国的税法和税制。一方面,我国的税制应有利于吸引外资和海外投资,特别是在海外投资日益增加的背景下,我国的税制不应对海外投资造成阻碍。另一方面,我国可根据 BEPS 行动计划报告中的建议完善国内税法,维护我国的税基。同时,我国税制的完善也应当是全方位的,包括立法、执法、司法等方面,并不能忽略对纳税人权利的保护。这既是履行我国国际条约义务(包括贸易协定和税收协定)的要求,也是创建良好税制环境从而提升我国国际竞争力的必然条件。

综上所述,在 WTO 多边体制为经济全球化提供了平台的基础上,追求进一步自由化的区域贸易安排将继续发展。随着 WTO 成员的增加,多边体制的进展落后于区域贸易安排也是现实的反映。区域贸易安排和多边体制并非互不相容。区域贸易安排可在 WTO 目前进展缓慢的领域或尚不统辖的领域实现突破,并为相关规则在未来纳入多边体制奠定基础。在应对相关所得税问题方面,贸易体制和税收协定并行的模式将持续下去。贸易体制所推动的经济全球化和区域一体化也为国际税收体制的改变提供了动力。在传统的双边合作的基础上,多边税收体制正在形成,而各国所得税制也将进一步兼容和趋同。我国已经与世界经济融为一体,国力也日渐强大,我国也有机会对国际经济新秩序的构建做出贡献。

参 考 文 献

一、专著类

[1]〔加拿大〕阿米塔·阿查亚:《构建安全共同体:东盟与地区秩序》,王正毅、冯怀信译,上海人民出版社 2004 年版。

[2]〔英〕伯纳德·霍克曼、迈克尔·考斯泰基:《世界贸易体制的政治经济学:从关贸总协定到世界贸易组织》,刘平等译,法律出版社 1999 年版。

[3]〔美〕布莱恩·阿诺德、迈克尔·麦金太尔:《国际税收基础(第二版)》,国家税务总局国际税务司译,中国税务出版社 2005 年版。

[4]蔡庆辉:《有害国际税收竞争的规制问题研究》,科学出版社 2010 年版。

[5]陈安等:《国际投资法的新发展与中国双边投资条约的新实践》,复旦大学出版社 2007 年版。

[6]陈延忠:《国际税收协定解释问题研究》,科学出版社 2010 年版。

[7]崔晓静:《欧盟税收协调法律制度研究》,人民出版社 2011 年版。

[8]〔美〕戴维·罗特科普夫:《操纵世界的手:美国国家安全委员会内幕》,孙成昊、赵亦周译,商务印书馆 2013 年版。

[9]〔美〕丹尼·罗德里克:《全球化的悖论》,廖丽华译,中国人民大学出版社 2011 年版。

[10]〔法〕德尼·西蒙:《欧盟法律体系》,王玉芳、李滨、赵海峰译,北京大学出版社 2007 年版。

[11]〔美〕多米尼克·萨尔瓦多:《国际经济学(第八版)》,朱宝宪等译,清华大学出版社 2004 年版。

[12]冯大同:《国际贸易法》,北京大学出版社 1995 年版。

[13]〔美〕弗朗切斯科·迪纳:《自由贸易的社会构建》,黄胜强、许铭原译,中国社会科学出版社 2009 年版。

[14]付亦重:《服务补贴制度与绩效评估——基于美国服务补贴制度的研究与启示》,对外经济贸易大学出版社 2010 年版。

[15]甘瑛:《国际货物贸易中的补贴与反补贴法律问题研究》,法律出版社 2005

年版。

[16] 高尔森:《国际税法》,法律出版社 1988 年版。

[17] 葛惟熹:《国际税收学》,中国财政经济出版社 1999 年版。

[18] 郭定平等:《东亚共同体建设的理论与实践》,复旦大学出版社 2008 年版。

[19] 国家税务总局税收科学研究所:《外国税制概览(第 3 版)》,中国税务出版社 2009 年版。

[20] 韩立余:《WTO 案例及其评析(1995—1999)》(上卷),中国人民大学出版社 2001 年版。

[21] 韩立余:《WTO 案例及评析(2000)》,中国人民大学出版社 2001 年版。

[22] 韩立余:《GATT/WTO 案例及评析(1948—1995):上卷》,中国人民大学出版社 2002 年版。

[23] 韩立余:《既往不咎——WTO 争端解决机制研究》,北京大学出版社 2009 年版。

[24] 〔美〕卡伦·明斯特、伊万·阿雷奎恩—托夫特:《国际关系精要(第 5 版)》,潘忠岐译,上海世纪出版集团 2012 年版。

[25] 〔美〕凯文·E. 墨菲、马克·希金斯:《美国联邦税制》,解学智、夏深舸、张津译,东北财经大学出版社 2001 年版。

[26] 李成钢等:《世贸组织规则博弈:中国参与 WTO 争端解决的十年法律实践》,商务印书馆 2011 年版。

[27] 李光辉等:《中国自由贸易区战略》,中国商务出版社 2011 年版。

[28] 李容林等:《APEC 内部 FTA 的发展及其对 APEC 的影响》,天津大学出版社 2011 年版。

[29] 梁明、李西林等:《中国自由贸易区发展报告(2012)》,中国商务出版社 2013 年版。

[30] 廖益新:《国际税法学》,北京大学出版社 2001 年版。

[31] 刘光溪:《互补性竞争论——区域集团与多边贸易体制(第 2 版)》,经济日报出版社 2006 年版。

[32] 刘剑文、熊伟:《税法基础理论》,北京大学出版社 2004 年版。

[33] 刘剑文:《国际税法》,北京大学出版社 1999 年版。

[34] 刘剑文:《国际税法学(第 2 版)》,北京大学出版社 2004 年版。

[35] 卢光盛:《地区主义与东盟经济合作》,上海辞书出版社 2008 年版。

[36] 〔美〕鲁文·S. 阿维—约纳:《国际法视角下的跨国征税——国际税收体系分析》,熊伟译,法律出版社 2008 年版。

[37] 〔美〕罗伯特·吉尔平:《全球政治经济学解读国际经济秩序》,杨宇光、杨炯译,上海世纪出版集团 2006 年版。

[38]〔美〕罗伊·罗哈吉:《国际税收基础》,林海宁、范文祥译,北京大学出版社2006年版。

[39] 马静、郑晶:《FDI、区域经济一体化与区域经济增长》,中国经济出版社2009年版。

[40] 商务部世界贸易组织司:《中国履行加入世界贸易组织承诺年度评估(2003)》,中国商务出版社2005年版。

[41] 商务部研究院亚洲与非洲研究所:《中国自由贸易区发展报告2010》,中国商务出版社2011年版。

[42] 邵景春:《欧洲联盟的法律与制度》,人民法院出版社1999年版。

[43]〔美〕斯泰尔:《布雷顿森林货币战》,符荆捷、陈盈译,机械工业出版社2014年版。

[44] 唐腾翔、唐问:《税收筹划》,中国财政经济出版社1994年版。

[45] 尤安山:《中国—东盟自由贸易区建设:理论、实践、前景》,上海社会科学出版社2008年版。

[46] 王传纶、朱青:《国际税收》,中国人民大学出版社1997年版。

[47] 王贵国:《国际投资法(第2版)》,法律出版社2008年版。

[48] 王贵国:《世界贸易组织法》,法律出版社2003年版。

[49] 王贵国等:《区域安排法律问题研究》,北京大学出版社2004年版。

[50] 王选汇:《避免双重征税协定简论》,中国财政经济出版社1987年版。

[51]〔美〕维克多·瑟仁伊:《比较税法》,丁一译,北京大学出版社2006年版。

[52]〔美〕希尔顿·麦卡恩:《离岸金融》,李小牧、孙俊新译,中国金融出版社2013年版。

[53] 熊伟等:《税法解释与判例评注(第1卷)》,法律出版社2010年版。

[54] 杨晓光、王金诚、邹明华:《国际税收纠纷与预防案例分析》,山西经济出版社1996年版。

[55] 杨斌:《税收学》,科学出版社2003年版。

[56] 姚梅镇等:《比较外资法》,武汉大学出版社1993年版。

[57] 余劲松:《国际投资法》(第四版),法律出版社2014年版。

[58]〔美〕约翰·H.巴顿、朱迪思·L.戈尔斯坦、蒂莫西·E.乔思林、理查德·R.斯坦伯格:《贸易体制的演进:GATT与WTO体制中的政治学、法学和经济学》,廖诗评译,北京大学出版社2013年版。

[59]〔美〕约翰·H.杰克逊:《GATT/WTO法理与实践》,张玉卿等译,新华出版社2002年版。

[60]〔美〕詹姆斯·巴克斯:《贸易与自由》,黄鹏、林惠玲、葛颖、方睿译,上海人民出版社2013年版。

[61] 张守文:《财税法学(第2版)》,中国人民大学出版社2010年版。

[62] 张守文:《税法原理(第6版)》,北京大学出版社2012年版。

[63] 张玉卿:《WTO案例精选:美国国外销售公司(FSC)案评介》,中国商务出版社2011年版。

[64] 张玉卿等:《WTO新回合法律问题研究》,中国商务出版社2004年版。

[65] 张玉卿:《WTO案例精选:WTO热点问题荟萃》,中国商务出版社2015年版。

[66] 赵维田:《世贸组织(WTO)的法律制度》,吉林人民出版社2000年版。

[67] 郑玲丽:《WTO关于区域贸易协定的法律规范研究》,南京大学出版社2008年版。

[68] 朱炎生:《国际税收协定中常设机构原则研究》,法律出版社2006年版。

[69] H. Alpert, etc., Essays on International Taxation, Alphen aan den Rijn: Kluwer Law and Taxation Publishers, 1993.

[70] P. Baker, Double Taxation Convention and International Tax Law, 2nd edition, London: Sweet & Maxwell, 1994.

[71] H. Becker and F. J. Wurm, Treaty Shopping, Alphen aan den Rijn: Kluwer Law and Taxation Publishers, 1988.

[72] R. Buckley, etc., Challenges to Multilateral Trade: The impact of Bilateral, Preferential and Regional Agreements, Alphen aan den Rijn: Kluwer Law International, 2008.

[73] A. J. Cockfield, NAFTA Tax Law and Policy: Resolving the Clash between Economic and Sovereignty Interests, Toronto: University of Toronto Press, 2005.

[74] P. Craig and G. De Búrca, EU Law, 2nd edition, Cambridge: Oxford University Press, 1998.

[75] A. El-Agraa, The Economics of the European Community, London: Philip Allan Publishers, 1980.

[76] J. Frankel, Regional Trading Blocs in the World Economic System, Washington DC: Institute for International Economics, 1997.

[77] J. H. Jackson, The World Trading System: Law and Policy of International Economic Relations, 2nd edition, Massachusetts: The MIT Press, 1997.

[78] J. H. Jackson, Legal Problems of International Economic Relations, 2nd edition, Minnesota: West Publishing Co., 1986.

[79] A. Kaczoska, European Law: 150 Leading Cases, London: Old Bailey Press, 2000.

[80] A. Knechtle, Basic Problems in International Fiscal Law, Alphen aan den Rijn: Kluwer, 1979.

[81] P. Krugman and M. Obstfeld, International Economics: Theory and Practice, 6th edition, 清华大学出版社 2004 英文影印版.

[82] M. Lang, Multilateral Tax Treaties: New Development in International Tax Law, Alphen aan den Rijn: Kluwer Law International, 1998.

[83] R. Luja, Assessment and Recovery of Tax Incentives in the EC and the WTO: A View on State Aids, Trade Subsidies and Direct Taxation, Cambridge: Intersentia, 2003.

[84] S. Plasschaert, Transnational Corporations: Transfer Pricing and Taxation (The United Nations Library On Transnational Corporations), Vol. 14. London: Routledge, 1994.

[85] W. Gassner, etc., Tax Treaties and EC Law, Alphen aan den Rijn: Kluwer Law International, 1997.

[86] A. Shipwright and E. Keeling, Textbook on Revenue Law, London: Blackstone Press Limited, 1997.

[87] V. Tanzi, etc., Taxation and Latin American Integration, Washington: Inter-American Development Bank, 2008.

[88] B. Terra and P. Wattèl, European Tax Law, 6th edition, Alphen aan den Rijn: Kluwe Law International, 2012.

[89] J. Usher, The Law of Money and Financial Services in the European Community, Cambridge: Oxford University Press, 2000.

[90] K. Vogel, Klaus Vogel on Double Taxation Conventions, 3rd ed., Alphen aan den Rijn: Kluwer Law International, 1997.

[91] M. Yeung, etc., Regional Trading Blocks in the Global Economy: The EU and ASEAN, Camberley: Edward Elgar Publishing, 1999.

二、期刊论文类

（一）期刊论文

[1] 蔡庆辉:《优惠税制国际协调与规制的法律实践及其发展趋势》,载《财政经济评论》2009 年下卷。

[2] 陈延忠:《从 CFC 立法看国内反避税法与税收协定的相容性问题》,载《涉外税收》2006 年第 3 期。

[3] 陈文敬:《我国自由贸易区战略及未来发展探析》,at http://theory.people.com.cn/GB/49154/49155/8249093.html。

［4］廖体忠:《BEPS 行动计划的影响及我国的应对》,载《国际税收》2014 年第 7 期。

［5］廖益新:《论适用于电子商务环境的常设机构概念》,载《厦门大学学报(哲学社会科学版)》2003 年第 4 期。

［6］廖益新、付慧姝:《银行秘密与国际税收情报交换法律问题研究》,载《甘肃社会科学》2007 年第 3 期。

［7］刘晨阳:《APEC 二十年:成就、挑战与未来》,载《南开学报(哲学社会科学版)》2010 年第 4 期。

［8］刘剑文:《〈中德税收协定〉的现状与发展趋势》,载《现代法学》2012 年第 2 期。

［9］施本植、郑蔚:《中国东盟税收协调的现状及路径选择》,载《经济问题探索》2012 年第 4 期。

［10］孙玉红:《中日韩三边投资协定的新变化及中日利益取向分析》,载《国际贸易》2013 年第 11 期。

［11］叶斌:《欧盟贸易协定政策的变化和影响——法律的视角》,载《欧洲研究》2014 年第 3 期。

［12］余劲松:《改革开放 30 年与我国国际投资法制的发展与完善》,载《理论前沿》2008 年第 21 期。

［13］余劲松:《论"与投资有关的贸易措施"》,载《中国法学》2001 年第 6 期。

［14］中国—东盟税收问题研究课题组:《中国—东盟税收协调问题研究》,载《涉外税务》2008 年第 4 期。

［15］K. Aramaki, Sequencing of Capital Account Liberalization—Japan's experiences and their implications to China, Public Policy Review, 2006, 2(1).

［16］R. Adlung, Negotiations on Safeguards and Subsidies in Services: A Never-ending Story, Journal of International Economic Law, 2007, 10(2).

［17］V. Almendral, Tax Avoidance and the European Court of Justice, INTERTAX, 2005, 33(12).

［18］R. Avi-Yonah and J. Slemrod, (How) Should Trade Agreements deal with Income Tax Issues, Tax Law Review, 2002, 55(4).

［19］R. Avi-Yonah, Globalization, Tax Competition, and the Fiscal Crisis of the Welfare State, Harvard Law Review, 2000, 113(7).

［20］E. Baistrocchi, The Use and Interpretation of Tax Treaties in the Emerging World: Theory and Implications, British Tax Review, 2008(4).

［21］C. Brown, Tax Discrimination in the NAFTA Bloc: The Impact of Tax and Trade Agreements on the Cross-Border Trade in Services, Dalhousie Law Journal,

2005, 28(1).

[22] L. Cavelti, Automatic Information Exchange versus the Withholding Tax Regime Globalization and Increasing Sovereignty Conflicts in International Taxation, World Tax Journal, 2013.

[23] C. Chase, MFN in the CARIFORUM-EC Economic Partnership Agreement: Policy Blunder or Legal Inconsistency, Legal Issues of Economic Integration, 2011, 38(2).

[24] A. Cockfield, Designing Tax Policy for the Digital Biosphere: How the Internet is Changing Tax Laws, Connecticut Law Review, 2002.

[25] M. Daly, WTO Rules and Direct Taxation, World Economy, 2006, 29(5).

[26] P. Eleftheriadis, The Direct Effect of Community Law: Conceptual Issues, Yearbook of European Law, 1996.

[27] M. Graetz and A. Warren, Income Tax Discrimination and the Political and Economic Integration of Europe, Yale Law Journal, 2006, 115(6).

[28] G. Groen, Arbitration in Bilateral Tax Treaties, INTETAX, 2002, 30(1).

[29] W. Haarmann and C. Knodler, German Supreme Tax Court Limits the Scope of the German Anti-Treaty Shopping Rule and Redefines Substance Requirements for Foreign Companies, INTERTAX, 2006, 34(5).

[30] J. Harvey, FATCA - A Report from the Front Lines, Tax Notes, August, 2012.

[31] I. Hofbauer, Most-Favoured-Nation Clauses in Double Taxation Conventions—A Worldwide Overview, INTERTAX, 2005, 30(10).

[32] S. Jogarajan, Multilateral Tax Treaty for ASEAN—Lessons from the Andean, Caribbean, Nordic and South Asian Nation, Asian Journal of Comparative Law, 2011, 6.

[33] G. Kofler, Most-Favoured-Nation Treatment in Direct Taxation: Does EC Law Provide For Community MFN in Bilateral Tax Treaties, Houston Business & Tax Law Journal, 2005, 5.

[34] G. Kofler and R. Mason, Double Taxation: A European Switch in Time, Columbia Journal of European Law, 2007, 14 (1).

[35] A. Lederman, When Can U. S. Trade Agreements Be Availed to Compensate for Income Tax Liabilities, Journal of Taxation, 2013, 118(2).

[36] I. Ian Lienert and M. Jung, The Legal Framework for Budget Systems: An International Comparison, OECD Journal on Budgeting, 2004, 4(3).

[37] C. Lo, A Comparison of BIT and the Investment Chapter of Free Trade

Agreement from Policy Perspective, Asian Journal of WTO &. International Health Law and Policy, 2008, 3.

[38] N. Mattsson, Multilateral Tax Treaties—A Model for the Future, INTERTAX, 2000, 28(8/9).

[39] P. McDaniel, Trade Agreements and Income Taxation: Interactions, Conflicts, and Resolutions, Tax Law Review, 2004, 57(2).

[40] D. Oliver, Tax Treaties and the Market-State, Tax Law Review, 2003, 56(4).

[41] M. Orlov, The Concept of Tax Haven: A Legal Analysis. INTERTAX, 2004, 32(2).

[42] D. Qiu, Permanent Establishment: An Evolving Concept under China's Tax Treaties (1983—2013), British Tax Review, 2014, 3.

[43] A. Qureshi and R. Grynberg, United States Tax Subsides under Domestic International Sales Corporations, Foreign Sales Corporation and Extraterritorial Income Exclusion Act Legislation within the Framework of the World Trade Organization, Journal of World Trade, 2002, 36(5).

[44] G. Richardson etc., Thin Capitalization Rules: An Anglo-American Comparison, The International Tax Journal, 1998, 24(2).

[45] A. Schick, Off-Budget Expenditure: An Economic and Political Framework, OECD Journal on Budgeting, 2007, 7(3).

[46] W. Schön, International Tax Coordination for a Second-Best World (Part I), World Tax Journal, 2009, 1(1).

[47] W. Schön, International Tax Coordination for a Second-Best World (Part II), World Tax Journal, 2010, 2(1).

[48] M. Slotboom, Subsidies in WTO Law and in EC Law, Journal of World Trade, 2002, 36(3).

[49] G. Sprague, Spanish Court Imposes Tax Nexus by Finding a "Virtual PE", Tax Management International Journal. 2013, 42(1).

[50] S. Surrey, Tax Incentives as a Device for Implementing Government Policy: A Comparison with Direct Government Expenditures, Harvard Law Review. 1970, 83(4).

[51] O. Thoemmes, etc., Thin Capitalization Rules and Non-Discrimination Principles, INTERTAX, 2004, 32(3).

[52] A. Tohari and A. Retnawati, Is There Tax Competition in ASEAN, IBFD Bulletin for International Taxation, 2010, 40(1).

[53] A. Warren, Income Tax Discrimination against International Commerce, Tax Law Review. 2001, 54(2).

[54] M. Zuger, Conflict Resolution in Tax Treaty Law, INTERTAX, 2002, 30 (10).

（二）工作论文及其他

[1] R. Avi-Yonah, Tax Convergence and Globalization. University of Michigan Public Law Working Paper No. 214.

[2] H. Choudhury and J. Owens, Bilateral Investment Treaties and Bilateral Tax Treaties. ITIC Issues Paper, July 2014.

[3] I. Farrow and S. Jogarajan, ASEAN Tax Regimes and the Integration of the Priority Sectors: Issues and Options: Final Report, 2006.

[4] H. Gao, The RTA Strategy of China: A Critical Visit, in Challenges to Mulitilaterial Trade: the Impact of Bilaterial, Preferential and Regional Agreements, edited by Vai Io Lo and Laurence Boulle, Kluwer Law International, 2008.

[5] M. Grosso, Analysis of Subsidies for Services: The Case of Export Subsidies, OECD Trade Policy Working Paper No. 66.

[6] M. Houde, etc., The Interaction between Investment and Services Chapters in Selected Regional Trade Agreements, OECDTrade Policy Working Paper No. 55.

[7] P. Latrille and J. Lee, Service Rules in Regional Trade Agreements: How Diverse and How Creative as Compared to the GATS Multilateral Rules, WTO Staff Working Paper ERSD-2012-19

[8] J. Morisset and N. Pirnia, How Tax Policy and Incentives Affect Foreign Direct investment: A Review, World Bank Policy Research Working Paper No. 2509.

[9] J. Owens, and S. Beer, Executive Summary: The Structures and Mandates of Eight International and Regional Organizations That Work on Tax, ITIC, January 2014.

[10] P. Sorsa, The GATS Agreement on Financial Services—A Modest Start to Multilateral Liberalization, IMF WP/97/55, 1997.

[11] H. Raff, Preferential Trade Arrangements and Tax Competition for Foreign Direct Investment, CESifo Working Paper No. 763.

[12] A. Rodriguez, International Arbitration Claims against Domestic Tax Measures Deemed Expropriatory or Unfair and the Inequitable, INTAL and ITD Occasional Paper-SITI-11, 2006

[13] J. Slemrod, Free Trade Taxation and Protectionist Taxation, NBER Working Paper Series, No. 4902, 1994,

[14] L. Villela and A. Barreix, Taxation and Investment Promotion, IDB Publication, 2002.

[15] L. Villela, etc., Tax Expenditures Budgets: Concepts and Challenges for Implementation. Inter-American Development Bank Working Paper Series No. IDB-WP-131, 2010.

三、国际条约、范本及相关立法

[1]《OECD 税收协定范本》(OECD Model Tax Convention on Income and on Capital)。

[2]《OECD 税收情报交换协议范本》(OECD Model Agreement on Exchange of Information on Tax Matters)。

[3] WTO《补贴与反补贴措施协定》(Agreement on Subsidies and Countervailing Measures)。

[4] WTO《与贸易有关的投资措施协议》(Agreement on Trade-Related Investment Measures)。

[5]《北美自由贸易区协定》(North American Free Trade Agreement)。

[6]《欧盟与加勒比、中美洲和南美洲的经济伙伴协定》(CARIFORUM-EC Economic Partnership Agreement)。

[7]《东南亚国家联盟宪章》(Charter of the Association of Southeast Asian Nations)。

[8] 东盟自由贸易区货物贸易协定(ASEAN Trade in Goods Agreement)。

[9] 日本和瑞士的自由贸易与经济伙伴协定(Agreement on Free Trade and Economic Partnership between Japan and the Swiss Confederation)。

[10] 欧盟与韩国的自由贸易协定(Free trade Agreement between the European Union and its Member States, of the one part, and the Republic of Korea, of the other part)。

[11] 日本和智利的战略经济伙伴协定(Agreement between Japan and the Republic of Chile for a Strategic Economic Partnership)。

[12] 欧洲自由贸易联盟和韩国的自由贸易协定(Free Trade Agreement between the EFTA States and the Republic of Korea)。

[13] 新加坡和秘鲁的自由贸易协定(Peru-Singapore Free Trade Agreement, PeSFTA)。

[14] 美国和摩洛哥的自由贸易协定(United States—Morocco Free Trade Agreement)。

[15] 欧洲自由贸易联盟与新加坡的协定(Agreement between the EFTA States

and Singapore)。

[16] 新加坡和印度的全面经济合作协定(Comprehensive Economic Cooperation Agreement between the Republic of India and the Republic of Singapore)。

[17]《关税与贸易总协定》(General Agreement on Tariffs and Trade)。

[18]《建立世界组织的马拉喀什协定》(Marrakech Agreement Establishing the World Trade Organization)。

[19]《联合国税收协定范本》(United Nations Model Double Taxation Convention Between Developed and Developing Countries)。

[20]《美国 2012 年 BIT 范本》(2012 U.S. Model Bilateral Investment Treaty)。

[21]《欧洲经济共同体条约》(Treaty Establishment the European Economic Community)。

[22]《欧洲联盟条约》(Treaty on European Union)。

[23]《欧洲联盟运行条约》(Treaty on the Functioning of the European Union)。

[24]《维也纳条约法公约》(Vienna Convention on the Law of Treaties)。

[25]《修订 1988 年多边税收征管公约议定书》(Protocol Amending the Convention on Mutual Administrative Assistance in Tax Matters)。

[26] 北欧税收协定(The Treaty between the Nordic Countries for the Avoidance of Double Taxation with Respect to Taxes on Income and Capital)。

[27] 安第斯共同体税收协定(Agreement among Member Countries to Avoid Double Taxation and of the Standard Agreement for Executing Agreements on Double Taxation between Member Countries and Other States Outside the Subregion)。

[28] 加勒比共同体税收协定(Agreement among the Government of the Member States of the Caribbean Community for the Avoidance of Double Taxation and the Prevention of Fiscal Evasion with Respect of Taxes on Income，Profits or Gains and Capital Gains and for the Encouragement of Regional Trade and Investment)。

[29] 南亚区域合作联盟《关于避免双重征税和税收事务互助的有限多边协定》(SAARC Limited Multilateral Agreement on Avoidance of Double Taxation and Mutual Administrative Assistance in Tax Matters)。

[30] 东盟税收协定范本(1987 Intra-ASEAN Model Double Taxation Convention)。

[31] 东非共同体税收协定(Agreement between the Governments of the Republics of Kenya, Uganda, Burundi, Rwanda and the United Republic of Tanzania for the Avoidance of Double Taxation and the Prevention of Fiscal Evasion with respect to Taxes on Income)。

[32] 欧盟成员国仲裁公约(Convention on the Elimination of Double Taxation in

Connection with the Adjustment of Profits of Associated Enterprises)。

［33］欧盟公司合并、分立、资产转让和换股的共同税制指令（Council Directive 2009/133/EC of 19 October 2009 on the Common System of Taxation Applicable to Mergers, Divisions, Partial Divisions, Transfers of Assets and Exchanges of Shares concerning Companies of Different Member States and to the Transfer of the Registered Office of an SE or SCE Between Member States)。

［34］欧盟母子公司共同税制指令（Council Directive 2011/96/EU of 30 November 2011 on the Common System of Taxation Applicable in the Case of Parent Companies and Subsidiaries of Different Member States)。

［35］欧盟关联公司间利息和特许权使用费共同税制指令（Council Directive 2003/49/EC of 3 June 2003 on A Common System of Taxation Applicable to Interest and Royalty Payments Made between Associated Companies of Different Member States)。

［36］欧盟储蓄利息所得指令（Council Directive 2003/48/EC of 3 June 2003 on the Taxation of Savings Income in the Form of Interest Payments)。

［37］欧盟税收领域合作指令（Council Directive 2011/16/EU of 15 February 2011 in Administrative Cooperation in the Field of Taxation and Repealing Directive 77/799/EC)。

［38］欧盟征税互助指令（Council Directive 2010/24/EU of 16 March 2010 concerning Mutual Assistance for the Recovery of Claims relating to Taxes, Duties and Other Measures)。

［39］欧盟关于成员国双边投资协定过渡安排的规则［Regulation（EU）No 1219/2012 of the European Parliament and of the Council of 12 December 2012 Establishing Transitional Arrangements for Bilateral Investment Agreements between Member States and Third Countries］。

［40］欧洲公司规则［Council Regulation（EC）No 2157/2001 of 8 October 2001 on the Statute for a European company (SE)］。

［41］欧洲合作社团规则［Council Regulation（EC）No 1435/2003 of 22 July 2003 on the Statute for a European Cooperative Society (SCE)］。

［42］欧盟国际会计标准规则［Regulation（EC）No 1606/2002 of the European Parliament and of the Council of 19 July 2002 on the Application of International Accounting Standards］。

［43］我国签署的相关自由贸易协定、税收协定和投资协定（不一一列出，均可在商务部网站和国家税务总局网站中获取）。

四、国际组织文件和相关研究报告

[1] 中日韩 FTA 联合可行性研究委员会:《中日韩自由贸易区可行性联合研究报告》(2011)。

[2] ASEAN, Road map for an ASEAN Community (2009—2015).

[3] ASEAN, ASEAN Investment Report 2012.

[4] Asia Development Bank, Institutions for Regional Integration: Toward an Asian Economic Community, 2010.

[5] EU, Commission Staff Working Document: Impact Assessment Report on the EU-China Investment Relations, SWD (2013) 185 final.

[6] EU, Communication from the Commission to the Council, the European Parliament and the Economic and Social Committee, Towards an Internal Market without Tax Obstacles: A Strategy for Providing Companies with a Consolidated Corporate Tax Base for Their EU-wide Activities, COM(2001) 582 final.

[7] EU, State Aid: Manual of Procedures: Internal DG Competition Working Documents on Procedures for the Application of Articles 107 and 108 TFEU, Revision 10/7/2013.

[8] EU, Global Europe: Competing in the World, COM (2006) 567 final.

[9] EU, Communication from the Commission to the Council, the European Parliament and the European Economic and Social Committee, The Application of Anti-abuse Measures in the Area of Direct Taxation—within the EU and in relation to Third Countries, COM(2007)785 final.

[10] EU, Code of Conduct on Business Taxation.

[11] ESCAP, Economic and Social Survey of Asia and the Pacific 2014: Regional Connectivity for Shared Prosperity.

[12] G20, G20 Leaders Declaration, Saint-Petersburg, 2013.

[13] G20, Leader's Communique Brisbane Summit, 2014.

[14] G20, Policy Note, A Forum for the 21st Century, 2014.

[15] IMF, Manual on Fiscal Transparency (2007 revised edition).

[16] KPMG Asia Pacific Tax Centre, The ASEAN Economic Community 2015: On the Road to Real Business Impact, 2014.

[17] OECD, Harmful Tax Competition: An Emerging Global Issue, 1988.

[18] OECD, Improving Access to Bank Information for Tax Purpose, 2000.

[19] OECD, Towards Global Tax Co-operation: Progress in Identifying and Eliminating Harmful Tax Practices, 2000.

[20] OECD, The OECD's Project on Harmful Tax Practices: The 2001 Progress Report, 2001.

[21] OECD, Forty Years's Experience with the OECD Code of Liberalisation of Capital Movements: Summary and Conclusions, 2002.

[22] OECD, The OECD's Project on Harmful Tax Practices: Consolidated Application Note, Guidance in Applying the 1998 Report to Preferential Tax Regimes, 2004.

[23] OECD, The OECD's Project on Harmful Tax Practices: The 2004 Progress Report, 2004.

[24] OECD, International Investment Law: A Changing Landscape: Companion Volume to International Investment Perspectives, 2005.

[25] OECD, Center for Tax Policy and Administration, Are the Current Treaty Rules for Taxing Business Profits Appropriate for E-Commerce (Final Report), 2005.

[26] OECD, The OECD's Project on Harmful Tax Practices: 2006 Update on Progress in Member Countries, 2006.

[27] OECD, Promoting Transparency and Exchange of Information for Tax Purposes: A Background Information Brief, 2010.

[28] OECD, Tax Expenditures in OECD Countries, 2010.

[29] OECD, Transfer Pricing Guidelines for Multilateral Enterprises and Tax Administrations, 2010 and 2017.

[30] OECD, Automatic Exchange of Information: What It Is, How It Works, Benefits, What Remains to Be Done, 2012.

[31] OECD, Hybrid Mismatch Arrangements: Tax Policy and Compliance Issues, 2012.

[32] OECD, Action Plan on Base Erosion and Profit Shifting, 2013.

[33] OECD/G20 Base Erosion and Profit Shifting Project, Addressing the Tax Challenges of the Digital Economy, Action 1: 2015 Final Report.

[34] OECD/G20 Base Erosion and Profit Shifting Project, Neutralising the Effects of Hybrid Mismatch Arrangements, Action 2: 2015 Final Report.

[35] OECD/G20 Base Erosion and Profit Shifting Project, Designing Effective Controlled Foreign Company Rules, Action 3: 2015 Final Report.

[36] OECD/G20 Base Erosion and Profit Shifting Project, Limiting Base Erosion Involving Interest Deductions and Other Financial Payments, Action 4: 2015 Final Report.

［37］OECD/G20 Base Erosion and Profit Shifting Project, Countering Harmful Tax Practices More Effectively, Taking into Account Transparency and Substance, Action 5: 2015 Final Report.

［38］OECD/G20 Base Erosion and Profit Shifting Project, Preventing the Granting of Treaty Benefits in Inappropriate Circumstances, Action 6, 2015 Final Report.

［39］OECD/G20 Base Erosion and Profit Shifting Project, Preventing the Artificial Avoidance of Permanent Establishment Status, Action 7: 2015 Final Report.

［40］OECD/G20 Base Erosion and Profit Shifting Project, Aligning Transfer Pricing Outcomes with Value Creation, Action 8—10, 2015 Final Report.

［41］OECD/G20 Base Erosion and Profit Shifting Project, Measuring and Monitoring BEPS, Action 11;2015 Final Report.

［42］OECD/G20 Base Erosion and Profit Shifting Project, Mandatory Disclosure Rules, Action 12, 2015 Final Report.

［43］OECD/G20 Base Erosion and Profit Shifting Project, Transfer Pricing Documentation and Country-by-Country Reporting, Action 13, 2015 Final Report.

［44］OECD/G20 Base Erosion and Profit Shifting Project, Making Dispute Resolution Mechanisms More Effective, Action 14: 2015 Final Report.

［45］OECD/G20 Base Erosion and Profit Shifting Project, Developing a Multilateral Instrument to Modify Bilateral Tax Treaties: Action 15: 2015 Final Report.

［46］OECD, Comments Received on Public Discussion Draft BEPS Action 1. 2014.

［47］OECD, A Report to G20 Development Working Group on the Impact of BEPS in Low Income Countries, 2014.

［48］OECD, 4th Plenary Meeting OECD Task Force on Tax and Development: Section II BEPS and Developing Countries, 2014.

［49］U. N. Economic and Social Council Committee of Experts on International Cooperation in Tax Matters, Improper Use of Treaties. E/C. 18/2007/CRP. 2.

［50］U. N. Economic and Social Council Committee of Experts on International Cooperation in Tax Matters, Progress Report of Subcommittee on Improper Use of Treaties: Beneficial Ownership. E/C,18/2008/CRP. 2/Add1.

［51］UNCTAD, Lessons from the MAI. UNCTAD Series on Issues in International Investment Agreements, UNCTAD/ITE/IIT/Misc. 22.

[52] UNCTAD, Investment-Related Trade Measures, UNCTAD/ITE/IIT/10 (vol. IV).

[53] UNCTAD, Taxation. UNCTAD Series on Issues in International Investment Agreements, UNCTAD/ITE/IIT/16.

[54] UNCTAD, Incentives, UNCTAD Series on Issues in International Investment Agreements, UNCTAD/ITE/IIT/2003/5.

[55] UNCTAD, Scope and Definition: A Sequel, UNCTAD Series on Issues on International Investment Agreements II.

[56] UNCTAD, Expropriation, UNCTAD Series on Issues in International Investment Agreement II, UNCTAD/DIAE/IA/2011/7.

[57] UNCTAD, Fair and Equitable Treatment, UNCTAD Series on Issues in International Investment Agreement II, UNCTAD/DIAE/IA/2011/5.

[58] UNCTAD, Services, Trade and Development, UNCTAD/DITC/TNCD/2010/5.

[59] UNCTAD, Subsidies to Services Sectors: A Neo-Protectionist Distortion or a Useful Development Tool? UNCTAD/DITC/TNCD/MISC/2003/7.

[60] UNCTAD, Tax Incentives and Foreign Direct Investment: A Global Survey, UNCTAD/ITE/IPCMisc. 3.

[61] UNCTAD, World Investment Report 2003: FDI Policies for Development National and International Perspectives.

[62] USA, The White House, Office of the Press Secretary, Remarks by the President on International Tax Policy Reform, 2009.

[63] World Bank, World Bank Guidelines on the Treatment of Foreign Direct Investment.

[64] WTO, Uruguay Round Group of Negotiations on Services, The Applicability of the GATS to Tax Measures, Note by the Secretariat, MTN. GNS/W/210, 1 December 1993 (UR-93-0143).

[65] WTO, Uruguay Round Group of Negotiations on Services, Taxation Issues Related to Article XIV (d), Note by the Secretariat, MTN. GNS/W/178, 15 November 1993 (UR-93-0096).

[66] WTO, Council for Trade in Services, Guidelines for the Scheduling of Specific Commitments under the General Agreement on Trade in Services (GATS), S/L/92.

[67] WTO, Working Party on GATS Rules, Provisions on Subsidies Relating to Trade in Services in Regional Trade Agreements, Note by the Secretariat, S/WPGR/

W/12.

[68] WTO, Working Party on GATS Rules, Subsidies and Trade in Services, Note by the Secretariat, S/WPGR/W/9.

[69] WTO, Working Party on GATS Rules, Subsidies for Services Sectors: Information Contained in WTO Trade Policy Reviews, Background Note by the Secretariat, Addendum, S/WPGR/W/25/Add.4.

[70] WTO, Working Party on GATS Rules, Subsidies for Services Sectors: Information Contained in WTO Trade policy Reviews, Note by the Secretariat, Addendum, S/WPGR/W/25/Add.5.

[71] WTO, Working Party on GATS Rules, Overview of Subsidy Disciplines Relating to Trade in Services in Economic Integration Agreements, Note by the Secretariat, S/WPGR/W/46.

[72] WTO, Working Party on GATS Rules, Subsidies for Services Sectors: Information Contained in WTO Trade Policy Reviews, S/WPGR/W/25/Add.6.

[73] WTO, Working Party on GATS Rules, Report of the meeting of 28 March 1996, Note by the Secretariat, S/WPGR/M/5.

[74] WTO, World Trade Report 2006—Exploiting the links between subsides, trade and the WTO.

[75] WTO, World Trade Report 2011.

[76] WTO, International Trade Statistics 2013.

五、相关案例

(一) GATT/WTO 案例

[1] United States—Tax Treatment for "Foreign Sales Corporations", WT/DS108.

[2] Japan—Alcoholic Beverages, WT/DS8, WT/DS10, WT/DS11.

[3] Argentina—Measures Affecting Export of Bobine Hidesand and the Import of Finished Leather, WT/DS155.

[4] Italy—Discrimination against imported agricultural machinery, BISD 7S/60.

[5] Indonesia—Certain Measures Affecting the Automobile Industry, WT/DS54, WT/DS55, WT/DS59, WT/DS64.

[6] Canada—Administration of the Foreign Investment Review Act (FIRA), BISD 30S/140.

[7] European Communities—Regime for the Importation, Sale and Distribution of Bananas, WT/DS27.

[8] Canada—Certain Measures Affecting the Automotive Industry, WT/DS139, WT/DS142.

[9] United States Tax Legislation (DISC), L/4422.

[10] United States—Measures Affecting the Cross-Border Supply of Gambling and Betting Services, WT/DS285.

[11] China—Value-Added Tax on Integrated Circuits, WT/DS309.

[12] China—Measures Affecting Imports of Automobile Parts, WT/DS339, WT/DS340, WT/DS342.

[13] China—Certain Measures Granting Refunds, Reductions or Exemptions from Taxes and Other Payments, WT/DS358, WT/DS359.

[14] Argentina—Measures Relating to Trade in Goods and Services, WT/DS453.

(二) 欧盟法院案例

[1] Commission v. France, Case 168/78.

[2] Commission v. Ireland, Case 249/81.

[3] Commission v. France, Case 18/84.

[4] H. Krantz GmbH & Co. v. Ontvanger der Directe Belastingen and Netherlands State, Case C-69/88.

[5] De Gezamenlijke Steenkolenmijnen in Limburg v. High Authority of the European Coal and Steel Community, Case 30/59.

[6] France v. Commission, Case 301/87.

[7] Ecotrade Srl v. Altiforni e Ferriere di Servola SpA (AFS), Case C-200/97.

[8] French Republic v. Ladbroke Racing Ltd and Commission of the European Communities, Case C-83/98.

[9] France v. Commission, Case 102/87.

[10] Belgium v. Commission, Case C-142/87.

[11] Mr. and Mrs. Robert Gilly v. Directeur des services fiscaux du Bas-Rhin, Case C-336/96

[12] Dorsch Consult Ingeniergesellschaft mbH v. Bundesbaugesellschaft Berlin mbH, Case C-54/96.

[13] Da Costa en Schaake N. V. , Jacob Meijer N. V. and Hoechst-Holland N. V. v. Nederlandse Belastingadministrati, Joined Cases 28—30/62.

[14] NV Algemene Transport-en Expeditie Onderneming van Gend & Loos v. Netherlands Inland Revenue Administration, Case 26/62.

[15] Srl CILFIT and Lanificio di Gavardo SpA v. Minister of Health, Case 283/

81.

[16] Flaminio Costa v. ENEL, Case 6/64.

[17] Amministrazione delle Finanze dello Stato v. Simmenthal SpA, Case 106/77.

[18] D. H. M. Segers v. Bestuur van de Bedrijfsvereniging voor Bank-en Verzekeringswezen, Groothandel en Vrije Beroepen, Case 79/85.

[19] Centros Ltd v. Erhvervs-og Selskabsstyrelsen, Case C-212/97.

[20] Ordre des avocats au Barreau de Paris v Onno Klopp, Case 107/83.

[21] Commission v. Italy, Case 3/88.

[22] Claude Gullung v. Conseil de l'ordre des avocats du barreau de Colmar et de Saverne, Case 292/86.

[23] Reinhard Gebhard v. Consiglio dell'Ordine degli Avvocati e Procuratori di Milano, Case C-55/94.

[24] Wielockx v. Inspecteur der Directe Belastingen, Case C-80/94.

[25] Finanzamt Koln—Altstadt v. Schumacker, Case C-279/93.

[26] Commission v. France, Case 270/83.

[27] Saint-Gobain v. Finanzamt Aachen-Innenstadt, Case C-307/97.

[28] Petri Manninen, Case C-319/02.

[29] Marks & Spencer plc. v. David Halsey (Her Majesty's Inspector of Taxes), Case C-446/03.

[30] Criminal proceedings against Robert Heinrich Maria Mutsch, Case 137/84.

[31] D. v. Inspecteur van de Belastingdienst/Particulieren/Ondernemingen buitenland te Heerlen, Case C-376/03.

[32] Hanns-Martin Bachmann v. Belgian State, Case C-204/90.

[33] Commission v. Italy, Case C-388/01.

[34] Cadbury Schweppes plc, Cadbury Schweppes Overseas Ltd v. Commissioners of Inland Revenu, Case C-196/04.

[35] Lankhorst-Hohorst GmbH v. Finanzamt Steinfurt, Case C-324/00.

[36] A. Leur-Bloem v. Inspecteur der Belastingdienst/Ondernemingen Amsterdam 2, Case C-28/95.

（三）其他案例

[1] Marvin Feldman v. Mexico, ICSID Case No. ARB (AF)/99/1.

[2] Occidental Exploration and Production Company v. The Republic of Ecuador, London Court of International Arbitration Administered Case No. UN 3467.

[3] Quasar de Valores SICAV S. A., Orgor de Valores SICAV S. A. GBI 9000 SICAV S. A v. The Russian Federation, Arbitration Institute of the Stockholm Chamber of Commerce.

[4] Saluka v. the Czech Republic, UNCITRAL Arbitration.

[5] Indofood International Finance Limited v. JP Morgan Chase Bank N. A., London Branch, [2006] EWCA Civ. 158; [2006] STC 1195.

[6] Her Majesty the Queen v. Provest Car Inc, 2009 FCA 57.

[7] Ioan Micula, Viorel Micula, S. C. European Food S. A., S. C. Starmill S. R. L., and S. C. Multipack S. R. L, v. Romania, ICSID Case No. ARB/05/20.

后　　记

　　我在教学和研究中注意到,在开放经济下,一国或一个地区的所得税措施可能为税收协定、贸易协定或投资协定所管辖。由于我对国际税法、WTO法和欧盟法都有所了解,也想将这些涉及所得税协调的机制放在区域贸易安排的背景下进行综合的研究。2010年,我研究的想法获得国家社科基金的立项(10BFX101),本书即是在该课题的结项成果的基础上完成的。

　　区域贸易安排中的所得税问题涉及贸易、投资和税收等多个领域。书稿的相关内容(比如BEPS的15个行动计划)都可以作为一个单独的课题进行深入研究。因此,我主要从宏观上对区域贸易安排中的相关所得税问题进行了讨论,而不试图为区域贸易安排如何应对这些所得税问题设计具体的机制。另外,我们正处于一个变革的时代,区域贸易安排和国际税法都在发展和变化之中。比如,课题研究开始之初,BEPS项目尚未出台。鉴于BEPS项目的推出,我就将提交结项成果的时间推后到了2015年3月,但那时也只就BEPS行动计划的相关报告草案进行了探讨。在BEPS行动计划的最终成果报告出台之后,OECD也推出了2017年税收协定版本。我在书稿中对此进行了补充。再比如,在2015年3月,TPP的谈判尚未完成,更无从预见TPP谈判完成后,美国在特朗普就任总统后会宣布退出。另外,我在审定书稿时也对使用的网络文献重新进行了网址的核对。不过,由于有的网络资源在核对时无法重现,或出于使用当时的文献阐述之需要我就保留了当时的网址和访问时间。还需要指出的是,我国自由贸易区的建设和"一带一路"倡议仍在推进的过程中。这意味着书稿的完成并非研究的结束,也要求我继续关注研究的问题和现实的发展。由于我才疏学浅,恳请读者就书中存在的问题进行批评和指正。

2018年恰逢北京大学120周年校庆。北京大学法学院拟出版一批学术专著作为庆贺。我的书稿有幸入选北京大学法学院的出版计划。感谢法学院对我研究的支持。

2018年也是我的博士生导师芮沐教授诞辰110年。恩师于2011年辞世,享年103岁。先生的音容笑貌仍不时浮现眼前。能够师从先生读书,是我的莫大荣幸。谨以此书纪念先生。

我也要感谢太太和儿子对我工作的理解和支持。

张智勇

2018年元月于北京大学法学院陈明楼